LE BON CURÉ

AU XIXᵉ SIÈCLE,

OU

LE PRÊTRE CONSIDÉRÉ SOUS LE RAPPORT MORAL ET SOCIAL.

—

TOME I.

Propriété.

BON CURÉ

AU XIXe SIÈCLE,

OU

LE PRÊTRE CONSIDÉRÉ SOUS LE RAPPORT MORAL ET SOCIAL,

PAR

M. L'ABBÉ DIEULIN,

VICAIRE-GÉNÉRAL DE NANCY,

AUTEUR DU *GUIDE DES CURÉS*.

—

TOME I.

—

LYON.

CHEZ MOTHON et PINCANON, ÉDITEURS,

GRANDE RUE MERCIÈRE, 55.

—

1845.

PRÉFACE.

Le livre que je publie, forme la suite du *Guide des curés dans l'administration temporelle des paroisses*, qui, grâce à l'accueil favorable du clergé, est arrivé, en six ans, à sa quatrième édition. Mais mon œuvre eût été imparfaite si je n'avais envisagé l'état pastoral que sous son côté légal et temporel. J'ai donc dû la compléter en considérant le prêtre dans la direction morale des paroisses. Or, tel est le but de ce second ouvrage, résultat de mes veilles laborieuses et de mes quotidiennes observations sur la conduite à tenir dans le ministère si difficile des âmes.

Nommé curé dès le premier jour de mon sacerdoce, sans noviciat pratique du ministère, dans un siècle où l'Eglise a été victime de tant de maux, et le prêtre l'objet de tant de préventions aveugles ou haineuses; ensuite administrateur dans un diocèse qui a présenté mille difficultés à mes frères de la famille sacerdotale, j'ai été à même, dans ces diverses positions, d'étudier et d'apprécier les qualités dont la réunion constitue le bon curé, ainsi que le mode d'exercice qui semble le mieux convenir à l'esprit des populations et promettre plus de succès au zèle du clergé contemporain.

Depuis la naissance du christianisme, il n'y a peut-être jamais eu d'époque où il fût plus vrai de dire que le ministère pastoral est l'art des arts, et qu'il exige, avec la maturité de l'expérience, la perfection de la sagesse. Le prêtre, qui a toujours eu tant d'action sur la foi et la moralité des peuples, est appelé, surtout aujourd'hui, à remplir une haute mission de salut pour eux, au milieu du grand naufrage des principes conservateurs de la société. Certes, ce n'est pas une hyperbole de dire que, non-seulement les espérances de la religion, mais encore l'avenir des gouvernements et des nations sont entre ses mains, et que le salut du monde repose presque uniquement sur lui. Oui, l'éducation du clergé, la direction qu'il va suivre, c'est là une question de vie ou de mort pour notre patrie, et pour l'humanité tout entière (1).

---

(1) Il est constant, pour quiconque a lu attentivement l'histoire, que le sacerdoce a la plus haute influence sur les destinées des nations. La sanctification des peuples a toujours dépendu de la sanctification des prêtres. La proposition parallèle n'est pas moins vraie, c'est-à-dire que les égarements des peuples ont presque toujours été le résultat des fautes du clergé.

C'est un fait incontestable que les révolutions religieuses qui ont entraîné l'apostasie de certaines nations, au seizième siècle par-

PRÉFACE.

Je présenterai, dans cet ouvrage, à l'attention de mes lecteurs, le tableau des qualités morales et sociales du prêtre destiné à exercer aujourd'hui, dans les paroisses, les nobles et si importantes fonctions de curé.

Dévoué de toutes les puissances de mon âme à une religion dont je souhaite si ardemment le triomphe; vivement affectionné au corps respectable qui daigna m'accueillir dans ses rangs; désireux, par-dessus tout, de lui voir reconquérir un grand ascendant, non dans des vues de domination temporelle, mais dans le seul intérêt religieux et social des nations, je vais envisager l'état ecclésiastique au point de vue du siècle présent et décrire, avec le plus de précision possible, la position où il faut présentement se placer pour rattacher les populations aux antiques croyances de nos pères.

J'ai besoin, dans une matière aussi grave et aussi épineuse, de me tenir en garde contre mes impressions, de me défier de mes opinions personnelles. En tous cas, si je venais à me tromper, ce serait du

---

ticulièrement, ont eu pour cause principale la dégénération morale du sacerdoce. La gloire de l'Eglise, ce sont les hautes vertus de ses pontifes et de ses prêtres; vertus qui ne contribuent pas moins à la consolidation des états qu'à la prospérité de la religion elle-même. C'est donc arrêter à sa source le mal public et social que de travailler à la sanctification du corps ecclésiastique.

moins en conscience, car je suis prêtre catholique romain par les entrailles. Soumis, dès ma plus tendre enfance, à l'autorité de nos évêques et surtout à la sainte Eglise, dont j'ai à cœur d'être, toute ma vie, le fils le plus humblement respectueux, je désavoue sincèrement toutes les erreurs, toutes les propositions mal sonnantes qui auraient pu se glisser, à mon insu, dans mes principes ou mes décisions, et je condamne, par avance, tout ce qu'on pourrait y découvrir d'hétérodoxe et de dangereux. Je me sentirai même pénétré de la plus vive reconnaissance pour quiconque voudra bien me signaler les jugements qui lui paraîtraient erronés, disposé que je suis à les rectifier, *Nos.... refelli sinè iracundiâ parati sumus.* Ma bonne foi et la pureté de mes intentions serviront, je l'espère, d'excuse suffisante aux inexactitudes involontaires qui me seraient échappées. L'esprit humain, hélas! est si faillible! L'horizon de ses idées est si borné!

Je prie le lecteur de ne point s'offenser de la franchise de mes observations, ni de la liberté de mes conseils; c'est à des frères et à des amis que je m'adresse. Je me rassure donc, bien persuadé qu'il n'y a pas ici *periculosum opus dicere verum.* Les égards mutuellement dûs entre frères ne vont pas jusqu'à l'obligation de taire ou de sacrifier la vérité par de timides ménagements, surtout quand on se parle à huit-clos et comme en famille. Ne la doit-on pas quelquefois aux vivants aussi bien qu'aux morts, pourvu qu'on la leur présente avec une droiture non suspecte et des procédés convenables? Conviendrait-il, dans une publication exclusivement destinée au clergé, d'user de déguisement et de faillir, envers lui, à l'imprescriptible devoir de la sincérité? On ne sera jamais, sans doute, dans la pénible nécessité d'appliquer aux prêtres catholiques ce qu'un poëte ancien disait, avec trop de justice, de l'extrême susceptibilité des prêtres du paganisme, *genus irritabile vatum*.

On me demandera, peut-être, à quel titre un simple membre du clergé prétend tracer à ce grand corps des règles de conduite. A cela je pourrais répondre d'abord que, dans le cercle de mes attributions, je ne suis pas tout à fait le *gregarius miles*. D'ailleurs, dans tout ce qui peut avoir rapport à la défense de la cause de Dieu, à l'honneur de l'Eglise et à la considération du ministère, tout chrétien est soldat, *in his omnis homo miles*. Tout ecclésiastique en particulier doit se considérer comme placé aux avant-postes de la religion, et jeter le cri d'alarme, quand il voit la tribu sainte en danger. Ce sont, au surplus, sinon des règles de conduite, du moins des conseils appuyés d'autorités respectables, que je soumets à l'appréciation de mes lecteurs; je décris plutôt que je ne prescris. J'ai longtemps médité sur les moyens de remédier aux maux de l'Eglise et du sacerdoce que j'aime plus que moi-même; puis j'ai écrit de toute ma conscience et de tout mon cœur les pages qui vont suivre, sans prétendre imposer à personne mes propres opinions, bien qu'elles soient basées sur l'observation de faits pratiques, et non sur les données d'une simple théorie. Enfin, si je signale quelquefois, avec une certaine vivacité de langage, blessante peut-être en apparence, des écarts de zèle, des imprudences, ou d'autres fautes du prêtre, dans les détails de sa vie privée ou publique, ce n'est point assurément par esprit de critique; c'est plutôt pour les épargner à nos successeurs dans l'épineuse carrière où nous n'avons acquis nous-mêmes un peu d'expérience qu'au prix d'erreurs qui ont pu être préjudiciables à cette religion dont nous sommes les défenseurs nés. Hélas! tel a été le malheur des temps qu'il a fallu souvent remettre le gouvernail de l'Eglise à de jeunes nautonniers pouvant à peine manier la rame, et qui ont dû, sans avoir été formés à l'art du pilote, diriger à travers tous les orages du siècle la barque confiée à leurs mains inhabiles. Que de jeunes abbés, en effet, transformés tout à coup en curés au sortir des bancs de l'école, ont passé maîtres avant d'avoir fait, sous la direction des vétérans du sanctuaire, le difficile apprentissage du ministère pastoral! Ayant été placé moi-même dans cette critique situation, j'ai cru pouvoir user de franchise et signaler les erreurs qui se rencontrent plus ordinairement parmi mes frères, novices encore dans le sacerdoce, et je confesse naïvement que le récit de ces erreurs est parfois l'histoire des fautes de ma vie sacerdotale. Ces écarts ne sont-ils pas comme inévitables pour ce grand nombre d'ecclésiastiques qui n'ont point compris le siècle où ils vivent? Il y a si peu d'identité entre les peuples d'aujourd'hui et ceux d'autrefois! Ceux-ci modestes et timides, souples et faciles, obéissants et religieux, se courbaient respectueusement devant l'autorité du prêtre comme devant celle de Dieu même. Le pasteur pouvait alors commander avec empire et compter sur l'humble soumission des ouailles; il n'était pas aussi nécessaire de recourir à l'emploi de ces mille précautions de prudence, de ces procédés de douceur et de persuasion, de tous ces sages ménagements enfin qu'exige maintenant le gouvernement d'une paroisse. Qu'il en est bien différemment aujourd'hui! En maintes localités, on ne croit plus au caractère sacré ni à l'autorité divine du prêtre. Certaines gens, libres à leurs propres yeux de n'avoir pour lui et pour ses fonctions qu'une dédaigneuse indifférence, ne voient plus dans le représentant de J. C., s'il est personnellement dépourvu de mérite, qu'*un citoyen qui dit la messe, ou un professeur de morale faisant son métier.*

De plus, les paroissiens sont devenus, jusque dans les plus obscurs hameaux, fiers, susceptibles et vindicatifs. Une parole peu mesurée, un manque de procédés les irrite et les choque; une simple apparence de personnalité échappée, dans un prône, à la chaleur de l'improvisation, les rend à jamais irréconciliables avec leur curé; pour eux, dès lors, son ministère est paralysé sans retour. C'est assez dire que, pour être fructueuse, la mission du prêtre a besoin d'un mode tout particulier dans son exercice; elle n'est, sans doute, et elle ne peut être substantiellement changée; mais elle doit revêtir des formes propres au temps, aux lieux et aux hommes. Il en est d'elle comme de la religion qui sait s'approprier aux constitutions diverses des gouvernements, s'acclimater à tous les pays, s'assouplir aux usages, aux mœurs et au génie particulier de chaque nation, sans néanmoins altérer son immuable essence. Tel doit être le curé qui saura toujours, s'il est habile, s'identifier, dans les formes, au tempérament moral des hommes de son siècle, subir les impressions du temps où il vit, dans le but final de gagner les cœurs et de leur inoculer ses croyances. Je me propose de présenter le prêtre tel qu'il doit être au XIXe siècle, dans notre belle France, pour réaliser tout le bien dont il est capable, reconquérir au catholicisme les nombreuses populations qui s'en sont détachées. Je ne me dissimule pas l'imperfection de mon œuvre, imputable à des occupations continues qui ne me laissent point de loisir pour le travail de la pensée : c'est un bien rude labeur que celui d'enfanter un livre dans une position où le temps est entrecoupé par les affaires et des études si disparates. Je me suis peu préoccupé, je l'avoue, des négligences grammaticales et des inexactitudes de style, parce qu'on juge moins du mérite d'un ouvrage de ce genre sur l'impropriété du langage, que sur sa valeur intrinsèque. Il existe, je le sais, plusieurs bons livres propres soit à former le prêtre à l'esprit et aux vertus du sacerdoce, soit à le diriger dans la pratique de ses devoirs ; mais faits pour des temps si dissemblables des nôtres, ils ne sont plus assez appropriés à l'esprit et aux besoins de nos contemporains, surtout en ce qui a rapport au ministère pastoral. C'est ce qui me laisse espérer que cette publication, empreinte du cachet de l'actualité, ne sera pas sans quelque utilité, particulièrement pour ceux de nos frères qui commencent à fournir cette carrière pénible. N'eussé-je réussi à les préserver que d'une seule imprudence ou d'une seule erreur, je m'estimerais suffisamment dédommagé des efforts que coûte nécessairement à son auteur un livre même imparfait.

Puisse cet ouvrage, fruit des réflexions de ma vie pastorale et de ma vie administrative, être aussi bien accueilli que le *Guide des curés*, ne fût-ce qu'en considération du sentiment qui me l'a dicté : celui de mon amour pour l'Eglise et de mon dévouement au clergé ! Puisse-t-il mériter l'honorable suffrage de nos premiers pasteurs et de tous les membres du sacerdoce catholique auxquels seuls je le destine ! C'est, après la félicité céleste, la seule gloire à laquelle j'aspire, et la plus noble récompense du nouveau travail que je publie.

LE BON CURÉ

AU XIXe SIÈCLE.

CHAPITRE PREMIER.

VOCATION ECCLÉSIASTIQUE.

La vocation est une des plus graves et des plus délicates questions pour la conscience de l'homme; c'est même la plus décisive de toutes, puisqu'elle fixera ses destinées en ce monde et en l'autre. Ainsi, l'époque de la détermination définitive pour le choix d'un état est, à la fois, le point de départ et la grande crise de la vie. Contradictoires sur presque tous les principes qui intéressent le plus l'homme ici-bas, la religion et le monde sont particulièrement en désaccord sur la source où il faut puiser la vocation. Le monde pour qui l'avenir éternel et le culte de Dieu ne sont rien, mais pour qui le culte des intérêts matériels est tout, n'entrevoit même pas, dans le choix d'un état, une affaire de conscience et de salut. N'élevant plus ses pensées au delà de ce globe périssable, il réduit les plus hautes questions de morale à de minimes proportions terrestres, à des chances de fortune et d'avancement. Pour lui, tout est calcul de bénéfices pécuniaires et de bien-être matériel. Ces viles tendances du siècle présent le portent donc à ravaler la haute importance de la vocation pour n'en faire qu'une combinaison d'intérêt, un arrangement de famille. C'est d'après ce faux principe que le monde s'arroge le droit exorbitant de tracer *à priori* le choix d'un état à ses enfants; et de fait, il les prédestine arbitrairement et selon sa convenance, les uns au sacerdoce ou à la magistrature, les autres à la médecine, au commerce, à l'état militaire. Remplissant auprès d'eux et pour eux l'office de juges suprêmes en matière de vocation, les parents, sans même se demander s'ils sont compétents, décident, en dernier ressort, une question aussi grosse de conséquences pour le bonheur ou le malheur de la vie présente et future. Tel est le monde de nos jours; il ne doute pas plus de son droit de propriété sur la destination de ses enfants que sur l'emploi d'une terre patrimoniale. La religion, au contraire, qui envisage presque tout au point de vue éternel, considère la vocation comme une affaire de salut dans laquelle Dieu doit intervenir principalement. C'est à lui de prédestiner les hommes aux différents états de la société; à lui d'assigner à chacun sa place, en sorte qu'il n'y aurait aucune sécurité à embrasser une profession sans un ordre du ciel, manifesté au for de la conscience par le souffle divin. Elle enseigne que l'esprit humain est trop borné dans ses prévisions, trop mobile dans ses pensées, trop incertain dans ses conseils, trop faillible même dans ses décisions pour faire, d'une manière consciencieuse et éclairée, le choix définitif d'un état. Une lumière divine peut seule, en une matière si importante, éclaircir nos doutes, fixer nos irrésolutions et guider nos pas chancelants dans la direction qu'il faut suivre. Voilà notre boussole et le fil conducteur de nos déterminations; sans ce moyen, nous courons le risque de nous fourvoyer dans les voies du salut. Les influences de famille ne seraient propres qu'à contrarier la liberté de nos goûts et les vues du Créateur sur le choix de la position où nous veut sa Providence. Car il serait à craindre, en cas d'erreur, que sa grâce ne nous bénît pas dans un état où elle ne nous aurait pas conduits, et pour lequel nous n'étions pas faits. Il en serait alors de nous comme de ces arbres transplantés dans un sol ou sous un climat qui ne leur convient pas, et qui, après avoir végété un moment, languissent et se dessèchent.

Tels sont les principes que consacre la religion, principes applicables à tous les états en général, et à plus forte raison au sacerdoce. C'est particulièrement pour ce dernier qu'une méprise aurait des suites incalculables, et que le défaut radical de vocation constituerait une de ces erreurs presque irremédiables dans ses conséquences (1). Car il ne s'agit pas ici d'une résolution temporaire et révocable à volonté; l'engagement du prêtre est indissoluble et éternel. Conséquemment, avant de se décider pour cette noble profession, dont les Pères n'ont pas cru exagérer la sublimité en l'appelant angélique et divine (2), il est nécessaire de consulter la Providence et de n'agir que d'après ses inspirations. Le choix des prêtres, dit saint Cyprien, est l'affaire propre de Dieu.

---

(1) Il ne serait pas absolument juste d'assurer que le manque de vocation est une faute irrémissible et un mal irréparable ; cela serait contraire à la doctrine de l'Eglise qui dit, par la bouche de saint Augustin : si vous n'êtes pas appelé, faites que vous le soyez : *Si non es vocatus, fac ut voceris.* La grâce toute puissante de Dieu pourrait donc rectifier le défaut de vocation, suggérer le goût, l'aptitude et toutes les qualités ecclésiastiques à celui qui en était dépourvu au moment de son ordination. Il faut convenir, toutefois, avec saint Léon, qu'il est fort difficile de bien finir quand on a mal commencé : ***Difficile est ut bono peragantur exitu, quæ malo sunt inchoata principio.***

(2) *Professio clericorum professio deifica et vita cœlestis, immensa et infinita dignitas.*

C'est dans le ciel et non sur la terre que se préparent et se consomment toutes les vocations, et surtout les vocations ecclésiastiques. Celles qui n'auraient pour mobile que des insinuations de famille ou d'autres considérations humaines, seraient-elles bien propres à donner à J.-C. de fervents apôtres pour l'œuvre du salut des hommes? Non, non. Dieu seul a droit d'installer dans son sanctuaire ceux qu'il y appelle ; et ceux-là seraient de sacriléges usurpateurs du sacerdoce que des attraits temporels ou des suggestions de la chair et du sang y introduiraient furtivement. S'il est au monde une mission dans laquelle on ne doive pas s'ingérer de sa propre volonté, c'est la cléricature ; il y aurait crime d'intrusion et audacieuse témérité à mettre la main à l'encensoir et à exercer des fonctions sacrées, sans l'élection préalable du Seigneur (1). N'est-il pas juste et naturel, en effet, que pour être par excellence, l'homme de Dieu, on soit l'envoyé de Dieu? — Que tous les aspirants à la carrière ecclésiastique ne négligent donc aucun moyen de discerner les desseins de la Providence concernant leur vocation; qu'ils implorent les lumières divines, qui seules peuvent leur servir de flambeau dans une voie si ténébreuse pour l'œil des hommes; qu'ils soient scrupuleusement attentifs à sonder leurs dispositions intimes, afin de ne pas se faire illusion sur un point où l'erreur est capitale et sans retour. Une détermination formée d'après ces conditions aura un caractère de maturité et de sagesse tout à fait rassurant.

Dès que la Providence a une fois manifesté ses desseins sur le genre de vocation auquel elle nous destine, il y aurait crime à entraver son action et à contrarier les vœux des

---

(1) Nec quisquam sumit sibi honorem, sed qui vocatur à Deo tanquam Aaron. (*Ad Hebr.*).

aspirants, dans le but de leur faire accepter des positions pour lesquelles ils n'ont aucune sympathie. Ce serait un despotisme et à la fois une impiété de prétendre maîtriser les inclinations, violenter les goûts et commander par voie d'autorité le choix d'un état ; ce serait sacrifier la volonté divine aux capricieuses exigences de l'homme, commettre l'acte d'asservissement le plus sacrilége contre la sainte liberté des enfants de Dieu.

Or, on se rendrait coupable de ce crime, soit en détournant de la vocation ecclésiastique ceux qui y sont appelés, soit en y poussant ceux qui ne se sentent point d'attrait pour elle. Le premier cas est spécialement celui des classes riches, le second celui des classes pauvres ou peu aisées.

Il fut un temps où les vocations ecclésiastiques abondaient dans les rangs de la haute société ; c'est lorsque le sanctuaire renfermait d'autres richesses que celles de la grâce, d'autres distinctions honorifiques que celles de la vertu. Les riches prébendes et les gros bénéfices étaient alors un appât qui attiraient les fils de famille dans la carrière ecclésiastique. Mais ces vocations purement humaines et par là même criminelles sont devenues heureusement fort rares, depuis que l'Eglise n'offre plus d'amorces à l'ambition. Les riches voyant donc cette carrière dépourvue d'honneurs et de biens, dépendante, humble et obscure, inclinent leurs enfants vers les emplois lucratifs. Dans un siècle affamé d'or et d'héritages terrestres, avide de bâtir des fortunes rapides, il n'y a plus qu'une pensée qui préoccupe les parents, plus qu'un sentiment qui vibre dans les âmes, c'est celui de la cupidité. Voilà aujourd'hui les idées qui fermentent dans toutes les têtes, et les espérances qui font palpiter tous les cœurs. Ce grand, cet unique mobile de notre vie sociale absorbe tous les intérêts religieux et moraux.

L'argent est la divinité qu'on révère ; c'est l'idole des hommes, c'est en un mot la reine du monde, *regina pecunia regnat*. De là, ce dédain profond pour les états qui ne sont point propres à calmer la fièvre de la cupidité. De là, l'immolation des jeunes gens à une détestable ambition, de la part des familles riches, qui ne leur permettent plus de se vouer à une carrière noble et sainte, il est vrai, mais impuissante à satisfaire cette soif pécuniaire qui les dévore. Elles violentent donc leurs goûts et s'attachent à détruire les germes de vocation ecclésiastique qu'elles remarquent en eux, pour les pousser vers les professions qui mènent vite à la fortune et aux honneurs. Voilà le crime énorme dont se rendent coupables, non-seulement ces antiprêtres dans le cœur desquels l'aspect seul de la robe sacerdotale provoque des remords et des fureurs, mais encore la plupart des riches, même chrétiens, qui ont coutume de laisser à leurs enfants une parfaite liberté pour le choix de quelque état que ce soit, le sacerdoce excepté (1).

Il y a tout à craindre d'un abus contraire de la part des familles pauvres, généralement désireuses de compter un prêtre dans leur sein. Animées par des vues intéressées et ne consultant que leurs propres convenances dans les projets de placement de leurs fils, elles les jettent ainsi par calcul dans la carrière cléricale, qu'elles considèrent comme le plus commode de tous les états. On comprend assez que, peu

---

(1) Il est cependant un cas particulier où les maisons opulentes consentent à laisser certains de leurs enfants libres d'entrer dans la cléricature ; c'est quand ils présentent des difformités corporelles ou un défaut radical d'intelligence qui en fait des êtres inutiles et inaptes à toute position séculière. Les parents aimeraient à se décharger de ces fardeaux de famille pour en faire peser le poids sur l'Église, à laquelle ils lègueraient ainsi leurs charges et leurs embarras.

soucieuses de la gloire de Dieu et de la sanctification des âmes, elles n'ont en perspective que les avantages temporels provenant du service de l'autel. Elles n'envisagent ni les vertus qu'exige cet état, ni les sollicitudes trop réelles qui y sont attachées, ni surtout les nombreux écueils que la fragilité humaine y rencontre. Elles se figurent au contraire qu'on y trouve repos, considération, aisance, affranchissement complet des exigences de l'état laïque, de tous les embarras que traîne d'ordinaire à sa suite le mariage même le mieux assorti parmi les hommes de leur classe : voilà les seules considérations qui les touchent (1). Elles poussent donc follement leurs fils dans cette carrière, sans même se demander s'ils ont le goût et l'aptitude qu'elle exige. Telle est particulièrement la pensée de la plupart des familles de la campagne, aux regards desquelles le sacerdoce se présente comme une position d'oisiveté aussi lucrative qu'honorable. Voilà les rêves de bonheur dont elles se bercent par rapport à l'avenir de leurs enfants. Voilà enfin à quoi se réduit pour ces esprits sans élévation, pour ces âmes bassement cupides, l'auguste apostolat de Jésus-Christ dans lequel ils se félicitent de trouver un heureux patronage pour tous les membres de leur famille, pour les sœurs et les neveux dont le frère ou l'oncle ecclésiastique sera le père nourricier.

Il y a donc lieu d'examiner scrupuleusement si les candidats à la cléricature ne subissent pas de fâcheuses influences du côté de leur famille, s'ils jouissent de cette

---

(1) Il ne serait pourtant pas défendu d'embrasser la vocation ecclésiastique dans le but d'y jouir des douceurs d'une vie calme et indépendante, et de se soustraire au tourment de ces innombrables inquiétudes attachées aux engagements du siècle, si l'on se proposait d'utiliser, au profit de la religion et de la science, les loisirs et l'heureuse tranquillité que présente l'état sacerdotal.

pleine liberté nécessaire pour prendre un engagement irrévocable, et conséquemment de la plus haute gravité. Une malheureuse expérience prouve que de jeunes ecclésiastiques faibles et timides vont quelquefois à l'autel, victimes infortunées de l'aveugle volonté de leurs parents, qui usent envers eux d'une sorte de coercition morale dont ils n'ont pas le courage de s'affranchir. Après le pas décisif viennent les dégoûts, les regrets et le désespoir, alors qu'il n'est plus temps, alors qu'on a dit au siècle un éternel adieu. Car on sait qu'il n'en est pas du sacerdoce comme de toutes les autres professions sociales que l'on peut abandonner, à volonté sans nul danger pour le salut, si l'on n'y réussit pas ; on ne risquerait que la perte du temps ou de quelques avantages purement temporels. Après l'émission de ses vœux sacrés, le prêtre ne peut plus rentrer dans la carrière du monde sans faire un divorce sacrilége, sans apostasier son caractère divin et indélébile. C'en est fait pour lui, *aut vincendum, aut moriendum.*

C'est assez de ces réflexions pour éveiller l'attention des supérieurs ecclésiastiques sur l'examen des motifs principaux qui inclinent les aspirants à recevoir les saints ordres. C'est pour eux un devoir de conscience de découvrir et d'apprécier les causes secrètes qui auraient pu agir d'une manière fatale sur leurs déterminations (1). La vocation,

(1) On ne peut se dissimuler que le but final de certaines familles ne soit de trouver pour leurs enfants, dans la carrière de l'Église, une situation de repos et de mollesse, des priviléges de considération et d'aisance dont elles n'ont pas l'espoir de les voir jouir dans le monde. L'état ecclésiastique n'offre plus aujourd'hui, il est vrai, de ces séductions autrefois si tentantes pour la cupidité ; mais n'est-ce pas, à leurs yeux, une bonne fortune pour des jeunes gens sortis d'une condition pauvre et obscure, deshérités de toute espérance

comme il a été dit déjà, n'est point l'œuvre des hommes ni l'objet de l'aveugle préférence des familles; c'est le résultat de la volonté expresse de Dieu qui ne bénit que ceux qu'il appelle.

Ils se souviendront, enfin, qu'un ecclésiastique sans vocation ne serait qu'un fantôme de prêtre; c'est une nullité pour le ministère pastoral, une charge pour l'Église, et le plus souvent même un scandale pour les peuples.

INFLUENCE DU TEMPÉRAMENT SUR LA VOCATION (1).

L'organisation physique de l'homme exerce une grande influence sur son moral, c'est-à-dire sur son esprit, son génie, son caractère, ses goûts et ses inclinations. L'aptitude à

terrestre, qui probablement même auraient été attachés à l'exercice d'un métier en restant dans le monde, n'est-ce pas pour eux, disent les familles, une bonne fortune de les voir gratifiés de 1200 à 1500 f. d'appointements au début de leur carrière? Un modeste presbytère ne leur paraît-il pas une habitation très-confortable pour un jeune abbé qui a passé son enfance sous un toit de chaume? Une petite paroisse peuplée de simples campagnards, n'est-elle pas comme un port tranquille où l'on est à l'abri des agitations et des orages qui troublent tant d'autres positions sociales? Il ne faut donc pas s'étonner que des familles qui voient interdire à leurs fils tout accès aux diverses carrières du monde, les vouent avec joie à l'état sacerdotal. Elles se disent alors : *Quid faciam? Fodere non valeo, mendicare erubesco.* Quelques faits particuliers mettent hors de doute cette vérité, et justifient nos appréhensions sur la légitimité de certaines vocations. Plusieurs ecclésiastiques auxquels ces réflexions étaient applicables m'ont avoué, après des écarts de conduite, que violentés dans leur vocation ils avaient eu la faiblesse de céder à d'importunes sollicitations de famille, et n'avaient accepté l'autel que sous l'influence d'un sentiment exagéré de crainte filiale.

(1) Quelques-unes des pensées exprimées dans ce paragraphe ont

la vertu et le penchant au vice dépendent en partie du tempérament et en sont le plus souvent la conséquence (1). Il y a de bonnes natures, de ces natures privilégiées, qui offrent de précieuses ressources pour la vertu; il y en a

été extraites d'un ouvrage intitulé *Théologie morale* par le Père de Breynes.

On comprend assez que les idées émises touchant l'influence du tempérament sur la moralité de l'homme, n'ont rien de commun avec le système de certains phrénologistes qui font dépendre tous les penchants et les passions de l'homme, des bosses, des saillies, des dépressions du crâne, ou des circonvolutions du cerveau. Dans ce système, la moralité et la religion seraient entièrement et exclusivement subordonnées à l'empire de l'organisation et en suivraient nécessairement les tendances fatales; de là les actions de l'homme ne seraient plus que des excitations organiques aussi peu libres que les pulsations d'une montre ou le mouvement de rotation d'un moulin à vent. Plus de libre arbitre, et conséquemment plus de mérite et de démérite pour l'homme dans cet affreux système, que des avocats ont eu l'impudence d'exploiter jusque dans le sanctuaire de la justice, pour obtenir l'acquittement de quelques scélérats. La conscience et les lumières de la magistrature ont, heureusement, repoussé cette détestable erreur non moins absurde que liberticide et immorale.

(1) Saint Vincent de Paule qui n'était pas moins judicieux qu'éminent en sainteté, admettait les influences du tempérament sur le moral de l'homme. Il y a, selon lui, des races bonnes et des races mauvaises, c'est-à-dire ayant de fortes prédispositions à la vertu ou au vice. Il regarde même comme transmissibles par la génération ces prédispositions heureuses ou perverses. Aussi, n'admettait-il point dans la congrégation de ses filles de la charité, les aspirantes originaires de familles entachées de vices ou sujettes à de graves travers d'intelligence, parussent-elles d'ailleurs avoir du mérite et de la vertu. Sa sévérité en ce point allait jusqu'à exiger que ces familles fussent irréprochables depuis plusieurs générations, et qu'on ne se relâchât jamais sur cette règle dans son institut. La raison qui motivait cette rigueur de sa part, c'était la crainte fondée d'un retour fâcheux aux penchants natifs et du triomphe final du naturel sur les impressions moins fortes de la foi et de la piété chrétienne.

aussi de mauvaises, d'anormales, qui ont une forte prédisposition au vice. Il n'est pas au pouvoir de l'homme de détruire à volonté les lois de l'organisme. Mais l'influence salutaire de la grâce et la merveilleuse puissance de l'éducation religieuse peuvent remédier efficacement au mal originel, et rectifier les mouvements désordonnés d'un tempérament excessif. C'est là, en réalité, le meilleur moyen curatif des maladies morales; c'est même le seul victorieux dans le redressement des inclinations perverses qui sont constitutives.

Il est incroyable, l'ascendant qu'exerce sur le cœur humain, une impression religieuse, telle que la foi vive à un Dieu rémunérateur et vengeur. La pensée d'une éternité heureuse ou malheureuse est capable de lui inspirer un héroïsme surnaturel, et de le faire triompher des passions les plus irrésistibles et les plus indomptables. Toutefois, l'asservissement de la nature et de ses penchants, la purification parfaite des vices originels ou contractés, la pratique exacte et continue des vertus contraires, sont un phénomène moral sur lequel il serait imprudent de compter, lorsqu'il s'agit d'embrasser une vocation. Car, pour changer un naturel vicieux, il faut des efforts plus qu'humains. Saint Augustin le savait par sa propre expérience; aussi disait-il que cette transformation est *miraculum magis quàm exemplum*. Il y a donc une haute nécessité de conscience, de faire une étude très-sérieuse des penchants, soit naturels, soit acquis, de tous ceux qui se présentent aux saints ordres, et de n'y admettre que des hommes d'une raison ferme, d'une trempe d'esprit solide, d'un jugement droit et sain, d'un caractère prudent et réfléchi, non moins qu'énergique et constant, d'une humeur affectueuse et paisible, d'un cœur charitable et compatissant, d'une longanimité capable de supporter les difficultés et les contradictions, d'une grande habileté à les prévenir ou à les neutraliser. Les jeunes gens mus par des affections douces, modérées et pieuses, par ces élans purs vers tout ce qui est bien, doués de ce calme imperturbable qui rend les vertus faciles et comme naturelles, voilà spécialement ceux qui sont prédestinés au sacerdoce. Il y a des hommes d'une constitution morale radicalement viciée, d'un caractère tellement intraitable et malheureux, qu'ils ne peuvent le maîtriser ni l'assouplir que par des efforts prodigieux. Il faut peu compter sur l'amélioration de ces hommes qui ne mûrissent presque jamais, ni par le long noviciat des séminaires, ni par les études et les conseils, ni même par l'âge. *Chassez le naturel*, a dit un poëte, *il revient au galop.*

A l'égard de ces hommes dont les passions désordonnées tiennent plus au tempérament qu'à une dépravation réfléchie, c'est le cas d'user d'une miséricordieuse indulgence dans la direction de leur conscience, parce qu'ils sont moins coupables que malheureux. Mais aussi c'est une nécessité d'agir avec une extrême discrétion, et de se montrer fort difficile, lorsqu'il faudra prononcer sur leur admission à l'état sacerdotal. Si les directeurs ecclésiastiques inclinaient à recevoir quelques aspirants de cette trempe, en considération de certaines qualités supérieures, ou des efforts extraordinaires qu'ils remarqueraient en eux, il conviendrait, du moins, de les soumettre préalablement à de longues épreuves dans le monde où le naturel se dessine mieux, où les penchants, livrés à un libre essor, se révèlent avec une impétueuse franchise qui fera bientôt connaître la réalité de leurs dispositions, et juger du degré de confiance qu'ils méritent. Après cet essai qui aura permis d'apprécier au juste la force respective de leurs penchants et des résistances qu'ils y opposent, les aspirants eux-mêmes se décideront avec plus de sécurité et de sagesse. Par là, les supérieurs mettront à couvert leur responsabilité, préviendront bien des regrets amers et de graves méprises en matière de vocation.

En principe général, il convient d'écarter des rangs du sanctuaire (1) :

1° Les hommes dépourvus de tact et de jugement, sujets à des démarches irréfléchies ou précipitées ; ces esprits petits et étroits, désignés dans le monde sous le nom de têtes faibles. Eussent-ils un certain fonds de piété, et même assez

---

(1) Quelques lecteurs auront, peut-être, lieu de censurer la manière dont nous avons cru devoir établir ces diverses catégories d'exclusion dont les unes, en effet, semblent rentrer dans les autres. Mais nous aimons mieux avoir péché par défaut d'esprit logique que d'être incompris par trop de précision.

D'autres nous reprocheront encore de nous montrer trop naturalistes, c'est-à-dire de tout juger en nous plaçant au seul point de vue de la nature. Ne voulant pas laisser planer sur nous l'ombre même d'une accusation à ce sujet, nous nous empressons ici de rendre itérativement hommage à l'efficacité de la grâce, en confessant qu'elle peut faire triompher l'homme de tous les vices d'une nature perverse. St Jérôme avait une imagination de feu, St François de Sales un caractère très-irascible, et St Vincent de Paul l'humeur sombre, revêche et violente ; toutefois, avec le secours de Dieu et d'héroïques efforts sur eux-mêmes, ils remportèrent une victoire complète que l'on ne pourrait raisonnablement attendre de la masse de ceux qui ont à lutter contre les mêmes défauts originels. Ainsi, en principe général, il y aurait de l'imprudence à embrasser un état quand on se sent des inclinations naturelles qui y sont antipathiques ; car alors il faudrait, pour le remplir, une vertu surnaturelle et miraculeuse en quelque façon. Ne vaut-il pas mille fois mieux qu'on y soit spontanément prédisposé par des vertus de tempérament ?

de savoir théologique ou d'érudition, ils ne conviennent point au gouvernement des âmes, parce qu'ils manquent de sens, que leur piété est minutieuse et malentendue, et que malgré toutes leurs connaissances des règles de la morale, ils sont indécis et même déconcertés pour la solution de la plus futile difficulté. Il vaut mieux accepter des jeunes gens d'une instruction médiocre, pourvu qu'ils aient de la rectitude dans le jugement et les idées.

2° Les hommes d'une humeur hypocondriaque et atrabilaire, d'une imagination lugubre et fantasque, à conceptions paradoxales ou à goûts bizarres. Les êtres de cette catégorie sont le plus souvent capricieux, boudeurs, exaltés, visionnaires, profondément dissimulés, méfiants et sournois. On les voit montrer, jusque dans leurs fonctions sacrées, une humeur rancunière et querelleuse, un zèle amer et tracassier qui exaspère les peuples, et qui, finalement, les endurcit au lieu de les convertir. Or, des hommes sujets à d'aussi singulières aberrations, plus capables de s'aliéner les cœurs que de les gagner, ne sont nullement propres au ministère ecclésiastique (1).

---

(1) Je ne connais rien au monde de plus malheureux pour l'Eglise que les curés maladroits, tracassiers et brouillons, me disait un jour un vieil et respectable évêque. Ils sont le tourment de leurs paroissiens et la croix de leurs supérieurs ecclésiastiques. C'est un problème à résoudre, ajouta-t-il, de décider s'ils ne nuisent pas autant aux intérêts de la religion que les prêtres vicieux. Car, si ceux-ci avilissent le clergé, ceux-là le font détester et maudire; or, de ces deux maux l'un n'est pas moins déplorable que l'autre dans ses résultats.

Les ecclésiastiques qui ont reçu en partage ce malheureux caractère, se jettent presque toujours, d'une manière aveugle, dans de fausses positions, et n'adoptent le plus souvent, dans leur conduite administrative, que des mesures portant le cachet de l'imprudence et de la gaucherie. Non contents de diriger les consciences, ils préten-

3° Les hommes d'une trempe factieuse et anarchique qui fait craindre qu'ils ne deviennent un jour, dans le clergé, des

dront encore se mêler du gouvernement des ménages, de la gestion des affaires communales, d'intrigues de mariage, d'arrangements de famille, de discussions et de procès, au risque de se faire gratuitement des ennemis à jamais irréconciliables. On les verra, un jour, tonner en public contre des usages séculaires infiltrés dans les mœurs et chers au peuple, au lieu de les tolérer dans un esprit de sagesse, ou de les miner sourdement, s'ils leur semblent réprouvés par la religion et la morale. Un autre jour, ils tomberont imprudemment dans la sphère des personnes et des noms propres, et brusqueront, par des réflexions injustes ou intempestives, tantôt un maire et des conseillers municipaux, tantôt des familles notables dont ils avaient intérêt à conserver l'affection et les bonnes grâces. Ils auront encore l'imprudence, au milieu des factions qui déchirent le sein des paroisses, de prendre fait et cause pour une coterie, lorsqu'ils devraient tendre une main amicale à tous les partis et les faire fraterniser. Ailleurs, ils auront la maladresse de s'engager dans des controverses politiques très-délicates et compromettantes, qui blesseront au cœur de respectables paroissiens ou des fonctionnaires du Gouvernement. De là, surgiront des haines, des conflits, des mutineries, des plaintes et des luttes interminables qui auront immanquablement pour résultat l'expulsion de ces prêtres gauches et brouillons, des communes qu'ils ont bouleversées. De tels hommes ne devraient jamais mettre le pied sur le seuil du sanctuaire, parce qu'ils gâtent tout ce qu'ils touchent, parce qu'ils démolissent au lieu d'édifier, parce que enfin ils mettent le feu aux quatre coins de toutes les paroisses dont l'évêque leur confie l'administration.

On dira, peut-être, que leurs erreurs passées ne seront pas, du moins, sans quelque profit pour eux, et qu'elles serviront à les mettre à l'abri d'imprudences nouvelles pour l'avenir. L'expérience, qui est le fruit des années, mûrira, ajoute-t-on, leurs idées, corrigera leur inhabileté. Non, non. Le temps n'a jamais rectifié un esprit faux, ni donné de la sagesse aux êtres dépourvus de sens. Ce sont là des travers radicalement irréformables. Incapables de rester dans ce milieu juste que prescrit la raison, ils passeront successivement d'une inconséquence, d'une erreur ou d'un excès quelconque à l'extrême opposé, en sorte que leur conduite administrative sera une série d'actes em-

chefs d'opposition et de parti; ceux d'un naturel entêté et indocile, d'un attachement excessif à leurs propres idées. Cette invincible opiniâtreté à persister dans ses sentiments personnels, au préjudice de cette déférence qui est due au jugement des autres, est un fâcheux symptôme contre ceux en qui on le rencontre.

4° Les hommes turbulents et fougueux, à sensations profondes et douloureuses, à passions véhémentes et explosives. On comprend, en effet, que des prêtres qui, dans le commerce ordinaire de la vie et surtout dans leurs relations pastorales, franchiraient toutes les limites de la modération et des convenances, effaroucheraient les paroissiens et s'en feraient détester.

5° Les hommes mobiles et changeants dans leurs déterminations, sans constance dans le bien, sans fermeté dans la

preints d'imprudence, de maladresse et souvent même d'extravagance pendant tout le cours de leur vie.

Il convient de placer dans la même catégorie, ces misanthropes dont l'humeur rembrunie les dispose à voir tout en noir et à prendre tout en mal. Les prêtres chez lesquels prédomine ce tempérament sont généralement austères, durs, revêches et violents; ils n'ont jamais rien de paternel, d'amical et de bienveillant dans leurs rapports avec les paroissiens. De là, ils se rendent odieux et impopulaires, et finissent le plus souvent par faire déserter l'église et le confessionnal. Ce n'est que par la douceur et l'affabilité, que les hommes se laissent guider, surtout quand ils sont fiers et indépendants.

C'est pourquoi, il vaudra mieux donner la préférence aux hommes du défaut opposé, c'est-à-dire, qui voient tout en beau et interprètent tout en bien. Leur grande bonté de cœur, leur confiance extrême les exposera quelquefois, il est vrai, à user de trop d'indulgence et de facilité où il aurait fallu faire preuve de fermeté et d'énergie. Mais, s'ils se trompent, c'est du moins de bonne foi et en conscience; d'ailleurs, en se montrant toujours pacifiques et modérés, affectueux et conciliants, ils font bénir leur ministère et rendent aimable la religion elle-même.

vertu. Trop versatiles pour avoir rien de fixe et d'uniforme dans leurs vues, ils se laisseraient aller à de perpétuelles fluctuations relativement aux mesures diverses qui rentrent dans le cercle de leur ministère. Les ecclésiastiques de ce caractère dérangent vingt fois par jour leurs plans de conduite, entreprennent tout et ne terminent rien, et détruisent le plus souvent le lendemain ce qu'ils ont édifié la veille.

6° Les hommes durs et égoïstes, sans cœur et sans entrailles. Les hommes à vues basses et rampantes ; car l'estime de soi-même, l'amour-propre bien réglé, le sentiment de l'honneur, repoussent naturellement toute action avilissante.

7° Les hommes qui, sans avoir des vices graves bien dessinés, ont à peine ces vertus communes qui font les bons chrétiens ordinaires. Une fois sortis du séminaire et devenus leurs maîtres, ils sont souvent moins religieux et moins réguliers que d'honnêtes mondains. Il vaut autant laisser des brebis errer sans pasteurs, que leur donner des conducteurs spirituels qui, n'ayant rien de criant dans leur conduite, n'ont aussi rien d'édifiant.

8° Les hommes chez lesquels le tempérament érotique se manifeste avec une forte prédominance. Quand on a une âme débordant de sensibilité et d'amour, une imagination brûlante et désordonnée, le cœur s'éprend et s'attache avec trop de facilité. On est alors obligé de faire à la nature une violence de chaque jour, de lutter contre les affections les plus vives et les plus chères. L'homme en qui se rencontre une organisation aussi ardente, ne brisera pas, sans doute, le vase de sa pureté au premier choc des tentations ; mais il cèdera peu à peu à l'attrait de la sensualité, et finira, tôt ou tard, par succomber inévitablement, s'il n'a pas une vertu archangélique. Il faut, de sa part, de perpétuels combats pour amortir l'aiguillon de la chair. Aussi, pour un héros de chasteté vainqueur des passions, il y a dix vaincus (1). D'ordinaire, les glaces seules de la vieillesse peuvent réduire une nature libidineuse à l'abstinence des plaisirs du sens dépravé.

C'est dans le monde que sont appelés à vivre ces hommes d'un tempérament incendiaire, pour qui la pratique de la continence serait un long et cruel supplice, surtout dans la sève de l'âge et l'effervescence de la jeunesse. On ne doit donc pas leur permettre de revêtir la robe virginale des lévites, parce qu'ils seraient trop exposés à en ternir l'éclat (2).

Le tempérament mérite donc la plus sérieuse étude, parce que il exerce d'incroyables influences sur les goûts et les inclinations qui doivent, en dernier ressort, décider du choix des divers états auxquels sont destinés tous les hommes. Pour la carrière ecclésiastique, en particulier, il faut un tempérament équilibré dans de justes proportions ; alors, il offre

---

(1) *Dura sunt prœlia castitatis; ubi quotidiana pugna, ibi rara victoria.* (Saint Augustin). Cependant des fragilités, même grandes, ne prouvent pas toujours qu'on s'est trompé en embrassant l'état ecclésiastique. Ces chutes proviennent quelquefois d'imprudences commises et d'infidélité à une véritable vocation.

(2) Toutefois, il est certains cas exceptionnels, où l'on pourrait admettre à l'état clérical, des hommes dont le cœur serait même fort susceptible d'impressions érotiques : c'est quand ils ont une foi et une piété très-vives, les idées hautes et élevées, et un grand caractère. L'assistance divine, la ferveur de leur religion et la noblesse de leurs sentiments seront alors pour eux, une sauvegarde contre de honteuses fragilités, et sauront dominer les exigences impérieuses de la chair. Mais ce n'est là qu'une exception; car, en principe général, on ne doit ouvrir les rangs du clergé qu'à ceux qui ont le cœur libre de ces passions furieuses capables de troubler la raison, et d'occasionner des chutes effrayantes.

de grandes ressources pour la vertu, et de précieuses garanties de fidélité.

Ainsi on ne peut faire, avec une trop scrupuleuse attention, le choix des candidats au sacerdoce. Le gouvernement des âmes a été, sans doute, de tout temps, l'art des arts ; il exige plus de sagesse et de prudence que tout autre gouvernement. Travailler au salut des hommes et les élever à la perfection, a toujours été une mission laborieuse et pénible. Mais c'est, surtout aujourd'hui, un talent bien difficile que celui d'administrer une paroisse, et d'en diriger les esprits si divers ; il faut pour cela une habileté consommée. On sait jusqu'où va l'indocilité naturelle des peuples ; on rencontre des résistances et des oppositions pour l'exécution des mesures les plus sages, et des œuvres même les plus morales et les plus utiles. Que de caractères susceptibles et hautains à ménager, de préventions défavorables à dissiper, de contradictions et de critiques à subir, d'obstacles à vaincre, de dégoûts à dévorer ! L'insuccès du ministère, la stérilité des efforts, l'indifférence toujours croissante d'un peuple aveugle qui ne paie souvent que d'ingratitude les services qu'on lui rend, nécessitent le choix de pasteurs d'une bien grande vertu, d'une égalité d'humeur parfaite, d'une patience et d'un courage vraiment sublimes. Si donc un aspirant à l'état ecclésiastique était dépourvu de la capacité et du mérite nécessaires, aujourd'hui, à l'administration paroissiale, non-seulement l'Église n'aurait pas besoin de lui, mais encore il occuperait la place d'un ouvrier plus vertueux et plus habile, qui cultiverait fructueusement le champ que l'autre laisse en friche.

Quand Dieu appelle un homme pour être son ministre dans le gouvernement des âmes, il lui départit les qualités naturelles et surnaturelles qui lui sont indispensables pour accomplir sa mission. C'est en effet un Dieu souverainement sage, qui sait toujours proportionner les moyens à la fin. Concluons : les candidats qui ne possèdent point l'ensemble des qualités requises pour le sacerdoce, n'y sont point appelés de Dieu.

MARQUES DE VOCATION.

Dieu n'appelle pas aujourd'hui les hommes au service des autels, comme il le faisait jadis à l'égard des patriarches et des prophètes, des apôtres et de quelques autres saints personnages, qui arrivaient au sanctuaire par des voies miraculeuses. Ce n'est donc point à des prodiges renouvelés des anciens temps, que l'on devra reconnaître si l'on est destiné au sacerdoce. Il y a, en dehors de l'appel extraordinaire de Dieu, divers signes de vocation qui, examinés individuellement et comparativement, n'offrent pas, sans doute, le même degré de certitude les uns que les autres, ni conséquemment la même égalité de garanties. Mais considérées dans leur ensemble, ces marques de vocation présentent toutes les assurances désirables pour les hommes même les plus scrupuleux sur ce point. Nous allons les esquisser rapidement.

La première marque de vocation, c'est le suffrage de l'évêque et des supérieurs préposés par lui à la direction des séminaires et à l'examen des vocations ecclésiastiques.

Ensuite, le jugement favorable du peuple chrétien que l'Église appelle à concourir au choix de ses ministres. C'est de là que provient la triple publication pour l'admission des candidats au sacerdoce, dans la paroisse de la naissance ou plutôt de la résidence du récipiendaire. Les règles canoniques n'ont permis, en aucun temps, la collation des ordres sacrés, qu'après cette épreuve de l'opinion du peuple et de ses suffrages.

Puis, une bonne réputation, des mœurs graves et réglées, une vie, en un mot, irréprochable et virginale (1). L'Église n'ouvrait primitivement la porte du sanctuaire, qu'à ceux qui avaient conservé la pureté baptismale; elle considérait même l'innocence de vie, comme le symptôme de vocation le plus sûr, et la meilleure préparation à la prêtrise. C'était au point qu'elle frappait d'irrégularité et d'incapacité pour les saints ordres, tous ceux qui s'étaient signalés par des faiblesses présentant un caractère mortel, en eussent-ils fait pénitence publique; c'était là une souillure, une note d'infamie qui excluait à jamais de la cléricature. Plus tard, l'antique discipline a dû plier devant la rareté des innocents et le relâchement des siècles. C'est pourquoi l'Église de nos jours ne met plus que des souhaits à la place de l'ancienne sévérité de ses règles, et se contente de l'innocence réparée (2). Encore n'est-ce qu'après de rassurantes garanties, qu'elle admet à l'ordination ceux qui ont failli à la vertu. Jamais elle ne leur a permis, même en cas de disette d'aspirants, de passer immédiatement de la pénitence à l'autel. Plusieurs années d'épreuves doivent auparavant constater la sincérité de leur retour, et la persévérance de leurs dispositions (3).

(1) *Ante omnia, sacerdos castitate debet accingi.* (Origène) *Solùm qui agunt puram vitam sunt Dei sacerdotes* (Clém. d'Alex.).

Nihil est si non est castus. (Saint Thomas de Villeneuve). *Sacerdotium ex virginum ordine præcipuè constat.* (Sainte Epiphane). L'Église considérait même comme une incontinence, un second mariage.

(2) *Si innocentes non invenit, pœnitentes requirit* (Benoît XIV).

(3) *Quis vidit clericum citò pœnitentem ?*

Ajoutons, que ceux qui se sont rendus coupables d'égarements notoires feraient beaucoup mieux d'aller pleurer leurs crimes dans le parvis du temple ou dans ces asiles consacrés, par la religion, à la pénitence. On n'a pas, généralement, de grands avantages à se promettre de la promotion au sacerdoce des plus sincères pénitents qui ont été pécheurs publics. Si, cependant, il y avait lieu de croire que, par suite d'une conversion éclatante et durable, ils dussent entrer dans la carrière pastorale, ils feront en sorte de s'éloigner du lieu qui fut le théâtre de leurs vices, pour ne pas flétrir l'honneur du sanctuaire par leurs écarts antérieurs. Dieu peut avoir pardonné ; mais le monde n'excuse jamais.

Appelés du Ciel pour travailler à la sanctification des hommes, les candidats ecclésiastiques doivent être eux-mêmes des modèles de sainteté ; *Prius sanctificari, deinde sanctificare.* Semblables au soleil qui éclipse les autres astres, les jeunes lévites s'efforceront d'éclipser tous les fidèles par leur sainteté.

Le signe le plus positif de vocation, c'est l'estime et l'amour dont on se sent pénétré pour l'état ecclésiastique, le goût bien prononcé pour l'accomplissement de toutes les obligations qu'il impose. Ceux qui y sont vraiment appelés se sentent une inclination, entendent une voix secrète qui les y attire ; comme le jeune Samuel, ils éprouvent une vive satisfaction, un contentement intime à être dans le sanctuaire, à croitre à l'ombre des autels, à s'occuper de tout ce qui a rapport au culte de Dieu, aux fonctions du ministère et aux exercices de la piété. Cette inspiration qui n'agit pas transitoirement (1), mais

---

(1) On se mettra en garde contre cet attrait passager qui dirige quelquefois des jeunes gens vers l'état ecclésiastique, dans certains

d'une manière vive et constante, sur le cœur et la conscience des appelés, est le présage heureux et certain que le ciel les destine au sacerdoce, toutefois quand il est joint à une aptitude réelle. En effet, lorsque Dieu, auteur de tous les dons, tant de la nature que de la grâce, départit à la fois le goût et toutes les facultés requises pour remplir les devoirs d'un état avec affection et intelligence, c'est une preuve manifeste de vocation.

Cependant, il n'est pas nécessaire que cette aptitude s'étende à toutes les fonctions qui peuvent se rattacher plus ou moins directement au sacerdoce. Parmi ceux qui y sont prédestinés, les uns se sentent plus d'attrait pour les exercices de la vie contemplative et la célébration du saint sacrifice, pour les fonctions du tribunal sacré, l'administration des sacrements, l'instruction de l'enfance, en un mot pour le gouvernement des paroisses; les autres ont de la prédilection pour l'étude des sciences, l'enseignement public et la prédication.

Enfin le récipiendaire à la cléricature ne prendra pas une résolution définitive, sans la soumettre à l'avis d'un guide sage et expérimenté avec lequel il conférera de toutes ses dispositions intérieures. Il s'attachera à lui faire bien connaître son génie, son caractère, son attrait, ses talents, son aptitude, avant de s'engager irrévocablement dans un état qui exige les plus sûres garanties de vertu et de perfection. C'est aussi la raison qui détermine l'Église à exiger

---

moments de ferveur et d'exaltation. Ce n'est là qu'un feu de paille qui s'éteint presque aussitôt qu'il est allumé. Ces jeunes gens indécis entre Dieu et le siècle, dont les affections se partagent alternativement entre l'un et l'autre, montrent trop d'instabilité dans leurs goûts pour rassurer sur leur vocation.

tant d'études et d'épreuves préparatoires. Après son admission au sacerdoce, le jeune lévite saura apprécier la faveur insigne dont Dieu l'a gratifié, en l'élevant à un si haut rang. Il correspondra à cette grâce sublime par la sainteté de ses mœurs et une vie vraiment angélique, s'efforçant *magis adhùc excellere merito quàm gradu et dignitate ;* car les coopérateurs de Jésus-Christ dans le ministère sacré doivent être des anges terrestres.

Melius esset habere paucos ministros bonos, quàm multos malos (Saint Thomas).

CHAPITRE II.

CÉLIBAT ECCLÉSIASTIQUE.

Le mariage est, sans contredit, un état saint, honorable et sans tache, d'après la doctrine de saint Paul; l'Eglise a même excommunié autrefois des sectaires qui l'interdisaient comme essentiellement mauvais. Toutefois, elle reconnaît un état qui lui est supérieur, une autre voie plus pure et conséquemment plus propre à assurer notre perfection; c'est la virginité. Libre à chacun de chercher dans le mariage un remède à l'infirmité de la nature, mais heureux celui qui se sent assez fort, avec l'assistance de la grâce, pour maîtriser l'appétit sensuel, et résister aux instincts qu'il inspire. Loin d'être une prescription rigoureuse et tyrannique, le célibat est plutôt une loi de liberté, et l'exemption des soucis cuisants et des innombrables sujétions de l'état conjugal, que l'Apôtre appelle *les tribulations de la chair*. Il est incontestable que les jouissances du mariage sont éphémères et illusoires, et qu'elles ne peuvent guère compenser les tristesses et les amertumes qu'il traîne à sa suite. Examinons, en effet, les alliances les mieux assorties et en apparence les plus heureuses; que d'angoisses secrètes vous y rencontrerez, si vous pénétrez dans la vie intérieure des époux! Que de fadeurs et d'insipidité cachées sous le prestige de satisfactions qui semblaient pleines de saveur et de charmes? Quel dégoût au fond de la coupe que la main des plaisirs présentait comme si délicieuse ! Que de dissensions intestines entre des conjoints dont on est peut-être tenté d'envier le bonheur ! Que de souffrances morales pour des cœurs souvent juxtaposés plutôt qu'unis ! Combien de sacrifices pour le support des humeurs, des préventions et des jalousies mutuelles ! Combien ces contrariétés s'aggravent péniblement par l'obligation de vivre côte à côte et pour toujours sans même s'aimer ! L'union conjugale est si longue, et l'on se voit de si près avec tous ses défauts de part et d'autre ! Quelle monotonie, quelle lassitude, quel profond dégoût après qu'on s'est connu avec toutes ses misères physiques et morales, après qu'on a senti toute l'inanité, tout le vide du bonheur des sens ! (1)

Certes, il n'y a pas jusqu'aux plaisirs purs et nobles qui ne s'usent bien vite; mais combien les joies de la volupté deviennent fastidieuses, après le moment d'ivresse qu'elles procurent ! Quelle invincible répugnance, quelles terribles antipathies surgissent souvent tout à coup au sein de la famille, et se résolvent quelquefois en ruptures d'éclat, si l'estime ou l'amitié ne survit au sentiment de l'amour éteint ! Et même dans l'heureuse et rare supposition de la continuité de l'amour sans la moindre altération, quelle amère douleur si une mort soudaine vient frapper l'un des fortunés époux ! Ajoutez à tous ces sujets de désolation le malheur d'avoir des enfants qui sont tantôt idiots ou languissants, tantôt dénaturés et indignes, ou qui, s'ils présagent à leurs parents un naturel heureux et des talents pleins d'avenir, meurent

---

(1) Ces jouissances, selon St Augustin, *habent jucunditatem falsam, asperitatem veram, certum dolorem, rem plenam miseriæ.*

prématurément sans leur laisser le consolant espoir d'une postérité nouvelle. Je passe sous silence les charges et la responsabilité de l'éducation et surtout les immenses inquiétudes qui préoccupent si vivement les pères de famille au sujet de l'établissement de leurs enfants. Que serait-ce si on énumérait les autres embarras et les traverses inséparables du mariage ! Loin donc d'appesantir le joug de J. C., les abstinences du célibat tendent au contraire à alléger le lourd fardeau de l'existence.

On dira, peut-être, que les jouissances autorisées par le mariage satisfont le cœur et l'affranchissent des désirs importuns de la chair, tandis que le célibat soulève d'affreuses tempêtes et jette l'homme dans un état d'exaltation et de délire. C'est une grave erreur de croire que la vie conjugale procure une pleine satisfaction. Car, de même que le palais blasé recherche des liqueurs fortes, des ragoûts épicés, des saveurs plus piquantes; ainsi l'appétit sensuel porte ses exigences bien au delà de ce qu'autorise la morale. Trouvant les plaisirs permis trop communs et trop monotones, il court après les jouissances illicites, rares, inusitées, contraires même à la nature ; il appelle à son secours la nouveauté et la variété pour ranimer des désirs amortis, des organes épuisés et flétris; et plus ses excès sont raffinés, moins les passions sont assouvies. En preuve de l'insuffisance du mariage à satisfaire les tyranniques exigences des convoitises du cœur, on pourrait apporter la vérification de l'expérience ; certes, de nos jours, on ne trouve guère moins de désordres chez les gens mariés que parmi les célibataires en général, du moins dans les villes. L'abstinence complète, absolue des plaisirs charnels, est même plus facile que ne l'est la modération dans l'usage, et, il y a proportionnellement beaucoup plus de célibataires continents et purs dans le sacerdoce que d'époux qui respectent les saintes lois du mariage. Paradoxale au premier aperçu, cette observation est d'une réalité incontestable pour quiconque a étudié un peu à fond nos mœurs contemporaines.

La continence n'est pas un supplice ni une impossibilité, comme se l'imaginent certains êtres asservis honteusement au joug des passions. Malgré sa fragilité, le prêtre resté fidèle à ses engagements sacrés, pendant quelques années seulement, s'assouplit à la continence qui prend insensiblement le caractère d'une habitude douce et facile; pour la vertu comme pour le vice, l'habitude est une seconde nature.

La chasteté est encore la mère de la santé, de la force et de la vigueur; elle assure à l'homme une heureuse et douce longévité, une florissante vieillesse, tandis que les jouissances sensuelles débilitent l'économie animale, épuisent l'homme, pour peu qu'elles soient excessives ou prématurées. Quel déplorable et graduel affaissement n'a-t-on pas lieu de remarquer dans tous ceux qui sont adonnés à la volupté! Voyez comme ils sont amaigris, décolorés et languissants! Ils portent les flétrissures du vice avant celles de l'âge, et sous un soleil tout jeune une existence caduque. Moins l'homme prodigue l'élément générateur de la vie, plus longtemps il se conserve robuste et heureux: rien ne l'use et ne le vieillit autant que les déperditions qui dissipent cette fleur de la santé. Combien de jeunes gens dans nos grandes cités étalent, à trente ans, une précoce vieillesse et offrent aux regards un corps qui n'est plus qu'une sorte de squelette ambulant. Les passions conspirent contre la vie et la flétrissent dans sa source; la plume se refuse à décrire leurs immenses et cruels ravages. Ajoutons que les individus amollis par des jouissances anticipées ou exagérées, prennent des habitudes de femme et ne sont plus que les pâles copies du sexe masculin. N'attendez rien de fort, de généreux, de martial, de la part de ces générations grêles, flasques et maladives, infortunées victimes de l'ignoble et homicide volupté. Voilà les excès qui ont le plus abâtardi les races, raccourci l'existence et énervé la virilité humaine. La force physique et la force morale s'en vont toujours du même pas chez les peuples comme chez les individus. Doit-on s'étonner que les voluptés de Capoue aient ruiné la vaillante armée d'Annibal, et que, plus tard, elles aient même entraîné la décadence des romains. Leur colossal empire s'écroula sous le poids de sa corruption et devint la proie des barbares qui durent cette brillante conquête autant à leur mâle et sauvage vertu qu'à la mollesse de ces anciens triomphateurs du monde. Au contraire, à quel haut degré la continence n'élève-t-elle pas l'énergie! Combien, par elle, on est propre à faire des actes de vigueur et de magnanimité (1)!

Les plaisirs sensuels éteignent même le feu de l'intelligence,

---

(1) Tacite dans ses immortelles annales fait une peinture hideuse de la corruption des mœurs romaines. A ce tableau, il oppose, dans son bel ouvrage de *Moribus Germanorum*, la sévère continence des innombrables peuplades de la Germanie, leur admirable pureté dans la jeunesse, leur inviolable fidélité dans les alliances conjugales, la force et la vigueur des générations qui en proviennent. Il exprime le vœu éminemment patriotique, que ses concitoyens puissent leur ressembler, présageant de fatales catastrophes à sa patrie, et à ces hordes sauvages la victoire et l'empire.

Déjà Fabricius dans la guerre des Romains contre Pirrhus, roi d'Epire, souhaitait vivement que les Grecs restassent toujours imbus des maximes épicuriennes et licencieuses que leur avaient inoculées leurs philosophes; en présence d'un de leurs ambassadeurs qui s'en montrait le maladroit champion, il s'écria, avec un profond sentiment de conviction et un amour ardent pour sa patrie : puissent les Grecs toujours être fidèles à ces doctrines, et Rome bientôt aura triomphé d'eux!

et arrêtent l'essor des talents ; ils refroidissent l'imagination en affaiblissant la puissance nerveuse et par là même les facultés cérébrales. Aussi les mâles génies, les âmes supérieures, les esprits profonds ne se rencontrent-ils communément que parmi les hommes purs (1). Newton, Bossuet, Fénélon, Pascal, Richelieu, Pitt, Kant vécurent dans le célibat. Les grands hommes, selon la remarque de Bâcon, ne sacrifièrent pas sur les autels de la volupté. Pythagore interdisait les plaisirs des sens à tous ceux qui voulaient s'approcher de la divinité par l'élévation des pensées et des sentiments. C'est la chasteté, selon lui, qui fait germer les conceptions sublimes et héroïques, et allume dans les âmes le génie qu'on ne rencontre pas chez les hommes livrés aux excès du vice. De même que les fleurs dépouillées de leur pollen coulent sans donner de fruits, ainsi les talents s'étiolent et se flétrissent dans l'abus des jouissances. C'est au point que des jeunes gens d'une grande capacité sont devenus des esprits sans étoffe et sont tombés dans un crétinisme qui les a déshérités de toute intelligence, tandis que la continence est la sève du génie, non moins que de la force et de la vertu ; elle centuple les facultés, embellit l'imagination et donne des ailes à la pensée ; elle fait tout fleurir, tout briller en nous, et assure à l'espèce humaine une haute supériorité intellectuelle et morale.

C'est surtout au clergé que le célibat est utile et indispensable. Le prêtre homme spirituel ne doit tenir à la terre par aucun lien. Dévoué au service des autels, appelé à offrir chaque jour le plus auguste des sacrifices, il est tenu d'y

---

(1) Voltaire a dit : un esprit corrompu ne fut jamais sublime. Selon un autre écrivain, tout mortel qui porte un cœur gâté, n'aura jamais qu'un esprit frelaté.

porter une pureté angélique. De plus, il a besoin d'une grande liberté d'esprit pour approfondir les hautes vérités religieuses, et s'élever aux contemplations les plus sublimes. Or, ce genre d'étude est peu compatible avec les inquiètes sollicitudes attachées au mariage, état dans lequel il faut qu'un père consacre son temps, son travail et ses affections à une épouse et à des enfants. Ce n'est que dans le célibat qu'on est affranchi des soins d'un ménage, de l'entretien d'une famille. N'ayant à pourvoir à l'existence et au sort de personne, le prêtre célibataire jouit d'une tranquille indépendance qui lui permet d'être tout entier à lui-même et à son ministère. Dégagé des embarras du siècle, il vaque à la méditation des choses célestes sans aucune préoccupation terrestre et prend librement son essor vers Dieu. Il n'a, en un mot, ici-bas, d'autres soucis que son église et sa paroisse. Donnez-lui une autre épouse, une parenté charnelle, son cœur et ses pensées seront entièrement pour elle. Reconnaissons donc que *le prêtre doit être sans famille, sauf sa famille spirituelle;* (1) car, s'il appartient à une femme et à des enfants, il n'appartient plus à sa paroisse; sa charité se resserre devant l'indigence publique pour se concentrer dans le cercle étroit de sa lignée. Enfin le ministère de la confession exclut le mariage. Dévoilerait-on au prêtre qui pourrait, à son gré, prendre femme, le mystère des consciences, les faiblesses du cœur et les secrets les plus importants des familles? Quelle mère voudrait confier la direction secrète de sa fille à celui qui aurait intérêt à en devenir l'époux? On s'est donc alarmé à bon droit des effets funestes que produirait inévitablement sur l'esprit des peuples, le spectacle d'un prêtre passant du confessionnal entre

---

(1) Paroles de M. de Lamartine.

les bras d'une femme qui, peut-être, aurait été sa pénitente comme fille. Ne serait-ce pas encore à l'aide d'une intrigue secrète nouée dans les rapports nécessairement confidentiels de la direction, que le projet de fiançailles aurait été conçu et arrêté ? Aussi la morale publique a-t-elle voué à l'exécration l'alliance sacrilége du prêtre avec la femme. N'aurais-je pas raison de clore ces observations en affirmant que l'avilissement du clergé serait la conséquence finale de la suppression du célibat (1) ?

(1) « Certes, ce n'est pas moi, dit M. Michelet dans son histoire de France, tome II, qui parlerai contre le mariage : cette vie a aussi sa sainteté. Toutefois ce virginal hymen du prêtre et de l'Eglise n'est-il pas quelque peu troublé par un hymen moins pur ? Se souviendra-t-il du peuple qu'il a adopté selon l'esprit, celui à qui la nature donne des enfants selon la chair ? La postérité mystique tiendra-t-elle contre l'autre ? Le prêtre pourrait se priver pour donner aux pauvres, mais il ne privera point ses enfants... Et quand il résisterait, quand le prêtre vaincrait le père, quand il accomplirait toutes les œuvres du sacerdoce, je craindrais encore qu'il n'en conservât pas l'esprit. Non, il y a dans le plus saint mariage, il y a dans la femme et dans la famille quelque chose de mou et d'énervant qui brise le fer et fléchit l'acier. Le plus ferme cœur y perd quelque chose de soi. C'était plus qu'un homme, ce n'est plus qu'un homme. Il dira comme Jésus quand la femme a touché ses vêtements : Je sens qu'une vertu est sortie de moi. Et cette poésie de la solitude, ces mâles voluptés de l'abstinence, cette plénitude de charité et de vie où l'âme embrasse Dieu et le monde, ne croyez pas qu'elle subsiste entière au lit conjugal.

C'était fait du christianisme si l'Eglise amollie et prosaïsée dans le mariage se matérialisait dans l'hérédité féodale. Le sel de la terre s'évanouissait et tout était dit. Dès lors plus de force intérieure, ni d'élans au ciel ! Jamais une telle Église n'aurait soulevé la voûte du chœur de Cologne, ni la flèche de Strasbourg ; elle n'aurait enfanté ni l'âme de saint Bernard, ni le pénétrant génie de saint Thomas : à de tels hommes il faut le recueillement solitaire (*) ! »

(*) Goethe, Wilhelmmeister.

CÉLIBAT ECCLÉSIASTIQUE; 33

Que l'on compare le clergé célibataire de l'Eglise catholique avec le clergé marié des diverses communions chrétiennes, protestantes et schismatiques. Où se rencontrent le dévouement héroïque, la brûlante charité et l'indépendance qui ne connaît d'autre sujétion que celle du devoir ? Quelle différence entre le curé catholique généralement instruit, tout à fait à la hauteur de sa mission, et le pope grec dont l'ignorance et la dégradation morale sont choses proverbiales, même aux yeux de ceux qui réclament son ministère ! Trouve-t-on dans le clergé protestant ce désintéressement, cet oubli de soi, ce sacrifice de la santé, de la vie, dont nos prêtres donnent des preuves si éclatantes chaque jour et particulièrement dans les calamités publiques? Quand le protestantisme a-t-il enfanté des Charles Borromée, des Belzunce, des Vincent de Paule, des Cheverus (1)? A-t-il produit

(1) On sait jusqu'où va le sublime dévouement du clergé catholique pendant l'invasion de ces terribles fléaux qui portent au sein des familles et des cités la contagion et la mort. La peste de Milan, celle de Marseille, le cholera de nos jours, etc. etc., ont prouvé à l'univers entier tout ce dont est capable un prêtre célibataire et fidèle, dans ces grandes catastrophes qui affligent l'humanité. Plusieurs centaines d'ecclésiastiques périrent à Milan dans l'exercice d'une charité surhumaine. Plus de deux cent cinquante prêtres tant séculiers que réguliers, d'après le rapport de M. de Belzunce, moururent en héros chrétiens lors de la peste de Marseille en 1720. Tout le monde connaît le noble et intrépide dévouement des deux grands évêques qui occupaient les siéges de Milan et de Marseille. On sait qu'ils volèrent personnellement au secours de tous les pestiférés, qu'ils leur prodiguèrent leurs biens, leur santé et leur vie. On les voyait et le jour et la nuit, à la tête de leur clergé, pénétrer à travers des amas monstrueux de cadavres à demi pourris et laissés sans sépulture au milieu des rues et des places publiques, pour aller consoler les malades et confesser les moribonds. Dans ces temps de ravage et de désolation où la mort moissonnait par jour plus de mille habitants de ces

un dévouement pareil à celui de ces filles hospitalières qui sacrifient leur jeunesse, leur beauté, souvent même l'avenir le plus brillant au soulagement de toutes les souffrances physiques et morales ; de ces religieuses du bon pasteur qui se renferment dans les cloaques les plus immondes pour

villes infortunées, la crainte de la contagion s'emparait bientôt de tous les esprits et la stupeur bannissait jusqu'aux sentiments d'humanité, jusqu'aux affections mêmes de famille ; on fuyait dans le désir de conserver sa vie. C'est en se montrant les martyrs de la charité que les prêtres réveillaient la compassion dans le cœur des habitants démoralisés, retrempaient leur courage, et les décidaient même à braver, à leur exemple, les horreurs de la mort.

Exigez d'un prêtre époux et père ces preuves d'intrépidité et d'héroïsme : ce sera en vain. On connaît les plaintes faites contre les ministres protestants, à l'époque du choléra, au sujet de l'abandon où ils laissaient leurs paroissiens atteints de l'épidémie régnante. Ces accusations ont retenti assez haut dans les journaux britanniques et français, pour obliger l'archevêque anglican de Dublin à essayer une justification publique de la conduite inhumaine de son clergé. Le motif qu'il allègue pour excuser cette lâcheté est vraiment incroyable : c'est l'inefficacité du ministère religieux pour le salut des moribonds. *Rien n'est plus mal choisi*, dit-il, *que le lit de douleur, et surtout que le lit de la mort... Un protestant ne doit pas se croire coupable de mépris pour la religion, parce qu'il n'appelle pas un ministre lorsqu'il se sent près de mourir... Je ne craindrai pas de dire qu'un protestant qui se trouve atteint d'une maladie contagieuse est obligé de ne pas exposer son pasteur au danger de gagner la maladie en l'appelant auprès de lui.* A-t-on lieu d'attendre des actes d'une charité magnanime de la part des ministres d'une religion dont les chefs adressent de telles instructions à leurs peuples ?

Lorsque la peste sévissait avec le plus de fureur à Genève, au commencement de la réforme, les ministres calvinistes déclarèrent *qu'ils iraient plutôt au diable que d'aller visiter les pestiférés qui mouraient dans l'abandon et le désespoir.* Calvin le premier avait eu soin de quitter le théâtre de l'épidémie sous prétexte d'aller donner des conférences à Strasbourg. (*Histoire de l'établissement de la réforme à Genève* par Magnien.)

guérir les plaies hideuses de l'impudicité; de ces héroïnes chrétiennes qui renoncent à leur famille, à leur patrie, pour aller exercer l'apostolat de la civilisation au sein de la plus sauvage barbarie; de ces prêtres de la charité catholique qui fixent leur demeure sous des climats meurtriers, à la cime des montagnes, au séjour des glaces éternelles, pour sauver l'infortuné voyageur enseveli sous des avalanches de neiges? Oui, dans les deux hémisphères, la virginité a embrassé comme ses sœurs toutes les misères de l'humanité.

Quand a-t-on vu les sectes bâtardes envoyer chez les nations sauvages des missionnaires comme saint François-Xavier et tous ceux qui ont marché sur ses traces? A qui mieux qu'à nos prêtres les consciences osent-elles découvrir leurs secrets, les affligés confier leurs peines et leurs angoisses? Il faut que le célibat du prêtre catholique inspire une confiance absolue et bien méritée; il faut qu'il fasse briller sur son front l'auréole d'une bien grande sainteté, puisque, malgré les scandales du sanctuaire, les catholiques ne peuvent supporter l'idée du plus chaste hymen dans leurs guides spirituels. Cette manière de voir n'est, du reste, que l'écho de la pensée antique qui a retenti à travers tous les siècles et chez toutes les nations même payennes pour arriver jusqu'à nous (1). Ou l'abstinence complète des œuvres de la chair pour toute la durée de la vie du prêtre, ou du moins pendant l'exercice temporaire de ses

---

(1) Le respect pour la virginité s'est fait jour même à travers les ténèbres du paganisme : témoin ces priviléges immenses dont on dotait les vestales, ces hommages presque divins qu'on leur rendait, jusque sous les règnes infâmes des Tibère, des Néron et des Caligula.

Virgile en faisant la description des Champs-Elysés, place au nombre des plus fortunés habitants de ce céleste séjour, les prêtres qui

fonctions sacerdotales, telle a été invariablement la discipline austère à laquelle l'homme de Dieu s'est soumis dans la plu-

avaient su conserver leur chasteté pure et sans tache : *quique Sacerdotes casti, dum vita manebat.*

Il n'y a pas jusqu'aux tribus les plus incivilisées et les plus sauvages, qui n'aient apprécié tout ce que la virginité a de sublime et d'héroïque. On connaît la différence qu'elles faisaient entre les *robes noires* pénétrant dans leurs solitudes avec une simple croix de bois, et les missionnaires protestants débarquant dans un port de commerce, avec l'attirail de leurs femmes et de leurs enfants. Les premiers détachés de toute affection de famille, de tout intérêt humain et temporel, leur apparaissaient comme des êtres divins descendus du ciel. Les seconds guidés par l'amour du gain et uniquement préoccupés de spéculations mercantiles, ne leur semblaient que des hommes communs, que des trafiquants avides de faire rapidement fortune. Ce ne sont, disaient-ils, que des vendeurs d'eau de feu (eau-de-vie) et des acheteurs de peaux.

Cicéron, après avoir reconnu que le culte de la Divinité exige beaucoup d'innocence et de piété, une inviolable pureté de cœur et de bouche, rapporte un passage de Socrate où ce philosophe compare la vie des âmes chastes à celle des dieux (*De naturâ Deorum*). On exigeait chez les Grecs que la prêtresse d'Apollon fût vierge.

Parmi presque toutes les nations, tant anciennes que modernes, on a toujours témoigné une profonde vénération aux prêtres et aux prêtresses vierges.

Au témoignage de Tacite, la vierge Vela jouissait, auprès de quelques tribus germaniques, d'une confiance et d'un ascendant tellement illimités, qu'elle intervenait dans tous leurs conseils, et que ses paroles y étaient accueillies comme autant d'oracles ; elle était même l'objet d'une sorte de culte divin.

En général, chez toutes les nations païennes, les filles qui, par piété envers les dieux, s'étaient vouées à la chasteté, passaient pour des êtres mystérieux et célestes; on leur attribuait l'insigne privilége d'interpréter les volontés divines et de prophétiser l'avenir.

On a remarqué l'expression du même sentiment chez plusieurs nations modernes; les Péruviens, entre autres, professaient un respect religieux pour les Vierges du soleil.

part des sectes chrétiennes (1). Et pour pouvoir s'y soustraire sans réclamation de la part des fidèles, il fallait ce changement radical que la réforme protestante a fait subir à la notion du sacerdoce acceptée universellement. L'Eglise latine ayant toujours considéré la continence absolue comme un état de perfection indispensable aux hommes chargés d'un ministère religieux, exige impérieusement de ses prêtres l'engagement d'une chasteté perpétuelle.

Toutefois, avant de se vouer aux abstinences du célibat, ils devront étudier sévèrement leurs dispositions. On sait que le plus puissant attrait pour le cœur de l'homme, c'est celui des jouissances sensuelles. L'immolation de la chair est une abdication sublime de soi-même, c'est le plus généreux et le plus héroïque de tous les sacrifices. Le candidat au sacerdoce prendra donc soin d'apprécier les difficultés de l'obligation éternelle qu'il s'impose ; pour cela il mesurera, d'un côté, la violence de ses inclinations, et de l'autre, l'étendue de ses forces. On ne comprend pas toujours, dans les premiers élans de ferveur religieuse, tout ce qu'il faudra de résis-

---

(1) Luther, dans ses propos de table, ne pouvait dissimuler le dépit amer que lui causait la préférence accordée par les peuples au prêtre célibataire sur les prêtres mariés. Il s'indignait que ce sentiment respectable et si naturel qu'il taxait de vieux préjugé, n'eût pas disparu à la clarté resplendissante des lumières de son nouvel évangile. En effet, selon le mot spirituel d'Erasme, la réforme avait toujours le dénouement des pièces comiques, le mariage : mais c'était le mariage des prêtres et des religieuses; Luther, un des premiers, avait préludé, par son exemple, à cette sacrilége comédie.

En 1549, le Parlement d'Angleterre, quoique chaud partisan de la réforme introduite violemment par Henri VIII, déclare, dans une loi abrogative de l'obligation du célibat ecclésiastique, qu'il convenait mieux, toutefois, aux prêtres et aux ministres de l'Evangile, de vivre sans mariage, et qu'il serait à souhaiter de les voir prendre d'eux-mêmes l'engagement de rester chastes. *(Hume)*

tance et d'énergie pour comprimer des passions turbulentes et furieuses. Il se révèle quelquefois chez un jeune prêtre, surtout après son entrée dans le monde, des penchants dont il n'a pas calculé peut-être toute l'impétuosité, penchants tellement impérieux qu'ils peuvent dominer la raison elle-même. La voix de la pudeur, les lois austères de la réserve et de la décence, la crainte de Dieu et la conscience même ont été, en certains cas, impuissantes à maîtriser des cœurs affamés de jouissances. C'est un rude combat pour la vertu même des saints, celui que livre sans relâche le démon de la concupiscence. Or, quand on est sujet à des transports voluptueux d'une imagination effrénée, qui semblent tenir du vertige, la conscience fait un devoir de ne point embrasser le célibat. La nature parle alors avec une telle énergie qu'on ne peut s'y méprendre, et c'est là un symptôme certain de non-vocation. Ils devront donc s'éloigner du sanctuaire ces hommes d'un tempérament de feu, pour qui les abstinences de la chasteté seraient trop difficiles à garder. En se vouant à une perpétuelle continence ils se condamneraient à un long et douloureux martyre; ils se prépareraient des tentations, des regrets tardifs, des désespoirs et très-probablement même de déplorables chutes, d'autant plus que le sacerdoce est une carrière environnée de périls et de séductions. *Utinam*, dit saint Bernard, *qui continere non valent, perfectionem temerariè profiteri ac cœlibatui dare animas vererentur.. Esset sine dubio melius nubere quàm uri, et salvari in humili gradu fidelis populi, quàm in cleri sublimitate et deteriùs vivere et districtiùs judicari.*

CHAPITRE III.

PIÉTÉ DU PRÊTRE.

Le clergé a rarement offert, dans les siècles antérieurs, une décence de mœurs et une régularité plus exemplaire que de nos jours ; sa vie extérieure est un spectacle d'édification pour tout l'univers catholique. Aussi, ses censeurs et ses ennemis eux-mêmes proclament-ils hautement que, dans aucun temps, l'habit ecclésiastique n'a été porté avec plus d'honneur qu'il l'est par quarante mille prêtres répandus sur la terre de France.

Mais c'est trop peu pour un ministre de la religion de n'éviter, dans sa conduite, que les vices criants et les dérèglements d'éclat; car il n'aurait rien qui le distinguerait de la plupart de ces honnêtes gens du monde qu'il doit dépasser en vertu. Appelé par office à la sanctification des âmes, il n'atteindrait pas au but de sa mission si, sans être précisément coupable d'aucune prévarication, il se trouvait dépourvu de cette vie intérieure et spirituelle qui fait l'homme de Dieu. N'est-ce pas, en effet, un défaut capital dans un pasteur de ne pouvoir inspirer à ses paroissiens la foi, la religion et la pratique des autres vertus chrétiennes ; de n'avoir ni zèle, ni amour, ni sainteté, rien en un mot de toutes ces belles qualités qui caractérisent le bon curé. Les abus et les dérèglements du monde menacent moins le sanctuaire que l'absence de cet esprit de piété qui est comme l'essence du sacerdoce. La tendance au relâchement, cause la plus ordinaire du dépérissement moral des prêtres, provient presque toujours du refroidissement de la ferveur qui a lui-même pour principe une vie tout humaine et extérieure, toute dissipée, frivole ou sensuelle. Dans cet état, on rentre rarement en soi-même, on se recueille à peine quelques instants rapides devant le Seigneur pour lui offrir de rares et tièdes hommages d'adoration et d'amour. Est-il alors étonnant que l'esprit ecclésiastique ne survive point à la décadence de la piété, et que toutes les autres vertus sacerdotales disparaissent bientôt dans ce naufrage.

La vie spirituelle est le moyen le plus propre à soutenir le prêtre et à l'empêcher de dégénérer ; c'est la source où il puise toutes les grâces célestes qui l'élèvent à la perfection de son auguste état ; c'est le foyer où il réchauffe son cœur, ranime son zèle et retrempe son courage. De même qu'une branche n'a de vie qu'autant qu'elle pompe la séve aux racines de l'arbre ; ainsi le prêtre ne puise l'esprit ecclésiastique que dans une vraie et solide piété. Sans elle, il épanche son âme au dehors, perd insensiblement l'affection pour les choses de Dieu et néglige la pratique de ses devoirs. Voilà pourquoi, au lieu d'un ministre généreux et ardent pour tout ce qui tient au culte divin, on ne rencontre plus en lui qu'un homme fonctionnant par routine, à la façon d'un instrument mécanique. De là encore, il n'y a pas loin à l'extinction de tout sentiment religieux dans la paroisse qui a le malheur d'être confiée à la garde d'un tel curé. Car, c'est de son cœur que l'esprit chrétien doit découler comme d'une source sur les peuples ; c'est par lui seul qu'il peut être réveillé en eux, s'il venait à s'amortir. Or, au lieu de raviver parmi ses paroissiens la foi et la ferveur qu'il n'a pas lui-même, le prêtre indévot n'ira-t-il pas plutôt répandre son esprit d'indifférence sur eux, et ne les laissera-t-il pas s'endormir dans une tranquille impénitence ? Voilà où conduit inévitablement l'exemple contagieux d'un curé qui n'a pas d'attrait pour la vie intérieure ; sa paroisse croupit dans une lâche indolence à laquelle succède bientôt une léthargie mortelle. Comme le feu s'éteint faute d'air et de combustibles, l'esprit de Dieu s'étouffera jusqu'à la dernière étincelle dans les âmes, s'il n'y est entretenu par l'ardeur de celui qui les dirige. Aussi, est-ce une bien triste époque, dans les annales d'une paroisse, que la période de temps qu'y a vécu un prêtre dépourvu de l'esprit de son état. Un demi-siècle sera peut-être nécessaire pour y régénérer le sentiment religieux, et arracher l'ivraie qu'il y aura laissée croître. C'est un véritable bonheur que la mort prématurée ou l'éloignement d'un tel pasteur.

Hélas ! cependant, rien de plus facile, rien même de plus inévitable que la perte de la piété dans un prêtre séculier, s'il ne s'environne de toutes les précautions nécessaires pour la conserver. Il n'en est pas de lui comme de ces religieux séquestrés du commerce des hommes et préoccupés uniquement de leur salut personnel. Pour ceux-ci l'isolement et les exercices de la vie contemplative sont une sauvegarde assurée. Mais elle s'évapore si vite, au vent du siècle, la ferveur dans un prêtre livré à la dissipation tumultueuse qui l'entoure! On a tant de peine de trouver quelques instants fugitifs pour se recueillir, quand on est constamment étourdi par les pensées du monde ! On est naturellement si enclin à adopter ses vues, ses sentiments et ses habitudes dans les relations obligées de la vie sociale !

On cède si facilement au torrent de l'exemple ! Certes, s'il n'y prend garde, le prêtre perdra bientôt tous ses goûts ecclésiastiques dans son contact avec les hommes. Sans cesse distrait des soins de son état par les choses extérieures, il finirait par vivre dans un vide complet de l'esprit de Dieu. L'Eglise a presque toujours la consolation de remarquer que ses prêtres, dans les jeunes années de leur sacerdoce, donnent l'exemple de toutes les vertus. Elle a plus tard la douleur de les voir s'affaiblir graduellement en eux, ces vertus qui réjouissaient le ciel et édifiaient la terre. Et pourquoi ? C'est qu'elles se sont évanouies au dehors avec la piété qui les soutient et les conserve à l'aide de ses pratiques. Pour mieux apprécier l'importance et la nécessité de cette vertu, considérons un instant le curé dans ses diverses fonctions, et bientôt nous aurons la conviction qu'elle est l'âme de son ministère.

Voyons-le d'abord à l'autel. Pour faire dignement l'offrande de l'auguste sacrifice, il faut un profond recueillement et une dévotion vive et sincère; car c'est le sacrifice du Dieu de toute sainteté et de toute perfection. Mais si le prêtre prétend célébrer, sans un vrai sentiment de piété, il s'expose à profaner ce qu'il y a de plus sublime et de plus divin; et il change en remède de mort le sacrement destiné à régénérer la vie. La communion où les simples fidèles puisent un accroissement de zèle et d'amour qui les ranime et les sanctifie, devient au contraire pour l'ecclésiastique indévot une pierre d'achoppement; c'est même là le grand écueil pour le salut des prêtres. L'usage d'offrir, chaque jour, les saints mystères sans ferveur, affaiblit le respect pour les choses sacrées, et finit par dégénérer, pour eux, en une routine qui ne réveille plus aucun sentiment. C'est ainsi que les ministres de la religion annulent, par leur froideur, les souveraines ressources qu'ils devaient retirer de la célébration du sacrifice eucharistique. Combien n'en est-il pas qui, après quarante ans passés dans le sanctuaire, sont plus imparfaits qu'au début de leur carrière ! L'autel malheureusement a toujours endurci beaucoup de prêtres indolents, et n'en a que peu converti, en sorte qu'il y a presque plus à compter sur le retour d'un laïque ouvertement déréglé que sur celui d'un ecclésiastique dont le cœur est insensible aux impressions de la piété. Voyez dans le ministère ces prêtres qui ont perdu l'esprit de foi et de ferveur ; leur goût pour les fonctions sacrées est comme tout à fait affadi ; pour eux la table sainte n'est plus qu'une table commune. Familiarisés avec le corps auguste de J.C., ils le touchent, le reçoivent et le distribuent comme un aliment ordinaire ; ils célèbrent à l'autel avec une froide apathie, une sacrilége précipitation qui scandalise les fidèles. Leur attitude à l'église est celle de l'ennui, du dégoût et de l'impatience ; cette coupable disposition se révèle dans tous leurs traits, dans tous leurs actes qui, au lieu de présenter le caractère du respect et de la vénération, n'ont l'air que de mouvements automatiques. De là à la profanation et au précipice il n'y a pas loin. Il n'est presque point de milieu entre la piété et le sacrilége ; et l'on devient communément prévaricateur dès qu'on a cessé d'être fervent. Telle est, pour un bon nombre d'ecclésiastiques, une des plus terribles matières du compte qu'ils auront à rendre au tribunal de Dieu.

Considérons maintenant la conduite du prêtre indévot au tribunal sacré. La confession, on le sait, est la plus difficile, la plus pénible et la plus rebutante de toutes les fonctions du ministère. Elle est particulièrement un objet de lassitude et de dégoût pour les prêtres qui n'ont pas à cœur les devoirs de leur état (1).

C'est assez dire qu'un pasteur de ce genre entendra les confessions sans attention et comme par grâce; peut-être même témoignera-t-il de l'impatience et de l'ennui, faisant voir à ses pénitents que c'est, pour lui, une tâche intolérable à remplir. Il est naturel qu'un prêtre qui confesse d'une oreille inattentive et sans goût, se montre encore froid, languissant et précipité dans l'acquittement de ce devoir; aussi renverra-t-il ceux qu'il entend, sans avis, sans aucune parole d'édification et de salut, se bornant à leur imposer une pénitence quelconque. Complétement insouciant, il ne témoignera pas le moindre intérêt pour l'avancement d'un grand nombre d'âmes qui, dirigées par une main plus charitable et plus habile, auraient fait dans la vie intérieure les progrès les plus rapides. Il est même vraisemblable que, dans certains moments d'humeur, il fera des reproches accablants, donnera hautement des signes d'aigreur et de dépit, faisant du tribunal de la miséricorde le siége de ses vengeances personnelles, y parlant en juge irrité plutôt qu'en père compatissant. Ce sont-là des

---

(1) La confession est, sans doute, un sujet de graves soucis pour tous les bons prêtres; c'est une torture morale pour les consciences délicates, par suite de la responsabilité qu'elle entraîne. Mais, bien que cette fonction soit pénible aux ecclésiastiques timorés, ils la remplissent toujours avec exactitude, dévouement et ardeur, par le sentiment du devoir et la conviction des immenses avantages qui en résultent pour la sanctification des peuples. Le confessionnal est, au contraire, une sorte d'épouvantail pour tous ces prêtres que n'anime pas l'esprit de leur état; pour les y amener, il faut les y traîner de force. On les verra souvent renvoyer cinq à six fois à d'autres moments les pénitents qui se présentent, lesquels dégoûtés de ces ajournements multipliés finiront par déserter la pratique d'ailleurs si gênante de la confession.

excès sans doute bien déplorables, mais non imaginaires ; car ils ont scandalisé les fidèles en quelques paroisses et flétri le ministère de plusieurs prêtres. Tant il est vrai que, sans l'esprit de Dieu, on n'est plus l'homme de Dieu, mais simplement un homme avec toutes les faiblesses et les misères de la pauvre humanité. Et si nous voyons tant de chrétiens croupir dans la torpeur spirituelle et l'abandon des sacrements, n'est-ce pas parce que leurs guides se sont souvent montrés eux-mêmes dépourvus de piété et des autres vertus ecclésiastiques, nécessaires à la direction des âmes.

Quant à la prédication, quelle efficacité pourrait-elle avoir dans la bouche d'un pasteur dont l'âme est vide de Dieu? S'il proclame les vérités de la foi ou les préceptes de la morale, c'est d'un air de froideur qui détruit toute la puissance de sa parole. S'il fait retentir et gronder les échos de l'enfer et de l'éternité, c'est sans conviction et par là même sans force persuasive. S'il déclame contre les abus et les vices publics, c'est avec une lâche mollesse ; s'il exhorte à la pratique des vertus chrétiennes, c'est sans chaleur et sans onction, et conséquemment sans bénédictions et sans succès. Ne lui demandez pas de ces touchantes expressions inspirées par la tendresse pastorale, de ces accents pathétiques, de ces traits d'une vigoureuse éloquence qui remuent profondément les âmes. Un prédicateur dépourvu de cet esprit de ferveur qui est l'aliment du zèle et de l'énergie apostolique, aura beau mettre en œuvre tous les ressorts de l'éloquence, il n'instruira que d'une manière sèche ; l'assistance l'écoutera de même quand elle ne s'endormira pas sous la monotonie de ses phrases. On dirait véritablement que l'insensibilité de son cœur vient glacer sur ses lèvres ses paroles même les plus chaleureuses, aussi impuissantes qu'un vain son à émouvoir. Et, comment serait-il capable de faire passer dans l'âme de ses auditeurs cette foi vive et cette ardeur pour le bien, ce désir de la perfection, ce feu céleste et divin dont il ne sent pas une étincelle en lui-même ? C'est la piété seule qui vivifie la parole sainte et attire du ciel sur les peuples toutes ces grâces sans cesse renaissantes que Dieu destine à leur salut.

Oui, c'est un phénomène infiniment rare de voir un prédicateur indévot arracher des larmes de componction à ceux qui l'écoutent. On lui accordera, peut-être, cette attention d'intérêt et de bienveillance que commandent les talents ; on préconisera son esprit et la beauté de son imagination ; on vantera le mérite littéraire de ses compositions ou l'artifice de son débit ; mais en résumé, on ne verra en lui qu'un rhéteur disert et habile, qu'un agréable discoureur, et non un vrai prédicateur de l'Evangile ; et l'on peut répondre d'avance de l'insuccès de tous ces magnifiques sermons qui ne sont pas le langage de la piété et l'expression sincère du cœur. Combien d'orateurs dont la réputation a jeté au loin le plus vif éclat, et qui ne pourraient pas même citer une seule conversion comme résultat de leurs brillantes stations dont on peut dire qu'elles font plus de bruit que de fruit ! Il leur manquera toujours ce qui constitue seul l'éloquence, c'est-à-dire cette chaleur de sentiment qui rend le discours vif, animé, pénétrant.

Non, ce ne sont pas les discours élégants et fleuris, les prédications tout humaines qui impressionnent vivement les peuples ; c'est plutôt l'esprit de Dieu et l'influence de la grâce bien supérieure aux plus beaux dons de la nature, et que rien au monde ne peut remplacer. L'éloquence chrétienne est moins l'effet de la science que de la piété ; c'est une production du cœur plutôt que de l'esprit. Ce serait se tromper étrangement que de la faire consister dans les pompeuses créations de l'art, et non dans les ardentes convictions de la

PIÉTÉ DU PRÊTRE.

foi ou les brûlantes effusions de la charité. La piété est l'âme des talents ; c'est elle qui les utilise et les relève lors même qu'ils sont médiocres. S'ils ne sont pas animés de l'esprit de Dieu, ils ressemblent à ces météores qui éblouissent, mais n'éclairent et n'échauffent pas. La bouche n'est que l'interprète des sentiments intérieurs ; où puiserait-elle donc la force d'émouvoir et de persuader, quand le cœur est lui-même sans amour et sans vie ?

Qu'il est, au contraire, éloquent le prêtre vraiment pieux qui ne parle jamais de Dieu sans avoir, auparavant, parlé à Dieu ! L'ardente conviction qui l'inspire, se laisse apercevoir jusque dans l'expression de sa physionomie. On sent qu'il est intimement et profondément pénétré des vérités qu'il annonce. Son langage fortement persuasif touche, ébranle et subjugue l'auditoire qui ne peut se défendre des impressions produites sur lui. Parle-t-il de la religion à ses paroissiens ce pasteur fervent, il leur en insinue facilement l'estime et le goût. Il trace de si magnifiques tableaux de la vertu qu'il la fait chérir et pratiquer, et fait du vice des peintures si vives qu'il en donne de l'horreur. Il n'est point, sans doute, un de ces orateurs qui flattent les oreilles et satisfont l'esprit par le brillant des pensées et la pureté de la diction ; mais, sans être châtiées et éloquentes, ses compositions seront du moins pleines de sentiment et d'énergie, et elles attendriront les cœurs les plus insensibles, parce qu'il y a en lui une puissance d'onction à laquelle personne ne peut résister (1).

Ainsi, pour faire renaître dans une paroisse la foi et la

---

(1) Le père Bourdaloue se plaignait amèrement, dans le temps même que ses stations étaient si courues, qu'on rendît aux sermons du père Elisée les bourses que l'on coupait aux siens.

religion, un prédicateur a indispensablement besoin lui-même d'une foi vive, d'une piété tendre et solide. Il ne sera apôtre et convertisseur qu'autant qu'il sera fervent : *sanctificari priùs, deinde sanctificare*, dit saint Grégoire de Nazianze. Aussi, un bon curé rachète-t-il tout par sa piété et sa vertu, pourvu qu'il ait, en fait de connaissances, une médiocrité suffisante. Un mot d'édification dans sa bouche produit des merveilles de grâces qu'on attendrait vainement de toutes les ressources de l'érudition profane. Semblable à une rosée fertilisante, son éloquence portera d'abondants fruits de salut, même dans les jours de l'indifférence la plus désespérante. Il devra, sans doute, s'attendre à éprouver des mécomptes et de tristes retours, à rencontrer même d'opiniâtres résistances; mais, de loin en loin, il verra des brebis égarées reprendre le chemin du bercail, et passera peu de jours sans avoir opéré quelque bien parmi les hommes.

L'édifice des vertus sacerdotales repose sur le fondement de la piété (1), qualité la plus précieuse qui est l'âme du ministère pastoral et le caractère distinctif de tout prêtre selon le cœur de Dieu. On a beau, sans elle, semer, planter, arroser; rien ne germe, ne croit et ne mûrit, parce qu'on n'a pas la bénédiction de celui qui donne seul à toutes choses l'accroissement et la vie. De même qu'une fleur se fane et que l'herbe se dessèche dès que la pluie ou une main bienfaisante cesse de les arroser, tel le prêtre dont l'âme n'est pas nourrie et sans cesse vivifiée par la ferveur. Il est comme un oiseau sans plumes et sans ailes, comme une lampe sans huile, comme un corps sans âme; cette vertu est sa sève,

---

(1) *Pietas omnium virtutum fundamentum.* (St Ambroise.)
Voilà pourquoi le vénérable Jean d'Ovila disait : quiconque n'est pas homme d'oraison et de piété, n'est point fait pour le sacerdoce.

sa force, sa sûreté et sa vie, en sorte qu'il lui faut nécessairement respirer dans cette atmosphère religieuse sous peine de n'être qu'un fantôme de prêtre.

Que la piété fleurisse donc toujours au milieu de nous. Certes! si elle disparaissait jamais des rangs du peuple, ne devrait-t-elle pas aller se réfugier parmi les membres d'un corps obligé par état de la réveiller dans les cœurs. Semblable au soleil qui verse la lumière et la chaleur sur toute l'étendue du globe terrestre, le clergé doit aussi répandre l'esprit de ferveur et de foi dans le monde moral.

Le bon curé ne se bornera pas à être pieux pour lui personnellement ; médiateur entre le ciel et la terre, coadjuteur de J. C. dans le grand œuvre du salut, il ravivera encore la dévotion qui l'anime en tous ceux que Dieu a confiés à sa vigilance pastorale et à sa paternelle tendresse. C'est pourquoi, dès l'aurore de chaque jour, il adressera au Très-haut, pour tous ses enfants spirituels, des prières embaumées d'un céleste parfum de foi, d'espérance et de charité. Dans la célébration du saint sacrifice, il intéressera le souverain pasteur en faveur des travaux de son apostolat, et le conjurera de les couronner de succès. En recommandant à la divine miséricorde tous les besoins de son peuple, il fera des vœux plus affectueux et plus pressants pour celles de ses ouailles qui errent aveuglément dans le sentier de l'erreur et du vice. Vers les heures du soir, son zèle et son dévouement lui inspireront encore la salutaire pensée de revenir dans le silence du sanctuaire, pour renouveler ses supplications et épancher son âme en la présence du Seigneur. C'est dans ces pieuses communications qu'il puisera un nouveau goût pour ses laborieuses fonctions, un zèle plus ardent pour la conversion de ses paroissiens, une détermination plus ferme et plus courageuse, quelque adoucissement à ses ennuis et à ses peines, un peu de consolation, enfin, aux amertumes de la vie. Rien, en effet, de plus propre que la piété à étouffer les peines, à adoucir les contradictions des hommes et les tribulations du ministère pastoral, dans lequel le pauvre prêtre travaille trop souvent pour des ingrats, sans recueillir tous les fruits qu'il aurait droit d'attendre. En allant déposer ses peines et ses angoisses dans le sein paternel de Dieu, il retrempera assez son âme pour avoir la force de supporter tout ce qu'il y a de plus accablant et de plus intolérable.

Saint Bernard, appréciant l'importance respective de la prédication, du bon exemple et de la piété, attribue la préférence à cette dernière (1). Il n'est pas possible, en effet, que dans toutes ses pieuses recommandations à Dieu en faveur d'infidèles paroissiens, il n'obtienne de nombreuses conversions, de ces retours soudains qu'on ne saurait expliquer que par la souveraine efficacité de ses saintes oraisons(2). C'est de là, dit Massillon, qu'est parti le coup heureux qui est allé abattre ces pécheurs rebelles et audacieux, et les a transformés en pénitents humbles et brisés de componction.

Pénétrons-nous donc de la toute-puissance de la piété, qui est comme le canal des grâces célestes et des bénédictions divines sur le sacerdoce et sur les peuples. Il n'est aucune faveur, aucun bienfait que l'ardente piété d'un prêtre ne puisse obtenir de Dieu ; elle désarme sa justice, fléchit sa clémence et fait une si sainte violence à l'infinie bonté, qu'elle lui commande en souveraine, et puise à volonté

---

(1) *Manent tria hæc, verbum, exemplum, oratio : major autem horum est oratio.* — *Vacua non potest redire oratio.*

(2) *Multùm enim valet deprecatio justi assidua.*

dans les trésors divins. Telle est la piété qui, bien qu'elle ne soit pas la seule vertu du prêtre, ni son seul moyen de sanctification, suffit néanmoins au salut du pasteur et du troupeau.

Heureux donc et mille fois heureux le prêtre qu'anime une piété sincère, vive et éclairée ! Heureuse la paroisse qui possède un tel pasteur ! Heureuse l'Eglise, quand elle a le bonheur d'avoir un grand nombre de tels ministres !

CHAPITRE IV.

DE LA TIÉDEUR DANS LE PRÊTRE.

La tiédeur est un état de langueur et de défaillance morale dans lequel l'âme ne se porte qu'avec indolence et dégoût aux choses de Dieu, aux exercices du culte et aux diverses pratiques chrétiennes. Elle est à peu près pour la vie spirituelle ce qu'est pour le corps une infirmité chronique qui, sans présenter un caractère alarmant, affaiblit la vitalité, dessèche le malade et le mène lentement au tombeau. Une indisposition de cette nature, par exemple, une fièvre continue, n'offrit-t-elle que de légers accès, est souvent plus à craindre qu'une maladie aiguë, violente et convulsive dont un homme de l'art connaît facilement les symptômes, la marche et les progrès ; il sait alors quels en sont les remèdes et il les applique le plus souvent avec succès. Mais rien n'est aussi désespérant pour la pratique médicale que le traitement de ces affections morbides, qui consument peu à peu les forces, minent sourdement la santé et conduisent finalement à un état de consomption. Telle est précisément la tiédeur; elle ne foudroie pas l'homme dans sa vie surnaturelle comme le péché grief, mais elle la détruit insensiblement en lui et le mène par degré à un dépérissement qui a pour résultat la mort morale. C'est pourquoi les auteurs ascétiques regardent la tiédeur comme presque aussi dangereuse que les passions et les vices, et la condamnent, en quelque façon, à l'égal du crime. Dieu lui-même a déclaré ne pas souffrir cette sorte de mitoyenneté entre le vice et la vertu. En réalité, il serait difficile de décider quel est le pire des deux états : savoir, celui du péché mortel, ou celui d'un homme habituellement mou et indolent, terrestre et mondain, pour qui les choses divines et sacrées sont fades et insipides, les pratiques sanctifiantes onéreuses, le sentiment du devoir et l'amour de la vertu sans attrait. Quand on languit depuis longtemps dans ce milieu entre le bien et le mal, on finit par être sans défiance, sans inquiétudes sérieuses, et, au sein du plus grand relâchement, on jouit d'une fausse sécurité qui est plus à craindre, peut-être, que les grandes chutes. Car, dans leur effroyable profondeur, ces chutes causent une vive commotion, alarment un homme de foi, provoquent son repentir et souvent même son retour immédiat à Dieu. L'état du péché mortel peut donc n'être que purement transitoire, et le coupable auquel il reste de la conscience, s'en relève communément avec une grande énergie (1). D'ailleurs,

---

(1) Il en est d'une âme habituellement fidèle qui tombe par surprise dans une faute grièye, comme d'une lampe qui vient de s'éteindre ; il lui reste encore une impression de chaleur telle qu'il suffit de l'approcher tant soit peu de la flamme pour la rallumer.

David, le publicain, l'enfant prodigue sont la preuve que les grandes chutes sont quelquefois moins à craindre, par exemple, que la tiédeur dans le Pharisien qui se perdit sans désordres criants et sous les apparences d'une vie régulière.

Qui spernit modica, paulatim decidet. (Eccl., 19, 1.) *Ecce quantus ignis quàm magnam sylvam incendit.* (Jac. 3, 5.)

Quoties inter homines fui, minor homo redii. (Imitation.)

l'éducation religieuse, le sentiment de sa position, le respect de son caractère, l'honneur sont pour lui autant de préservatifs contre de honteuses faiblesses. Mais on prend naturellement peu garde à des infidélités journalières qui paraissent sans gravité. On se persuade qu'il n'y a pas sujet de s'inquiéter de ces habituelles négligences dans le service de Dieu, de l'omission des pratiques religieuses, de l'usage familier et machinal des sacrements, de la dissipation d'une vie tout humaine et toute séculière. Pour lever ses scrupules et se rassurer complétement, le prêtre tiède croit n'avoir besoin que d'une certaine régularité qui exclut toute faute positivement mortelle; alors plus de troubles ni de remords pour lui, tant qu'il n'apercevra pas dans son train de vie un sacrilége, un scandale, un crime bien caractérisé. Cependant, rien que Dieu voie avec plus d'indignation que cette profonde apathie dans laquelle croupissent des prêtres sans cœur et sans énergie, qui font tout de mauvaise grâce, avec dégoût et dédain. Aussi saint Bernard et saint Bonaventure, frappés de cette périlleuse position, assurent-ils qu'il est plus facile de ramener à la pénitence un grand coupable parmi les séculiers qu'un prêtre habituellement tiède et indolent. Il est si rare, en effet, de passer de la langueur et du relâchement à des sentiments de ferveur! D'ordinaire, on reste enseveli dans cet état de somnolence et de torpeur, qui est comme le tombeau de la piété. Or, après ces grands scandales qui viennent du sanctuaire, voilà une des plaies les plus dangereuses pour le sacerdoce, et une des plus grandes calamités pour les paroisses elles-mêmes.

Je dis, d'abord, une des plus dangereuses pour le sacerdoce. Car, une des grandes misères de l'humanité dans le prêtre, c'est de tendre toujours à se relâcher et à décroître. Combien d'ecclésiastiques pieux et réguliers dans les beaux jours de leur sacerdoce, qui, dégénérés aujourd'hui de leur ferveur primitive et devenus tout méconnaissables, sont un sujet de douleur pour l'Eglise ! On ne les voit pas, sans doute, se précipiter tout-à-coup du relâchement dans les excès du vice ; ce n'est qu'insensiblement qu'ils passent du sommeil de la tiédeur à celui de la mort. Ils débutent presque toujours par l'abandon de ces pratiques conservatrices de la piété et de l'esprit ecclésiastique, que le monde regarde comme minutieuses; puis, chaque jour, moins scrupuleux et moins timorés, ils retranchent successivement de leur règlement de vie jusqu'aux plus importantes précautions destinées à servir de sauve-garde contre la fragilité de leur jeunesse. Peut-être résisteront-ils encore courageusement à l'assaut de ces passions auxquelles on ne peut succomber sans périr ; mais ils cèdent très-facilement à toutes ces menues tentations qui familiarisent doucement avec le vice et conduisent aux avenues du crime. A une conscience délicate, qui tremblait à la simple apparence du mal, succède bientôt une conscience large que de graves prévarications ne peuvent plus émouvoir ; ils se laissent aller finalement à ces énormes chutes par lesquelles Satan frappe le dernier coup. Telle est la décadence graduelle du prêtre qui glisse dans l'abime plutôt qu'il ne s'y précipite. C'est presque toujours par un grand nombre de fautes légères contre lesquelles il ne se tient pas en garde, qu'il prélude à des chutes mortelles (1).

---

(1) Les commencements en toutes choses sont d'une faible importance, au moral comme au physique. Les torrents et les grands fleuves ne sont souvent à leur source qu'un filet d'eau. De vastes incendies sont quelquefois le résultat de la plus légère étin-

Parvint-il, au surplus, dans l'état de tiédeur, à éviter tout ce qui est criant et scandaleux, tout ce qui pourrait compromettre directement son salut ou son honneur, serait-il suffisamment vertueux devant Dieu ? Serait-ce assez pour lui de se préserver de ces grands désordres qui révoltent, d'avoir même des mœurs irréprochables, si, au fond, il ne vaut pas mieux que les honnêtes gens du peuple, s'il n'a pas plus de foi, de piété et de zèle que des laïques ordinaires ? Certes !

celle. La piqûre d'un insecte vénimeux qu'on a négligé de panser, cause parfois la mort. Les eaux pluviales, par leur infiltration dans la charpente, les murailles et les fondements d'un édifice, pourraient à la longue en causer la ruine, lors même qu'elles ne tomberaient que goutte à goutte. De petites ouvertures cachées au fond de cale d'un vaisseau peuvent le submerger tout aussi bien qu'une violente tempête. On ne meurt pas moins d'une maladie de langueur que d'un coup d'apoplexie foudroyante ; la différence n'est que dans le mode. Et qu'importe qu'on se précipite au fond d'un abîme ou qu'on y glisse, qu'on soit étouffé sous un monceau de sables ou écrasé par un rocher, dit Saint Augustin. Ainsi en est-il des manquements légers et de cette foule d'infractions avec lesquelles la conscience se met en paix. On marche rapidement au péché mortel quand on se familiarise avec les fautes vénielles, et qu'on y vit sans scrupules, sans remords, sans précautions pour s'en préserver. C'est surtout quand on appartient à un état qui commande une plus haute perfection, que le précepte d'éviter le péché est plus impératif et plus rigoureux. Ce qui ne serait pour un laïque qu'une simple tache, pourrait être une grande souillure pour le prêtre ; une peccadille pour l'un serait un crime pour l'autre. La vertu doit être en proportion de la dignité et des grâces reçues. De même que le soleil doit répandre plus de lumière que la lune, et la lune que les étoiles, ainsi la sainteté doit être supérieure dans un ecclésiastique favorisé de tant de grâces et honoré d'un si sublime caractère. L'exemption du vice n'est pour lui que le commencement de la sainteté ; c'est le fondement sur lequel il doit asseoir l'édifice de ses vertus sacerdotales. Premier en autorité, il doit surtout se montrer le premier en régularité, et dépasser en perfection toutes les ouailles du troupeau qu'il régit.

n'est-ce pas, aux yeux de Dieu, un crime pour un prêtre, de manquer des vertus et de l'esprit de son état ? N'est-ce donc rien pour lui de vivre habituellement sans règle et sans ordre, d'omettre ses exercices de piété et toutes les pratiques sanctifiantes, de porter, chaque jour, dans le sanctuaire, la tiédeur de ses adorations et l'irrévérence même, de rester inattentif à tous ses devoirs, de ne pas aimer sa cellule de prières et d'études, de ne rechercher que ses aises, de consumer des années entières en lectures frivoles, en voyages de plaisirs, en festins et passetemps, de se donner tout au dehors et point au dedans, de mener, enfin, une vie qui n'a rien de sérieux et d'ecclésiastique, et qui, en resumé, n'est même pas chrétienne ? Assurément, le prêtre qui, au lieu de s'effrayer d'une conduite aussi peu sacerdotale, a le malheur de s'endormir dans une sorte de sécurité, sous le spécieux prétexte qu'il n'est pas désordonné, ni conséquemment l'ennemi formel de Dieu, marche rapidement à l'impénitence, et il y a pour lui d'autant moins de chances de retour qu'il s'imagine n'avoir que la responsabilité d'une simple négligence nullement compromettante pour le salut. Ce n'est point assez pour celui qui a l'honneur d'être le ministre de Dieu d'avoir une vie sans crime, si elle est sans vertu. Ce n'est même point assez pour lui de ramper nonchalamment dans les voies d'une vertu médiocre et commune.

Ah ! ce n'est donc pas sans raison que les moralistes ont fait un si déplorable portrait de la tiédeur ; c'est un mal profond, justement appelé par eux le marasme et la consomption de l'âme ; c'est même un mal irrémédiable sans un de ces prodiges que Dieu n'opère ordinairement que par une grâce de prédilection.

Préjudiciable au sacerdoce, la tiédeur ne l'est pas moins

aux paroisses, en paralysant le ministère du prêtre. Et comment aurait-il des succès le curé lâche et indolent, dans l'âme duquel la tiédeur a refroidi les ardeurs du zèle et altéré si profondément le principe de la vie spirituelle? Comment, s'il dort lui-même, parviendra-t-il à réveiller ses paroissiens morts, languissants ou endormis? Ne leur communiquera-t-il pas plutôt sa nonchalance pour le service de Dieu, son dégoût pour la vertu, son insensibilité pour tout ce qui a rapport au salut? Est-il bien capable d'inspirer le recueillement et le respect pour les choses saintes un prêtre indévot, que l'on voit monter à l'autel sans préparation, qui ne fait les cérémonies qu'avec une indécence déplorable, qui célèbre avec une sacrilége précipitation, qui allie les mystères les plus saints avec les mœurs les plus communes? Comment conduira-t-il les âmes dans les voies de la perfection, lui qui n'a pas la moindre notion pratique de spiritualité, qui a même moins de ferveur et de vertu que plusieurs des pénitents qu'il dirige? Comment, dans la chaire chrétienne, pourra-t-il, avec une éloquence vide, sèche et froide, déployer cette chaleur de sentiment qui seule fait fructifier la prédication? La glace n'échauffe point, et une nuée sans eau ne rafraîchit pas; ainsi, le prêtre atteint du mal de la tiédeur ne remuera jamais les consciences pendant tout le cours de sa longue vie, et ne retirera que peu d'âmes des voies de la perdition; c'est à peine s'il parviendra à corriger un seul désordre ou un seul abus. Empreint d'un caractère d'indifférence et de profonde insensibilité, le ministère de cet ecclésiastique, qui est comme le reflet de son propre cœur, sera frappé d'une complète stérilité. Tout être vivant et animé engendre son semblable, et, par cette raison, l'homme produit toujours son pareil; ainsi le pasteur tiède n'engendrera que des paroissiens qui lui ressemblent; car ce n'est qu'à des saints qu'il appartient de faire des saints; à eux seuls Dieu réserve les grandes bénédictions pour le salut des peuples. Il manque à l'homme tiède cette chaleur interne qui allume le feu sacré de la ferveur et du zèle, c'est-à-dire tout ce qui donne de la fécondité au ministère; de là, il est froid, mou, faible et radicalement impuissant à faire le bien. C'est un sel affadi, un canal à sec, une lampe sans lumière et un foyer sans chaleur; c'est un arbre sans séve et sans racines, une ombre sans réalité, un cadavre sans vie, c'est un non-sens. Aussi, la paroisse d'un tel prêtre est-elle comme le champ du paresseux, champ inculte et stérile, où l'on ne voit que des épines et des ronces; c'est, en un mot, une terre maudite et désolée (1).

(1) *Per agrum hominis pigri transivi, et ecce totum repleverant urticæ et operuerant superficiem ejus spinæ* (Prov. 24, 30).

CHAPITRE V.

MŒURS DU PRÊTRE.

La chasteté est une sublime vertu qui élève l'humanité jusqu'à Dieu ; celui qui la pratique est supérieur, en quelque façon, à l'ange même qui n'est chaste que par nature. Dans celui-ci c'est un privilége sans mérite; dans celui-là c'est une perfection volontaire et d'autant plus méritoire qu'elle est plus difficile. Aussi est-elle un des plus beaux fleurons de la couronne du prêtre, et un de ses principaux titres de recommandation au respect des fidèles. Pour eux, rien de plus vénérable qu'un pasteur dont une sainte pudeur embellit le front, et dont toute la vie resplendit de l'éclat de cette céleste vertu. La chasteté est, comme on sait, l'apanage particulier de l'Eglise catholique, et un attribut tellement inhérent au caractère de ses prêtres que sacerdoce et pureté sont, pour le sens, deux expressions corrélatives et identiques dans l'opinion du monde. Par la même raison, impureté et prêtrise sont deux mots qui formeraient une alliance monstrueuse. Représentant sur la terre de celui qui, autrefois, a défié les hommes de le convaincre de péché, le prêtre doit donc honorer sa sublime dignité de ministre du Très-Haut par des mœurs qui y correspondent. Il doit briller aux yeux des peuples, dit saint Chrysostôme, comme un soleil par la prééminence de ses vertus, et surtout par une chasteté parfaite. Car n'est-il pas, par état, l'ange tutélaire de la paroisse confiée à sa vigilance, et l'incorruptible gardien des mœurs publiques ? N'est-ce pas lui que Dieu propose pour modèle à l'imitation des fidèles ? Quel opprobre et quelle flétrissure pour le corps dont il est membre, quelle douleur et quelle calamité pour l'Eglise, si, au lieu de se montrer exemplaire, il était au contraire déréglé dans ses mœurs ! Il compromettrait, par son inconduite, les intérêts qui doivent lui être les plus chers et les plus sacrés, ceux du ministère de la prédication, de l'honneur du clergé, et de la religion elle-même.

1° Il compromettrait le ministère de la prédication. Rien de plus fort et de plus persuasif que la régularité dans un prêtre ; elle exerce sur les peuples une autorité bien plus puissante que le don même de l'éloquence. Un pasteur révéré pour sa vertu n'a qu'à paraître dans la chaire évangélique pour toucher tous les cœurs. Sa vie répand un parfum de sainteté qui fait mieux goûter la divine morale de la religion que les discours fleuris d'un prédicateur habile. Ses exhortations les plus familières sont accueillies avec faveur et produisent infailliblement de grands fruits, parce qu'elles s'appuient sur sa conduite. Les peuples ont moins besoin d'orateurs que de modèles de vertu ; ils croient moins aux raisonnements qu'aux faits, moins aux discours qu'aux actions. La vie de leur pasteur, voilà leur christianisme et leur évangile vivant. La religion est plus une affaire de pratique que d'enseignement ; et il vaut mieux la graver dans le cœur que de l'inculquer dans la tête. Le bon exemple est un corps de religion et de morale animée qui, en se personnifiant d'une manière visible, infiltre les vertus dans l'âme, en les y faisant pénétrer par les yeux. Cet évangile du bon exemple est, en résumé, la plus décisive de toutes les prédications, celle qui édifie, touche et convertit. Voilà l'éloquence vraiment pastorale, celle qui exerce une magique puissance d'insinuation à laquelle on cède irrésistiblement. Aussi la parole sainte a-t-elle toujours fructifié, quand elle a été annoncée par de dignes organes. N'obtiendrait-il pas de nombreuses conversions, ce prêtre vertueux fera du moins vénérer le sacerdoce dans sa personne et inspirera une intime admiration pour le catholicisme dont il est le ministre. Ah! ce n'est donc pas sans raison qu'un auteur a dit que le moindre exemple de sainteté fait plus d'impression et corrige plus de vices que cent discours pathétiques sur la morale. Il n'y a d'éloquent en réalité que l'exemple, surtout dans un curé dont la conduite doit être comme la traduction vivante de l'Evangile. Supposez, au contraire, un de ces grands prédicateurs dont l'enseignement contraste avec l'irrégularité de sa conduite, ses sermons n'auront aucune force persuasive, et conséquemment aussi point de succès. Il détruira d'une main ce qu'il édifie de l'autre, il arrachera tout ce qu'il a planté. Pour s'en convaincre, il suffit de consulter l'expérience. Donnez pour pasteur à une paroisse infidèle un homme qui lui parlerait le langage des anges, cette brillante parole ne sera qu'un airain sonnant, si ce pasteur n'est pas réputé moral. Il ne sera même bientôt plus, au jugement de la foule, qu'un histrion jouant habilement son rôle dans la chaire qui lui sert de théâtre, ou qu'un hypocrite gagé pour débiter au public des maximes auxquelles il ne croit pas. La religion n'apparaîtra dans sa bouche que comme un épouvantail propre à effrayer les gens crédules et à les contenir dans le devoir, ou comme une invention humaine exploitée au profit de ceux qui en sont les ministres. L'inconduite d'un prêtre discrédite son ministère et donne lieu de supposer que ses instructions n'ont rien de plus sérieux que sa vie ; on s'imagine qu'il ne croit pas ce qu'il prêche, et on relègue au rang des préjugés les vérités chrétiennes et les devoirs de la morale. Le nom sacré de religion et de vertu ne prendrait-il pas un air ridicule dans sa bouche, s'il passe pour les fouler aux pieds ? Aurait-il bonne grâce de venir déclamer contre un vice dont il est coupable ou de recommander le respect pour les mœurs qu'il outrage publiquement. Lorsqu'un prêtre ne saurait monter en chaire sans avoir lieu de s'accuser et de rougir, il ne lui reste à prendre que le parti du silence. Il y aurait de sa part de l'impudence à braver les observations de ses auditeurs, qui, mettant en regard ses actions et ses paroles, ne manqueront pas de lui répondre, du moins intérieurement : hypocrite, oses-tu bien profaner devant nous les noms respectables de sagesse et de morale, nous obliger à ce que tu ne fais pas toi-même, nous interdire ce que nous savons, de science certaine, que tu te permets : *Medice, cura te ipsum.* — *Cur ergo hæc quæ dicis, ipse non facis?* (St. Jérôme.) (1)

---

(1) Assistant, il y a plusieurs années, à un sermon pathétique et onctueux adressé à une paroisse le jour de la fête patronale, j'étais ému jusqu'aux larmes, à l'exemple de l'orateur qui gémissait avec un accent de douleur vraiment éloquent sur la licence impure et les orgies de ses paroissiens. Cependant, l'auditoire tout entier paraissait indifférent à l'expression des sentiments chaleureux du prédicateur. Vos concitoyens ont donc le cœur aussi froid que la glace, aussi dur que l'acier, dis-je à un des auditeurs, que sa mise signalait comme supérieur aux autres. Ah! Monsieur, me répliqua cet homme judicieux et éclairé, notre curé est un bon prédicateur, il est vrai, mais il ne vit pas aussi bien qu'il prêche, et les meilleurs sermons sont sans portée et sans valeur, quand ils ne cadrent pas avec les actions. Le

2° Il compromet son honneur et celui de l'ordre ecclésiastique. Le trésor d'une bonne réputation est ce qu'il y a de plus cher aux hommes de toute classe et de toute condition ; mais pour un corps respectable comme celui du clergé, l'honneur est, sans contredit, la propriété la plus précieuse, celle à laquelle il doit plus tenir qu'à son sang et à sa vie. Les prêtres, dit saint Cyprien, sont la fleur la plus pure de l'Eglise et la portion la plus noble du troupeau de J.-C. Elevés à un rang sublime, ils doivent porter la susceptibilité de l'honneur au point de vue des mœurs, bien plus haut que les hommes de toutes les autres classes sociales. Car des fautes en cette matière ont peu de conséquences graves dans l'ordre laïque ; mais une flétrissure aux mœurs d'un prêtre est pour lui un opprobre, un véritable assassinat moral. Dès l'instant que son honneur a souffert la moindre éclipse, la plus légère atteinte sur ce point, c'en est fait ; il est perdu sans ressource, et une réputation ternie est le plus grand des malheurs. Indulgent pour lui-même, le monde croit pouvoir tout se permettre et se pardonner ; les dérèglements les plus graves ne sont souvent à ses yeux que de pures fragilités ; mais il est inexorable relativement aux écarts des prêtres. On a beau lui dire que ceux-ci ne sont pas des êtres célestes et divins, et que, participant à la nature commune, ils peuvent aussi être sujets à toutes les infirmités morales, le monde s'obstine à n'en tenir aucun compte ; il exige que les prêtres, dans une chair fragile, ne ressentent

---

contraste choquant entre ses mœurs et ses discours a complétement anéanti l'effet de ses instructions. Ne semble-t-il pas juste, en effet, de considérer comme insignifiantes des maximes auxquelles n'attache aucune importance pour lui-même, celui qui les proclame ? Le peuple se croit ainsi autorisé à ne voir dans la prédication qu'un métier, ou un devoir de pure bienséance et de position.

rien des faiblesses de l'humanité et qu'ils vivent, non comme des hommes, mais comme des anges visibles ici-bas. Ce qu'il juge innocent ou excusable dans les séculiers, il le trouve criminel dans les ecclésiastiques; nos peccadilles sont des forfaits et ses propres forfaits ne sont que des peccadilles. Une tache tant soit peu grave est une monstruosité que l'on juge sans pitié et sans miséricorde. Pour un prêtre le soupçon seul tient lieu de preuve; il sera traduit, accusé et condamné sans appel au tribunal de l'opinion. Tels sont les hommes : il n'y a pas jusqu'à ceux qui aiment le moins la vertu pour eux-mêmes, qui ne l'exigent avec rigueur dans un ecclésiastique. Non-seulement ils sont soupçonneux envers lui, sévères même jusqu'à l'injustice, mais encore ils se montrent inquisiteurs de tous ses actes et délateurs de ses moindres faiblesses. Mille observateurs haineux ou prévenus ont toujours les regards fixés sur lui comme sur un ennemi public, et se constituent les espions perpétuels de toute sa conduite (1); et comme leur malignité naturelle les rend enclins à croire plutôt le mal que le bien, ils accueillent, avec une joie atroce, toutes les sinistres rumeurs, tous les bruits sourds, même les plus invraisemblables, qui circulent sur la moralité des prêtres, et dévoilent au grand jour de la publicité tous les

(1) Les prêtres étaient autrefois les censeurs des peuples ; mais ceux-ci sont maintenant les plus sévères censeurs des prêtres. Ils suivent de si près la conduite d'un ecclésiastique que la connaissance de ses moindres imprudences ne peut leur être dérobée. Par une fatalité qu'on ne comprend pas et qu'on ne peut assez déplorer, il n'est presque jamais de fautes graves qui ne transpirent au dehors et ne deviennent des scandales publics d'une espèce et d'une énormité particulière. On peut juger quelle profonde impression des faits d'immoralité produisent sur un peuple grossier, corrompu ou impie, toujours ivre de joie quand il trouve l'occasion de démasquer un prêtre peu rangé !

secrets de la honte sacerdotale, avec des transports qui tiennent du délire. S'il s'agit particulièrement de graves infamies, ils s'en repaissent et les savourent avec délices. Les moindres fautes ne manquent pas de narrateurs ni surtout d'amplificateurs; la chute d'un prêtre est pour ces hommes une bonne fortune, une victoire, un sujet de triomphe. Bientôt les conversations du cabaret et des veillées s'en emparent; c'est un aliment aux railleries et aux sarcasmes publics; on persifle le malheureux qui a failli, on le décrie, on le vilipende; il n'y a pas jusqu'aux êtres les plus ignobles qui ne le couvrent de leurs insultants mépris. Le mal se répand ensuite avec la rapidité de l'éclair; c'est en quelques jours, la nouvelle de la ville, du canton, de l'arrondissement, du diocèse même. Il n'en est pas, dit saint Chrysostôme, des vices du prêtre, comme de ceux des personnes du commun (1); les fautes de celles-ci restent ensevelies dans le secret ou du moins n'ont que peu d'éclat; la vie privée est comme un voile qui couvre les actions des simples particuliers; lors même qu'elles deviennent publiques, elles restent circonscrites dans les limites d'une paroisse; elles ne font ni de fortes impressions sur les esprits, ni de profondes plaies dans les cœurs; elles ne nuisent même communément qu'à leurs

---

(1) Saint Jean-Chrysostôme dit que les prêtres étant placés sur le chandelier et toujours comme en spectacle au peuple, aucune de leurs fautes ne peut rester secrète; ils sont des hommes publics et éminents, sur qui tous les yeux sont fixés. La malignité a trop d'intérêt à les trouver coupables pour ne pas épier tous leurs défauts.

Une fois devenu vicieux, un prêtre ne peut longtemps se contrefaire; ses démarches, ses visites faites ou rendues transpirent peu à peu, jusqu'à ce que le voile qui cachait ses désordres soit enfin déchiré. Le seul moyen pour lui de paraître toujours vertueux, c'est de l'être en réalité.

auteurs. Les fautes du prêtre ont, au contraire, un immense retentissement, elles passent par toutes les bouches et par toutes les plumes; on dirait qu'elles ont des ailes pour se transporter en mille lieux différents. Les libertins s'en réjouissent et en plaisantent, les hérétiques en triomphent, tandis que les gens de bien en sont humiliés, confondus et découragés. Il est des scandales qui, après avoir pris naissance dans le presbytère d'un obscur hameau, ont été colportés, en quarante huit heures, par le vent de la presse aux quatre coins du royaume. On a même quelquefois vu l'impiété recourir au burin pour divulguer certaines infamies du sanctuaire dans le but de populariser le scandale et de le jeter en pâture à la fureur d'un peuple avide de le contempler. On connaît les représentations hideuses et toutes les dégoûtantes inventions de la malice de satan pour avilir le clergé. Heureux quand la haine frénétique de ces suppôts de l'enfer ne recourt pas à d'infâmes calomnies pour accabler un innocent!

Non-seulement le prêtre déréglé se compromet, mais il flétrit l'honneur du sacerdoce. Une faute commise par lui, si elle acquiert une malheureuse publicité, est, en quelque sorte, pour la tribu ecclésiastique, ce qu'a été le péché originel pour toute la race humaine. Les innocents ont leur part des crimes qu'ils n'ont point commis. Assurément il y a une criante injustice à rejeter sur un corps tout entier les vices de quelques-uns de ses membres; c'est pourtant là un usage qui a prévalu contre toutes les règles de l'équité et de la logique, par rapport au sacerdoce. Il existe une telle solidarité entre tous les prêtres, que les fautes des individus sont imputées à tous, et que le clergé lui-même en devient responsable et complice dans l'opinion publique. Qu'un prêtre de faible vertu se soit déshonoré par une chute qui a eu de l'éclat, c'est un malheur, sans doute, qu'il faut déplorer, mais un malheur humainement inévitable, si j'ose le dire ; car quel est l'état qui ne renferme pas dans son sein quelques membres gangrenés et pourris? Cependant quand il survient un de ces déplorables événements, il y a toujours une explosion de fureur contre tout l'ordre ecclésiastique : *ab uno disce omnes*, s'écrie-t-on. Telle est la justice du monde qui, lorsqu'il s'agit des prêtres, juge toujours du particulier au général. Ne tenant aucun compte de la différence qui existe entre eux, elle place sur la même balance les bons et les mauvais et les enveloppe tous dans la même condamnation.

Bourdaloue parlant de l'injuste partialité avec laquelle on avait traité toute la Compagnie de Jésus, au moment de la condamnation de quelques-uns de ses membres, pour des propositions relâchées en matière de morale, fait cette réflexion qui est d'une justesse remarquable : « *ce que tous ont bien dit, nul ne l'a dit ; ce qu'un seul a mal dit, tous l'ont dit.* » Il en est ainsi des prêtres ; on n'impute pas au corps le mérite de tous ceux qui font bien ; on impute à tous le mal d'un seul. Que, par exemple, quatre-vingt-dix-neuf prêtres sur cent se conduisent de la manière la plus exemplaire, on n'en dit mot ; qu'un seul d'entre eux s'égare, on les accuse tous, comme si tous les apôtres devaient pâtir pour Judas, selon l'expression de Henri IV.

3° L'ecclésiastique sans mœurs compromet les intérêts de la morale et de la religion. Pour le vulgaire, la religion c'est le prêtre. Elle est tellement identifiée avec lui, qu'elle prospère ou décroît proportionnellement au degré d'influence qu'il exerce. On essaierait en vain de faire comprendre à la foule la distinction entre l'un et l'autre ; trop peu éclairée pour la saisir, elle continuera à incarner la religion dans la personne du prêtre. De cette confusion résulte une conséquence extrêmement fâcheuse, c'est que la religion devient solidaire des écarts du clergé, bien qu'elle les réprouve et qu'elle en gémisse amèrement. Oui, c'est une vérité d'expérience que les vices de ses ministres retombent sur elle, qu'ils affaiblissent les principes de la morale et de la foi, et qu'ils ruinent finalement le catholicisme dans les paroisses.

D'abord, ils affaiblissent les principes de la morale. Chef du troupeau confié à sa garde, le curé en est le guide et le modèle; il est l'homme de Dieu près de ses paroissiens : c'est là un titre à leur confiance. Si donc, au lieu d'être la censure et la condamnation des désordres publics, sa conduite est, au contraire, irrégulière et vicieuse, les paroissiens se croiront autorisés à faire ce que leur pasteur se permet dans le détail de ses mœurs privées, et se regarderont comme en sûreté de conscience, par là même qu'ils ont pour excuse l'exemple de leur curé. N'en sait-il pas plus que nous en matière de religion et de morale, se diront-ils naturellement les uns aux autres ? Pourquoi nous contraindre dans des points où il ne se refuse rien ? N'auront-ils pas des motifs aussi plausibles pour légitimer leur inconduite, que ces païens dans la bouche desquels un poëte de l'antiquité mettait ces paroles : *Si princeps deorum, Jupiter, hoc fecit, cur non facerem ego qui sum mortalis?* Pour eux, dès lors, plus de réserve ni de retenue, plus même de remords : les voilà tranquillisés dans le libertinage et affermis dans le crime. Ils iraient jusqu'à se damner avec une sécurité déplorable, s'ils savaient être de complicité avec un prêtre. C'est là, peut-être, la plus puissante invitation, le plus dangereux appât au vice. On est naturellement si enclin à croire permis tout ce qui flatte les passions ! Il est si commode de ne plus croire à la vertu pour se dispenser de l'observer ! il y a tant de chrétiens relâchés, qui seraient charmés d'avoir ce prétexte pour étouffer les cris de leur conscience et se rassurer sur les dérèglements de leur vie ! Ainsi, les fautes d'une personne vouée à Dieu deviennent, pour les libertins, la justification et l'apologie de leurs propres désordres; elles sont comme une prime d'encouragement au crime et même une sorte de honteuse consécration de l'immoralité publique (1). Quand un séducteur veut pervertir une pauvre âme encore timide, et la rassurer à l'égard d'actes coupables auxquels il cherche à l'entraîner, il ne manque jamais de lui citer un fait analogue imputé à quelque ecclésiastique. Voilà le grand écueil qui occasionne tant de naufrages dans les mœurs ; voilà une des principales pierres d'achoppement pour le salut des peuples. C'est la source empoisonnée d'où découlent ces torrents de dépravation qui inondent et souillent la surface du christianisme. Oui, disait saint Bernard, la vie désordonnée d'un prêtre, *cleri scelerata vita*, est, pour l'Eglise, une de ses croix les plus affligeantes, une de ses plaies les plus profondes. C'est un mal plus grand, sans contredit, que les persécutions qui font des martyrs ; les vices d'éclat, au contraire, peuplent la terre de libertins et l'enfer de réprouvés. Aussi, combien de personnes dont la perversion n'a eu d'autre principe que les désordres publics d'un misérable prêtre infecté de la lèpre impure ! Il y a bien peu de réprouvés qui ne pourraient en

---

(1) *Clerici vita est benè vel malè vivendi regula.* — *Flagitiosi sacerdotes non solùm vitia concipiunt, sed ea infundunt in civitatem,* dit un concile.

Laicus qui vult benè vivere, cùm attenderit clericum malè vivere, malè vivit (S. Augustin.)

Nullùm certò majus præjudicium tolerat Deus, quàm quandò eos, quos ad aliorum correctionem posuit, dare exempla pravitatis cernit; quandò ipsi peccamus, qui compescere peccata debuimus (S. Grég.)

citer un comme l'auteur au moins indirect de leur damnation. Rien au monde n'est plus contagieux que le mauvais exemple, quand il vient d'en haut, et de la part de ceux-là même qui doivent être, par état, des types de fidélité et de vertu ; le mal est alors incurable, car il est dans le remède même.

Je dis, en second lieu, que ces dérèglements affaiblissent encore les principes de la foi et ruinent la religion. Les effrayants succès de l'impiété contre le catholicisme viennent surtout de l'exploitation des scandales du sanctuaire. C'est le grand arsenal d'où l'irréligion tire ses armes contre l'Église et ses ministres. L'inconduite du clergé, tel est l'éternel refrain des incrédules et des libertins ; voilà, pour la tourbe ignorante, la plus spécieuse de toutes les objections contre la religion, le plus terrible assaut à sa foi. Du mépris pour le sacerdoce, le vulgaire passe naturellement au mépris et à la haine du catholicisme et tombe bientôt dans l'abîme de l'impiété. Quelques vieilles chroniques exhumées du passé, et ayant trait aux écarts d'un pape ou de quelques évêques ; des anecdotes contemporaines sur les faiblesses de certains prêtres, voilà les infamies qu'on ne cesse de jeter comme aliment à l'avidité publique, dans le but d'anéantir la foi des ignorants. On ne peut calculer l'effet des ravages qu'exercent sur les lecteurs oisifs de nos villes, ces libelles impurs répandus avec profusion contre le clergé. Elles sont plus effrayantes encore les conséquences que peuvent avoir pour les destinées de la religion les scandales flagrants qui éclatent dans les paroisses, sous les yeux mêmes des peuples. La chute d'un homme du monde est, le plus souvent, sans résultat fatal, nous l'avons déjà démontré ; c'est un arbuste qui fléchit. Au contraire, la chute d'un prêtre sort des proportions ordinaires ; c'est un de ces grands cèdres qui, tombant avec fracas, écrasent de leur poids tout ce qu'ils abritaient de leur ombre. C'est un crime énorme dont le retentissement, semblable à un coup de foudre, consterne tout un pays ; les habitants de la terre en rougissent, les anges du ciel en pleurent, l'enfer seul s'en réjouit. Voilà le genre d'attentat qui ébranle les croyances jusque dans leur fondement et arrache du cœur des peuples jusqu'aux derniers germes de la foi. Si l'on examine une paroisse infortunée, où vient d'éclater un de ces scandales, dont le souvenir est tout récent, ne sent-on pas s'exhaler du fond de l'âme ce cri désespérant échappé à la profonde douleur d'un saint pape, sur les maux d'une illustre Eglise persécutée avec un raffinement de cruauté inouïe, dans les siècles mêmes de Néron et de Julien l'apostat : *status plorandus, non describendus?* Le christianisme lui-même a comme disparu du sein de cette malheureuse paroisse, sous l'impression toujours vivante de l'immoralité de ce prêtre indigne. Les tribunaux de la pénitence y sont déserts, la table sainte sans convives, le sacrement adorable de nos autels sans adorateurs pendant les six jours consécutifs de la semaine. Et le dimanche, quels hommages rendra à Jésus-Christ dans son temple, une population qui est comme décatholicisée ? L'enfance y croupit dans une honteuse ignorance, insultant la vieillesse et se jouant des lois divines et humaines ; la jeunesse y est impie et dépravée ; les femmes sans pudeur ; la classe adulte livrée à tous les excès ; la vieillesse impénitente et endurcie. On n'y voit plus que des unions illégitimes et condamnables, des injustices, des inimitiés, des discordes et des procès.

Avilissement du sacerdoce, nullité complète du ministère pastoral, relâchement de toute discipline, décadence des mœurs, mépris de la religion, triomphe de l'impiété, voilà, en résumé, le désolant tableau, le déchirant spectacle que présente cette infortunée paroisse. Elle est frappée de stérilité, elle est maudite, la terre infectée des abominations du sanctuaire ; l'ombre de la mort semble planer sur elle.

A cet homme infâme, justement exclu des rangs du sacerdoce, succède un pasteur pieux et exemplaire, qui espère reconquérir la confiance publique, à l'aide de la grâce divine et de la pureté de ses mœurs. Mais, témoin d'épouvantables scandales et devenu incrédule sur la vertu des prêtres, le peuple accuse d'hypocrisie la conduite irréprochable de ce vertueux curé; seulement, il le dit plus habile que son prédécesseur à masquer ses vices. Ah! qu'elle est difficile à cicatriser la plaie qu'a faite à une paroisse le déréglement d'un ecclésiastique. Il faudra, peut-être, un siècle entier et la succession de dix pasteurs pieux comme des anges, tendres et vigilants comme des mères, fervents comme des apôtres, héros de vertus, en un mot, pour réparer les traces hideuses du passage de cet être impur, que saint Bernard avait bien raison d'appeler un monstre dans l'ordre de la religion et de la morale.

Ce n'est pas seulement sur le théâtre où ont éclaté les scandales de ce prêtre que le ministère est paralysé, c'est encore dans un lointain rayon, et partout où en a pénétré la sinistre rumeur. Tous ses collègues dans le sacerdoce se couvrent la face de honte, à la vue de l'affront sanglant fait à leur respectable corps par un de ses membres, et du déluge de maux que va répandre sur l'Eglise l'éclat d'une telle immoralité. Certes, il a quelquefois suffi d'un seul crime de ce genre pour transformer une terre de foi en une contrée de désolation et d'incrédulité. Ah! si un prêtre selon le cœur de Dieu est la plus grande bénédiction que la Providence puisse donner à une paroisse, c'est aussi, pour elle, le plus grand fléau de la colère céleste qu'un curé assez malheureux pour profaner sa consécration sacerdotale. Il faudrait les larmes d'un Jérémie pour pleurer un si énorme attentat que la Sainte-Ecriture appelle *abominatio pessima, peccatum grande nimis*. — *O miserandam Ecclesiæ calamitatem sanguineis lacrymis deplorandam*, s'écrie un saint docteur !

Quand un homme a l'honneur d'être, sur la terre, le représentant d'un Dieu et le commensal de Jésus-Christ ; quand surtout il boit, chaque matin, à l'autel, une liqueur divine et mystérieuse dont les anges eux-mêmes n'oseraient rougir leurs lèvres ; quand il porte au front la royauté du sacerdoce, n'est-ce pas une horreur que, tombant d'aussi haut, il descende au rôle infâme de corrupteur de la morale, et qu'il devienne le meurtrier des âmes dont il était appelé à être le sauveur et le père ? Oui, le prêtre qui a failli à la pureté est véritablement comme l'ange précipité du ciel et devenu démon. Ah ! n'apostasions jamais notre sublime caractère par aucun acte de bassesse et d'infamie ! Ministres du Seigneur et gardiens des mœurs publiques, méritons, à ce double titre, la confiance et la vénération des peuples. La bonne opinion qu'ils auront de nos vertus, et surtout de notre pureté virginale, leur fera glorifier Dieu et honorer notre auguste état. L'Eglise et le monde reconnaissants sauront enfin nous bénir et nous rendre justice.

CHAPITRE VI.

PRÉCAUTIONS CONSERVATRICES DES MŒURS.

L'observation de la chasteté n'est ni impossible ni même aussi difficile que se plaisent à le dire les mondains asservis au joug honteux des passions, pour qui l'habitude de satisfactions coupables a dégénéré en un besoin impérieux, et en une malheureuse nécessité. La nature s'assouplit sous l'influence de la grâce et des efforts persévérants de l'homme appelé par le ciel à la vie de continence, au point que cette vertu, qui semble aux êtres dépravés une sorte de cruel supplice, devient d'une pratique douce et facile pour tous les ecclésiastiques qui se montrent fidèles aux recommandations de l'Eglise sur ce point. L'homme, sans doute, doit toujours se tenir en garde contre les séductions de son cœur, qui est en lui l'endroit le plus faible ; mais il mettra à l'abri sa fragilité, s'il prend soin de s'entourer d'un rempart de précautions. Sa vertu alors sera invincible et son cœur en sûreté, comme une citadelle que sa position rend imprenable. Ce sont ces moyens et précautions qui vont devenir l'objet des paragraphes suivants.

CONSIDÉRATIONS SUR LE VICE IMPUR.

Les anciens représentaient la volupté avec un bandeau sur les yeux, pour signifier l'aveuglement moral dont elle frappe ceux qui ont le malheur de s'y abandonner. C'est, en effet, de toutes les passions celle qui répand le plus de nuages dans l'entendement, et qui éclipse plus particulièrement la raison. Les hommes qui ont les yeux et le cœur fascinés par le charme séducteur de la volupté envisagent rarement les conséquences des désordres dans lesquels ils se plongent; souvent même ils ne les soupçonnent pas. Il nous a donc paru convenable d'exposer quelques-uns de ces déplorables effets, en les accompagnant de considérations morales propres à prémunir contre le vice et à fixer dans la vertu.

Le prêtre se rappellera d'abord qu'il ne peut y avoir de jours heureux pour lui que ceux qu'il passera dans la pureté et l'innocence; ce n'est qu'à ce prix qu'il jouira de cette parfaite sérénité qui fait l'essence du bonheur. La vertu trouve déjà son paradis sur la terre et place la conscience dans un état de fête continuelle, qui est pour elle comme l'avant-goût des joies de l'immortalité. L'homme, dans cette douce situation, éprouve une tranquillité intérieure, un contentement intime, qui embellit son existence et répand sur elle un charme inexprimable. Sa vie s'écoule calme et heureuse, comme un beau jour sans nuages, comme un fleuve de paix qui le porte doucement vers les rivages de l'éternité. Telle est l'innocence, seule source des plaisirs purs et sans remords; elle est pour l'homme la plus complète félicité après celle du ciel.

Ils se trompent donc, ceux qui recherchent le bonheur dans les satisfactions de la volupté; ils prennent un faux jour pour le véritable, et l'illusion pour la réalité. En assignant à l'homme de sublimes destinées, Dieu n'a pas fait consister sa fin dans ces grossières jouissances dont se repait l'animal. Ces jouissances, il est vrai, présentent de loin des appâts enchanteurs; mais, sous leurs dehors séduisants, elles cachent en réalité des douceurs fausses et trompeuses. Cette délicieuse satisfaction qu'on s'imaginait trouver dans la possession d'un objet aimé n'est, au fond, que vide, dégoût, néant. Les passions ne tiennent jamais ce qu'elles promettent; c'est courir follement après un fantôme que rechercher les plaisirs qu'elles se vantent de donner, plaisirs qui étourdissent et ne sont, tout au plus, qu'un éclair de félicité. Le cœur de l'homme a des désirs infinis que rien de terrestre et de sensuel ne rassasiera jamais; Dieu, qui l'a fait pour lui, qui en est le centre et la fin, peut seul le satisfaire.

Non-seulement les joies de la volupté sont illusoires et fallacieuses, elles sont encore venimeuses et amères; elles ressemblent à ces fleurs brillantes qui exhalent un suave parfum, mais dont on sent bientôt les épines, pour peu qu'on les touche, ou bien à ces fruits dont le coloris attrayant invite à s'en nourrir, mais qui empoisonnent dès qu'on cède à la tentation de les goûter. Ainsi, en approchant ses lèvres de la coupe enivrante des plaisirs sensuels, le voluptueux sent aussitôt un poison subtil qui lui déchire les entrailles. Saint Augustin, longtemps victime des illusions de la chair, le savait par sa propre expérience, qui lui a fait dire : *Irruebam in voluptates, irruebant in me dolores.*

Quoi de plus douloureux que le tourment d'un cœur déréglé ! Les morsures d'un serpent, déchirant le sein d'un homme, n'ont rien de comparable aux cuisantes amertumes que laissent à leur suite des jouissances assaisonnées de crimes. Il a dit vrai, le moraliste qui assure qu'une mauvaise action est pire qu'une maladie, et que les peines de conscience sont mille fois plus cruelles que les souffrances physiques. On peut, pour s'en convaincre, fouiller, le flambeau du sanctuaire à la main, dans un cœur vicieux et criminel, et l'on verra les affreux tourments auxquels il est en proie. Ah! point de supplice comme celui du remords! C'est la plus intolérable torture à laquelle on puisse être condamné. Oui, on perd le bonheur en rompant avec la vertu, et la réprobation coûte plus de peine aux méchants que le ciel aux élus de Dieu. Or, tel est en particulier l'état pénible et permanent du prêtre vicieux dont les croyances n'ont pas disparu dans le même naufrage que ses mœurs. Il a conservé assez de foi pour savoir que Dieu a droit de vie et de mort sur lui, et peut le foudroyer à l'instant même où il savoure ses plaisirs ignobles. Il n'ignore pas que l'incertitude et la fragilité de la vie le placent perpétuellement à deux doigts du tombeau. Il se souvient, surtout, que Dieu tient entre ses mains les clés du ciel et de l'enfer, qu'il étend sur la tête du coupable le glaive de sa justice et de ses vengeances. Or, quelle affreuse pensée pour un homme de se voir, par suite de ses désordres, suspendu entre deux éternités si différentes et si décisives, et de vivre perpétuellement sur les limites de l'enfer! Est-ce donc si peu de chose qu'un aussi affreux supplice? On comprend assez dans quelle effrayante perplexité doit être un homme qui, croyant à des tourments sans fin, réfléchit que sa damnation ne repose que sur l'aile d'une heure, et que l'éternité peut l'absorber instantanément et pour jamais dans ses horreurs? Ah! ce n'est donc pas sans raison que saint Jérôme, pour éteindre en lui le feu des passions, méditait sans cesse, dans sa grotte de Bethléem, sur les vérités terrifiantes de l'Evangile qui, bien mieux que le cilice et les macérations, réussirent à étouffer en lui les ardeurs de la concupiscence. Que le prêtre, à l'exemple de ce saint docteur, se les rappelle sans cesse, et, comme lui, il réussira à crucifier sa chair.

A ces motifs déjà si puissants, viendra se joindre la considération de l'honneur sacerdotal. Une seule faiblesse, devenue publique, décide pour toujours de la réputation du prêtre, ternit l'éclat d'une longue vie d'innocence et de vertu, dont un seul instant, peut-être, a été criminel. C'en est assez pour effacer, dans l'esprit d'un monde injuste et prévenu, tous les services et les mérites de cinquante années d'une honorable existence. Or, quel délire de flétrir son honneur et celui du clergé, de plonger l'Eglise dans le deuil, de sacrifier sa position, son avenir temporel et éternel, pour des plaisirs qui énervent et affadissent le cœur plutôt qu'ils ne le satisfont! Le monde tolère chez un ecclésiastique bien des imperfections et des défauts; mais il est un vice qu'on ne lui pardonne jamais, un vice qui le marque au front du sceau de la honte et imprime à son sacerdoce un caractère d'infamie, c'est le vice impur. Le prêtre qui s'en rend coupable est écrasé sous le poids du mépris public, et ne laisse qu'un nom deshonoré et maudit. Comprend-on qu'il soit assez ennemi de lui-même pour s'exposer à payer, par une honte sans fin, un instant d'ivresse? Un sentiment de délicatesse et d'honneur, un noble et saint orgueil ne devrait-il pas être pour sa chasteté un préservatif suffisant?

Parlerai-je de ces agitations intérieures, de toutes ces inquiétudes mortelles dans la poursuite de ses coupables plaisirs? De la cruelle appréhension de voir ses déréglements transpirer au dehors, et d'être bientôt lui-même traduit au tribunal de l'opinion publique? Ce malheureux, dévoré de noirs soucis et de sombres pensées, tremble que tout le monde ne devine son crime. Il ne peut faire trève à la secrète et profonde mélancolie qui le ronge. Des plaisirs dissipants pourront, il est vrai, l'en distraire momentanément ; mais, bientôt rendu à ses réflexions, il retombera sur lui-même pour devenir son plus cruel bourreau. On ne saurait décrire les diverses afflictions de ces infortunés saturés de dégoûts et d'ennuis. Telle est la déplorable destinée de l'homme qui a consumé sa vie dans le vice : à la tranquillité qu'il goûtait dans ses années d'innocence, ont succédé pour lui de longs jours de lassitude et d'accablement (1). On essaierait en vain de mesurer l'abîme d'abjection et de malheur où il s'est plongé. Il est l'objet du mépris de la terre, des malédictions du ciel et de la joie de l'enfer.

Les plaisirs criminels, dit Châteaubriand, laissent constamment des souvenirs désagréables. L'aspect même des lieux qui en ont été le théâtre nous navre d'une tristesse profonde. Rien ne pèse si lourdement sur le cœur qu'un vice bas et ignominieux ; il a quelque chose de sombre et de désespérant, qui empoisonne et brise la vie. J'ai vu de ces infortunés plongés dans d'indicibles chagrins, et résolus à mettre un terme à leur déplorable existence, au moyen du suicide, s'ils n'avaient été retenus par un reste de foi. Comprend-on que des hommes qui sont les anges visibles de la terre, qui ont le front orné de la royauté du sacerdoce, qui portent, chaque jour, entre leurs mains le Saint des saints, sacrifient les plus grands intérêts du temps et de l'éternité pour d'éphémères plaisirs souillés de boue ? Ah ! que ces graves réflexions germent et fructifient dans l'âme de tous les prêtres, et leur inspirent la noble résolution de renoncer pour jamais à l'ignominie de jouissances animales et consé-

---

(1) *Ambulavimus vias difficiles, lassati sumus in viâ iniquitatis.* (Sapient., V).

quemment dégradantes pour la dignité humaine et sacerdotale. *Potiùs mori quàm fœdari.*

ÉLOIGNEMENT DES PERSONNES DU SEXE.

Quand on réfléchit sérieusement au mystère de la concupiscence et à l'immense faiblesse du cœur de tous les hommes sans exception, il y a lieu d'en être effrayé pour le prêtre lui-même qui est pétri du limon commun à toute l'humanité. L'onction sacerdotale n'affranchit pas des misères de la nature, et l'homme de Dieu, comme l'homme du monde, est capable de céder à l'attrait grossier des impulsions sensuelles. Le péril de la séduction est particulièrement à craindre pour celui qui n'a aucun objet terrestre sur lequel il puisse légitimement concentrer ses affections ; son cœur s'éprend naturellement avec une extrême facilité, pour peu qu'il soit tendre et sensible. Il importe donc au prêtre de ne négliger l'emploi d'aucun moyen propre à conserver la pureté, ce beau fleuron de la couronne sacerdotale.

Un des moyens les plus efficaces, et même l'indispensable moyen pour sauver le trésor de l'innocence que nous portons dans des vases d'une extrême fragilité (1), c'est d'éviter les rapports inutiles avec les personnes du sexe. L'ecclésiastique qui ne les verra que dans l'exercice de ses fonctions, ou dans le ministère de la charité, n'aura jamais rien à craindre, parce qu'il est couvert du manteau de la grâce, et placé sous la sauvegarde de Dieu, qui rendra sa vertu invincible. Mais on ne peut se faire une idée de l'imminence du danger que

---

(1) *Habemus autem thesaurum in istum vasis fictilibus.* (2ᵉ aux Corinth.)

l'on court dans des liaisons imprudentes, ou qui ne seraient justifiées par aucun devoir. Si le Seigneur favorise toujours l'homme sage et fidèle, il refuse sa protection aux téméraires qui affrontent le péril, et les punit souvent par l'humiliation d'une chute, dans le but de les corriger de leur présomption. L'amour profane est un poison subtil qui s'insinue doucement, et fait couler imperceptiblement la mort du péché dans l'âme. Vivre avec certaines personnes d'une manière intime, en se flattant de résister à leur séduction, c'est compter sur un miracle supérieur à celui de la résurrection d'un mort (1). Mais un tel miracle, Dieu

---

(1) *Cum feminâ semper esse et feminam non cognoscere, hoc ego majus esse puto quàm mortuos suscitare.* (Saint Bern.).

Initium libidinis est in visitatione mulierum. (Saint Jér.). *A muliere initium peccati.* (Eccli. 25).

Un ecclésiastique, dit saint Jérôme, ne doit point accorder aux femmes d'entrées fréquentes dans son presbytère : *hospitiolum tuum aut rarò aut nunquàm mulieres terant.* Ces entrées paraissent presque toujours suspectes à certaines gens du monde incrédules sur la vertu des prêtres, et compromettent l'honneur du sacerdoce, lors même qu'elles n'altéreraient aucunement l'innocence. *Esto ut sis continens,* remarque saint Bernard, *sed ego suspicione non careo, scandalo mihi es, scandalizas Ecclesiam.* Toutes les fois que des personnes du sexe se rendent dans la maison curiale sans que le public puisse donner à leurs démarches un motif plausible, cela suffit pour éveiller son attention et même bientôt des soupçons, pour peu que ces démarches se réitèrent. Or, le soupçon seul est déshonorant pour l'homme de Dieu, dont le principal mérite consiste à être exemplaire et irréprochable en matière de mœurs. C'est se rendre inexcusable et même gravement coupable envers Dieu et l'Eglise, que d'autoriser les critiques et de fronder l'opinion en un point d'une aussi haute importance. Peu de prêtres, j'en conviens, paralysent leur ministère par des vices réels, mais plusieurs se compromettent trop souvent par le défaut de réserve et une foule d'imprudences : *fortè non peccant,* dit saint Prosper, *sed vitam suam maculis sinistræ opinionis infamant.* Ce

le fera-t-il en faveur des imprudents qui, de gaieté de cœur, exposent à la plus périlleuse des tentations la faiblesse de leur humanité, dans des occasions où toute la vertu des anges pourrait à peine se soutenir ? Pour échapper à un tel danger, il ne faudrait pas moins que le privilége de l'impeccabilité. Ces rapports qui commencent ordinairement par l'esprit, selon la parole de Saint Paul, finissent communément par la chair, c'est-à-dire qu'ils ont pour résultat des inclinations qui enlacent le cœur par des chaînes difficiles à rompre. Or, y aurait-il sagesse à livrer de tels assauts à un cœur aussi tourmenté par les passions que la mer est agitée par les tempêtes ? Une semblable imprudence préparerait donc d'inévitables luttes, de violents combats, peut-être même de ces chutes graves qui scandalisent

n'est point assez pour eux d'être exempts de péché, ils doivent encore éviter jusqu'à l'apparence du mal, et ne pas moins veiller à leur réputation qu'à leur vertu.

Pourraient-ils, au surplus, se rassurer complétement sur leur vertu même ? Non, non. Si le prêtre est saint par caractère, il est homme par nature. Sa chair est fragile et le démon habile dans l'art de tenter et de séduire. La pureté virginale de sa vie passée ne serait même pas pour lui un motif de sécurité suffisant. *Ne in præteritâ castitate confidas*, remarque si justement saint Jérôme ; et la présomption est souvent le signe précurseur de la chute, *indicium periturœ castitatis*. Dieu ne protége que ceux qui se tiennent toujours sur leurs gardes et vivent dans une timide défiance d'eux-mêmes. Quant aux téméraires, il les abandonne à leur faiblesse. La sagesse fait à tous les ecclésiastiques un devoir de suivre cette recommandation si morale qu'adressait jadis un saint docteur qui avait expérimenté la fragilité humaine : *sermo rarus, brevis et austerus cum mulieribus est habendus*. Le préservatif le plus sûr, c'est de fuir : *cave, time, fuge*. Voilà l'égide et le rempart de la pureté. Ce sont les petites précautions qui sauvent les grandes vertus ; et en cette matière les précautions ne sont mais excessives.

la terre et consternent le ciel. C'est de tout temps que le sexe le plus faible a su triompher du sexe le plus fort. Ce n'est pas Eve seule qui y a réussi dans le paradis terrestre; plusieurs de ses filles sont aussi habiles dans l'art de séduire les enfants d'Adam. Le vainqueur de Goliath est devenu l'esclave de Bethsabée, le héros qui défit tant de fois les Philistins a été la victime de Dalila. On connaît l'apostasie du plus sage des rois de Judée (1). L'expérience aurait à citer mille autres traits de ce genre pour prouver que la sainteté elle-même n'est pas toujours ici une barrière suffisante contre les appâts d'un sexe dont on s'éprend, même sans s'en apercevoir (2). Le prêtre le plus vertueux n'est, après tout, qu'un homme, et un homme qui a tout à craindre de sa fragilité. Une entrevue passagère, une occasion toute fortuite, un simple entretien, la vue seule d'une jeune personne, ont quelquefois suffi pour réveiller la concupiscence qui, comme un feu mal éteint et couvert sous la cendre, se ranime et éclate pour peu qu'on l'excite et le souffle. Une circonstance aggravante, dans ces rencontres, serait particulièrement cette conformité d'humeur, ces sympathies qui

---

(1) *Nec Samsone fortior, nec Davide sanctior nec Salomone sapientior.* (Saint Jér.)

(2) *Crede mihi, episcopus sum; veritatem loquor in Christo, non mentior; cedros Libani et gregum arietes sub hâc specie amicitiæ spiritualis corruisse vidi de quorum casu non magis suspicabar quàm de Hieronimi vel Ambrosii.* (Saint Aug.)

Memento, fili, quod sal ex aquâ est, et si appropinquaverit aquæ, continuò solvitur; homo etiam ex muliere est, et si appropinquaverit mulieri, solvitur et ipse, disait un vieux solitaire à un jeune religieux.

Hoc maximè vitio periclitatur genus humanum, remarque saint Grégoire.

Il y a trois choses à craindre pour l'homme dans les rapports avec les femmes, dit spirituellement le Père Lejeune, *lucrum cessans, damnum emergens, periculum sortis.*

déterminent si facilement une affection mutuelle. On sait quelle est la puissance de séduction de certaines personnes du sexe : leurs grâces naturelles, la bonté de leur cœur, l'aménité de leurs mœurs, une voix douce et insinuante, des manières affectueuses et enjouées, sont un aimant qui plaît et attire. (1) Leur vertu même n'est pas une raison qui doive rassurer contre les dangers que présente leur société ; car 'elles sont d'autant plus attrayantes qu'elles ont plus de pudeur et de sagesse ; elles semblent alors revêtir un caractère ravissant et céleste. Une grande vertu, en effet, inspire naturellement l'estime et la confiance, et de là à des impressions vives sur le cœur il n'y a pas loin. Une personne vertueuse, en un mot, est tout ce qu'il y a au monde de plus redoutable pour la faiblesse humaine ; semblable à une syrène enchanteresse, elle captive facilement un homme sensible qui n'est pas sur ses gardes. L'impression est plus dangereuse encore pour les sens, lorsque, aux charmes de la vertu, elle joint ceux de la fraîcheur et de la jeunesse. Alors elle allume dans les veines une flamme profane capable d'embraser et de consumer l'âme du téméraire qui ose affronter sa séduc-

---

(1) *Mulier est viri naufragium.* (St. Maxime.) *Mulier viri pretiosam animam capit.* (Proverb. 5.) *A muliere iniquitas viri.* (Eccl. 42.)

Voce syrenâ perdit et necat. (Corneille de Lapierre.) *Nec tamen quia sanctiores sunt, ideò minùs timendæ ; quó enim sanctiores sunt, eò magis alliciunt.* (Saint Tho.) *Pejores tentationes quæ fiunt per mulieres.* (Saint Ambr.) *Propter speciem mulieris multi perierunt. Virginem ne conspicias, ne forté scandalizeris in decore illius.* (Eccli.)

Qui familiaritatem non vult vitare suspectam, citò dilabitur in ruinam. (Saint Jér.) *Abstrahe ligna foco, si vis extinguere flammam.*

Inter omnia christianorum certamina, duriora sunt prælia castitatis. Ubi quotidiana est pugna, et rara victoria. (St. Aug.)

tion. Pour échapper à ces périlleuses tentations si propres à piquer la convoitise, il n'y a qu'un parti sûr, c'est celui de fuir comme le chaste Joseph ; il n'est point d'autre moyen de remporter la victoire (1). La proximité permanente d'une personne aimable et sensible est une provocation incessante au vice et le présage d'une défaite. L'on peut être sûr que la résistance ne sera pas de longue durée si l'on ne met fin à toute intimité avec elle ; car, la Sainte-Ecriture nous dit formellement qu'il ne faut pas croire à l'efficacité de la résistance de celui qui est assez imprudent pour s'exposer à l'attaque. Aussi, est-ce une vérité incontestable qu'une multitude de personnes n'ont été constamment chastes que parce qu'elles ont eu soin de ne jamais mettre leur vertu à l'épreuve d'aucune tentation dangereuse.

C'est particulièrement à la naissance d'une affection que l'on doit faire tous ses efforts pour l'extirper du cœur. Dès que la figure ou le caractère d'une personne plaît, que sa présence réjouit, que son absence peine, que son amitié touche et flatte, elle est un piège à notre innocence, un guet-apens à notre vertu. Rien de plus facile, dit un proverbe, que d'étouffer une étincelle ; mais il faut faire jouer les pompes pour éteindre un incendie. De même il en coûte peu pour arrêter les désirs dans leur principe et les passions dans leur germe. C'est donc un devoir de sagesse non moins que de conscience, de briser toutes les attaches dès le moment même qu'on s'en aperçoit. C'est là une de ces importantes convictions qu'il faudrait pouvoir graver avec un burin dans le cœur de tous les prêtres. Saint Grégoire, dans ses dialogues,

---

(1) *Cogita et iterùm cogita quod libidinis tentatio fugiendo superetur* (Saint Aug.).

Hujus prælii numquàm fiet victor nisi fugiens (Saint Jérôme).

raconte qu'un vieux prêtre à deux doigts de la mort, s'étant aperçu qu'une femme avait approché son visage du sien pour voir s'il respirait encore, fit un dernier effort pour l'éloigner en lui disant : retirez-vous d'ici, femme, le feu n'est pas encore éteint, ôtez la paille. *Recede a me, mulier, adhuc igniculus vivit, paleam tolle.* On ne peut, en ce point, exagérer les précautions de prudence et de délicatesse, surtout quand on est honoré du sacerdoce (1).

Le prêtre aura donc le plus grand soin de ne former aucune liaison même honnête avec des personnes du sexe. Il n'aura que des rapports rares et d'absolue nécessité avec les sœurs d'école, les congréganistes, les filles dévotes et toutes celles particulièrement qui, selon saint Paul, sont *otiosæ, verbosæ,*

---

(1) Un saint confesseur de la foi avait comparu devant les tribunaux païens avec cette attitude ferme d'un homme qui regardait le martyre comme l'objet de son ambition. Ni les menaces, ni les tortures préliminaires n'ayant pu abattre son courage, le juge le condamne au dernier supplice. On le mène au lieu désigné avec plusieurs autres, il est frappé comme ses compagnons ; on le croit mort et les exécuteurs se retirent. Une femme pieuse qui donnait la sépulture à ces illustres victimes, le trouve encore respirant, le porte directement chez elle, bande respectueusement ses plaies et tâche de le rappeler à la vie. Ses charitables efforts sont couronnés de succès ; mais, ô fragilité prodigieuse du cœur humain ! ce généreux défenseur de la foi, encore empourpré du sang du martyre, ce vigoureux athlète qui avait affronté et subi avec intrépidité d'affreux tourments, vaincu par le sentiment naturel d'une reconnaissance qui semble légitime, se laisse amollir, devient coupable et perd en un instant et l'innocence et la foi. Ce sont là des exemples terribles que Dieu permet pour l'instruction des fidèles et des prêtres eux-mêmes, comme il a permis autrefois le déluge pour purifier les souillures de la terre. Qui oserait, après un fait aussi effrayant, se croire en sûreté et dispensé de cette sage prudence qui seule peut soustraire au danger d'un tel malheur ! (*Extrait de la Parfaite Religieuse, par* M. *Marguet, vicaire général de Nancy.*)

Beatus homo qui semper est pavidus.

curiosœ, loquentes quœ non oportet (1). St Augustin parlant de ces rapports, dit qu'on y perd deux choses également précieuses et nécessaires, la conscience et la réputation : *periclitatur fama, periclitatur et conscientia.* Des relations fréquentes de cette nature, des visites faites ou reçues, des entretiens familiers, une humeur enjouée, des airs facétieux, des soins, des complaisances, de simples attentions trop marquées à une jeune personne, c'en est assez pour exciter les censures d'un public ombrageux et malin qui déchire impitoyablement le prêtre, toutes les fois qu'il le voit prêter flanc à ses critiques et à ses calomnies mêmes (2). Telles sont les dispositions du monde qui le juge criminel sur de simples apparences. C'est ainsi qu'un curé cesse d'être innocent dès qu'il manque de réserve et de prudence dans ce genre de rapports. Conséquemment point d'assiduités, point de conversations inutiles et frivoles, point de protestations d'amitié tendre, ni d'épanchements de sensibilité ; point d'attachement trop humain, point de lettres en style affectueux, point de cadeaux mutuels ; jamais même de ces tolérances passées en usage chez les gens du monde bien élevés : *blandas et dulces*

---

(1) Les curés doivent même se garder de rassembler dans le presbytère les chanteuses de la congregation, pour leur apprendre des motets et des cantiques. Il est d'expérience que ces assemblées de jeunes personnes souvent légères, frivoles et indiscrètes dans leur manière d'agir et de parler, sont presque toujours compromettantes, sinon pour la vertu, du moins pour la réputation des prêtres qui ne peuvent trop se mettre à l'abri des soupçons de la malignité publique. L'église est le lieu qui convient le mieux à ces réunions, si, toutefois, on ne pouvait les convoquer dans une salle d'école.

(2) *Ipse te detrahentium morsibus tradidisti, si agapetharum consortium non dimiseris. Te cuncti in publico, te in agro rustici, aratores et vinitores quotidiè graviter lacerabunt, si cum feminis habitare contendis.* (Saint Jérôme.)

litterulas, et hæc omnia non novit sanctus amor, dit saint Jérôme. L'art même de plaisanter serait ici déplacé. Les bienséances ecclésiastiques ne permettent jamais à un prêtre de rester seul et à huis clos avec des personnes du sexe (1). La réserve qui lui est imposée va si loin qu'il doit éviter même de caresser une petite fille et de lui toucher la main. Ce n'est qu'à ce prix qu'un prêtre pourra prétendre à une bonne conscience devant Dieu, et à une réputation hors d'atteinte devant les hommes (2). Les peuples, dit saint Chrysostôme, exigent des prêtres une grande sainteté, et ne leur pardonnent pas les légèretés même les plus innocentes; ils veulent trouver en eux des anges terrestres, des esprits en quelque sorte déifiés, et n'ayant rien de commun avec l'humanité que le corps. Le cœur d'un prêtre, ajoute-t-il, doit être aussi pur que l'éclat des rayons du soleil (3). Semblable à une étoffe à laquelle une seule goutte d'eau fait perdre son lustre; cette si délicate vertu ne souffre aucune espèce d'altération; c'est comme une glace que le moindre souffle peut ternir; c'est une tendre fleur qu'on ne saurait toucher sans en flétrir la beauté. Le prêtre prendra donc soin d'écarter les illusions des sens, les impressions du cœur, les nuages des passions et toutes les atteintes de l'amour profane. C'est ainsi qu'il triomphera du vice le plus dangereux, celui dont le souvenir suit, poursuit, fatigue et importune l'homme jusqu'au pied même des autels.

(1) *Solus cum solá, secretò et absque arbitro vel teste, non sedeas.* (Saint Jérôme).
Non decet clericum cum mulieribus sedere, vel fabulari, vel domum frequentare, ne suspicio mali indè progrediatur. (Saint Aug.)
(2) *Boná conscientiá nitere quoad Deum, et boná famá quoad homines.* (Doct. Angélique.)
(3) *Sacerdotis animum solaribus radiis puriorem esse oportet.*

Il convient peu de s'étendre davantage; notre langue si chaste se refuse à l'expression de certains détails qu'il vaut mieux voiler. Déjà, à l'aide de cette première précaution, le prêtre gardera une incorruptibilité de cœur et d'esprit qui le rendra inaccessible aux séductions d'un vice dont il ne doit jamais permettre que son honneur soit flétri, imitant en cela son divin modèle J.-C. qui aima mieux laisser suspecter sa divinité que sa virginité.

PRÉCAUTIONS AU TRIBUNAL DE LA PÉNITENCE.

La vertu du prêtre n'est pas seulement exposée à la contagion de l'atmosphère impure qu'il respire dans le monde; elle pourrait encore courir quelques dangers dans l'accomplissement de certaines fonctions, et particulièrement dans la direction des consciences. Comme l'eau la plus limpide à sa source se corrompt en recevant les immondices d'une grande cité qu'elle parcourt, le prêtre dépositaire et confident forcé de toutes les fragilités humaines, s'exposerait peut-être aussi à contracter des souillures en purifiant celles des autres. Il faut que le guide des âmes parvienne, par sa haute et constante sagesse, à préserver son cœur virginal de tout contact capable de le flétrir, semblable au soleil dont les rayons restent toujours purs, même en éclairant les foyers de corruption les plus infects. Il pansera donc avec beaucoup de précautions les blessures qu'il veut guérir. Il y a des points d'une si haute délicatesse ! y toucher, c'est toucher à des charbons ardents. Dans l'exercice de cet important devoir, il ne procèdera qu'avec une timide défiance, une extrême réserve, surtout relativement à certaines interrogations que nécessite l'intégrité du sacrement qu'il confère. Il ne soulèvera pas imprudemment un voile qu'il valait mieux tenir abaissé, et laissera dans une heureuse ignorance de tout ce qu'on ne doit pas même soupçonner. Il ira jusqu'à réprimer dans ses pénitents la crudité des expressions, écartant d'ailleurs tout aveu superflu ou indiscret. Il fera choix pour lui-même d'un langage constamment chaste, à l'aide duquel les directeurs les plus timorés sont sûrs de satisfaire à toutes les exigences du devoir, sans blesser aucunement la délicatesse de leurs dirigés. Attentif à circonscrire la conduite des âmes dans le cercle rigoureux des besoins de la conscience, il s'abstiendra scrupuleusement de s'immiscer dans la connaissance des affaires domestiques, ou de ces diverses infirmités étrangères, du reste, aux fonctions éminemment pudiques du sacerdoce. La rémission des péchés et de sages conseils pour bien vivre, telle est l'unique fin de la confession (1).

Il y aurait témérité de la part d'un confesseur à se croire

---

(1) Il importe singulièrement qu'un prêtre réduise ses rapports, pour la direction des personnes dévotes, au plus strict nécessaire. Il abrégera donc toutes ces consultations sans fin qui dévorent un temps précieux, qu'il emploierait plus utilement à la conversion de ces vieux pécheurs, depuis longtemps éloignés de l'église et des sacrements. N'ont-ils pas, en effet, mille fois plus besoin d'avis et d'exhortations que ces filles timorées qui font quelquefois perdre une heure, chaque semaine, à leur directeur, pour lui confesser des scrupules insignifiants, et l'entretenir d'une infinité de détails que ne réclament ni les besoins de leur conscience ni leur avancement dans les voies du salut. C'est aux malades et aux infirmes qu'il faut l'assistance d'un médecin, et non à ceux qui jouissent du bienfait de la santé : *Non est opus medicus benè habentibus, sed malè habentibus.* Jamais, d'ailleurs, de rapports avec ces personnes en dehors de ceux de la direction, *sub specie vel prætextu amicitiæ spiritualis*; une liaison spirituelle dans son principe, ne reste pas toujours spirituelle dans ses suites et ses effets.

fort de ses principes, de sa piété et de la constante pureté de son cœur, même après de longues et difficiles épreuves. Il gardera donc fidèlement ses sens et son imagination contre toute impression qui serait de nature à ternir sa vertu, repoussera toute sympathie naturelle, toute affinité de cœur, toute communication intime, qui deviendraient peut-être un piége pour son innocence. S'il soupçonnait que sa pureté dût en éprouver la plus légère atteinte, ce serait un motif suffisant, une obligation peut-être rigoureuse de refuser la direction de certaines personnes, se rappelant que, pour rendre la vie aux autres, il ne faut pas s'exposer à se donner la mort à soi-même, et que cette fonction de salut a été un écueil fatal où s'est brisée plus d'une vertu. Que le prêtre n'apporte jamais rien de l'homme au tribunal sacré, ou plutôt qu'il s'y montre un homme tout divin; qu'il y revête un caractère céleste, qu'il y entre pur et qu'il en sorte pur comme l'ange de la sainteté. Le monde, par la pratique de la confession, nous témoigne une confiance presque miraculeuse, et proclame ainsi la sainteté du sacerdoce catholique; sachons la justifier par une sublime sagesse. Pour nous élever à cette hauteur de vues et de sentiments qu'exige ce grand ministère, plaçons-nous sous la sauvegarde de Dieu et le patronage de sa sainte mère, et réclamons de leur miséricordieuse bonté une assistance dont nous avons un si pressant besoin.

DANGERS DES MAUVAISES LECTURES.

Quand l'Eglise autorise, dans certains cas exceptionnels, la lecture des livres défendus comme hétérodoxes, elle appose toujours une clause à cette concession, c'est l'interdiction formelle de toute lecture qui pourrait altérer le mœurs. C'est avec raison qu'elle a fait cette sage réserve, car un livre de ce genre, a dit un auteur, est pire qu'un mauvais ami. Le moindre inconvénient qu'en entrainerait la lecture, c'est cette teinte de légèreté et de frivolité qu'elle imprime infailliblement dans l'esprit de tous ceux qui ont la téméraire imprudence de parcourir des pages où ne figurent habituellement que des scènes purement fictives, des caractères fantastiques, des héros imaginaires pour lesquels on se passionne follement. De là cette excentricité, ce dégoût profond pour toute étude sérieuse et grave, pour la méditation des choses célestes, en un mot, pour tout ce qui a rapport à la vie chrétienne et ecclésiastique. Sainte Thérèse est ici la preuve évidente des funestes effets qu'enfantent toujours ces sortes de productions. Après une vie d'abord consacrée à la pratique de la spiritualité, elle eut le malheur de se livrer à la lecture des ouvrages romanesques, et bientôt elle tomba dans un tel état d'apathie et de langueur qu'elle ne se reconnaissait plus elle-même et n'éprouvait qu'une vive répulsion pour tout ce qui avait fait le charme de sa vie antérieure. Un ecclésiastique prétextera, peut-être, qu'il n'y cherche qu'une récréation et un plaisir innocent; mais il se rend victime d'une grossière illusion, et sous de trompeuses douceurs il ne boira qu'un poison subtil et mortel. On le sait, pétri d'un limon corrompu, le cœur humain a une forte tendance naturelle à la sensualité : quelles impressions ne doivent donc pas produire ces descriptions pleines de grâce et d'enjouement, ces discours passionnés, ces émotions voluptueuses, sur une imagination inflammable, une âme tendre et sensible, un cœur aimant ! C'est surtout quand ces livres sont embellis de tous les charmes d'un talent séducteur et d'une brillante poésie, qu'ils produisent de plus désastreux effets ; ils agacent la sensibilité nerveuse, allument et propagent le feu de la concupiscence, et pourraient, finalement, conduire à la dépravation. Si l'on n'en vient pas à cet excès déplorable, à quels dangers, à quels terribles combats n'expose-t-on pas sa fragile vertu, combats qui se renouvelleront sans cesse, et dureront peut-être autant que la vie ! Car l'imagination se complait, même involontairement, à revenir sur des tableaux qui l'ont frappée, sur des aventures tragiques qui, quelquefois, ont fait couler des larmes de sensibilité ; elle se repait de certains souvenirs attendrissants, d'images sensuelles qui énervent et amollissent le cœur. De là à des mœurs déréglées l'intervalle n'est pas long.

PRIÈRE.

Prier, c'est exposer à Dieu nos nécessités de tout genre, pour obtenir ce qui nous manque ; c'est lui demander d'éclairer notre ignorance des lumières de son divin esprit ; c'est abriter notre faiblesse sous la sauvegarde de sa toute-puissance, et notre immense misère sous la protection de sa bonté infinie. Hélas ! depuis la déchéance originelle de l'homme, son esprit est si borné, sa sagesse si courte, son indigence si profonde et ses tendances si perverses, que la prière devient pour lui un impérieux besoin. Elle est encore la dette sacrée de la reconnaissance et de l'amour, l'humble tribut de dépendance et l'hommage d'adoration de la créature envers le Créateur.

Telle est la prière : elle bénit et consacre la vie de l'homme, le met en rapports intimes avec Dieu, et le spiritualise en le faisant vivre d'espérance et d'immortalité. Elle est plus particulièrement l'occupation de l'homme de Dieu, l'élément et l'âme du sacerdoce. Car, si l'ordination fait le prêtre, l'oraison seule fait le bon prêtre; elle est comme la pierre de touche et le thermomètre de sa valeur morale. De la prière jaillissent, comme d'une source intarissable, les grâces et les bénédictions les plus abondantes. Là, nous puisons le principe vital de la foi et de l'amour, cette sève de sainteté qui nous soutient et nous empêche de déchoir de la fidélité à nos devoirs, nous revêt de force et d'énergie pour lutter contre nos passions, et nous élève à la perfection sacerdotale. Sans elle, bientôt dégénérés, nous perdrions la ferveur de notre piété, cette délicatesse de conscience, cette innocence de mœurs, cette sévérité de conduite, qui avaient caractérisé le début de notre ministère. Ce n'est donc pas sans raison que saint Augustin, parlant des précieux avantages de la prière, la nomme la clef de tous les trésors de la divine miséricorde, le canal par où tous les biens spirituels doivent nous être communiqués. Priez, disait-il, priez dans le but d'attirer sur vous tous les dons célestes. L'humble prière s'élève du fond de notre misère; elle a des ailes, perce les nuées, traverse le chœur des anges, et arrive jusqu'au trône de Dieu; elle puise à ses pieds toutes les grâces et redescend au milieu de nous les mains pleines de miracles, soit de persévérance, si l'on est juste, soit de conversion, si l'on est pécheur. Elle fait découler sans interruption, du haut des cieux, un fleuve de salut et de vie, pour féconder l'Eglise et régénérer le genre humain. *Ascendunt suspiria, descendunt miracula.*

La prière est un supplément indispensable à l'impuissance de l'homme et un renfort à sa fragilité. Son extrême misère, laissée à elle-même, lui rendrait le devoir comme impossible et le vice inévitable; tandis que, avec le secours de la prière, la pratique des vertus lui devient facile et comme naturelle. Elle est, pour l'âme, ce qu'est la rosée du soir pour la terre sèche et aride, ce que sont pour l'arbre sa sève et ses racines ; c'est un levain qui fait fermenter tous les sentiments religieux et les élève de la terre vers le ciel. L'homme seul essayerait en vain de se soutenir ferme et debout dans la route si glissante des tentations ; chacun de ses pas serait une chute. Sans l'assistance de la prière, le prêtre ne pourrait pas plus traverser avec sécurité le chemin de la vie, qu'un vaisseau sillonner l'Océan sans pilote, sans voiles et sans gouvernail ; qu'un poisson vivre hors de l'eau ; qu'un oiseau prendre son libre essor, après qu'on lui a coupé les ailes. C'est un soldat sans armes au jour d'une bataille (1). Jamais, s'il ne s'appuie sur Dieu, il ne pourra vaincre ; toujours, au contraire, il subira le joug ignominieux des passions. L'invocation divine, tel doit être le cri instinctif du prêtre, particulièrement au milieu de ces terribles combats que livre à sa chasteté le tentateur des âmes ; c'est alors, plus que jamais, qu'il doit placer sa faiblesse et sa misère sous la sauvegarde du Très-Haut en qui il trouve son espérance et sa force. Point de salut sans la grâce ; point de grâce sans la prière qui en est le principe générateur. La prière est donc une question de vie ou de mort spirituelle.

Les grâces qu'un ecclésiastique fervent puisera dans la force divine ôteront à la volupté ses charmes, et amortiront l'ignoble attrait pour les plaisirs sensuels, qui se peignent souvent à ses yeux sous un aspect si riant. Elles l'élèveront au-dessus de la terre et en feront un héros de chasteté ; car une prière bien faite, embaumée d'un céleste parfum de foi, d'espérance et d'amour, a une vertu souveraine et toute spécifique contre les séductions de la volupté. Le

---

(1) *Religiosus spiritu orationis destitutus*, dit saint Thomas, *similis est militi gladio carenti et inermi*.

jeûne, le travail manuel, les veilles pénibles peuvent bien lui prêter leur appui, mais jamais la remplacer ; *plus fidendum est orationi, quàm labori et industriæ*, dit saint Bernard. Elle est pour le prêtre le casque du salut, une armure puissante contre le péché, un bouclier impénétrable contre les attaques de la concupiscence, un mur d'airain contre ses plus terribles assauts : *oratio, murus castitatis, pudicitiæ præsidium, tutamen et propugnaculum*. Le vice impur ne peut pas plus résister à l'influence miraculeuse de la prière qu'une légère couche de neige aux rayons du soleil ; ainsi, parlent les Pères. La prière est, en un mot, l'ancre solide qui attache le prêtre à Dieu et le fixe d'une manière permanente dans les saintes voies de la vertu. Comme le navigateur prudent, qui, au sein des tempêtes, l'œil toujours fixé sur la boussole pour éviter les nombreux écueils parsemés sur sa route, traverse les plus dangereux passages et parvient enfin au port désiré, le prêtre aussi, préoccupé des périls que court sa vertu, arrête constamment ses regards sur la bonté du Tout-Puissant, s'environne de ses lumières et de sa force, et, comme Pierre, prêt à s'engloutir dans les eaux, il s'écrie avec le sentiment de sa faiblesse et la plus entière confiance : *Domine, salva nos, perimus*. C'est là, en effet, selon saint Cyprien, l'unique moyen d'arriver sans naufrage aux rives de l'éternité : *Continuâ oratione opus est, ne excidamus à regno cœlesti*. Celui-là seul, dit saint Augustin, passera sur la terre des jours purs et innocents, qui aura su les sanctifier par la prière et la méditation : *Verè novit rectè vivere, qui rectè novit orare*. Concluons avec saint Jean Chrysostôme ; *Ad preces confuge tanquàm ad inexpugnabilem murum. — Perstat securus qui orat ; cadit qui non orat*, dit un auteur ascétique.

ÉTUDE.

Après la prière, l'étude est pour le prêtre la plus puissante sauvegarde de ses mœurs, et une des plus sûres garanties de fidélité à ses devoirs. Quoiqu'elle semble, au premier aperçu, n'avoir de rapport qu'à la vie purement intellectuelle, elle ne tend pas moins à perfectionner la vie spirituelle et morale. Elle est, sans contredit, le plus digne, le plus noble, le plus indispensable emploi qu'on puisse faire de ses heures de loisir. Aux yeux d'un bon ecclésiastique, rien n'est comparable au prix du temps ; c'est aussi le seul point sur lequel il juge l'avarice louable. D'abord, l'étude l'élève et le soutient constamment dans une sphère supérieure ; elle active et agrandit la plus belle et la plus précieuse de ses facultés, l'intelligence ; elle lui donne plus de justesse, de solidité, de précision et de grâces. Par là, elle empêche le prêtre de matérialiser ses pensées et de se dégrader, en descendant au niveau de ces êtres grossiers, qu'il est chargé par état de diriger. Aussi, les ecclésiastiques amateurs de l'étude, se distinguent-ils toujours par la supériorité de l'esprit, par la noblesse du cœur, et forment-ils l'élite du clergé. Ceux, au contraire, qui négligent complètement la culture des lettres et des sciences sacrées, deviennent des hommes vulgaires et bornés dans leurs idées, vils et bas dans leurs sentiments, mondains dans leurs goûts et leurs habitudes, rustiques dans leurs procédés, et ignobles dans toute leur manière de vivre. On les voit communément retomber dans l'état primitif de grossièreté d'où les avaient tirés les études cléricales. Aussi, suffit-il d'un simple coup-d'œil, pour saisir l'immense différence qui existe entre les prêtres studieux et les prêtres incultes (1). Ceux-ci, avant même d'arriver à la maturité de l'âge, ont perdu jusqu'aux notions élémentaires de la science ecclésiastique, se traînant désormais, pour tout ce qui a rapport à leurs fonctions, dans l'ornière d'une routine ignorante. Ils ne sont plus, en un mot, que des villageois en soutane.

La culture des lettres ne favorise pas moins la pratique des vertus sacerdotales, qu'elle n'agrandit le cercle des connaissances. Le cabinet d'étude est pour le prêtre un asile et un port où il se trouve à l'abri du monde et des passions; il y passe des jours purs et sereins; aucun nuage, aucune tempête ne vient y troubler son repos. Le travail le fixe dans son presbytère, lui en rend le séjour aimable, fournit un continuel aliment à sa piété, l'assouplit aux prescriptions et aux sévères habitudes de son état, conserve en lui l'innocence, et devient ainsi un rempart pour sa vertu. L'amour de l'étude, a dit un auteur, est une passion où viennent s'éteindre toutes les autres (2). C'est un délassement pur,

(1) Il suffit d'ouvrir les yeux sur ce qui se passe dans la nature, pour y apercevoir la différence infinie que la culture met entre deux terres, d'ailleurs assez semblables. L'une, parce qu'elle est abandonnée, demeure aride, sauvage, hérissée d'épines; l'autre remplie de toutes sortes de graines et de fruits, ornée d'une agréable variété de fleurs, rassemble dans un petit espace tout ce qu'il y a de plus rare, de plus salutaire, de plus délicieux, et devient par les soins de son maître un heureux abrégé de toutes les beautés des saisons et des régions différentes. Il en est de même de notre esprit; nous sommes toujours payés avec usure du soin que nous prenons à le cultiver. C'est un fonds riche et précieux que tout homme qui sent la noblesse de son origine et de sa destinée, s'empresse de mettre en valeur.

(2) *Ama scientiam scripturarum et vitia carnis non amabis.*

Crebriùs lege : disce quàm plurimùm : tenenti codicem somnus obrepat, et cadentem faciem pagina sacra suscipiat.

un noble exercice qui sert de frein à la fougue de l'imagination et à l'exaltation des sens. La pureté des mœurs dans un ecclésiastique va toujours de pair avec l'amour de l'étude, et le travail de la pensée ne laisse aucun temps libre à l'invasion du vice. Il y a dans l'homme une ardeur, un immense besoin d'activité qui le place dans l'inévitable alternative, ou de se conserver pur au moyen d'une utile et incessante occupation, ou de se dépraver sans elle : *Per operationem vitiis alimenta negabis*. C'est ce que comprit et pratiqua saint Jérôme, qui donne cet excellent conseil, dont il avait expérimenté pour lui-même la haute importance. Dans une lettre à Rufin, il insiste sur cette recommandation et lui dit : *facito semper aliquid operis, ut te diabolus semper inveniat occupatum.*

Le sacerdoce est une dignité laborieuse et non une sinécure. Celui qui s'est dévoué à cette sainte carrière doit être un homme apostolique, partageant tout son temps entre l'étude et la piété, entre les sollicitudes du ministère et les œuvres de charité et de salut. Il est nécessaire, dit saint Jérôme, que dans un prêtre *orationi lectio, lectioni succedat oratio*. Selon la maxime d'un des Sages de l'antiquité, on ne devra pas moins compte à Dieu de ses heures de loisir que du temps de ses occupations, et il n'est pas permis à un honnête homme, moins encore à un prêtre, de croupir dans une lâche inaction.

Et ne serait-il pas sur la terre le plus inutile et le plus désœuvré des hommes, le prêtre ennemi de l'étude ? Que ferait donc, sans le travail du cabinet, cette foule de jeunes curés de petites paroisses de la campagne, qui sont à peine occupés deux jours par semaine, ou trois mois par année ? Quel emploi assigneraient-ils à tant d'heures qui leur restent après les quelques soins donnés à leur sanctification et à celle des fidèles ? N'est-ce pas l'étude qui doit convenablement absorber tous les moments qui ne sont pas consacrés aux œuvres du salut ? C'est elle qui remplira utilement le vide de ces longues journées qui pèsent quelquefois à tant de prêtres, et leur rendra singulièrement agréable un loisir qui, sans elle, serait, selon l'expression énergique de Sénèque, une espèce de mort et comme le tombeau d'un homme vivant: *Otium sine litteris, mors est et hominis vivi sepultura.*

Et que pourra-t-il faire le prêtre habituellement désœuvré, pour qui tout travail sérieux est une fatigue et un supplice insupportable ? Se considérant dans son presbytère comme l'oiseau captif dans une cage, ne trouvant d'autre remède que la dissipation pour charmer ses ennuis et se fuir lui-même, il s'ingénie toute la semaine à rechercher des passe-temps et des parties de plaisir, se répand en visites inutiles, parcourt successivement tous les presbytères du voisinage, au risque de fatiguer ses confrères et de leur ravir un temps précieux (1). Il se ravalera même peut-être, pour remplir les heures vides de la journée, jusqu'à boire et jouer avec des campagnards auxquels il s'assimile par l'inconvenance de son langage et la basse familiarité de ses manières. Pour rompre la monotonie de ses plaisirs et les varier plus agréa-

---

(1) Du moment qu'un curé ne trouve chez lui rien qui l'y attire et qui l'y attache, il éprouve un invincible besoin de chercher des distractions dans le monde ; car il faut à tous les hommes une occupation, une passion même. L'inaction complète est pour eux un état anormal, antipathique et intolérable. Ce long vide des journées ne serait-il pas d'ailleurs effrayant pour de jeunes ecclésiastiques qui auraient pris l'étude en aversion? Quelles ne seraient pas pour leur moralité, les conséquences d'un désœuvrement habituel ? L'amour des livres est le plus efficace de tous les préservatifs contre les écueils si nombreux parsemés sous les pas des prêtres qui débutent dans la carrière pastorale, et même de ceux d'un âge plus avancé. Tel était le langage que nous répétait souvent un vénérable supérieur de séminaire.

blement, il s'accordera alternativement la distraction de la chasse, de la pêche, des voyages, des repas et de mille autres amusements frivoles. Si, parfois, ne sachant ni où aller ni quoi faire, il se décide à rester dans son intérieur domestique, qu'on ne croie pas qu'il lira la Sainte-Ecriture, les Pères ou l'histoire ecclésiastique, non : les journaux, des ouvrages littéraires, tragiques ou comiques, romanesques, des lectures, enfin, purement récréatives et dissipantes, tel est le résumé de ses occupations. En un mot, tous ses jours se passent dans un vide éternel ou un cercle d'inutilités. Et, cependant, avec une vie aussi matérielle et profane, il ose monter à l'autel ! Quelles étaient les prémices d'une journée aussi peu chrétienne ? Le saint sacrifice de la messe...

TRAVAIL EN GÉNÉRAL; TRAVAIL MANUEL.

Lire, prier et méditer sans relâche, est impossible à la plupart des hommes et contraire à leur nature. Les veilles prolongées, les études sérieuses, ininterrompues, épuisent et accablent, et il y a peu de têtes assez fortes, peu de tempéraments assez bien organisés pour y résister. Trop cultivée, l'intelligence s'use et devient stérile, à peu près comme une terre que l'on prétendrait rendre toujours productive sans la laisser reposer jamais. Mais, en dehors des occupations de la pensée, il est un autre genre de travail récréatif et délassant qui peut exercer utilement l'activité du prêtre pendant ces longs jours qu'il passe dans la solitude de son presbytère, c'est le travail manuel. Tel est le premier, mais non le seul avantage que l'on peut en retirer ; car rien n'éloigne les dangers du vice et ne pare aux orages des passions comme le travail du corps ; c'est le moyen de mener

plus sûre contre le vice. Quand on se tient en haleine par l'activité d'une vie dont tous les moments sont employés et remplis, on n'a point de loisir pour songer au mal. Le travail, sagement distribué, exerce les forces, absorbe les facultés intellectuelles, repose doucement l'imagination, émousse la sensibilité, endort la concupiscence et éteint les passions. C'est par cette heureuse diversion qu'on réussit à maîtriser l'instinct sensuel et à calmer les tempêtes du cœur. C'est surtout aux hommes doués d'une constitution pléthorique ou ardente, et dont le cœur déborde de sensibilité et d'affections, que des occupations incessantes sont indispensables. Un travail prolongé, assujettissant et surtout varié, peut seul dompter un tempérament plein de feu et luxuriant de santé; il diminue, d'un côté, l'extrême susceptibilité de l'appareil nerveux, et procure, de l'autre, une issue et comme un déversoir à cette dévorante activité de l'homme dans la séve de la vie. Les abstinences du célibat seraient souvent impraticables pour celui qui, dans la fleur de l'âge, ne recourrait pas à ce puissant préservatif. Car la solitude que n'accompagne pas le travail, contribuerait plus à fortifier les passions qu'à les éteindre. L'oisiveté de David, dans l'intérieur de son palais, devint la cause de sa chute; il se montra irréprochable tant qu'il fut occupé et laborieux. Le démon du repos, a dit Collet, est un des plus dangereux : prétendre être pur sans rien faire de sérieux et d'attachant, c'est vouloir que l'ennemi n'entre pas tandis qu'on lui ouvre les portes. De même que l'eau dormante n'engendre que des insectes, ainsi l'inaction ne produit que des pensées impures. L'oisiveté, selon saint Bernard, est *omnium tentationum et cogitationum malarum sentina.* C'est un vice extrêmement grave dans ses conséquences, et qu'on ne peut assez stygmatiser. *Qui laborat, ab uno dæmone; sed otiosus ab innumeris infestatur.* — Salomon, Samson in oc-

cupationibus sancti, in otio perierunt (Saint Aug.) (1). L'histoire et l'expérience démontrent que les peuples oisifs ont toujours été corrompus, et que les nations laborieuses sont généralement les plus morales. *Multam enim malitiam docuit otiositas.* (Eccli. 33).

C'est la conviction profonde des avantages résultant du travail pour la moralisation des hommes, qui a déterminé les saints fondateurs de la plupart des ordres monastiques, à en faire une prescription dans leurs statuts. Les bénédictins alliaient le travail manuel avec la méditation et l'étude; ils ne cultivèrent pas moins le sol de la France que le champ sec et aride des sciences et des lettres. Ce sont des religieux qui ont généralement appris à nos pères à défricher les forêts, à dessécher les marais et à fertiliser nos sillons. Les trappistes de nos jours ont presque autant d'heures de travail que de prières. Les chartreux cultivent tous un petit jardin contigu à leur cellule. Les pères du désert et tous les solitaires des anciens temps tressaient des nattes et des corbeilles de joncs après le temps consacré à leurs exercices spirituels. On a généralement reconnu la nécessité d'unir la vie active à la vie contemplative, par une sage alternation, et regardé le travail comme la garantie de la continence et la sauvegarde des bonnes mœurs la plus puissante et la plus sûre. Un corps dompté par les travaux et les veilles, ne ressent bientôt plus les saillies bouillantes et impétueuses de la chair. A un jour de lassitude succède ordinairement une nuit calme, un sommeil rafraîchissant, profond, où dorment les sens et les passions. D'ailleurs, avec la ressource d'un travail manuel et récréatif, le prêtre sentira moins le besoin de se répandre au dehors et de se livrer à la dissipation tumultueuse du

---

(1) *Otia si tollas, periere Cupidinis arcus.*

monde ; il trouvera même des charmes au sein de son modeste presbytère. Mais que fera-t-il, s'il n'a pas la passion de l'étude, dans cette longue succession des jours et des nuits, le jeune curé qui n'aura pas su se créer une occupation innocente pour absorber son temps ? *Quid aget qui nihil agit?* Cela est effrayant à penser. Ne sera-t-il pas, dans son désœuvrement, le plus inutile de tous les hommes ? L'imagination est la plus ardente des facultés humaines ; toujours en exercice, elle ne connaît ni ne souffre de repos ; si on ne la fixe constamment vers des objets innocents et utiles, elle se repaîtra nécessairement d'idées et de réminiscences souvent dangereuses, quelquefois même coupables.

Parmi les travaux manuels, il faut compter, en premier lieu, l'horticulture qui est l'exercice le plus salutaire pour les hommes affaiblis par les travaux de la pensée. Elle entretient la vigueur du corps, repose l'esprit et calme les inquiétudes du ministère et de la vie sociale, si agitée de notre temps. Le goût du jardinage est particulièrement utile aux curés des petites paroisses, dont le ministère est ordinairement si peu actif par suite de cette funeste indifférence, qui est la grande plaie de nos jours. Semer, planter et greffer, soigner son parterre, émonder des espaliers, sarcler une allée, etc., sont autant d'occupations qui rendent l'esprit gai, le cœur content, et lui procurent mille petites satisfactions qui embellissent et charment l'existence. Aux travaux du jardinage, rien n'empêche d'ajouter, si on en a le goût, tout autre travail qui a pour objet de façonner le bois, le cuivre ou le fer. Que de petits meubles utiles au service du presbytère, ou au décor de l'église, peut produire l'industrie d'un prêtre qui sait mettre à profit ses loisirs !

Toutefois, qu'un curé se garde bien de faire du travail manuel son occupation unique et exclusive. Quand on est trop distrait par les soins matériels, on n'a plus la même aptitude pour les fonctions du ministère ; le goût pour la piété et les exercices de la pensée s'affaiblit et s'éteint. Il faut savoir répartir, avec intelligence, les moments à donner aux œuvres mécaniques et à celles qui sont plus spécialement du domaine de l'esprit. Néanmoins, les prêtres qui ne se sentent pas décidément portés aux études fortes et étendues, qui ne sont en état d'acquérir que les connaissances strictement indispensables à l'accomplissement de leurs devoirs, pourront se livrer à des occupations plus conformes à leurs goûts, pourvu qu'elles n'aient rien d'avilissant pour leur caractère. *Nihil plebeium, nihil populare, nihil commune.* Il est bien entendu que, s'ils exercent un art mécanique, ce sera dans le but non de gagner, mais d'éviter les graves inconvénients du désœuvrement. Quel que soit le genre d'occupation auquel ils se livreront, jamais ils ne devront paraître aux regards de leurs paroissiens sans une mise décente, qui rappelle constamment le souvenir de leur caractère sacré, même lorsqu'ils n'en exercent pas les fonctions. Jamais, non plus, ils ne devront s'occuper en public, soit dans les champs, soit en dehors de leur presbytère, afin de ne point se confondre avec les journaliers par un genre de travail qui les assimilerait aux dernières classes du peuple. Enfin, ils se garderont bien d'employer leur temps à des exploitations agricoles, en cultivant par eux-mêmes leurs champs et leurs prairies ; ils abandonneront à d'autres mains les détails attachés à la manutention d'une métairie, fût-elle de la dépendance de leur cure ou un domaine provenant de l'héritage paternel. Aucune de ces occupations, quelque innocentes qu'elles soient en elles-mêmes, n'est compatible avec la dignité sacerdotale.

SOBRIÉTÉ.

Une vie de festins et de bonne chère ne sied pas à un homme dévoué par état à la mortification et à la chasteté : *vita sacerdotis, vita crucifera.* Les recherches d'une vie luxueuse et sensuelle, les apprêts d'une table habituellement servie avec délicatesse, ne peuvent se concilier avec les maximes crucifiantes de l'Evangile et ne sont dignes, tout au plus, que de la philosophie païenne, pour laquelle tout l'homme était l'estomac, *quorum Deus venter est.* Y a-t-il rien de plus bas qu'une vie épicurienne et animale, surtout dans un homme de Dieu ? Certes, a dit un auteur, si la gastronomie est un défaut dans un simple chrétien, elle est, dans un prêtre du Dieu du calvaire, une tache grave qui ternit l'éclat de toutes ses autres qualités. Rien, d'ailleurs, de plus dangereux pour celui, dont la vertu principale est la pureté. Bonne chère et continence sont deux mots qui se heurtent et s'excluent comme l'eau et le feu. La chasteté, a dit un écrivain, est un lys d'agréable odeur, qui ne croit et ne se conserve que parmi les épines de la mortification ; presque jamais on ne la rencontre au sein de l'abondance. Il en est de cette vertu comme de la sagesse ; elle est rarement le partage de ceux qui vivent dans les délices et ne refusent rien à leur sensualité : *rarò invenitur... in terrâ suaviter viventium.* Une alimentation copieuse provoque les ardeurs de la chair et enflamme les passions : *Libido pedissequa saturitatis. — Nunquàm ego intemperatum, castum putabo.* Aussi, le vœu de chasteté est-il en grand péril chez tous les hommes qui ont adopté un régime succulent et particulièrement l'usage habituel des vins généreux : Saint Pie V regardait comme un miracle qu'un homme de bonne chère fût chaste. Cherchez un prêtre qui, à la fleur de l'âge, soit à la fois pur, bien nourri et peu occupé, vous ne le trouverez pas, disait souvent à de jeunes abbés un respectable directeur de séminaire. Une chair nourrie mollement, soignée délicatement, se mutine et se révolte, ajoutait-t-il. Rien n'exalte autant le système nerveux, rien n'excite plus vivement les émotions sensuelles que les mets exquis et échauffants, et les boissons spiritueuses (1). Ils allument rapidement l'incendie des passions dans toute l'économie animale : *Otia, vina, dapes;* voilà les trois causes principales des soulèvements de la concupiscence (2).

Un des moyens les plus efficaces pour la répression du vice, c'est l'adoption d'un régime débilitant, c'est-à-dire, tendant à diminuer l'excès de santé et de vigueur qui fait le tourment de la chasteté. Une diète toute végétale et lactée, des aliments farineux, des fruits, des boissons rafraîchissantes, sont singulièrement propres à amortir l'ardeur des sens. C'était là le régime de Pythagore, à la table duquel on ne servait que des légumes et des fruits. Ce régime exerce une

---

(1) Parmi les liquides stimulants, il faut compter, outre les boissons alcooliques, le café et le thé, substances plus propres que toute autre à crisper les nerfs et à faire bouillonner les passions dans le cœur. L'abstinence de tous ces liquides est un des moyens de répression les plus efficaces contre les importunes tentations qu'en excite l'usage, pour peu qu'il soit immodéré.

(2) *Qui delicatè nutrit servum suum, sentiet eum contumacem.*(Prov.) *Venter mero et cibis exæstuans, citò despumat in libidines.* (S. Jer.) *Nutrix et fomentum est cujuslibet vitii. Qui vitio gulæ tenentur, neminem ex omnibus vidi unquàm qui convaluerit.* (St. Bas.) — *Esus carnium et potus vini, ventrisque satietas, seminarium libidinis est.* (S. Chrys.) Les Pères et les docteurs de l'Église ont regardé comme impurs tous les hommes qui flattaient leur chair et ne refusaient rien à leur sensualité.

si heureuse influence sur l'organisation morale, que si on pouvait le faire adopter généralement par les hommes livrés à des penchants vicieux, on changerait complétement leurs inclinations et leurs mœurs. Il a pour effet de rafraîchir la masse du sang, de modérer l'action du système nerveux, et, par voie de conséquence, de tempérer la turbulence du caractère, la fougue de l'imagination, d'affaiblir l'exaltation morale au même degré que l'énergie physique et d'éteindre, finalement, la flamme impure dans les veines. Aussi, le démon de la luxure a-t-il peu de prise sur les hommes qui ont eu le courage de s'imposer le régime pythagorique et abstème.

C'est la raison pour laquelle les anciens anachorètes et un grand nombre d'ordres religieux avaient regardé comme un des articles principaux de leurs règles, l'abstinence perpétuelle, à cause de son efficacité à émousser l'action des sens. Saint Augustin ne faisait jamais usage que de légumes, sauf le cas où des étrangers venaient le visiter. L'expérience, en effet, démontre que l'usage de la viande, en fortifiant le corps, stimule l'appétit sensuel, et tend, en définitive, à établir la domination de la chair sur l'esprit (1).

---

(1) Pour réussir à étouffer les ardeurs de la concupiscence et à pratiquer une continence sévère, la plupart des saints ne se bornaient pas à une vie simple et frugale. On les a vus, quelquefois, recourir à d'incroyables austérités, dans le but de macérer leur chair et d'exténuer leur corps. C'était, de leur aveu, le moyen qui leur a le mieux réussi pour calmer les convoitises, dompter l'imagination et triompher complétement de la nature.

SURVEILLANCE DU CLERGÉ A L'ÉGARD DE SES MEMBRES.

Une des obligations les plus rigoureuses pour la conscience de nos chefs spirituels, c'est l'exacte surveillance de la conduite du clergé. Nos évêques ne portent-ils pas, en effet, un nom dont le sens étymologique répond précisément à celui de surveillant ou de surintendant ? Ils manqueraient donc au devoir capital de leur haute mission, s'ils négligeaient la vigilance à l'égard des ecclésiastiques qui leur sont subordonnés. Il n'existe, au surplus, aucune corporation sociale sans surveillance sur la conduite de ses membres, sans contrôle sur tous les actes qui sont du domaine de leurs attributions. Des conseils, des chambres ou des comités de discipline exercent la police, maintiennent l'ordre et la subordination, répriment les abus et les contraventions dans tous les états administratifs, judiciaires, militaires et commerciaux. Le clergé qui, plus que tout autre corps, a besoin d'une régularité exemplaire pour jouir de la considération et de la confiance publique, doit donc aussi être régi par une autorité vigilante et ferme. Sans une action disciplinaire incessante, on verrait bientôt défaillir la moralité parmi quelques-uns de ses membres. C'est là un point incontestable aux yeux de tous les prêtres, tant soit peu clairvoyants et jaloux de l'honneur sacerdotal. Des hommes irréfléchis, inexpérimentés, ou plutôt dépourvus de tout principe, pourraient seuls élever des doutes sur l'obligation de la surveillance, et il n'y aurait pas lieu de s'en étonner ; car, en général, les hommes suspects n'aiment pas qu'on fasse la police.

Mais on comprend que l'évêque et ses vicaires généraux ne sauraient seuls suffire à l'accomplissement de ce devoir.

Placés souvent à une grande distance des paroisses qui sont sous leur juridiction ; ayant, d'ailleurs, à gouverner six à sept cents prêtres, disséminés sur la surface d'un grand diocèse, ils ne peuvent connaître suffisamment leurs inférieurs, ni voir tout ce qui se passe dans un rayon de vingt à trente lieues de diamètre. Ils ont donc un indispensable besoin de la coopération du clergé pour exercer une vigilance efficace sur tous les membres d'un corps aussi nombreux et çà et là dispersé. Or, si tous les prêtres consentaient à prêter leur appui à l'évêque, et qu'ils fissent la police, les uns à l'égard des autres, il en résulterait les plus heureux effets pour la discipline ecclésiastique. S'étendant à toutes les paroisses et à tous les curés, cette police fraternelle réprimerait la plupart des abus, préviendrait les écarts, corrigerait les travers, redresserait les torts, arrêterait les maladresses, empêcherait même bien des scandales auxquels on prélude ordinairement par une foule d'imprudences dont personne ne se croit tenu spécialement d'avertir ceux qui se les permettent. Le clergé tout entier, dans cette hypothèse, serait à la fois surveillant et surveillé, et exercerait une police franche, ouverte et déclarée, qui contribuerait singulièrement à la réforme des vices et des abus, et conséquemment à l'épuration du corps ecclésiastique. On comprendra facilement les heureuses conséquences de ce système de surveillance, dans l'application que nous allons en faire. D'après ces principes, si un prêtre est instruit qu'un de ses voisins compromet l'honneur du sacerdoce par des rapports imprudents, ou par certaines entrevues qui éveillent des soupçons sur sa conduite, il ira tout de suite l'avertir des plaintes et des censures du public, au risque de lui déplaire et de le mécontenter. Si sa démarche est mal accueillie ou sans succès, il s'adjoindra quelques bons confrères, pour faire une instance et renouveler des monitions qui n'auraient pas réussi une première fois. L'emploi de tous les procédés de bienveillance et de charité, des avertissements fermes et pressants, appuyés par les curés du voisinage, triompheront ordinairement de la résistance, et auront presque toujours un résultat favorable. Si ce confrère imprudent restait sourd aux remontrances salutaires qu'on lui adresse, on lui signifierait avec une courageuse franchise qu'on en référera à l'autorité diocésaine. Il n'y a plus, en effet, de ménagements à garder envers un homme qui oppose l'opiniâtreté du mauvais vouloir aux plus sages avertissements, et qui ne tardera pas, sans doute, d'affliger l'Eglise par l'éclat d'un scandale. Certains prêtres seront, peut-être, assez injustes pour appliquer l'odieuse qualification de délateur à un ecclésiastique qui, sous la seule inspiration de sa conscience, aura signalé à l'évêque la conduite suspecte d'un confrère incorrigible ; mais c'est là un monstrueux abus de mots, qui ne tendrait à rien moins qu'à justifier la plus criminelle de toutes les tolérances, celle de l'invasion des vices dans le sanctuaire. Faut-il donc laisser souiller la robe ecclésiastique, décrier le sacerdoce, paralyser le ministère pastoral par un faux sentiment d'indulgence ? Le silence serait ici, non-seulement une lâcheté, mais une folie, un crime, un acte vraiment homicide envers tout le clergé. Un prêtre n'est jamais isolé dans l'opinion ; ses fautes et ses écarts sont imputés au corps ecclésiastique, bien que celui-ci n'en soit pas responsable. Une tache d'immoralité sur la conduite d'un seul, répand un triste vernis sur la mémoire de tous. C'est là un tort, sans doute, mais c'est un fait. Le clergé doit donc se croire obligé solidairement de veiller à la conservation de l'honneur du sacerdoce, regarder la réputation de ses membres comme un patrimoine sacré qui appartient à tous, et empêcher par sa fermeté et sa sagesse, que des imprudences ne dégénèrent en dérèglements publics, qui seraient de nature à le dépouiller de la considération à laquelle il a droit. Il ne serait plus temps d'avertir un confrère inconsidéré, ou de signaler ses fautes à l'évêque, lorsque le mal est consommé. C'est à l'instant même où l'on connaît les murmures, les critiques et les soupçons publics, qu'il faut parler avec une apostolique fermeté, et faire tous ses efforts pour arrêter le vice dans son principe. Différer des avertissements ou négliger d'instruire l'administration ecclésiastique, ce serait donner au mal le temps de s'aggraver et de s'envenimer, et préparer à l'Eglise, dans un avenir prochain, un scandale inévitable. Ce serait donc, finalement, se rendre inexcusable et criminel. Que de larmes l'Eglise a quelquefois versées sur des vices d'éclat, qui ont eu pour cause des imprudences que des prêtres n'ont pas eu le courage d'arrêter chez un confrère voisin ! Ces réflexions ne sont, après tout, que les conséquences du principe de la correction fraternelle, appliquées à un des points qui intéresse le plus le clergé, celui de sa réputation, dont il doit toujours se montrer si jaloux. Si cette surveillance exacte et mutuelle était constamment et partout pratiquée, le corps ecclésiastique qui est déjà, sans contredit, le plus moral et le mieux discipliné, verrait bientôt disparaître ces fautes d'inconduite, rares, il est vrai, mais qui ont toujours un si fâcheux retentissement pour la gloire de l'Eglise et du sacerdoce.

Quant à ces misérables qui porteraient sous le manteau ecclésiastique un cœur dépravé et des mœurs dissolues, c'est, pour tout prêtre, un devoir d'honneur et de conscience de les faire retrancher impitoyablement du corps clérical (1).

(1) *Facile emendantur laici delinquentes*, dit saint Chrysostôme ; *clerici, si mali fuerint, inemendabiles sunt*. Le vice de l'incontinence,

CONDUITE DES ÉVÊQUES ENVERS LES PRÊTRES VICIEUX.

Lorsque des membres du corps ecclésiastique ont été dûment convaincus d'immoralité, il ne faut pas, par un sentiment de fausse commisération et de coupable condescendance, leur confier d'autres postes à charge d'âmes ; car il vaut mille fois mieux laisser des brebis errer à l'abandon, que de leur donner des pasteurs qui, au lieu de les défendre et de les protéger, les entraîneraient dans le précipice. C'est une horrible prévarication, dit St Jean-Chrisostôme, de donner un loup pour berger, un corsaire pour conducteur et un bourreau pour médecin : *pro pastore lupum, prædonem pro gubernatore, carnificem pro medico.* Or, il est d'expérience que, en changeant de paroisse, un prêtre déréglé ne change pas de mœurs, et qu'il ne fait que promener en différents lieux sa corruption et son ignominie. C'est la raison qui a déterminé la presque universalité des Evêques, à n'incorporer dans leurs diocèses aucun prêtre étranger suspect en ce point. Ceux d'entre eux qui ont adopté la pratique contraire, ont eu généralement lieu d'en déplorer les fâcheux résultats. C'est donc une nécessité de conscience d'éliminer des rangs ecclésiastiques, ces prêtres qui, au lieu d'être les hommes de Dieu dans leurs paroisses, sont, au contraire, les séducteurs des âmes dont ils étaient appelés à être les sauveurs ; ces prêtres qui infectent les peu-

---

quand il est invétéré, *peccatum est maximæ adhærentiæ*, selon saint Thomas. Saint Grégoire-le-Grand ajoute que, *cùm vires deficiunt, desiderium non deficit.* C'est avec raison que saint Jérôme dit, *amissâ pudicitiâ, omnis virtus ruit.*

ples par le déréglement de leur conduite ; ces prêtres, la honte et l'opprobre d'un corps qu'une fatale et injuste opinion rend solidaire de l'infamie de ses membres. Défenseur-né du sexe faible, gardien de la morale publique, substitut de J.-C. sur la terre, un pasteur ne devient-il pas un être immonde dont il faut purger l'Eglise, dès qu'il s'avilit en apostasiant la vertu ? Une Chartreuse ou la Trappe est le seul asile qui lui reste, pour aller y ensevelir ses désordres, y pleurer ses malheurs et y gémir sur des scandales qui ont déshonoré le clergé et consterné les fidèles.

Et l'homme lui-même qui a fait subir une si grande humiliation à la robe honorable dont il est revêtu, ne devrait-il pas s'excommunier volontairement de la société religieuse et civile, en punition de ses vices, et embrasser avec un sentiment de bonheur, après son naufrage, la seule planche de salut qui puisse le ramener au port heureux de l'éternité ?

Ces réflexions justement sévères ne sont pas, toutefois, applicables à ces hommes faibles qui auraient pu accidentellement flétrir le beau lys de la virginité sacerdotale. De simples fragilités, des égarements transitoires déplorés amèrement et expiés par une salutaire pénitence, ne constituent pas la dépravation et ne rendent pas indigne de la confiance des supérieurs ecclésiastiques. Il y aurait donc lieu d'user envers eux d'une indulgente miséricorde, et de fonder même de légitimes espérances sur leur fidélité à venir.

CHAPITRE VII.

IMPORTANCE DE L'HABIT CLÉRICAL.

Le port du costume ecclésiastique n'est pas sans importance, comme semblent le croire quelques prêtres irréfléchis ; ce n'est ni une minutie, ni un vain scrupule d'observance qu'il faut renvoyer à la rigidité des séminaires ; c'est un devoir sérieux, une règle canonique et fort respectable. L'Eglise ne s'est pas contentée d'établir une distinction spirituelle entre le prêtre et le laïc, par le caractère qu'imprime la consécration sacerdotale ; elle a voulu que cette distinction fût apparente et sensible. Aussi, treize conciles généraux, dix-huit papes, cinquante conciles, tant nationaux que particuliers, et plus de quatre cents diocèses ont dressé, soit des canons, soit des statuts sur le port de l'habit sacerdotal. La plupart des évêques ont lancé des suspenses, des interdits, ou même des excommunications contre les prêtres assez téméraires pour oser contrevenir à cette prescription. La grande majorité des théologiens, appréciant les intentions toujours sages de l'Eglise et se fondant sur les raisons graves qui motivent les pénalités qu'elle prononce contre les infracteurs de cette loi, attribuent un caractère mortel à sa violation, du moins si elle est habituelle. De nos jours encore, dans un grand nombre de diocèses, il est sévèrement défendu de laisser un prêtre monter à l'autel, s'il n'est pas revêtu de la soutane. Saint François de Sales, qu'on n'accusera pas d'avoir outré la morale, voulait qu'on refusât l'absolution à tout prêtre récalcitrant sur ce point. C'est à bien juste titre; car, outre qu'elles sont fausses ou défectueuses, les vertus qui n'ont pas pour base l'obéissance à l'Eglise, il y a, pour légitimer cette mesure, des raisons morales de la plus haute importance. En effet, l'habit clérical avertit sans cesse un prêtre que la régularité de ses mœurs doit répondre à la sainteté de son état et l'accompagner partout; que, tout étant religieux dans son extérieur et ses vêtements, tout aussi doit l'être dans l'expression de ses sentiments et dans toute sa conduite. Ce noble costume lui commande une constante réserve en considération de la haute dignité dont il est revêtu; c'est un sévère moniteur qui le rappelle sans cesse au respect qu'il se doit à lui-même, un frein salutaire qui le retient dans les limites de la gravité et de la décence sacerdotale, où l'empêche de sortir du cercle des devoirs et des bienséances ecclésiastiques; c'est, en un mot, une sauvegarde de modestie et de circonspection contre la légèreté, la dissipation, les démarches fausses, les conversations juvéniles, l'amour des plaisirs profanes et des amusements frivoles. Aussi, l'abandon de l'habit clérical est-il toujours une atteinte grave à la régularité; c'est un présage comme certain qu'on ne tardera pas à perdre l'esprit et les goûts ecclésiastiques. Confondu avec les gens du monde, dont il a revêtu l'habit, le prêtre qui a déposé les insignes extérieurs de son état, s'assimilera bientôt au commun des hommes dont il adopte les sentiments et les habitudes, au point de n'avoir plus rien que de séculier, pour le fond comme pour la forme. C'est donc à tort qu'on renvoie aux scrupules des séminaires la rigoureuse observance de cette règle. Membres de la milice ecclésiastique, c'est à nous à en porter l'uniforme ; et à nous croire bien honorés d'en être revêtus. Celui-là est un déserteur et un transfuge, qui se dépouille des glorieuses livrées du sacerdoce. Que dis-je ? Il a peut-être raison de rejeter un habit qu'il n'est pas digne de porter.

Saint Bernard, qui a déjà réfuté de son temps les prétextes qu'on allègue de nos jours contre le port du costume clérical, se faisait cette objection: *Nùm*, dit-il, *de vestibus cura est Deo, et non magis de moribus ? Habitus non facit monachum.* Dieu, sans aucun doute, tient moins à la forme du vêtement qu'à la conduite et aux mœurs. Mais, réplique avec sévérité le saint docteur, la disposition à quitter leur habit de la part de certains prêtres, *deformitatis mentium et morum indicium est.* Le monde lui-même partage ses sentiments sur ce point, car il n'a ni confiance, ni respect pour ceux qui répudient les insignes de leur auguste état (1).

(1) **Et si habitus non faciat monachum**, dit le saint concile de Trente, *oportet tamen clericos vestes proprio congruentes ordini semper deferre*.

Par ces mots dont les Pères du concile se servent, *vestes proprio congruentes ordini*, on a toujours entendu en France la soutane. C'est ainsi que s'en expliquent les conciles provinciaux, et les statuts de presque tous les diocèses. Tous les théologiens sont d'accord qu'il y a obligation, au moins en France, pour tous ceux qui ont reçu les ordres sacrés, de porter la soutane dans le lieu de leur résidence.

La soutane nous rappelle sans cesse au souvenir de notre état et des vertus que nous devons pratiquer, particulièrement au détachement du monde et de toutes ses vanités. Elle nous avertit sans cesse que nous sommes séparés du reste des hommes et consacrés spécialement au Seigneur; que tout en nous, comme dit le concile de Trente, doit donc annoncer la gravité, la modestie, l'esprit de religion; que nous devons éviter avec soin jusqu'aux manquements légers, qui dans un ecclésiastique seraient très-grands, afin que nos actions, ainsi que notre habit, inspirent à tout le monde de la vénération : **Sic decet omnino clericos in sortem**

Un voyage de longue haleine, des excursions en pays infidèles ou hérétiques, des temps d'émeute et de révolutions, certaines autres causes accidentelles, par exemple, la crainte fondée de recueillir des outrages, ou de provoquer des blasphèmes, seraient, toutefois, des causes suffisantes pour dispenser momentanément du port du costume clérical.

Au sujet de l'habit, on évitera deux extrêmes également blâmables, une mise trop recherchée ou trop commune : *Vestis nec nitida nimium, nec abjecta plurimum*, disait de saint Augustin l'auteur de sa vie. D'un côté, la mondanité dans le vêtement, une recherche trop affectée de propreté, des soins minutieux dans la tenue, accusent toujours un esprit frivole, de ridicules prétentions et une folle vanité de la part d'un homme dont le caractère doit être essentiellement marqué au coin de la modestie et de la simplicité. D'un autre côté, les lois canoniques ne condamnent pas moins la malpropreté que le luxe mondain. Ainsi, le prêtre dont la mise serait trop négligée, et à plus forte raison sâle et abjecte, ne ferait point honneur au corps dont il est membre. Des habits vieux, râpés, dégoûtants ou déchirés vont mal à tout homme chargé d'un ministère public. La tenue doit toujours correspondre à la position sociale que l'on occupe et aux bienséances qu'elle prescrit. Y manquer, c'est déroger à la dignité de son état et de son caractère ; c'est encourir le mépris public. Aussi, une paroisse rougit-elle d'un curé rustique dans son extérieur et vêtu presque comme un men-

---

Domini vocatos vitam moresque suos omnes componere, ut habitu, gestu, incessu, sermone, aliisque omnibus, nihil nisi grave, moderatum ac religione plenum præ se ferant, levia etiam delicta, quæ in ipsis maxima essent, effugiant, ut eorum actiones cunctis afferant venerationem.

diant. Il blesse la légitime susceptibilité de ses paroissiens humiliés de le voir souvent en butte aux plaisanteries et aux lazzi du voisinage.

CHAPITRE VIII.

RÉSERVE DU PRÊTRE.

DE LA RÉSERVE EN GÉNÉRAL.

S'il est un homme au monde qui doive se montrer scrupuleux observateur de la réserve et de la bienséance, assurément c'est le prêtre. En lui, la modestie est une sorte d'éloquence muette, qui n'est pas moins propre à gagner des âmes que les discours les plus persuasifs. Allons prêcher, mon frère, disait un grand saint à son compagnon, et ils allaient par la ville, sans dire mot; mais leur modeste et pieux maintien parlait aux cœurs un langage plus pénétrant qu'une prédication adressée par eux du haut de la chaire. Tout l'extérieur d'un prêtre, dit saint Bernard, doit respirer la piété, la décence et la gravité : *Redolens pietatem, exigens reverentiam*. Rien ne charme et n'édifie davantage; rien n'inspire plus la confiance que la vue d'un ecclésiastique qui, n'oublient jamais la dignité de son état, sait garder partout, et jusque dans ses délassements, une décence vraiment sacerdotale. Il y a en lui je ne sais quoi d'attrayant, qui captive l'hommage de tous les cœurs ; aussi, exerce-t-il sur sa paroisse un empire moral qui, pour être volontaire, n'en est pas moins souverain. Il y établit, par l'influence de son exemple, l'ordre et toutes les convenances qui doivent régner dans une société chrétienne. Que le prêtre sache donc se montrer constamment honorable, et il sera toujours honoré. Si au contraire, perdant de vue la sainteté de son caractère, il n'a pas plus de réserve, sous son habit sacré, que n'en ont certains séculiers, il encourt le mépris de la part de ceux mêmes qui semblent applaudir à sa légèreté. Or, du mépris pour la personne du prêtre, on passe bientôt au mépris de son ministère et de la religion elle-même.

On ne sait que trop combien le monde, sévère appréciateur de ce que doit être un prêtre, se formalise de ses actions même les plus innocentes, quand elles ne portent pas ce cachet de gravité qu'il a droit d'exiger de lui. Si le Saint des saints n'a pas échappé à la critique du monde, combien la pauvre humanité du prêtre ne donnera-t-elle pas de prise aux traits satiriques de la malveillance ! Ce siècle de peu de foi, on le sait, a dépouillé le sacerdoce de cette auréole de vénération qui jadis l'environnait. Il faut donc aujourd'hui que le prêtre relève, aux yeux du peuple, son caractère religieux par des qualités personnelles, et, d'abord, par un maintien noble et sérieux qui, toujours, est de rigueur pour lui.

Il le gardera jusque dans la vie privée, afin d'en contracter insensiblement l'usage, pour l'observer ensuite invariablement dans toutes les circonstances où il se trouvera placé. Autrement, saurait-il soutenir ce rôle qui ne serait pour lui qu'un masque de cérémonie. On ne peut pas plus contrefaire la réserve que la vertu elle-même, parce qu'elle prend sa source dans les sentiments du cœur et ces honnêtes habitudes que donne l'éducation. Lorsqu'un ecclésiastique ne s'est pas imposé, depuis longtemps, une sage gravité dans toute sa conduite, il lui échappe, au moindre défaut d'attention, même devant des laïcs, quelqu'un de ces actes légers et ridicules dans un homme voué par état à des fonctions saintes et austères ? Et ces actes n'eussent-ils, au surplus, que des confrères pour témoins, convient-il de se les permettre en leur présence ?

En résumé, le prêtre se rappellera toujours qu'il est le représentant du Très-Haut et l'image vivante de Jésus-Christ sur la terre. Il a l'honneur de le faire descendre chaque jour dans ses mains et de le placer sur son cœur. Ce n'est pas seulement à l'autel qu'il doit se montrer prêtre ; partout il est l'homme de Dieu et une sorte de dieu sur la terre ; *Post Deum terrenus Deus*, dit saint Clément. Il travaillera donc à mettre toutes ses actions, ses démarches et ses habitudes en harmonie avec la grandeur de son caractère qui le suit partout, et dont il ne doit nulle part se dépouiller. Ainsi, il ne se permettra rien que d'édifiant, de saint et de décent : *Nihil nisi grave, moderatum ac religione plenum præ se ferant*. Ne ferait-il pas honte à l'Eglise le prêtre qui, en matière de réserve, ne vaudrait même pas un simple chrétien, un bon laïc. Qu'on ne le voie donc jamais folâtrer étourdiment, descendre au rôle d'histrion et de baladin, se livrer à des actes de légèreté ou de familiarité basse, pour le moins déplacés dans un ministre de la religion. Lorsque la dignité manque en haut, le respect manque toujours en bas. Cette belle réserve dont un ecclésiastique doit toujours faire preuve, lui inspirera naturellement une vive répulsion pour ces attitudes cavalières, ce ton soldatesque, cette brusquerie choquante, ce sans-façon rustique, ces manières agrestes, ces rires bruyants, ces amusements frivoles, ces airs volages, ce badinages enfantins, à peine excusables dans de jeunes étudiants en vacances. Si, toujours pénétré du sentiment de sa dignité, le prêtre ne déroge jamais aux bienséances qui sont pour lui plus que pour personne un rigoureux devoir, il méritera l'estime et la confiance de tous indistinctement, et commandera le respect aux ennemis du clergé eux-mêmes, parce qu'il y a dans le cœur de tous les hommes un fonds d'équité naturelle qui les force à rendre à la vertu les hommages de vénération qu'elle mérite.

DE LA RÉSERVE DANS LES PAROLES.

Il n'y a point d'état qui commande une plus exquise délicatesse dans le langage que le sacerdoce, et le monde a droit de l'attendre de tous ceux qui ont été élevés à cette haute dignité. Où donc trouverait-il la discrétion et la sagesse, si ce n'est dans ceux que Dieu lui a donnés pour guides et pour modèles ? Le prêtre est le héraut envoyé du Ciel pour annoncer aux peuples, du haut de la tribune sacrée, les sublimes vérités de l'Evangile et les préceptes de la plus pure morale ; chaque jour il rougit ses lèvres du sang de J.-C. Or, une bouche consacrée à d'aussi augustes fonctions, ne doit plus s'ouvrir qu'à des paroles de salut, de sainteté ou, du moins, d'une parfaite convenance. Ce n'est qu'à cette condition qu'un curé se rendra vraiment digne du noble ministère dont Dieu l'a honoré. Il serait affligeant pour l'Eglise de compter, dans les rangs du clergé, des prêtres plus indiscrets et plus volages que ne le sont d'honnêtes séculiers ; des prêtres capables de se compromettre par la légèreté de leur langage, et de vilipender ainsi le sacerdoce lui-même ; car le monde ne sait point séparer notre caractère de notre propre personne, et il se scandalise toujours du peu de réserve qu'il a lieu de remarquer dans les ecclésiastiques avec lesquels il est en rapport.

La gravité est la première condition du langage d'un prêtre. Un curé a, sans doute, le droit de se délasser dans la vie privée des travaux de la vie publique. Il peut, sans déroger aux convenances de son état, se permettre un certain abandon, se livrer aux épanouissements d'une joie franche et cordiale dans une réunion de confrères ou d'amis; mais sa gaîté devra toujours être de bon ton et ne point dépasser certaines bornes. Un ecclésiastique, dont les conversations habituelles rouleraient dans un cercle étroit de futilités, d'enfantillages et d'inepties, perd bientôt toute considération. Quand on a l'honneur d'appartenir à un état grave et sévère, on comprend qu'il faut s'interdire le genre frivole et puéril.

Le langage d'un prêtre devra aussi être toujours de la plus haute décence. La bonne chère, le vin, les parties de plaisir, la toilette, ne peuvent convenablement être la matière de ses entretiens; excusables, peut-être, dans des laïcs, ces conversations souilleraient les lèvres de celui qui a renoncé aux jouissances de la terre pour s'attacher à celles du ciel (1). Des propos libres, de mauvaises anecdotes, des chansons

---

(1) *Sacerdotis sermo debet esse plenus gravitate, honestate et suavitate.* (Concile de Paris.)

Nunquàm de formis mulierum disputes. (S. Jérôme.)

Des prêtres s'entretenant, dans leurs réunions, de toilette et de bagatelles, de ces mille choses insignifiantes qui sont la matière ordinaire des conversations de certaines personnes mondaines, abjureraient leur caractère noble et viril, et descendraient au rôle de femmes frivoles.

In ore laicorum nugæ nugæ sunt, in ore sacerdotis blasphemiæ. (S. Bern.)

bachiques ou galantes seraient non-seulement méséantes, mais impies dans un homme de Dieu. N'est-ce pas un crime de profaner une langue sanctifiée par l'attouchement de la chair virginale de J.-C.? Il se rencontre, néanmoins, des ecclésiastiques dont les conversations présentent ce caractère d'indécence et de bassesse ; il s'exhale de leurs entretiens je ne sais quoi de badin et d'ignoble, qui n'est propre qu'à les rendre méprisables aux mondains eux-mêmes (1). Il en est qui poussent l'impudence jusqu'à faire des applications bouffonnes de nos saintes Ecritures, prêtant ainsi à rire à des mécréants qui battent des mains à ces parodies sacriléges. Ah ! quelle triste idée donnent de leur personne, des prêtres qui se signalent par l'ignominie de tels propos !

Langage discret. Le prêtre se montrera habituellement circonspect dans toutes ses paroles, et ne fera point d'aveux ou de récits compromettants. Il s'abstiendra de parler sur le ministère en présence des laïcs, et même sur la confession devant ses confrères, se souvenant de cette maxime : *Illud*

---

(1) Certains curés de campagne se persuadent qu'il convient de déposer, du moins quelquefois, la gravité sacerdotale et de se dérider en présence de leurs paroissiens, dans le but de conquérir leur affection. La fierté, disent-ils, n'est pas le moyen de gagner les cœurs. S'imaginant donc que, pour réussir à se populariser, ils doivent se montrer familiers, ils prennent avec des villageois un ton léger, badin et jovial. On en voit même quelquefois qui osent se permettre un genre de basse plaisanteries que s'interdit sévèrement tout homme du monde qui se respecte. C'est là un acte de la plus haute inconvenance, et qui n'est propre qu'à avilir le caractère sacré du prêtre. Il est pour lui de sévères bienséances auxquelles il ne peut déroger, sans forfaire au devoir. Le monde lui-même, tout volage qu'il est, fait au prêtre un crime de sa légèreté et de ses étourderies. Il est convaincu qu'il doit mieux penser et mieux vivre que lui, et que le disciple qui sort de l'école de J.-C., ne doit jamais jouer le rôle d'un bouffon.

quod per confessionem scio, minùs scio quàm illud quod nescio. Que d'indiscrétions peuvent être commises dans l'exposition inopportune des cas de conscience ! Un curé se gardera de parler de ses griefs contre ses paroissiens dans les sociétés où il se trouve. N'est-il pas leur père, et lui convient-il de lever le voile qui cache les défauts de ses propres enfants ? Ne doit-il pas, plutôt, les couvrir du manteau de la charité ?

Langage charitable. Des réparties heureuses et spirituelles, des traits sagement plaisants sont sans doute permis dans les conversations. Mais avant tout, il faut soigneusement observer la charité et ménager le redoutable amour-propre. Tout homme est sensible à l'endroit de la censure et de la causticité. Un curé prudent ne se permettra donc jamais, envers ses paroissiens, des plaisanteries mordantes ni le ton du persiflage, afin de ne pas se les rendre hostiles. Une apostrophe blessante, une raillerie malicieuse et incisive pique au vif; c'est comme un dard qui entre profondément dans le cœur et l'envenime à jamais. Il suffit d'avoir déversé une seule fois le ridicule sur un individu, pour le jeter dans une opposition permanente contre son curé; aussi est-il rare que les ecclésiastiques d'une humeur satirique et mordante ne soient pas universellement détestés. On se montrera donc fort sobre de railleries; car il est si difficile de plaisanter sans égratigner ! Ne convient-il pas mille fois mieux de se faire chérir et vénérer que de passer pour habile à lancer le sarcasme ? Ne serait-ce pas une grande maladresse de préférer avoir de l'esprit que des amis ? Aussi saint François de Sales disait-il que, quand il verrait faire des miracles à un railleur, il ne croirait pas à sa vertu. — Il est une classe de paroissiens, les personnes dévotes, envers lesquelles certains ecclésiastiques se permettent d'ordinaire des ironies offensantes; ces railleries accompagnées quelquefois de réflexions sur les imperfections et les infirmités du sexe, sont au moins fort déplacées, si même elles ne sont impudentes.

Langage vrai. Que l'âme d'un prêtre se reflète sur son front et dans toutes ses expressions; sa bouche et son cœur doivent toujours être d'intelligence, car l'une est l'interprète de l'autre. Conséquemment, point de détours, de déguisement ni d'arrière-pensées; les ruses et les biais lui vont mal et ne se concilient pas bien, dit M. de Cheverus, avec la simplicité et la droiture de son caractère. Il se montrera donc au dehors comme au dedans, habituellement ouvert et communicatif vis-à-vis de tous ceux qui auront mérité son estime; mais qu'il soit d'une discrétion impénétrable pour quiconque se serait rendu indigne de sa confiance. Discrétion et mensonge ne sont pas synonymes; il y a, parfois, sagesse à taire ce qu'on pense : *Tempus loquendi et tempus tacendi.* — *Si j'avais la main pleine de vérités*, disait Fontenelle, *je me garderais bien de l'ouvrir.*

Langage poli. De tout temps le clergé a su se distinguer, parmi les autres classes sociales, par une politesse exquise; et en effet, rien ne va si bien au prêtre que ce ton d'urbanité que l'on est toujours sûr de rencontrer dans la bonne compagnie. Tous les procédés entre confrères seront donc empreints d'une honnêteté et d'une délicatesse qui excluent toute parole triviale, toute observation méséante, toute plaisanterie sans sel et sans convenance, tout éclat de joie qui sentirait la rusticité (1). Cette bienveillance mutuelle toujours si désirable dans les relations entre prêtres, ne descendra jamais jusqu'à cette familiarité qui donnerait justement lieu de dire qu'ils ne connaissent même pas les rudi-

---

(1) *Fœdè ad cachinnos moveris, fœdiùs moves.* (S. Bern.)

ments de la civilité. Rien ne résonne plus mal aux oreilles que ces expressions de camaraderie, ces sobriquets et cet ignoble tutoiement qui ont malheureusement prévalu dans certaines sociétés de prêtres mal appris (1). N'est-ce point oublier le sentiment de sa dignité et se déconsidérer dans l'esprit de tout homme poli ? Quelle estime concevra pour des prêtres, un laïc qui les verra, dans leurs réunions, se traiter entre eux d'une manière si cavalière et si choquante ? Aussi, combien de séculiers longtemps respectueux envers le clergé, ont daté leur mépris pour lui du jour où, assistant à

(1) L'usage du tutoiement s'est introduit en tant de localités entre prêtres qu'il nous a paru convenable de le signaler à l'attention de ceux qui l'ont adopté sans y réfléchir. Il est tout à fait choquant pour la délicatesse française, aux yeux des gens du monde qui le remarquent avec un sentiment de peine dans le commerce des prêtres entre eux. On voit même des curés permettre à leurs frères et à leurs sœurs cette indécente liberté. Ils diront peut-être, pour s'excuser à ce sujet, que l'usage du tutoiement existe dans d'honorables familles entre parents et enfants, sans blesser par là ni les convenances ni le respect filial. Je ne loue ni ne blâme précisément ce ton familier entre père et fils ; mais il n'y a point de parité entre les rapports intimes d'une famille et les réunions d'hommes revêtus d'un caractère public et sacré, qui, conséquemment, compromettraient la dignité de leur position, en se parlant avec un sans-façon d'écoliers sortant du collége. Toutes les fois que des curés se trouvent ensemble, ils feront trêve d'excessive familiarité et se traiteront en prêtres et non en camarades. Il vaudrait mieux ne jamais paraître dans les sociétés, que courir le risque de manquer aux bienséances.

C'est surtout dans leurs relations avec les anciens du sanctuaire que les jeunes membres du clergé ne devront jamais s'émanciper du côté des convenances. Ils s'empresseront, au contraire, de leur marquer des attentions plus délicates et plus respectueuses, se souvenant de cette recommandation faite par nos livres saints : *honora senectutem ; coràm cano capite consurge*. De tout temps le monde a honoré les vieillards ; nous siérait-il d'être au-dessous des vertus du monde ?

des cercles ecclésiastiques, ils ont eu la douleur de voir leurs curés adopter, dans leur langage, ce mauvais ton qu'on ne rencontre que dans les rangs populaires. On ne saurait dire combien de prêtres ont perdu ainsi le prestige de la considération, pour avoir été vus de trop près. C'est assez dire qu'ils doivent tous se traiter honnêtement entre eux, et avoir les uns pour les autres de respectueux égards, s'ils veulent mériter l'estime et la vénération de leurs paroissiens. Messagers de la parole divine et convives à la table eucharistique, ne ravalons jamais la hauteur de notre caractère par la bassesse et l'imprudence de nos discours; honorons au contraire notre auguste état par un langage toujours pur et toujours décent : *Os tuum, os Christi est* (S. Anselme). *Ex ore sacerdotis nihil nisi honestum et utile procedere debet verbum, qui tàm sœpè Christi accepit sacramentum* (Imitation). *Os tuum consecrati Evangelio ; talibus jàm aperire, illicitum, assuescere sacrilegium est* (S. Bernard). *Ipsi in omni conversationi sancti sitis* (S. Pierre). *Verbum sanum, irreprehensibile, ut is qui ex adverso est, vereatur, nihil habens dicere de nobis* (S. Paul à Tite).

CHAPITRE IX.

JEUX ET AMUSEMENTS.

Pareil à un arc qui, toujours tendu, perd son élasticité et la force de ses ressorts, l'esprit humain, constamment absorbé dans des études profondes et les soins du ministère, ne tarderait pas à user son activité. Les distractions récréatives sont donc légitimes, nécessaires même, pourvu toutefois qu'elles se renferment dans les bornes de la modération et des convenances. La vie cléricale est généralement une vie grave, et, jusque dans les amusements, elle impose une réserve habituelle : voici donc les règles auxquelles un ecclésiastique subordonnera ses jeux et ses plaisirs.

1° Il n'y sacrifiera que des moments rares et limités, parce que l'emploi de son temps appartient à l'étude et à l'exercice de devoirs d'une trop haute importance, pour qu'il puisse en consumer une grande partie en divertissements frivoles, au détriment du salut des âmes. Les plaisirs prolongés deviennent eux-mêmes une fatigue et ne laissent le plus souvent au fond du cœur qu'un vide et une tristesse suivis de regrets. D'ailleurs, le goût de dissipation qu'ils entrainent, passe bientôt dans les mœurs et les habitudes, et devient un besoin, je dirais presque une nécessité qui rend inapte à des occupations sérieuses.

2° Un ecclésiastique s'interdira généralement le jeu avec ses paroissiens et cette classe de laïcs peu recommandables par leur position ou leur éducation. Que, pour traverser sans ennui ses heures de loisir et faire acte de complaisance, il consente, en de rares circonstances, à jouer avec des hommes de bien et de bonne compagnie, c'est ce que les plus rigoureuses exigences de son état ne sauraient condamner; mais il se montrera singulièrement attentif à y observer cette circonspection, ces prévenances, ces formes politesse qu'on sait si bien garder dans les cercles du monde. C'est au jeu que l'homme se dessine, que ses sentiments les plus intimes éclatent spontanément et que se révèle le caractère tout entier. Il y aurait de l'inconvénient à se livrer à ce genre de récréation avec des laboureurs, des villageois et même des instituteurs, gens si portés, d'ordinaire, à manquer aux règles de la bienséance, à user d'un sans-façon incivil, et à traiter leurs supérieurs sur le pied d'une blessante familiarité, quand ceux-ci se sont oubliés jusqu'à descendre à leur niveau. Quelles interprétations donneront-ils à ces expressions parfois un peu libres qu'un prêtre pourrait échapper en leur présence, à cette humeur chagrine qu'il laisserait percer en cas de chance malheureuse, à ces indiscrètes explosions de joie, si le hasard le favorise, à ces discussions animées, presque inévitables dans tous les jeux intéressés, à ces pertes trop considérables, à ces séances prolongées bien avant dans la nuit, lorsque, peut-être, des malades réclament impatiemment sa présence? Toutes ces particularités peu édifiantes deviennent bientôt, par l'impatiente loquacité des partenaires, la nouvelle de toute la paroisse. Quel sentiment de vénération éprouvera-t-on pour un curé qu'on verra passer d'une table de jeu à l'autel pour y célébrer le redoutable sacrifice, puis, en chaire, pour y tonner contre les abus publics ? Ce contraste choquant n'est-il pas de nature à dissiper le prestige de la considération et du respect dont il importe si essentiellement qu'un homme de Dieu soit toujours environné ? Car la réputation de joueur est une flétrissure ; le prêtre qui en est entaché, perd la confiance des fidèles et devient même l'objet de leur mépris. Que le clergé n'ait donc pas la douleur de compter dans ses rangs de ces prêtres, pour qui vivre c'est s'amuser, et qui convertissent leur presbytère et leurs réunions en académies de jeu. Des hommes faisant de ce plaisir une occupation ou une passion, méritent d'être frappés des censures de l'Eglise.

3° Un ecclésiastique n'intéressera que légèrement le jeu qui, de sa nature, est une simple distraction, et perd son caractère et sa fin principale, dès que la cupidité s'en mêle. Gagne-t-il ? il se passionne par l'attrait du gain et fait d'un délassement légitime une sordide spéculation ; il transforme une fête de confraternité et de joie innocente, en un sujet de dépit et d'amertume pour le cœur de ses voisins et de ses amis. Perd-il ? il se prive d'un superflu qui est la créance des pauvres : *Superflua divitum sunt necessaria pauperum.* Mécontent des autres et de lui-même, il s'afflige et ne jouit point.

4° Il évitera les divertissements de la classe populaire, tous ces ébats d'une gaîté juvénile, ces folles joies, ces ris bruyants et immodérés (1), ces essais de lutte et de course, vaine parade de force et d'agilité, qui assimileraient une réunion d'ecclésiastiques à une troupe d'écoliers en vacances. Ces amusements, bien qu'innocents, sont peu dignes d'un

---

(1) *Christiani sumus, christianè rideamus.* (Salvien.)

homme qui a reçu la consécration sacerdotale; ils offusquent les laïcs qui épient tous ses actes pour les ridiculiser : *Nihil in sacerdotibus plebeium, nihil populare, nihil commune,* dit saint Ambroise. Sachons respecter les honorables préjugés d'un monde qui prouve assez, par la censure dont il poursuit nos plus petits défauts, quelle haute idée il a conçue de notre sublime caractère. *Personæ, tempori, loco, et secundùm circumstantias debitas ordinetur :* telles sont, d'après saint Thomas, les règles auxquelles, pour être licite, le jeu doit être subordonné.

5° Le prêtre s'interdira encore l'assistance aux cirques, et aux divers autres spectacles qui se rencontrent sur les foires et les marchés publics : *Mimis, jaculatoribus et histrionibus non intendant clerici.* Cette vaine curiosité, sans être criminelle, sied mal à un état grave et sévère. Aussi, les séculiers la censurent-ils dans un ecclésiastique.

6° Le public n'est pas moins mésédifié de voir des ecclésiastiques s'accorder le plaisir de la chasse, malgré les canons de l'Eglise, la défense formelle des évêques et les règles de la modestie cléricale. La gloire de Dieu et la conquête des âmes, voilà l'objet de la mission du prêtre; ses armes sont la foi, la prière, la charité, la prédication, l'étude, le bon exemple, les larmes; la brebis égarée, voilà la seule proie digne de son zèle et non un vil animal. On n'a, d'ailleurs, aucune vénération pour un prêtre qu'on voit passer de la dissipation de la chasse au service de l'autel et à l'exercice des autres fonctions sacrées. Un fusil convient-il entre des mains qui s'élèvent chaque jour pour offrir au Père éternel le corps et le sang de son Fils? Le droit canon n'autorise l'usage des armes, chez les ecclésiastiques, que *ad terrorem latronum.*

Le cercle des plaisirs que peut se permettre un prêtre est

immense : à la tête de ces plaisirs figurent les conversations instructives et amusantes, la lecture des journaux, au moyen desquels on suit le mouvement de l'esprit humain et le cours des événements qui modifient l'état de la société. A cette lecture, on peut ajouter celle des brochures qui intéressent la religion et le clergé. Viennent ensuite les soins du jardinage, la culture des arbres et des fleurs, l'analyse des plantes, la préparation de quelques graines, de petits essais d'agriculture, l'éducation des abeilles, quelques principes de géologie, d'archéologie, de numismatique, de botanique, d'hygiène, de médecine et de pharmacie, des expériences physiques, l'art du dessin ou de la peinture ; telles sont les occupations vraiment délassantes et dignes de servir de récréation aux curés des campagnes.

CHAPITRE X.

DÉSINTÉRESSEMENT DU PRÊTRE.

Le prêtre est auprès des hommes le représentant d'un Dieu qui a eu pour palais une pauvre étable, pour trône une humble crèche, pour lit un peu de paille, pour vêtements de misérables langes (1).

Citoyen du ciel sur la terre, il a reçu la mission de détruire l'empire de la matière, d'arracher de son cœur et de celui des autres l'amour désordonné de la propriété, de combattre l'idolâtrie de l'or, le culte de la richesse et de faire envisager à tous, les biens terrestres comme un amas de boue qui va se fondre à leurs yeux (2). Le gain des âmes, voilà la seule

---

(1) Jésus-Christ, notre premier modèle, n'a pas même possédé une chaumière pour se mettre à l'abri des injures de l'air. Il a fait du détachement des biens du monde la base de la sainteté chrétienne et sacerdotale.

Lorsque les apôtres partirent pour la conversion du monde, il leur défendit de prendre avec eux de l'argent, deux tuniques et deux chaussures, ne leur permettant que le strict nécessaire de la vie. Fidèle imitatrice de son divin fondateur, l'Eglise n'a pas promis à ses ministres les choses de la terre ; elle n'a que le ciel à leur proposer, en dédommagement des peines et des sacrifices qu'elle leur impose.

(2) Le siècle présent est matériel, calculateur et avide ; son unique mobile, c'est l'amour de l'or. Il a substitué l'ignoble égoïsme au désintéressement et à l'enthousiasme de l'honneur et de la vertu ; il

ambition que le Seigneur autorise dans le prêtre; voilà l'honoraire consolant qu'il promet à ses efforts et à ses peines, et non une vile monnaie, récompense du mercenaire. Après avoir tonné dans la chaire contre l'amour des richesses, le prêtre oserait-il se montrer lui-même dévoré de l'ardente passion d'amasser, et se laisser flétrir de l'accusation d'avarice ? La libéralité n'est-elle pas une des vertus les plus propres à lui mériter la vénération et à concilier à son ministère le respect et la confiance des peuples ? On est naturellement dévoué à un curé généreux; partout on préconise ses sentiments nobles et élevés. Les paroissiens sont généralement bons appréciateurs en ce point, et ils savent rendre justice à celui dont ils ont toujours reconnu les vues pures et désintéressées : aussi jouit-il de l'estime universelle et d'une affection sans bornes. Non-seulement on le chérit pendant sa vie et on le pleure à sa mort, mais encore on le bénit et on le révère souvent un siècle après qu'il n'est plus. Qu'elle est honorable au sacerdoce, qu'elle est utile au succès des fonctions du ministère pastoral, la réputation de désintéressement et de bienfaisance dans un prêtre! Le peuple a canonisé saint Vincent de Paule de son vivant, l'Eglise lui a érigé des autels après sa mort. La capitale et les provinces ont élevé des statues en l'honneur des Fénelon et des Belzunce, et on ne

---

n'estime même plus le talent qu'à sa valeur productive, et la gloire, que comme moyen de faire fortune. Or, le prêtre détaché de la matière parviendra seul, par un esprit sublime d'immolation et de dévouement, à balancer un tel mal, à dominer cette basse tendance et à vivifier le corps social engourdi par le dur et froid égoïsme. Mais si la fièvre de la cupidité, qui consume la plupart des hommes du siècle, s'allume aussi dans le sein du prêtre, comment parviendra-t-on à changer les abjects sentiments d'un monde qui reconnaît la suprématie de l'argent sur la vertu, et qui aime mieux les écus que la gloire même. Le mal sera irrémédiable, parce qu'il sera dans le remède même.

prononce jamais les noms de ces grands évêques sans un sentiment d'admiration et de reconnaissance. De nos jours même, malgré les injustes préventions contre le clergé, on ne voit jamais descendre au cercueil un pasteur charitable, sans qu'il ne s'élève en son honneur un concert unanime de louanges et de bénédictions. Tous les pauvres se plaisent à raconter les bienfaits de cette main consolatrice qui a adouci leurs maux et essuyé leurs larmes : *Eleemosynas illius enarrabit ecclesia sanctorum.* La mort de ce bon curé est une calamité publique; c'est un jour de deuil général et de désolation.

Mais comment peindre un prêtre avare qui fait de l'argent l'objet de ses adorations et qui ne songe qu'à en accumuler ? Ne respectant même plus les simples bienséances que lui commande la dignité de son ministère, il fait de la religion et du sacerdoce métier et marchandise, se livre bassement aux trafics profanes et descend au rôle d'un vil spéculateur. Sa passion se manifeste dans sa manière de vivre, et dans tous ses procédés qui ont un caractère sordide; elle perce jusque dans l'indécence de son extérieur et le désordre de ses vêtements. Aussi est-il en butte aux satires des paroissiens si habiles à démêler les défauts d'un curé, et surtout si enclins à les censurer impitoyablement. On sait en effet que, sauf le libertinage, il n'y a aucun vice qu'ils soient moins disposés à lui pardonner, aucun vice qui le déconsidère davantage à leurs yeux. La réputation et même le seul soupçon d'avarice (1) sont pour lui une tache hideuse qui ternit l'éclat de toutes

---

(1) *Ignominia sacerdotum studere divitiis* (S. Jérôme).

Turpis appetitio lucri est de præsentibus, plusquàm necesse est, cogitare (S. Bernard).

Servus Christi nihil præter Christum habet (S. Jérôme).

Sint mores sinè avaritiâ, contenti præsentibus; ipse enim dixit, non te deseram neque derelinquam (S. Paul aux Hébreux).

les autres vertus dont il serait orné. Notre siècle égoïste court après la fortune et lui prostitue ses hommages; mais il ne veut pas que le prêtre en amasse : il exige que, privé de femme et d'enfants, et ayant placé ses espérances dans le ciel, il n'abaisse plus ses affections aux choses de la terre; il veut qu'un homme qui a fait à Dieu la consécration totale de son cœur, en extirpe la honteuse passion de l'or, sous peine de n'être plus, à ses yeux, qu'une âme vile et méprisable.

Depuis longtemps le monde, dans ses vieilles préventions contre nous, parle de l'avarice comme d'un vice proverbial, comme d'une plaie invétérée, comme d'un chancre inguérissable dans le sacerdoce; c'est là le texte banal de ses accusations contre nous. Malheureusement le décès de certains membres de notre corps a dévoilé çà et là quelques secrets honteux, quelques-uns de ces mystères d'épargnes sordides, isolés et fort rares, il est vrai. Ne confirmons pas des soupçons ni des préjugés aussi flétrissants, et n'autorisons plus des plaintes d'ailleurs si peu fondées pour la grande majorité des ecclésiastiques. Que le monde puisse dire que nous avons toujours vécu dans une pauvreté vertueuse, et qu'il proclame hautement de nous après notre mort ce que l'apôtre saint Pierre disait de lui-même pendant sa vie : *aurum et argentum non est mihi.* Ah! préservons-nous tous de la lèpre de l'avarice, afin de ne pas laisser après nous une mémoire flétrie et déshonorée.

Le prêtre ne saurait prendre trop de précautions pour échapper aux atteintes de ce vice. L'âge, qui amortit la fougue de la plupart des passions, ne fait que ranimer celle-ci. Elle se ravive, pour ainsi dire, sur les débris d'un corps tombé dans la décrépitude. L'homme cupide s'attache avec un sentiment d'autant plus vif aux biens périssables, qu'il va s'en séparer à jamais, semblable à cet infortuné qui, prêt à s'abîmer dans un gouffre profond, saisit avec avidité le plus frêle appui comme sa seule et dernière planche de salut. Aussi saint Chrysostôme définissait-il l'avarice *passio omnium pessima, incurabilis morbus.* — *Tu autem, o homo Dei, hæc fuge.*

On ne manque pas, pour justifier le crime de l'avarice, de faire valoir de spécieux prétextes colorés du beau nom de prévoyance. On les présente même avec une certaine confiance, pour légitimer la passion de thésauriser. Il est bon de s'assurer, dit-on, des réserves contre les accidents de la vie, de se prémunir contre les besoins de la vieillesse ; ou bien on prétend se mettre à l'abri des tempêtes des révolutions, qui débutent presque toujours par la confiscation du temporel du clergé. On veut des moyens d'existence moins précaires que ceux d'un budget, qui peut être réduit ou supprimé arbitrairement; alors on a recours à une prévoyance prétendue sage, pour calmer une frayeur chimérique qui est le symptôme et l'effet de l'avarice ; on accumule donc des écus, on grossit tous les jours le trésor de ses économies, ou bien on achète jusque dans sa paroisse de petits domaines qu'on a soin d'agrandir chaque année de quelques parcelles de terrain. Semblable à l'hydropique dont la soif s'irrite par l'usage de l'eau au lieu de s'étancher, ou à un gouffre qui engloutit toujours et ne se remplit jamais, le prêtre avide reste insatiable lors même qu'il a lieu d'être satisfait, parce que toutes les possessions terrestres sont incapables de rassasier le cœur humain (1) : *avarum irritat, non satiat pecunia.* Il sera sur-

---

(1) Ils veulent conserver une poire pour la soif, disait un éloquent orateur, et cette poire les étrangle.

L'homme désire immensément, et l'immensité de ses désirs le

pris thésaurisant même au moment de la mort, pour laisser ses honteuses dépouilles en proie à la cupidité d'indignes héritiers qui se disputeront peut-être, autour de sa tombe, cet argent d'iniquité, et auront bientôt absorbé le fruit de ses sacriléges épargnes. Tous ces prétextes ne sont que de misérables subterfuges ; ils déguisent mal l'esprit d'intérêt qui les suggère.

D'abord, que peut craindre le prêtre des accidents de la vie ou des besoins de la vieillesse ? Il est seul, sans famille à nourrir, sans héritiers nécessaires à placer ; il a donc sous ce rapport mille fois moins de sollicitudes que l'homme du monde. On comprend qu'un père de famille travaille à s'enrichir, se donne mille mouvements, sacrifie son repos et sa santé pour amasser des héritages à toute sa lignée ; cela est naturel à la tendresse paternelle, qui se croit obligée de pourvoir à l'existence présente et future d'êtres qui lui sont si chers. Mais aucune raison n'autorise le prêtre à se montrer parcimonieux ; car il n'a ni seconds ni enfants : *Unus est et secundum non habet, non filium......; et tamen laborare non cessat, nec satiantur oculi ejus divitiis* (Eccl.).

N'a-t-il pas, d'ailleurs, à espérer quelques secours de l'Etat qu'il a honorablement et utilement servi, ou de la munificence de l'Eglise, toujours reconnaissante envers ses ministres qui ont bien mérité d'elle ? Enfin, ne peut-il pas compter sur cette Providence paternelle qui n'a jamais délaissé l'homme juste et confiant en sa bonté ? Est-il toujours vrai de dire, au surplus, qu'un curé généreux s'appauvrit en donnant ? Non, non ; toutes les bourses sont ouvertes à

---

jette dans un malaise au sein duquel tout ce qu'il a déjà gagné est pour lui comme la goutte d'eau oubliée dès qu'elle est bue, et qui irrite la soif au lieu de l'étancher (*Guizot*).

celui qui ne pense point à remplir la sienne. Qu'il se mette sous la garde de Dieu, qui pourvoira généreusement à ses besoins réels (1). Le prêtre attaché à l'argent nous parle de la crainte qu'il a des révolutions ; mais c'est une frayeur chimérique. Les révolutions n'atteignent et ne frappent que les classes riches : voilà les victimes qu'elles dépouillent ; elles ne sauraient avoir de prise sur un clergé qui n'a rien. La terrible persécution que le catholicisme essuya, il y a un demi-siècle, n'aurait pas eu lieu, si l'Eglise de France n'eût point possédé d'immenses domaines. On convoitait avidement ses grandes richesses, et, pour réussir à l'en dépouiller, on la persécuta. Aussi, la pauvreté du clergé français est-elle sa sauvegarde la plus sûre contre les chances d'un nouvel ouragan révolutionnaire. Enfin, que des craintes fantastiques et imaginaires ne nous dispensent pas de soulager des misères réelles et des besoins présents : l'exagération de la peur ne peut justifier l'amour de l'argent. L'Eglise a exigé le célibat du prêtre pour

---

(1) Ce qui s'est passé dans les temps désastreux du schisme et de la terreur révolutionnaire démontre que le clergé de nos jours peut, sans aucune inquiétude et défiance, se reposer pour sa subsistance sur les soins paternels de celui qui nourrit les oiseaux du ciel et revêt les lis des champs. Tous les prêtres français qui, pour rester fidèles à l'Eglise, s'exilèrent dans les diverses contrées de l'Europe, trouvèrent partout les ressources nécessaires à leur existence, et même quelquefois l'hospitalité la plus noble jusque dans les pays protestants. On en vit plusieurs qui revinrent de l'émigration pourvus plus abondamment qu'à leur départ. Ceux qui ne purent se rendre à l'étranger ou qui voulurent rester sur la terre de France, dans le but d'administrer les secours de la religion à leurs compatriotes, reçurent tous la plus généreuse assistance des catholiques leurs frères. Si ces temps de triste mémoire venaient à se renouveler, on verrait aussi se représenter les mêmes prodiges de charité envers les prêtres fidèles. La bonté prévoyante du Seigneur fera, au besoin, des miracles pour venir à leur secours.

le dégager des liens du sang, l'affranchir des soins et des affections de la paternité et de toutes les préoccupations terrestres ; elle a craint qu'une famille selon la chair ne divisât son cœur et ses pensées au détriment de la paroisse devenue sa famille spirituelle ; vieillards paralytiques et caducs, enfants débiles, pauvres honteux, veuves et orphelins ; voilà ses enfants et ses héritiers. Les faibles, les souffrants et tous les malheureux ici-bas, voilà ses amis et ses frères ; la race humaine, voilà sa parenté ; le bon prêtre est la providence de toutes les infortunes. Ce n'est qu'en se montrant désintéressé, généreux et bienfaisant qu'il aura véritablement du succès dans son ministère. Ah ! il est bien éloquent le curé qui, au mérite de ses prônes, prête l'autorité bien plus persuasive encore des largesses qu'il répand sur tous ses paroissiens indigents (1) ; il exerce au milieu d'eux une sorte de royauté et de dictature.

(1) L'apôtre saint Paul regardait son désintéressement comme une des causes principales du succès de son apostolat. Vous savez, disait-il, que je vous ai annoncé l'évangile gratuitement et que je n'ai été à charge à personne ; que pouvant exiger de vous des bénédictions temporelles pour les spirituelles que je vous apportais, je n'ai pas voulu user de ce droit, et que le travail de mes mains a fourni seul aux besoins de mes courses apostoliques : *Cùm essem apud vos et egerem, nulli onerosus fui* (2ᵉ aux Corinth.) Il attribue à ce désintéressement héroïque les fruits immenses que la prédication de l'évangile avait opérés par son ministère. Aucun spectacle ne touche autant les peuples que celui d'un prêtre qui, outre ses soins, ses veilles et sa santé, leur sacrifie encore tout ce qu'il a, et pourvoit autant aux besoins de leur corps qu'à ceux de leur âme. Les prédications accompagnées d'un tel désintéressement produisent les impressions les plus vives sur des cœurs déjà préparés et attendris par les largesses du pasteur ; ils aiment une religion et un sacerdoce si secourables aux malheureux, et ils bénissent le bon prêtre qui, comme son divin maître, passe en faisant le bien.

Saint Chrysostôme examinant la force respective des diverses causes

C'est toujours celui qui donne le plus qui convertit le plus (1). En versant des aumônes dans le sein des pauvres, le prêtre place d'ailleurs son argent à gros intérêts pour ce monde et pour l'autre. Sa rente ici-bas, c'est la douce satisfaction de faire des heureux ; c'est la reconnaissance et les bénédictions de tous ceux qu'il a soulagés. Sa rente pour l'autre monde, c'est l'éternelle félicité que lui accordera le Dieu qui rend au centuple ce qu'on fait pour lui dans la personne de ses pauvres. Des fonds répartis en aumônes, a dit un saint prêtre, sont placés sur la banque du ciel à cent mille pour cent. *Feneratur Domino qui miseretur pauperis.* Prov. (2).

---

qui avaient enfanté tant de prodiges de conversion du temps des apôtres, range au nombre des plus puissantes l'abnégation absolue des premiers prédicateurs de l'évangile et leur souverain mépris pour l'argent : *Mundum converterunt, non propter miracula quæ fecerunt, sed quia in ipsis verus erat gloriæ pecuniæque contemptus; et quia nullam sæcularium harum rerum curam habebant.*

(1) C'est le désintéressement de nos missionnaires qui a le plus efficacement contribué à la conversion des infidèles et des sauvages. Quand on demandait à ceux-ci pourquoi et comment ils s'étaient faits chrétiens, ils répondaient : Nous avons vu venir des terres lointaines, des hommes bons et charitables ; ils ne nous ont parlé ni de notre or, ni de nos perles précieuses, ni de l'échange de nos produits contre ceux d'un autre sol, mais de Dieu, de Jésus le sauveur des hommes, de la prière, de la vertu, du ciel où toutes les larmes sont essuyées ; et nous n'avons pu croire que des hommes si désintéressés pussent être les apôtres du mensonge. (*Réponse d'un chef de sauvages du Canada à un gouverneur de Boston qui le sollicitait de s'unir aux Anglais contre les Français, et de recevoir un ministre anglican à la place d'un jésuite qui dirigeait la mission de ces sauvages.*)

(2) Dans un siècle où l'on ne connaît plus que la morale des intérêts purement matériels, où la foule se précipite en forcenée vers les richesses, car aujourd'hui *a minore usque ad majorem, omnes avaritiæ student* (Jérémie); il n'y a qu'une vie pauvre et désintéressée chez les membres du corps pastoral qui puisse faire une révolution dans

CONDUITE À TENIR AU SUJET DU RECOUVREMENT DES DROITS CASUELS.

C'est surtout à l'égard des exigences du casuel qu'un prêtre doit écarter jusqu'au moindre soupçon de cupidité, en se montrant tout à fait désintéressé. Pour être aimée, la religion doit, surtout aujourd'hui, n'être pas trop onéreuse au peuple, qui serait tenté de lui retirer son affection et son dévouement si elle lui imposait de grands sacrifices pécuniaires. Rappelons-nous les défections de quelques catholiques qui, de nos jours, ont embrassé le protestantisme, trompés par les mensongères déclamations des émissaires de la réforme. Se prévalant des avantages de leur culte dont les fonctions sont gratuites parce qu'elles sont largement rétribuées par le trésor public, ces suppôts de l'erreur accusent le catholicisme d'être une *religion d'argent*.

l'esprit de ces populations prosternées devant l'autel de la matière. A quoi serviraient les plus éloquents discours sur le vide des choses de la terre, dans la bouche d'un curé souillé du vice de l'intérêt? Serait-il si attaché à son bien-être en ce monde, dira-t-on, s'il croyait à l'éternité d'une vie future, au paradis et à l'enfer? Comment prêchera-t-il le bon usage de la fortune et l'obligation de l'aumône, s'il ferme ses entrailles aux cris de la misère publique, ou s'il ne donne que d'une main avare et comme à regret. Aussi les prêtres possédés de la passion de thésauriser, n'exercent-ils qu'un ministère stérile ; tandis que ceux qui délient volontiers les cordons de leur bourse et partagent tout ce qu'ils ont avec leurs paroissiens pauvres, obtiennent les plus abondantes bénédictions en récompense de leur désintéressement. Il faut savoir s'épuiser et s'appauvrir pour accroître son influence et son crédit, dans le noble but de conquérir des âmes à Dieu.

Dans l'esprit du peuple, le prêtre n'exercerait bientôt plus qu'un trafic sordide, s'il mettait de l'âpreté à exiger impérieusement ses droits, à la façon d'un exacteur avide; il serait représenté comme un tyran odieux et inexorable qui spécule sacrilégement sur les prières, les sacrements et les cercueils; il aurait l'air d'un marchand qui taxe ses messes et vend argent comptant ses bénédictions. Ah! qu'il est indigne de sa sublime mission l'homme assez vil pour songer à moissonner sur le deuil des familles et à se consoler du décès de ses paroissiens, en considération du honteux profit qui pourrait lui en revenir! Aux yeux du public, ne ressemblerait-il pas à ces tuteurs inhumains qui dépouillent eux-mêmes leurs pupilles? Gardons-nous d'exploiter nos paroisses comme une ferme, ou de ne les estimer qu'au prorata de ce qu'elles rapportent; occupons-nous, au contraire, du seul fruit éternel qu'elles peuvent nous rendre, et croyons-nous ainsi abondamment payés. La conquête des âmes n'est-elle pas, pour de dignes pasteurs, l'honoraire le plus consolant de leurs fonctions? Ne sont-ils pas mille fois plus jaloux du cœur que de l'argent de leurs paroissiens? N'allons jamais capituler pour le casuel avec des orphelins qui pleurent une mère tendrement aimée; imitons bien plutôt ce bon curé qui recevant d'une main la modique offrande d'une messe que lui demandait pour son mari défunt une veuve désolée, secourait, de l'autre, son indigence par une aumône décuple de la rétribution (1). N'est-ce pas avec un sentiment de satis-

---

(1) Fénelon aperçut un jour, au moment où il allait monter à l'autel, une pauvre femme fort âgée, qui paraissait vouloir et n'osait lui parler; il s'approcha d'elle avec bonté et l'enhardit par sa douceur à s'exprimer sans crainte. *Monseigneur*, lui dit-elle en pleurant, et en lui présentant une pièce de douze sous, *je n'ose pas; mais j'ai beaucoup*

faction qu'un curé, père commun de son peuple, offre gratuitement le saint sacrifice pour ceux de ses paroissiens qui vivent dans une misère capable de toucher les cœurs les plus insensibles ? Ne nous félicitons pas de l'abondance de nos recettes, plaignons-nous encore moins de leur médiocrité. Recevons nos revenus casuels comme des dons de la piété, de la libéralité ou de la reconnaissance des fidèles, mais ne les exigeons pas comme le prix de nos peines ou des grâces que nous conférons. Sachons relâcher souvent de nos droits et compatir au malaise de nos frères malheureux. Ne cotons pas à prix d'argent le sacrement qui incorpore le nouveau-né à la famille chrétienne, bénissons gratuitement l'alliance de l'homme et de la femme indigents, bénissons de même la terre où doivent reposer leurs dépouilles mortelles. Sous prétexte qu'il est permis de vivre de l'autel, ne faisons pas de l'autel une industrie et comme un métier qui nourrit son artisan ; n'accoutumons pas le peuple à confondre l'honoraire d'un ministre du Très-Haut avec le salaire du laboureur et du vigneron. Enfin, rappelons-nous qu'il a cessé d'être prêtre celui dans le cœur duquel l'amour de Dieu a fait place à l'amour de l'or.

Le recours aux tribunaux pour le recouvrement des droits qui concernent personnellement le curé, est d'une si haute inconvenance que nous nous abstenons d'en parler.

---

de confiance en vos prières : je voudrais vous prier de dire la messe pour moi. Donnez, ma bonne, lui répondit Fénelon en recevant son offrande, *donnez, votre aumône sera agréable à Dieu. Messieurs,* dit-il ensuite aux prêtres qui l'accompagnaient pour le servir à l'autel, *apprenez à honorer votre ministère.* Après la messe, il fit remettre à cette femme une somme d'argent et lui promit de dire une seconde messe le lendemain à son intention.

Discuter pour le casuel avec le peuple, c'est disputer du sang de Jésus-Christ.

L'article du tarif au sujet duquel il convient surtout que le prêtre fasse preuve du plus parfait désintéressement, c'est l'article du mariage. Pour ne donner à personne occasion ou prétexte de refuser ce sacrement, par suite du montant des droits casuels destinés à l'acquittement des frais de la cérémonie nuptiale, un bon curé aimera toujours à faire la remise de ses honoraires personnels aux gens peu aisés qui sollicitent pour leur alliance les bénédictions de l'Eglise. Les mariages civils sont une des plus grandes plaies de la France ; guérir cette plaie, c'est rendre à la religion le plus éminent de tous les services.

SENTIMENTS DE L'ÉGLISE SUR L'USAGE DU CASUEL.

Il est sans doute permis au prêtre de vivre de l'autel, d'après l'autorité de saint Paul qui dit : L'ouvrier est digne de son salaire, et personne ne porte les armes à ses dépens. Où est l'homme qui ne goûte pas des fruits de la vigne qu'il a plantée, et du lait d'un troupeau qu'il nourrit? Ceux qui annoncent l'évangile, ajoute-t-il, ont droit de vivre de l'évangile, comme ceux qui desservent l'autel ont leur part des biens de l'autel : *qui ministrat altari, vivat de altari*. Mais des prêtres qui ont en vue l'or plutôt que l'auguste victime du sacrifice, c'est-à-dire la rétribution plutôt que l'adoration, *qui Deum propter nummun colunt* (S. Aug.), sont des profanateurs des choses saintes, lesquelles ne peuvent, sans sacrilége, être estimées à prix d'argent. Ne donneraient-ils pas aux peuples lieu de croire que les messes et le sang de J.-C. ne valent que le misérable lucre qui en est l'honoraire? Que, de nos jours, on ne dise jamais des ecclésiastiques ce que saint Bernard reprochait déjà à ceux de son temps: *Propter hoc frequentant ecclesias, missas celebrant, psalmos decantant.* — *Magna perversitas*, dit saint Bonaventure, *cùm divina mysteria accipiunt, non cœlestem panem, sed terrenum quærunt; non spiritum, sed lucrum; non Dei honorem, sed quæstum pecuniarum.* Ne ressemblent-ils pas à Judas qui, *ut impleat saccum suum, tradit sanguinem justum.* — *Sine numerato pretio sacramenta non conferre, execrabilis est avaritia.*

Voici les règles que trace saint Bernard relativement à l'emploi des revenus casuels : *De altari vivere, tibi conceditur, si benè servis, non autem luxuriari, aut superbire aut pompas sæculi exercere.* — *Quidquid præter necessarium victum et vestitum de altari retines, tuum non est; sacrilegium est, rapina est.*

OPINION DU MONDE SUR LA PERCEPTION ET L'USAGE DU CASUEL.

« Recevez le casuel du riche qui insiste pour vous le faire
» accepter, refusez-le du pauvre qui rougit de ne pas vous l'of-
» frir, ou chez qui se mêle à la joie du mariage, au bonheur
» de la paternité, au deuil des funérailles, la pensée importune
» de chercher au fond de sa bourse quelques rares pièces de
» monnaie pour payer vos bénédictions, vos larmes ou vos
» prières : Souvenez-vous que si nous devons gratis le pain
» de la vie matérielle, à plus forte raison devons-nous gratis
» le pain céleste; et rejetez loin de vous le reproche de faire
» payer aux enfants les grâces sans prix du père commun et
» de mettre un tarif à la prière (*Lamartine*). »

« Les choses saintes, dit *Portalis*, ne sont point dans le com-

» merce de la vie, elles sont un présent du ciel. On doit les
» distribuer comme on les a reçues. Ce serait les profaner
» que d'y attacher un prix, comme on pourrait le faire des
» objets qui font la matière des conventions humaines. Mais
» les ministres du culte ne sont pas exempts des besoins qui
» affligent les autres hommes ; ils doivent trouver leur sub-
» sistance, c'est la loi naturelle elle-même qui le réclame
» pour eux. Les fidèles ne pourvoyant plus à leurs besoins,
» comme dans la primitive Eglise, et les biens ecclésiastiques
» ayant été confisqués, il faut bien que les ministres de la re-
» ligion reçoivent de la piété du Gouvernement et de celle des
» fidèles le nécessaire qui leur manque. Or, les oblations qui
» forment le casuel sont un secours pour le prêtre sans être le
» prix des choses saintes ; c'est un moyen de subsistance qui
» n'a rien de commun avec la valeur inappréciable des sacre-
» ments et autres fonctions spirituelles. »

DANGERS ET INCONVÉNIENTS DU NÉPOTISME.

Le népotisme a toujours été une des plaies de l'Eglise et une des plus coupables faiblesses du clergé. Il y a malheureusement lieu de la déplorer plutôt que de s'en étonner; car, de toutes les voix celle du sang est la plus difficile à étouffer. Cet attachement vif et naturel que le prêtre voue à sa famille fait qu'il ne s'occupe que d'elle, de ses besoins, de ses alliances, de ses revers, et qu'il s'en constitue le patron : heureux même celui qui n'en est que le père nourricier; tant d'autres souvent en deviennent les martyrs! S'identifiant avec toute sa parenté, il ne songe souvent qu'à établir ses frères et ses sœurs, qu'à doter ses neveux et ses nièces, ou du moins qu'à les sortir de la sphère modeste où les avait placés la Providence. On le voit quelquefois se priver du nécessaire et s'appauvrir pour les mettre dans l'abondance ou hors du besoin. Cette affection exagérée pour sa famille fait que le prêtre, de droit et de fait sans enfants, a l'aveuglement de prendre à sa charge *totam nepotum turbam*, c'est-à-dire une plus nombreuse parenté que ne lui en créerait le mariage. Telle n'est pourtant point la fin du sacerdoce. J.-C. n'est pas venu dans le monde pour retirer sa famille de l'oubli et la rétablir sur le trône de Juda, mais pour fonder son Eglise, sauver les âmes et glorifier le Seigneur. Ne faut-il pas qu'il en soit de même du prêtre, vicaire de J.-C. sur la terre et imitateur de son exemple? En entrant dans le clergé, il ne doit plus avoir d'autre famille que sa paroisse, d'autres enfants que ses enfants spirituels. Il est de l'ordre de Melchisédech, sans père, sans mère et sans généalogie; ce sont les pauvres qu'il adopte désormais pour parents et héritiers. S'il ne songe qu'à élever ceux que la chair et le sang lui ont donnés, il se fait à lui et à son ministère un tort irréparable; car, pour subvenir aux besoins de tous ses proches, il violera absolument le devoir de la charité ou amoindrira ses aumônes; il secourra ainsi peu de misères et sèchera peu de larmes. Conséquemment, en retirant aux malheureux les bienfaits qu'il répand sur sa famille, il honorera moins le sacerdoce et ne servira pas utilement l'Eglise. Ajoutons qu'il n'aura pas droit, dans le ciel, à ce trésor de gloire et de bonheur qui est la juste récompense des bonnes œuvres. Le prêtre issu d'une famille indigente peut légitimement, sans doute, regarder ses parents comme ses premiers pauvres, surtout les auteurs de ses jours envers lesquels la reconnaissance est pour lui une dette sacrée. Il lui est donc permis de les comprendre tout spécialement, à ce titre, dans la distribution de ses aumônes, ainsi que des frères et des parents orphelins ou dénués de ressources. Mais chercher à les enrichir et à les avancer dans le monde serait, de sa part, une fausse et criminelle tendresse. Les conciles de tous les siècles ont lancé des anathèmes contre les clercs coupables du crime d'engraisser leur famille de la substance du sanctuaire et d'enrichir leurs neveux des dépouilles de l'Eglise. Les ecclésiastiques entachés de népotisme ont même toujours encouru le mépris et la haine des peuples. Les parents d'un prêtre aveuglé par sa folle tendresse pour eux, regardent seuls comme précieux un oncle ou un cousin avide de thésauriser à leur profit pendant toute sa vie : encore se moquent-ils de ses sordides épargnes, après avoir recueilli sa succession. Que d'héritiers ingrats ont insulté, sur la tombe même, à la mémoire d'un oncle ou d'un frère ecclésiastique, au sujet de toutes ses privations et de sa basse lésinerie ! C'est chose déplorable que la triste destination des fortunes ecclésiastiques. Ce fruit inique d'un demi-siècle d'économie n'est-il pas, le plus souvent, la proie de collatéraux avides et dissipateurs, ou d'une domestique qui, par d'astucieuses flatteries, a su circonvenir le faible vieillard ? Plaise à Dieu, surtout, qu'il ne devienne pas une pomme de discorde entre les parents, ni l'occasion scandaleuse de débats judiciaires, pour être finalement dilapidé au profit des gens de loi ! *Malè parta, malè dilabuntur.* La mémoire de tels prêtres mériterait d'être flétrie comme simoniaque, et leur argent condamné à être enfoui à leurs côtés dans l'infection de leur sépulcre.

Dès qu'un homme a embrassé la carrière sacerdotale, il doit généralement rester étranger aux intérêts de sa famille, et conséquemment ne pas se mêler des entreprises de ses parents, du mariage de ses frères et de ses nièces, etc. Il faut, dit J.-C., laisser les morts ensevelir leurs morts, c'est-à-dire, laisser aux gens du siècle le soin de traiter eux-mêmes leurs affaires. En partageant leurs sollicitudes, un ecclésiastique perdrait ce libre et tranquille recueillement que réclame son ministère, qui seul et indépendamment de toute autre préoccupation lui cause assez d'inquiétudes et de soucis. Remplirait-il consciencieusement et intégralement les immenses devoirs de sa charge, s'il prenait part aux espérances, aux plaisirs et aux chagrins de tous ses frères et sœurs ? Sa paroisse, objet principal de ses pensées et de ses affections, ne risquerait-elle pas de n'occuper dans son cœur que la seconde place ? Cette sage conduite l'exposera, sans doute, de la part de sa famille, au reproche d'indifférence et d'ingratitude, mais il aura la fermeté de lui répondre, au besoin, *nescio vos*. N'est-ce pas à l'Eglise, en effet, qu'il appartient entièrement et irrévocablement? C'est la profonde conviction de tous ces inconvénients qui inspirait au Père Lejeune ce naïf et original souhait, que le prêtre n'eût de parents qu'au cimetière.

La seule considération qui puisse justifier quelquefois son intervention parmi les siens, c'est lorsqu'il s'agit de leurs intérêts moraux et religieux, par exemple, de leur donner de salutaires conseils, de leur suggérer des sentiments chrétiens, de les rattacher aux pratiques du culte.

CONVIENT-IL QU'UN CURÉ FASSE DES ACQUISITIONS IMMOBILIÈRES DANS SA PAROISSE ?

Dieu avait interdit l'usage de la propriété à la tribu de Lévi, et ne lui avait assigné aucun partage dans les terres de la Judée. C'était pour ne pas distraire les lévites de leurs fonctions religieuses par des préoccupations temporelles. On peut induire de là que les supérieurs préposés au gouvernement des églises, feraient sagement d'interdire aux prêtres de la nouvelle loi l'achat d'immeubles dans leurs propres paroisses. Ces acquisitions, outre qu'elles provoquent la jalousie du cupide villageois et de légitimes soupçons sur le peu de désintéressement du clergé, ont encore souvent pour effet d'entraîner des contestations et des procès entre un curé et ses paroissiens. Il suffit d'avoir été administrateur d'un diocèse pendant quelques années pour apprécier les graves inconvénients qui résultent de ces acquisitions. D'ailleurs, la passion d'amasser avilit le caractère d'un prêtre, matérialise ses idées et ses sentiments, entrave les conceptions du zèle, les inspirations de la foi et de la piété. Convient-il donc qu'un peu de fange domine un ecclésiastique, lui qui ne la devrait toucher que du bout des pieds? Il est incapable d'affections pures, nobles et célestes, le prêtre qui concentre ses pensées dans la possession de quelques parcelles de matière Comment, en effet, s'élever à Dieu, quand on a, dit saint Augustin, le cœur collé à la terre par une espèce de glu? Aussi, faillit-il à sa vocation divine le curé qui cède à l'attrait des biens périssables ; il ne tient plus la place de J.-C. au milieu des ouailles confiées à sa vigilance. Pourrait-il être l'homme de Dieu, celui qui n'est mu que par des désirs terrestres, qui prétend à d'autres richesses qu'à celles du ciel, qui ne vise finalement qu'à se faire ici-bas une fortune douce et commode ?

RECOMMANDATION IMPORTANTE AUX ÉTABLISSEMENTS ECCLÉSIASTIQUES ET RELIGIEUX RELATIVEMENT AUX ACQUISITIONS IMMOBILIÈRES.

Il est fort à souhaiter que les séminaires, communautés religieuses, hospitalières ou enseignantes, n'achètent pas de propriétés foncières. Rien n'excite autant l'envie de la classe moyenne qui, en France, est si avide de tout posséder et de tout envahir. La nouvelle qu'un établissement ecclésiastique ou religieux a acquis telle ferme ou tel domaine, sonne mal à l'oreille des séculiers; c'est l'objet d'observations malignes et de censures amères sur la cupidité des prêtres et des religieuses, de la part des gens du monde qui exercent un sévère espionnage sur toutes leurs opérations et tous leurs actes, pour les signaler ensuite à l'animadversion publique par la voie de la presse. On sait, au surplus, que le Gouvernement n'eût jamais songé à établir le système de l'économat laïc dans les hôpitaux, si les sœurs ne les avaient pas enrichis. C'est cette maladresse qui a provoqué la confiscation de leur indépendance et les a placées elles-mêmes sous la tutelle d'agents comptables et d'administrateurs civils.

Dieu n'aime pas, d'ailleurs, l'opulence dans le clergé, et quand il permet d'effroyables révolutions dont le premier et infaillible résultat est de l'appauvrir, c'est pour le débarrasser de toutes les préoccupations temporelles, le rappeler à l'esprit primitif de sa vocation et à la pratique des vertus religieuses, seules richesses vraiment dignes de l'Eglise. On ne jalousera pas les communautés ecclésiastiques, et l'on ne fera point de révolutions contre elles tant qu'elles seront pauvres. Enfin, l'excédant des revenus du clergé et des corporations religieuses forme la part des pauvres : *Quod superest date eleemosynam* (Saint Luc). C'est pour les uns une dette sacrée, pour les autres une véritable créance. Quiconque embrasse la vie hospitalière ou contemplative, doit se condamner à une pauvreté volontaire, et ne songer qu'à acquérir des trésors dans le ciel. Convient-il de faire des réserves et des acquisitions, lorsque le monde est rempli de pauvres Lazares qui expirent de misère à la porte des établissements publics ?

INCONVÉNIENTS DE L'INTERVENTION DU PRÊTRE DANS LES AFFAIRES TEMPORELLES.

Saint Paul recommande au prêtre de ne point intervenir dans les affaires profanes et les soins tumultueux du siècle : *Nemo militans Deo implicat se negotiis sœcularibus.* Bien convaincus des inconvénients qu'entraînerait pour des hommes de Dieu la participation aux choses temporelles, les apôtres eux-mêmes ne voulurent plus se charger de la gestion des revenus remis entre leurs mains, à titre d'aumônes, par les fidèles de la primitive Eglise; tant ils craignaient de s'absorber dans des préoccupations secondaires trop multipliées, et incompatibles avec les devoirs essentiels de leur mission évangélique ! Ils assemblèrent donc les disciples et leur dirent : Choisissez, mes frères, sept hommes d'entre vous d'une probité reconnue, pleins de l'esprit de Dieu et de sagesse, à qui nous commettions le ministère de la distribution des aumônes; pour nous, nous nous appliquerons entièrement à la prière et à la dispensation de la parole (Actes des Ap. VI, 2-4).

Saint Cyprien, évêque si indulgent et si sage, déposa du sacerdoce un prêtre qui avait accepté la tutelle de ses neveux, et qui, par une tendresse trop humaine envers ses proches, négligeait ses fonctions sacrées pour s'occuper d'affaires temporelles. Il avait raison; car un ecclésiastique, une fois hors de sa sphère propre, n'a plus d'ardeur que pour les objets matériels et circonscrit toute son intelligence dans des calculs d'intérêts indignes de son caractère (1). Son cœur

---

(1) Le droit canon fait à tous les prêtres cette prescription : *ministri altaris Domini à negotiis sœcularibus omninò abstineant* (Concile

incliné vers la terre et épris de ce qui passe, n'a plus d'élans vers le ciel, ni de goût pour les espérances infinies. Combien, après avoir été des hommes tout célestes au début de leur ministère, ont fini par matérialiser toutes leurs affections et tous leurs désirs ! Les devoirs ecclésiastiques pour un pasteur qui veut les remplir dignement n'absorberaient-ils pas, par leur immensité, un temps double de celui d'une vie ordinaire ? Aussi languissent-elles dans un triste état d'abandon, les paroisses confiées à la négligence de ces prêtres dont les pensées et les sentiments sont tout à fait terrestres.

Rappelons-nous que, une fois devenus pasteurs, nous sommes les esclaves et les serviteurs de tous nos paroissiens, et que nous leur devons tous nos soins, tous nos moments et tous nos talents; nous leur appartenons tout entiers, de telle façon que notre temps est leur bien propre et non le nôtre; nous ne pourrions donc le consumer en occupations étrangères à nos fonctions spirituelles, sans commettre une sorte de vol et d'injustice.

de Mayence). De là, il faut conclure qu'ils doivent s'interdire tout négoce, tout trafic, toute spéculation, toute entreprise mercantile. Ceux d'entre eux qui sont livrés à des intérêts aussi ignobles ne méritent pas de figurer dans les rangs du clergé. Rien ne ravale et n'avilit leur caractère sacré comme cette avidité pour un gain sordide après lequel court le menu peuple. Ce serait donc compromettre l'honneur du corps ecclésiastique, que de participer à certaines opérations commerciales, par exemple, sur les broderies, les vins, le bétail, le bois; abus qui ont envahi certaines contrées, où des prêtres se montrent trop soucieux des choses temporelles : c'est là une vie plus matérielle que sacerdotale.

Le monde exige impérieusement que le prêtre soit comme mort aux biens de la terre et qu'il ne vive plus que de Dieu. C'est à ses yeux une sorte de crime, qu'un homme céleste s'engage dans les affaires terrestres.

Disciples d'un Dieu qui n'a pas eu ici-bas où reposer sa tête, ne nous passionnons point pour tout ce qu'il a méprisé; hommes du ciel, enfin, ne soyons plus hommes de la terre. *Aspicientes in autorem fidei et consummatorem Jesum. — Sufficit discipulo ut sit sicut magister ejus, et servo sicut Dominus ejus.*

Il y aurait, pour le prêtre, une grave inconvenance à se constituer procureur des affaires de certains laïcs, ou agent d'un grand propriétaire de son village. Accepter un aussi bas office que celui de gérant, c'est descendre de la hauteur de son sacerdoce. L'Eglise elle-même regarde presque comme une tache l'habileté dont un pasteur ferait preuve dans le maniement des choses de l'ordre temporel. Il lui sied peu de savoir apprécier la valeur d'un bien et la nature d'un fonds, les revenus d'un héritage et les moyens de le faire valoir. Les prêtres livrés à l'étude de l'économie domestique, et capables d'en donner des leçons aux gens du monde, croupissent, d'ordinaire, dans une grande ignorance et un profond dégoût de tout ce qui a rapport aux matières ecclésiastiques. Ils sont, généralement, plus versés dans la pratique du droit que dans la science de l'Ecriture et de la théologie, plus en état de citer les lois, ordonnances et arrêts que les Pères et les conciles, plus au fait des procédures et de la chicane que de la discipline de l'Eglise. Ces connaissances, sans s'exclure précisément, se donnent rarement la main, ou ne marchent que difficilement ensemble.

AMBITION DANS LE CHOIX DES CURES.

Il y a, dans l'Eglise, des prêtres assez malheureux pour n'apprécier la valeur d'une paroisse que sur l'échelle de ses produits. Assez peu préoccupés de la garde du bercail, ils ne songent qu'à tondre la laine et à prendre le lait des brebis. Ils briguent les places élevées et surtout bien payées, s'informent avec soin du montant des droits casuels qu'on peut y percevoir, des fondations établies dans l'église et des autres revenus fonciers attachés à la cure. La commodité du presbytère, l'étendue et l'agrément du jardin ne manquent pas, non plus, d'être l'objet de leur enquête. Ils ressemblent à ces mondains dont les préoccupations, à la veille d'un établissement, ne s'arrêtent que sur la dot plus ou moins brillante de l'épouse qui pourrait fixer leur choix. Aussi, vaque-t-il une cure réputée bonne et lucrative, ils intriguent aussitôt pour en obtenir le titre, assiègent les bureaux de l'évêché, font agir de tous côtés en leur faveur, les amis qu'ils comptent parmi les laïcs notables et les ecclésiastiques qui leur semblent jouir de quelque influence auprès de l'évêque et des vicaires-généraux. On les voit même quelquefois mendier les suffrages des habitants de la paroisse, objet de leur ambition, dans le but d'obtenir, à l'aide de sollicitations indélicates, des pétitions collectives destinées à emporter comme d'assaut leur nomination. Il n'est point rare surtout de les voir recourir, pour réaliser leurs plans, à des démarches, à des flatteries serviles auprès des hauts fonctionnaires publics ou des riches propriétaires de la contrée, dont le patronage peut, dans leurs calculs, leur assurer la collation du bénéfice qu'ils convoitent. Ils emploient les mêmes moyens pour faire agréer à l'évêque le refus d'un poste peu propre à satisfaire leurs goûts ambitieux ou cupides, parce qu'il est peu distingué ou mal rétribué. On comprend assez l'inconvénient de ces interventions laïques : elles entravent la liberté de l'évêque ou le forcent à opposer des refus désagréables à des personnages qu'il a souvent intérêt de ménager (1).

CONDUITE A TENIR AU SUJET DES LIBÉRALITÉS ENVERS LE CLERGÉ.

MM. les curés sentiront qu'ils ne doivent jamais user de leur influence sur leurs paroissiens, ni sur les malades particulièrement, pour solliciter des fondations en faveur des cures et des fabriques, et à plus forte raison à leur profit personnel (2).

(1) Il est juste, toutefois, de rendre hommage au désintéressement de la plupart des curés, à qui, j'aime à le proclamer, ces réflexions sont généralement inapplicables. Cependant, on ne peut dissimuler qu'il se rencontre, exceptionnellement, dans les rangs du clergé, des prêtres qui ne tiennent pas moins aux postes distingués et lucratifs que les fonctionnaires de l'ordre civil ; des prêtres bien plus soucieux des honoraires de leur cure que du salut des âmes ; des prêtres qui font entendre d'éternelles plaintes au sujet de la pauvreté de leur bénéfice et de la modicité de leurs revenus ; des prêtres assez irréfléchis pour exprimer, même en chaire, leurs doléances à cet égard ; assez indiscrets et impudents pour solliciter auprès de l'évêque les paroisses avantageuses qui vaquent, sans même se demander s'ils ont l'aptitude nécessaire pour les gouverner. Or, ce sont là des abus qu'il faut stygmatiser impitoyablement.

(2) Les lois des empereurs chrétiens ont annulé les legs faits par les mourants aux pasteurs et aux prêtres qui les avaient assistés dans leurs derniers moments. Le code civil français, art. 909, conforme en ce point à l'ancienne législation, dispose aussi que le ministre du culte, qui a donné à un malade les secours de la religion pendant la maladie dont celui-ci est mort, ne peut profiter des libéralités qui lui

Ils ont tous trop de probité pour recourir à l'emploi des moyens de captation ou d'obsession, que parfois leur reproche calomnieusement un monde qui rend trop peu justice à leur désintéressement. Qu'en ce point ils ne donnent jamais lieu même au plus léger soupçon qui pourrait flétrir la pureté de leurs intentions; qu'ils repoussent généreusement une

sont faites. Ces lois répressives ont été motivées par la conduite peu honorable de quelques ecclésiastiques des siècles anciens, qui avaient abusé de leur ascendant spirituel dans le but de s'approprier, au détriment des familles, des legs et des héritages. Le monde de nos jours est encore plus imbu de préventions anti-sacerdotales que le monde d'autrefois. S'il pouvait citer un seul exemple d'abus récent par lequel un curé aurait profité de la crainte révérentielle que l'on a naturellement pour son ministère, afin d'obtenir quelques donations de l'infirmité du sexe ou de la caducité de l'âge, cet exemple, recueilli par la presse, ne manquerait pas de figurer dans les colonnes de tous les journaux irréligieux, et de retentir bientôt aux quatre coins de la France, et peut-être même de l'Europe. De là, on généralise l'accusation et on inculpe le corps tout entier. Le clergé peut se passer de richesses, mais il a un indispensable besoin de jouir d'une réputation hors de toute atteinte en fait de désintéressement. D'ailleurs, plus le clergé se montrera pur dans ses vues, plus aussi il sera riche ou aisé. Il ne manque jamais de rien, le prêtre qui passe pour désintéressé et généreux; il peut compter, dans sa détresse, sur la gratitude et l'assistance du peuple auquel il a immolé ses intérêts, et qui a été longtemps le témoin de sa charitable bienfaisance.

Ces observations ne doivent pas, toutefois, empêcher le prêtre de consentir à être dépositaire de quelques dons affectés par des malades à la décoration de l'église, au soulagement de la misère, à l'éducation de l'enfance, à l'acquittement de quelques messes, etc. La réputation de délicatesse et de haute discrétion dont jouit généralement le clergé, le rend l'entremetteur officieux et confidentiel d'un grand nombre d'œuvres qu'on désire garder secrètes. Mais, tout en se prêtant aux vues libérales de ses paroissiens, le curé prendra soin, pour ne pas se compromettre, de ne jamais s'écarter, en ce point, des règles d'une sévère prudence. (*Voir ce que nous avons dit sur ce point dans le Guide des Curés, tome 1er*).

donation, fût-elle à titre de reconnaissance et d'amitié, si elle devait exaspérer une famille ou porter la moindre atteinte à leur délicatesse et à l'honneur de leur ministère. Que le clergé, en un mot, soit pauvre s'il le faut, mais que du moins il soit toujours honorable, même aux yeux de ses injustes détracteurs. Il se souviendra de ces belles maximes, si dignes de lui : *Satis morituro ; da animas, cœtera tolle tibi.*

Il est encore à souhaiter que le prêtre n'accepte pas facilement la commission d'exécuteur testamentaire, et qu'enfin il ne s'immisce pas, sans de graves motifs, dans la gestion d'affaires d'intérêts et de successions dont il sort rarement pur, au jugement de ses détracteurs, toujours disposés naturellement à lui attribuer des vues de cupidité.

IMPORTANCE D'UN TESTAMENT.

C'est pour le prêtre un devoir de rigoureuse convenance de ne pas s'exposer à mourir sans avoir mis ordre à ses affaires temporelles. Tel est le motif qui détermine tous les ecclésiastiques prudents et délicats à les régler, non pas au moment solennel de la mort, ou au déclin de la vie, mais dès les premières années de leur sacerdoce. Cette sage précaution n'a pas été jugée sans importance par l'Eglise elle-même, laquelle, de tout temps, a exprimé un blâme contre les bénéficiers et les ecclésiastiques, en général, qui mouraient *ab intestat.* C'est aussi la recommandation que faisait à ce sujet saint Augustin dont le nom est une autorité : *Fac testamentum tuum*, dit-il, *dùm sanus es, dùm tuus es ; infirmitate positus blanditiis aut minis duceris quò tu non vis.* A la vérité, lui-même n'exécuta point le louable conseil qu'il donnait aux autres ; il mourut sans faire ses dernières dispositions, parce que, selon l'historien de sa vie, il ne laissa pas de quoi léguer. Plusieurs autres saints se mirent dans cette heureuse impossibilité, entre autres saint Grégoire de Naziance, chez qui on ne trouva, à son décès, qu'une croix de bois. Les saints ont tous brillé par leur pauvreté évangélique.

Nos évêques devraient, sinon enjoindre, du moins conseiller à tous les membres de leur clergé de faire leur testament, et de ne disposer en faveur de leur famille que de leurs biens meubles et immeubles d'origine patrimoniale. Le montant de la vente des biens acquis, et tout l'argent monnayé ou en billets reviendraient après leur mort, par portions égales, aux pauvres de la paroisse, à la fabrique, au séminaire diocésain, à la propagation de la foi, etc. Autrefois l'Eglise considérait ce dont elle avait la propriété comme n'appartenant en usufruit aux bénéficiers que proportionnellement à leurs besoins : *nihil præter victum et vestitum.* L'excédant était attribué aux pauvres. A eux et à l'Eglise, leur tutrice et leur nourricière, retournait tout ce qu'un prêtre avait acquis de son office, et on réputait provenir de cette source toute épargne faite postérieurement à l'ordination. Le patrimoine, les successions et les donations à titre personnel étaient seuls exceptés de cette règle. (*Consulter sur ces matières tout ce que nous avons dit dans le Guide des curés, tome* 1er, *article :* Donations entre vifs, legs et dons manuels.)

CHAPITRE XI.

PRUDENCE DU PRÊTRE.

DÉFINITION DE LA PRUDENCE ; SES CARACTÈRES.

La ferveur et la pureté rendent le prêtre pieux, régulier et édifiant; la science le rend docte et capable; le zèle, actif et laborieux ; mais la prudence seule en fait un pasteur sage et vraiment utile. Cette vertu si précieuse communique à un curé l'intelligence et le savoir pratique du ministère, le discernement des esprits, la connaissance des hommes, l'adresse à manier les caractères les plus difficiles, l'art de traiter les affaires, de terminer habilement les conflits et les différends. La prudence, en un mot, est pour lui, relativement à l'administration de sa paroisse, ce qu'est pour un ministre d'Etat la politique, c'est-à-dire l'art de gouverner les royaumes et les empires; ce qu'est pour un général en chef le talent de commander une armée, talent qui chez lui vaut mille fois mieux que la bravoure. Cette heureuse qualité, si on l'envisage dans un prêtre, a donc pour effet de le rendre habile dans le gouvernement pastoral, de lui faire opérer le bien avec mesure et discrétion, de le mettre à même de mener à bonne fin toutes ses entreprises, et de lui donner une grande fécondité d'expédients, pour l'aider à sortir d'embarras dans mille cas graves et compliqués. L'ecclésiastique doué de cette vertu éprouve une certaine hésitation, surtout dans les grandes déterminations qu'il doit prendre ; il ne procède qu'avec une lenteur réfléchie et une timide défiance, ayant toujours l'œil attentif pour savoir s'arrêter à temps. Quand il vise à un but, c'est avec un admirable bon sens pratique qui choisit les moyens propres à l'y conduire ; et quand, enfin, il se décide à agir, ce n'est ordinairement qu'à coup sûr, après avoir prévu toutes les difficultés et les avoir même aplanies par avance. S'il se trouve placé dans des conjonctures très-critiques, il réfléchit mûrement et temporise, bien convaincu que la maturité d'examen procure presque toujours de nouvelles lumières. Il préfère donc généralement, s'il n'y a pas urgence, une solution tardive à une solution précipitée, espérant prendre plus tard conseil des circonstances, et laissant faire quelque chose au temps. Suspendre et ajourner une mesure décisive est souvent un acte de haute sagesse, tandis qu'il y a quelquefois lieu de se repentir d'une trop grande promptitude dans son exécution. Quoique la prudence soit indispensable à tous les membres du clergé paroissial, particulièrement de nos jours où le gouvernement des esprits est si difficile, elle échoit rarement en partage à ceux qui débutent dans le ministère ; cette importante vertu n'est d'ordinaire que le résultat de l'expérience, le fruit lent et progressif des années. Les observations qui vont être le sujet des paragraphes suivants serviront à en faire mieux apprécier la nécessité et les avantages.

NÉCESSITÉ DE LA PRUDENCE.

J.-C., dans les entretiens et les conseils qu'il adressait à ses disciples pour les former à l'apostolat, leur fit plus particulièrement cette recommandation : *Soyez prudents comme des serpents et simples comme des colombes.* Elle n'est pas moins nécessaire aux pasteurs du siècle présent, qu'à ceux de la primitive Eglise. On ne peut se dissimuler, en effet, qu'il existe une foule d'hommes imbus de préventions antisacerdotales et toujours disposés à dénaturer les intentions du prêtre, quand ils ne peuvent calomnier ses actions. Mille censeurs épient malignement toutes ses démarches, épluchent toutes ses paroles, pour y trouver un sujet de blâme et d'accusation. On sait combien, depuis un demi-siècle, sont nombreux les contempteurs du sacerdoce catholique, qui sourient au seul nom de prêtre, et que la vue d'une robe noire offusque et importune. Ils tolèrent à peine un pasteur, ange de vertu, traitent le clergé en ennemi public et s'acharnent contre lui en toute occasion. S'ils le trouvent en défaut, ils font éclater une joie satanique et exploitent ses maladresses avec une habileté perfide. Une faute, fût-elle douteuse, invraisemblable, incroyable même, est aussitôt accueillie et propagée partout, dès qu'elle est imputée à un ecclésiastique. C'est un fait indubitable, que le prêtre est l'homme le plus en butte aux traits mordants de la société, et le principal point de mire du public. Il a donc les plus pressants motifs d'être circonspect et prudent dans toute sa conduite, afin de ne présenter aucun travers aux regards attentifs et malins d'un monde jaloux et haineux, qui est dans le ravissement toutes les fois qu'il peut l'avilir. Il faut que celui qui, de nos jours, a été honoré du sacerdoce, ait une grande maturité de sagesse et de vertu, pour ne donner prise contre lui, ni dans les actes de sa vie privée, ni dans ses relations sociales, ni, à plus forte raison, dans les fonctions de son ministère. Il doit se rendre inattaquable en face de ses détracteurs, qui saisissent si avidement ses imprudences et ses maladresses, afin de le tuer par le ridicule. Un auteur judicieux fait observer que, en France particulièrement, il n'y a rien de plus à craindre, après le péché mortel, que le ridicule pour ceux qui le font naître; il les blesse à mort. Quels ne doivent pas être l'habileté et le discernement d'un jeune ecclésiastique parfois placé dans des positions si délicates, s'il veut ne pas faillir à cette vertu ! Il se présente, dans l'administration pastorale, des circonstances très-épineuses, où l'on a besoin de tant d'adresse et de sagacité pour se tirer d'embarras! Que faire alors ? Ne pas s'appuyer sur sa seule prudence, s'adresser à ces patriarches du sanctuaire qui jouissent d'une réputation de sagesse bien établie, réclamer leurs conseils éclairés et les adopter pour règle de conduite (1). Rarement, en ce cas, on doit s'en tenir à ses propres lumières, à moins qu'il n'y ait un grave inconvénient à temporiser; elle est si courte la sagesse d'un prêtre novice !

S. Paul et S. Barnabé firent exprès le voyage de Jérusalem pour consulter les Apôtres sur un conflit survenu entre les premiers chrétiens et concernant les Juifs convertis (2). Bien que capables de décider, par eux-mêmes, cette question qui

---

(1) *Ne innitaris prudentiæ tuæ.* (Prov.)
Loquimini ad majores natu. (II Reg.)
Consilium semper à sapiente perquire. (Eccli.)
Sine consilio nihil facias, et post factum non pœnitebis. (Eccli. XXXII.)
(2) *Act. Apost. XV.*

était devenue un sujet de discorde dans l'église d'Antioche, ils s'abstinrent de juger et en référèrent au tribunal des Apôtres. Moïse, au rapport de la sainte Écriture, se rendait au tabernacle pour consulter le Seigneur sur la marche à suivre dans le gouvernement des Israélites. Telle doit être aussi la règle des conducteurs du peuple chrétien, remarque saint Grégoire-le-Grand. Combien d'entreprises justes et licites en elles-mêmes, et qui pourtant veulent être indéfiniment ajournées ! Que d'abus il faut souvent ménager ou auxquels on ne doit toucher que d'une main circonspecte et tremblante ! Serait-il temps de recourir aux supérieurs ecclésiastiques, quand les premiers coups sont portés, les fautes consommées, le mal irrémédiable ? Force est alors d'en subir les conséquences : on a semé du vent, on recueille des tempêtes. N'est-il pas plus naturel et plus sûr de s'adresser d'abord à son évêque, de lui faire l'exposé simple et fidèle des diverses mesures qu'on se propose d'adopter, des obstacles qu'elles présentent, de l'esprit de la paroisse, de la qualité et du nombre des opposants, du choix des moyens d'exécution, etc.?... On s'en remettrait ensuite à la sagesse du prélat, qui doit prononcer. C'est ainsi qu'un curé, dans tous les cas épineux, n'aura rien à craindre, s'il prend soin d'invoquer les lumières de son évêque, et de s'abriter derrière son autorité. Aussi, est-ce là une règle de conduite invariable pour tous les pasteurs doués de prudence. Ils se gardent bien de rien décider d'important et de faire peser sur eux-mêmes l'odieux des mesures qui seraient de nature à exaspérer les populations; ils préfèrent en renvoyer la responsabilité à l'administration diocésaine. Un évêché, en effet, est un être moral, libre et indépendant ; il n'est tenu ni de céder à des exigences locales, ni de garder tous ces petits ménagements commandés à un desservant amovible qui a tant d'intérêt à vivre en paix avec des hommes passionnés et turbulents. Quoi de plus sage pour celui-ci que de se placer sous la sauvegarde de l'autorité ecclésiastique, de lui laisser prendre l'initiative de toutes les déterminations graves et périlleuses, et de se borner pour lui-même au rôle d'exécuteur obligé ? Quoi de plus facile et de plus commode que de pouvoir ensuite se justifier auprès des paroissiens en leur disant qu'ainsi l'a mandé et prescrit l'évêque auquel soumission est due, sous peine d'encourir sa disgrâce et peut-être même une révocation ? Ce moyen si simple et si naturel a sauvé plus d'un prêtre des embarras d'une position qui pouvait devenir alarmante. Ainsi agissent habituellement les ecclésiastiques éclairés : ils ne se hasardent point à adopter des mesures d'une haute gravité, sans avoir pris conseil de leurs supérieurs ; on ne les voit jamais faire des coups d'autorité, qu'ils n'en aient auparavant calculé toutes les conséquences. Ils hésitent, consultent et se déterminent souvent à surseoir, parce qu'ils ont appris que le temps et la réflexion font découvrir, dans les résolutions même les meilleures en apparence, bien des inconvénients d'abord inaperçus. Avant donc de prendre un parti, ils sondent les dispositions publiques et apprécient le degré de confiance et d'ascendant dont ils jouissent, ainsi que les chances de succès plus ou moins favorables. Sachant que le mieux est souvent l'ennemi du bien, ils ne visent pas à un optimisme magnifique en théorie, mais le plus souvent irréalisable dans l'application. Aussi, sans se compromettre jamais, réussissent-ils presque toujours.

Ce n'est point là, malheureusement, la marche que suivent d'ordinaire certains prêtres dont le sang chaud fermente et bouillonne dans les veines. Ceux qui ont le moins d'expérience et de capacité, qui exercent le moins d'influence et d'action sur leurs paroissiens, ceux même qui sont le plus chancelants dans leur poste, se montrent, en toute occurence, les plus audacieux et les plus entreprenants. Suivant l'impétuosité d'un zèle qui est moins l'inspiration de l'esprit de Dieu que l'effet du tempérament, du caprice ou d'un amour-propre blessé, ils adoptent aveuglément les mesures les plus irritantes, taillent et tranchent dans les questions les plus délicates, heurtent de front tous les obstacles et se brisent à tous les écueils. Ils ne reculent pas devant les plus grands coups de force et d'autorité, sans même en soupçonner les résultats. Combien de paroisses ont été bouleversées par des actes portant le cachet de la précipitation et de la brusquerie, lesquels avaient pour auteurs des prêtres bien intentionnés, mais téméraires et aveugles ! On croira, peut-être, qu'un premier échec, résultat de leur inexpérience et de leur jeunesse, les déterminera à faire usage, pour l'avenir, de plus de modération et de sagesse, et à ne point perdre une autre paroisse par de nouveaux coups d'essai maladroits et intempestifs. Point du tout. Il est des hommes que le temps et le malheur même ne sauraient mûrir. De ce nombre sont les prêtres que nous signalons ici, prêtres dont l'horizon intellectuel est fort borné, le jugement faux et la présomption souvent excessive. Ne sachant douter de rien, ils n'hésitent jamais et se décident toujours par eux seuls, sans appeler à leur aide l'expérience de leurs confrères plus habiles. A peine arrivent-ils dans un nouveau poste, déjà précédés de la réputation d'hommes tracassiers et turbulents, qu'aussitôt ils mettent la main à l'œuvre, abordent témérairement les difficultés les plus insurmontables et tentent jusqu'à l'impossible. Ces fougueux innovateurs, d'une inqualifiable imprudence, s'arment aussitôt du glaive de J.-C. pour exterminer les abus. Ils irritent, bouleversent et brisent tout pour obtenir, d'emblée et comme d'assaut, maintes réformes que n'ont pas cru pouvoir essayer, sans péril, des prêtres consommés en prudence, solidement établis et chéris universellement. Hommes irréfléchis ! Ils ne se doutent même pas qu'il y a sagesse à tolérer certains abus pour éviter de plus grands maux, et que vouloir tout entreprendre et tout refaire, c'est risquer de tout manquer et de tout perdre.

Que le jeune prêtre se mette donc en garde contre les élans d'une âme trop ardente et même contre de louables intentions qui le porteraient à précipiter la réalisation du bien, à exiger brusquement une perfection idéale qui n'est point faite pour la foule. Il manque parfois de ce bon sens de l'homme pratique qui ne s'avance dans la voie des réformes qu'avec une sage lenteur, attendant patiemment les résultats de ses travaux à l'imitation de la divine Providence, laquelle, pour atteindre son but, suit habituellement la même marche. Qu'il se souvienne que les améliorations lentes et successives sont ordinairement les plus sûres et les plus durables, et qu'on ne recueille souvent le fruit de ses labeurs que dans un avenir éloigné. Ainsi procède la nature : le froment ne se récolte qu'un an après qu'il a été confié à la terre, la plus petite herbe met toute une saison pour mûrir sa semence.

Cette haute prudence qui, avant d'agir, temporise, calcule, combine et pèse tout avec maturité, n'est pas, d'ordinaire, comme nous l'avons déjà dit, le partage des curés novices. Trop souvent ils accusent de relâchement et de nonchalance des prêtres sages et réfléchis, dont ils feraient mieux de se montrer les imitateurs que les détracteurs. La prudence en eux ne refroidit pas précisément les ardeurs du zèle, elle en prévient seulement les écarts ; elle en dirige, elle en modère l'action, empêchant ainsi qu'il ne devienne funeste. Une vieille expérience leur a appris que le bien opéré de force et trop hâtivement, ressemble à ces fleurs qu'un printemps prématuré fait éclore, mais qui périssent le plus souvent au moindre souffle d'une température subitement refroidie ; ou à ces fruits venus en serre chaude, qui n'offrent aux regards, à l'odorat et au palais, ni coloris, ni arôme, ni saveur.

Toutefois, qu'on ne se méprenne pas sur la signification du mot prudence, dont certains prêtres abusent étrangement, pour justifier, à leurs propres yeux et aux yeux des autres, leur mollesse, leur inaction, leur nullité même. Prise dans une telle acception, elle ne serait que la vertu des lâches. Cette crainte puérile qui ne voit qu'obstacles, difficultés insurmontables à la réalisation de tout projet de bien ; cette permanente pusillanimité qui, avisant toujours sans jamais agir, recule au lieu d'avancer ; tous ces tâtonnements, ces hésitations, ces lenteurs interminables qu'on décore d'un si beau nom, ne changent, n'améliorent et ne produisent rien, parce que cette prétendue sagesse, n'étant pas une vertu, reste dès lors inféconde. Moissonnerait-il le laboureur qui, passant sa vie à observer les vents et l'état des saisons, ne sèmerait jamais ? (*Eccle.*).

Toujours, sans doute, la prudence est désirable, toujours elle est nécessaire : pareille au mobile gouvernail dont l'impulsion, sagement combinée, préserve un vaisseau des nombreux et redoutables écueils semés sur sa route, cette vertu, prévoyante directrice, facilite à un curé l'administration de sa paroisse au milieu des embarras, souvent inextricables, qui environnent le gouvernement des âmes. Mais, seule, elle ne suffit pas ; il lui faut le concours du zèle et de l'activité, comme il faut des voiles au navire pour effectuer un long voyage. Energie et sagesse, telles sont, en conséquence, les deux grandes qualités dont la réunion constitue spécialement le pasteur accompli. L'énergie seule le rendrait peut-être impétueux et violent, et par là nuisible et odieux : des luttes, des haines et des échecs seraient les effets déplorables et comme infaillibles d'un zèle que n'accompagnerait pas la prudence. La prudence seule, en le rendant trop timide et défiant, l'empêcherait d'agir, et en ferait un être indolent, un serviteur inutile.

CAS PARTICULIERS OÙ LE PRÊTRE DOIT FAIRE PREUVE D'UNE GRANDE PRUDENCE.

La pratique du ministère est entourée de si sérieuses complications, que l'on a besoin, pour en sortir, d'une haute sagacité. Dans ces cas difficiles, un prêtre inexpérimenté ou irréfléchi se laisserait facilement entraîner à des actes qui ne tarderaient pas à le compromettre, lui et son ministère. Quelques imprudences ont parfois suffi pour abreuver d'amertume l'âme d'un bon curé, empoisonner sa vie et perdre entièrement son avenir. Un simple écart de zèle serait capable d'effaroucher une population et d'anéantir le fruit de dix années de travail. Ces fautes, d'ailleurs, deviennent aujourd'hui singulièrement embarrassantes pour l'administration des évêques, qui ont tant de mal à en paralyser les conséquences. Ah! qu'il en coûte à un jeune ecclésiastique pour devenir sage à ses dépens! N'est-il pas plus heureux pour lui de recevoir des leçons d'expérience à l'école des autres, en profitant, pour son instruction personnelle, des erreurs qu'ils ont commises? On ne peut dire combien la prudence contribue à aplanir tous les obstacles que présentent les affaires épineuses et les situations compliquées. Sans elle, au lieu d'édifier et d'établir, on ruine et l'on renverse ; on se crée des montagnes de difficultés. Cette vertu est donc une inséparable compagne sans laquelle un curé ne doit jamais accomplir la moindre action, surtout dans son ministère public, sous peine de trébucher et de faire de lourdes chutes. Pour ne point donner, sur ce sujet, de vaines et vagues théories, d'ordinaire peu profitables pour ceux à qui elles s'adressent, nous allons descendre à l'application, et signaler les circonstances spéciales et pratiques où la prudence est d'une indispensable nécessité.

Mariages. S. Ambroise avait pour maxime invariable de ne jamais se mêler de mariage, et il la recommandait aux prêtres de son temps : *Prædicator continentiæ*, disait-il, *non sit conciliator nuptiarum*. S. Augustin, qui avait une entière confiance dans la sagesse de ce grand évêque, adopta à cet égard sa règle de conduite dont il ne s'écarta point dans le cours de sa vie. C'est à nous de bénir les mariages, et non de faire l'office d'entremetteur, rôle qui, selon la remarque de S. Jérôme, est tout à fait indigne d'un homme de Dieu. Les prêtres atteints de cette manie, s'exposent à de très-graves inconvénients. Quelle responsabilité, si le mariage formé par eux est du nombre de ceux qui sont un enfer ici-bas! Quelles malédictions de la part des époux infortunés, de leur famille et de leur parenté tout entière! Laissons à chacun le soin de chercher une femme, et aux parents celui de faire toutes les informations propres à éclairer le choix de leurs enfants.

Un curé doit se montrer si discret en cette matière, qu'il fera bien de décliner toute participation, même en fait de simples avis. Soit qu'il conseille et approuve, soit qu'il désapprouve ou défende, le oui et le non sont pour lui également compromettants. L'expression de son sentiment, quel qu'il soit, est une imprudence qui lui causera de bien amers regrets, si l'alliance n'est point heureuse. Conformons-nous donc à la sage recommandation de S. Ambroise et de S. Augustin, celle de rester étrangers à toute combinaison matrimoniale. *Uxorem cuique numquàm poscere*, comme le dit Possidius. On pourrait invoquer l'expérience à l'appui de ces observations, et citer un grand nombre de curés qui ont éprouvé d'incroyables désagréments, pour s'être imprudemment immiscés dans des affaires de mariage. Il a quelquefois suffi de la simple révélation d'une lettre confidentielle en matière de renseignements, pour compromettre à jamais un prêtre dans l'esprit de familles notables, et rendre intolérable sa position dans une paroisse. Son rôle se borne à indiquer aux fidèles, du haut de la chaire, les qualités principales qui doivent déterminer leur préférence dans le choix d'un époux.

Abus. Ne procédons qu'avec une extrême réserve dans la réformation des abus, selon le conseil de saint François de Sales, qui recommande *d'aller doucement en besogne et à pas de plomb, de se hâter bellement.* Il ajoutait que *faire peu et bien, c'est être judicieux;* tandis qu'il n'y a pas de sagesse à *vouloir faire tout à coup et trop bien* (1). Ce n'est qu'autant qu'un curé sera chéri, vénéré et influent,

---

(1) Il est des abus, d'ailleurs criminels, que la prudence ou la délicatesse interdit absolument d'attaquer de front ou en public. Ce n'est qu'au tribunal de la pénitence qu'on peut en parler discrètement, et travailler à leur réformation. C'est là qu'il n'est point permis de taire la vérité, de dissimuler les principes de la morale, ni de jamais transiger. C'est là encore qu'on agit efficacement sur la conscience des individus, tandis qu'il y a, généralement, peu de succès à fonder sur les prédications dirigées contre certains abus et vices des masses.

qu'il parlera haut et fort ; car, pour attaquer des abus invétérés, il faut jouir d'un grand ascendant, sous peine d'essuyer un échec inévitable. Il ne s'attaquera point à des difficultés insurmontables, pour s'épargner l'humiliation de reculer, et n'exécutera aucune de ces résolutions hardies qui, en soulevant les passions, provoqueraient des troubles. Les tempêtes populaires, on le sait, ne s'apaisent qu'avec bien de la peine. Si certaines mesures d'une haute importance étaient impérieusement commandées par la conscience et le devoir, il imiterait les médecins qui réservent les remèdes héroïques aux seuls cas d'urgence. Il n'y a, communément, que les prêtres téméraires et impatients qui se hâtent de tout terminer par des moyens décisifs et des coups d'éclat. Un pasteur habile me répétait souvent ces paroles d'une remarquable justesse, et qui résumaient toute sa pratique pastorale : En mathématiques, disait-il, la ligne droite est le plus court chemin d'un point à un autre; mais en administration c'est la ligne courbe, parce qu'elle ne va point heurter aux difficultés ni aux écueils. Ne vaut-il pas mieux, ajoutait-il, tourner une montagne escarpée, que la gravir péniblement en ligne directe, sous prétexte d'un trop long détour? A quoi réussissent ces prêtres maladroits qui veulent tout obtenir par la violence et de prime saut ; ces prêtres à volonté inflexible, qui aiment mieux se briser que de consentir jamais à des transactions autorisées par la conscience ? Ils réussissent à se faire haïr et expulser de leur paroisse, à faire décrier le sacerdoce, détester le ministère et maudire la religion. C'est surtout quand les esprits sont aigris ou prévenus contre un curé, qu'il y aurait de la maladresse à entreprendre des réformes; car alors on ne serait pas disposé à s'y soumettre. On s'irrite contre toute mesure qui émane d'un homme odieux ; on dénature et l'on fausse tout ce qu'il dit, on travestit ses vues et ses actions les plus sages et les plus légitimes. Ne lui serait-il pas plus avantageux de faire le mort pendant quelque temps, et d'attendre, pour agir, qu'il ait reconquis la confiance et l'amour ?

Cette prudente conduite à l'égard de la réforme des abus, il l'observera aussi au sujet des usages séculaires qui semblent tolérables, et des pieuses crédulités qui sont chères au peuple. Il convient de les respecter, plutôt que de les abolir au risque d'exaspérer. Combien de curés se sont compromis pour avoir détruit des fêtes et des dévotions populaires, à cause de quelques abus qui n'en justifiaient pas suffisamment la suppression ! Et de quoi l'homme n'abuse-t-il pas ? N'était-ce pas le cas de dire : *Tollatur abusus et non res.*

Pénitences publiques. L'Eglise a vu tant d'inconvénients à laisser à l'arbitraire des curés la responsabilité de l'imposition des pénitences publiques, qu'elle leur a défendu formellement d'en infliger, même aux pécheurs scandaleux, sans la permission de l'Evêque. On comprend assez que l'exercice du ministère est subordonné à l'esprit et aux mœurs de chaque époque, que l'on ne peut gouverner aujourd'hui à l'instar du moyen âge, ni former les paroisses des jours présents sur le patron des siècles passés. C'est ce qui a déterminé l'Eglise à modifier sa discipline et à l'adapter aux besoins variables des temps.

Confréries. Un curé ne prononcera jamais publiquement l'exclusion des membres d'une congrégation. Si cette mesure était réclamée par le bon ordre, il s'efforcerait d'adoucir ce qu'elle a de fâcheux et de pénible, à l'aide de tous les procédés de prudence et de charité. Une invitation particulière, une prière secrète à l'individu qu'on juge nécessaire d'éloigner d'une association pieuse, pour cause d'inconduite, remplirait plus efficacement le but qu'on se propose, sans blesser le terrible amour-propre.

Une exclusion publique exaspère toujours la personne qu'elle atteint, ainsi que sa famille qui en a souvent l'âme ulcérée pendant toute la durée du ministère d'un curé. Les associations ayant toutes un conseil de discipline pour les gouverner, il est plus sage de faire prononcer et exécuter par lui les diverses punitions qu'il convient d'infliger aux violateurs de leurs règlements.

Supprimer une confrérie ou en suspendre les exercices religieux, est un acte d'administration d'une assez haute conséquence pour qu'on ne se le permette jamais, sans en référer à l'autorité de l'Evêque et prendre ses conseils.

Refus. Les refus de parrain et de marraine, de sacrements et de sépulture, sont des mesures parfois si déplorables dans leurs résultats, qu'on ne devra s'y déterminer qu'après y avoir mûrement réfléchi, et consulté ses collègues voisins réputés pour savants et surtout judicieux. Il serait superflu d'insister sur ce point, qui sera plus particulièrement traité dans le cours de l'ouvrage.

Imprimés. Un ecclésiastique fera preuve de sagesse s'il n'insère jamais d'articles ou de réclames dans les journaux, sans les soumettre d'abord à l'avis de ses supérieurs hiérarchiques, lors même qu'il ne s'agirait que de démentir une imputation calomnieuse. Il en sera de même de toute publication d'ouvrages. Le prêtre est un homme à part, dont les actes publics ne sont jamais envisagés isolément; ils rejaillissent habituellement sur le clergé tout entier.

Les bévues d'un magistrat, les imprudences d'un médecin, des inconvenances de la part d'un avocat, n'atteindront jamais la corporation dont ils sont membres; les fautes, au contraire, d'un ecclésiastique, des traits d'ignorance et d'incivilité, toutes ses maladresses, sont imputés à l'ordre clérical, qui en reste solidaire dans l'opinion.

Il importe donc qu'il n'émane aucun écrit public des membres du clergé sans l'autorisation de l'Evêque, juge le plus compétent de tout ce qui touche à l'honneur et à la dignité du corps qu'il dirige.

Lettres. Il en serait de même de certaines lettres destinées à des magistrats et à des fonctionnaires publics, lorsqu'elles sont d'une nature grave ou qu'elles ont rapport à des matières délicates. Elles pourraient quelquefois devenir fort compromettantes pour le clergé, si elles n'étaient pas empreintes d'une parfaite modération. La prudence ne conseille-t-elle point d'en donner préalablement communication aux supérieurs ecclésiastiques, qui rectifieront ce qu'elles présenteraient peut-être d'irréfléchi et d'inconvenant ? Que de lettres transmises à un préfet, à un recteur, à un procureur du roi, à un maire, etc., ont produit de fâcheux résultats, pour avoir été écrites dans un transport d'humeur et de passion ! Quand l'âme est oppressée sous le poids de l'indignation, la plume s'imprègne naturellement de fiel et se répand en expressions acrimonieuses, outrageantes même, qui n'échapperaient pas certainement dans un état de sang-froid. Le monde d'ailleurs est fort exigeant, en fait de convenances, du côté des prêtres ; c'est pour lui un sujet d'étonnement non moins que de scandale, de rencontrer en eux les misères et les passions communes de l'humanité.

Il y a une foule d'autres actes administratifs qui pourraient entraîner des conséquences désastreuses, et qu'il faut savoir apprécier mûrement avant d'en venir à l'exécution. L'interdiction du chœur à un chantre ou à un marguillier, la révocation d'un instituteur, le renvoi d'une sœur d'école, une dénonciation contre un maire, des poursuites contre un trésorier de fabrique, un exploit d'huissier pour le recouvrement des droits casuels ou du loyer des bancs d'église, un procès avec des paroissiens pour des intérêts personnels, et mille autres actes analogues, bien que justes en droit, ne sont point souvent, en fait, opportuns ni expédients. C'est alors, plus que jamais, un devoir de recourir aux lumières de ces vétérans du sacerdoce qui passent pour maîtres en expérience, et de consulter ses chefs spirituels dont les avis serviront de boussole dans les circonstances difficiles et périlleuses. *Presbyteri*, dit un concile d'Arles, *sine consilio Episcoporum nihil faciant*. Leur autorité et leur direction doivent être ici notre règle. Il est si capable de faillir celui qui n'a d'autre guide que ses propres pensées ! Sa sagesse est si tôt à bout ! Le prêtre, comme les autres hommes, est sujet à trop d'illusions, d'erreurs et de préjugés, pour qu'il ne prenne conseil que de lui-même. Il devra d'autant mieux sentir sa faiblesse et son impuissance, qu'il débute dans le ministère. Naturellement bouillants et impétueux, les jeunes gens ne soupçonnent même pas les difficultés attachées à l'administration d'une paroisse; au lieu de marcher à pas lents et mesurés, ils se précipitent dans le bien, sans prévoir ou ménager les oppositions. Ah ! il faut, aujourd'hui, des mains bien habiles pour manier la houlette pastorale !

CHAPITRE XII.

CHOIX D'UN CONFESSEUR.

Malheur, dit la sainte Ecriture, à celui qui marche dans sa voie, et se rassasie du fruit de ses propres conseils (1) ! Chacun a besoin de se placer sous la direction d'un homme sage et de se laisser guider par lui, avec la docilité d'un pupille envers son tuteur, et d'un enfant envers son père. Si c'est là une règle de conduite pour les simples fidèles, c'en est une aussi pour les hommes chargés du redoutable ministère des âmes. L'assistance d'un directeur habile et consciencieux est bien nécessaire surtout aux ecclésiastiques qui entrent dans la carrière pastorale, sans en avoir fait un apprentissage suffisant sous la surveillance d'un curé vertueux et expérimenté. La jeunesse est si irréfléchie et si ardente ; ses prévisions sont si bornées, et sa sagesse est si souvent en défaut ! Les temps d'ailleurs sont si difficiles, les esprits si susceptibles, si prévenus et si rétifs ! Que d'habileté ne faut-il pas pour éviter les maladresses, neutraliser les oppositions, et ne pas dévier de la ligne d'une prudence parfaite ! C'est

---

(1) *Comedent igitur fructus viæ suæ suisque consiliis saturabuntur.* (Prov. 1, 31.)

alors qu'un jeune prêtre a un indispensable besoin de l'assistance d'un guide éclairé, dont les sages avis seront pour lui comme un fil conducteur qui l'empêchera de se fourvoyer. Il y aurait de l'imprudence à aller se jeter, pour la direction de sa conscience, aux pieds du premier venu, ou du voisin le plus rapproché, s'il n'offrait pas l'ensemble des qualités qui constituent l'habile confesseur. Ce ne serait que dans des cas accidentels et à la seule fin de recevoir l'absolution par urgence, qu'on pourrait lui faire l'aveu de ses faiblesses et de ses infirmités. En principe général, on ne doit confier le soin de son âme qu'à un homme présentant toutes les garanties d'une bonne direction, dont nos destinées présentes et à venir dépendent si essentiellement. Voici les qualités principales qu'il est nécessaire de trouver en lui :

1° Il devra être un homme de Dieu, versé dans les connaissances qui ont rapport à la vie intérieure et spirituelle. Serait-il en état de former à la piété, d'inspirer la science des saints et le zèle pour le salut des âmes, l'ecclésiastique dépourvu de ces précieuses qualités ? Un prêtre qui ne vit pas en union intime avec Dieu, manque d'onction et ne sanctifiera point les pécheurs qui vont réclamer les secours de son ministère. Au lieu de les ranimer dans les sentiments de la ferveur, il répandra plutôt sur eux son esprit de tiédeur et d'indifférence. On choisira donc *virum plenum fide et Spiritu sancto.* (Act. VI.)

2° La capacité, l'expérience et un jugement droit sont aussi des qualités absolument requises dans les confesseurs des prêtres. Une science commune est généralement suffisante pour celui dont le rôle se borne à la conduite spirituelle des simples fidèles, des personnes de la classe populaire; mais il faut des hommes doctes, judicieux et experts, pour diriger ceux qui ont charge d'âmes. N'est-il pas nécessaire, en effet, qu'ils sachent donner des conseils et en apprécier toutes les conséquences ; décider des questions fort épineuses de conscience et d'administration paroissiale ; éclaircir les doutes que présente l'obscurité de la loi ; résoudre des points de casuistique compliqués, ténébreux et problématiques ; indiquer la ligne à suivre dans des circonstances difficiles, où il est urgent de prendre un parti instantané, alors surtout qu'un conseil est de nature à sauver ou à perdre un prêtre? Que de fois, par exemple, un refus de sacrement ou de sépulture n'a-t-il pas eu de fâcheux résultats pour de pauvres prêtres bien intentionnés qui, n'ayant pu recourir à leur évêque, ont agi sous l'influence d'un guide inexpérimenté! On comprend alors combien sont importants des conseils éclairés et des décisions justes, auxquelles on puisse s'en tenir en toute sécurité. Un confesseur qui sait faire une application judicieuse des principes, saisir le point précis où l'on doit s'arrêter, ce qu'il faut prescrire, conseiller, permettre, défendre ou tolérer, dirigera avec succès un ecclésiastique novice, règlera avec prudence son ardeur juvénile, modèrera l'effervescence de son zèle, censurera ses imprudences, réprimera ses écarts, lui fera remarquer ses oublis et ses défauts, et éviter tous les écueils où pourrait aller se briser son inexpérience. Ceci prouve la nécessité de trouver réunies à la piété la science et la pratique du ministère chez un confesseur qui, autrement, fausserait les vrais principes, commettrait des erreurs, prononcerait des décisions iniques, et prescrirait imprudemment à ceux qu'il dirige l'adoption de certaines mesures dont les conséquences seraient peut-être irréparables. Concluons qu'un prêtre dépourvu de lumières et d'expérience ne doit pas être le directeur habituel des ecclésiastiques ayant charge d'âmes. Il pourra remplir transitoirement l'office de confesseur, dans les cas exceptionnels où l'on n'a d'ailleurs besoin que de la rémission de ses péchés ; mais jamais dans ces circonstances critiques où l'on réclame des décisions graves, promptes et sûres.

Le confesseur doit encore être doué d'une bonté paternelle, propre à lui mériter la confiance. Cette bonté détermine les pénitents à lui ouvrir leurs cœurs avec simplicité, candeur et liberté. L'aveu de leurs misères et de leurs fragilités coûte d'autant moins que celui qui le reçoit est plus compatissant et plus miséricordieux. Toutefois, son indulgence ne dégénèrera pas en une molle tolérance qui tendrait à favoriser leur relâchement. Il aura donc le courage de blâmer en eux ce qui est vraiment blâmable, de leur révéler leurs défauts, ceux surtout que l'amour-propre leur cache ; défauts qu'ils sont souvent les seuls à ignorer, ou les derniers à connaître.

Un bon directeur rend à ses dirigés des services inappréciables ; il les soutient dans la piété, les encourage dans le bien, les affermit dans la fidélité à tous leurs devoirs, les console dans leurs peines, épure leur conscience, éclaire leur jeunesse, prémunit leur fragilité contre les séductions, redresse leurs torts, corrige leurs travers, et les empêche de s'égarer dans leur conduite administrative et les voies du salut. Des prêtres confiés à la tutelle d'un guide exemplaire et habile se retrempent constamment dans les vertus de leur saint état, et ne tardent point à devenir des pasteurs accomplis.

Il est donc de la plus haute importance, dit saint Jean Climaque, que nous apportions un parfait discernement dans le choix de notre directeur spirituel : *Gubernatorem cautissimè discernamus*. Il faut, disent les livres sacrés, le choisir entre mille : *Consiliarius sit tibi unus de mille*. Engageons-nous ensuite à n'entreprendre rien de grave ni de décisif sans l'avoir auparavant consulté. Ayons tous une profonde conviction de notre impuissance à marcher d'un pas sûr sans l'appui des conseils d'autrui. Ce sont communément les ecclésiastiques distingués par la supériorité de leurs lumières et de leurs vertus, ceux conséquemment auxquels l'assistance d'un sage directeur est moins nécessaire, qui y attachent le plus d'importance. Au contraire, ceux-là malheureusement sentent moins la nécessité des avis, qui en ont un plus grand besoin, et qui sont radicalement incapables de se conduire seuls.

Si la contrée que nous habitons n'offrait pas la ressource d'un guide spirituel assez habile pour nous diriger habituellement, suppléons-y en recourant, dans les situations difficiles et délicates, à un confesseur extraordinaire dont nous prierons Dieu de nous indiquer le choix, en lui disant : *Ostende quem elegeris*. Si nous avons le bonheur de rencontrer un de ces maîtres expérimentés dans l'art de régir les paroisses, un de ces directeurs éclairés, réfléchis, consciencieux et surtout assez fermes pour nous donner, au besoin, des avis sévères, et ne nous dissimuler aucun de nos défauts, nous pourrons nous féliciter d'avoir trouvé un trésor.

CHAPITRE XIII.

NÉCESSITÉ DES CONSEILS ; MANIÈRE DE LES RECEVOIR.

Rechercher les bons conseils et les recevoir avec reconnaissance, c'est l'indice d'un caractère prudent, d'un cœur droit et d'une vertu solide. Au contraire, s'obstiner dans sa manière de voir et d'agir, fermer l'oreille à toutes les observations qui contrecarrent nos sentiments personnels, c'est faire preuve d'un esprit borné et sottement susceptible. La présomption et la volonté propre sont sujettes à s'égarer, tandis que la déférence pour les avis d'autrui ne trompe presque jamais. On ne peut nous rendre, au surplus, un plus éminent service, ni nous donner un plus sensible témoignage d'amitié que de nous faire remarquer avec franchise nos oublis, nos torts et nos écarts. N'y a-t-il pas du courage et de la générosité à prévenir des hommes ombrageux et justement soupçonnés, peut-être, de recevoir mal les conseils ? Que ceux donc qui croiront devoir nous adresser de fraternelles admonitions, aient l'assurance de nous plaire en nous avertissant. Accueillons toujours avec empressement et gratitude les avis dictés par la conscience d'un vertueux confrère. Laissons-nous dire nos défauts, ceux surtout que l'amour-propre est si intéressé et si habile à nous cacher (1). A cet effet, acquérons des amis qui nous les révèlent sans détour et avec la sincérité des Ambroise. Nous avons plus à nous défier d'un flatteur que d'un mentor sévère, plus à craindre même une louange vraie qu'une réprimande imméritée. Conséquemment écartons ces adulateurs qui nous applaudiraient jusques dans nos imprudences et nos erreurs. L'ami franc et dévoué est un trésor inestimable (2). Ce serait une lâcheté criminelle de ne pas adresser à un prêtre des observations relativement à sa conduite, dût son orgueil se cabrer contre elles : mieux éclairé plus tard, il finira par en reconnaître la justice et rendre hommage à la pureté des intentions qui les ont inspirées. Enfin, où donc un curé de campagne trouvera-t-il de vrais amis, des censeurs bienveillants et fermes à la fois, si ce n'est parmi ses collègues et ses voisins? Faudrait-il, pour le prévenir, attendre que ses imprudences eussent transpiré au dehors, au risque d'un scandale affligeant pour l'Eglise ?

C'est surtout aux anciens du sanctuaire à remplir cet office de charité envers leurs jeunes confrères. Les assister du secours de leurs lumières, les avertir avec une fermeté courageuse, les instruire et les former avec une patiente bonté,

---

(1) *L'amour-propre est un ballon gonflé de vent; piquez-le, il en sort des tempêtes*, a dit un auteur; mais cette réflexion ne devrait pas être applicable à un prêtre, obligé par état à extirper l'amour-propre du cœur des hommes et à leur enseigner le précepte de la correction fraternelle. Comprendrait-on que celui dont la mission est de donner toute sa vie des conseils aux autres, ne pût en recevoir lui-même sans en être blessé ?

(2) *Qui invenit amicum fidelem, invenit thesaurum.* (Eccli).

Melius est à sapiente corripi quàm stultorum adulatione decipi. (Eccle. VII, 6).

compatir à l'inhabileté de leur jeunesse avec une indulgence toute paternelle, est un devoir spécialement dévolu à ceux qui ont la double autorité de l'âge et de l'expérience.

CHAPITRE XIV.

VERTUS SOCIALES DU PRÊTRE.

La plupart des gens du monde ne croient plus au caractère ni à l'autorité divine du prêtre; ils n'apprécient ses vertus purement ecclésiastiques ou religieuses qu'autant qu'elles se présentent en lui sous les dehors des qualités humaines et sociales qu'ils estiment et préconisent par dessus tout, les seules mêmes que, dans maintes paroisses, ils exigent d'un curé. Ce n'est plus guère que par ce côté, le seul accessible, qu'un ecclésiastique pourra exercer un peu d'action sur les populations au sein desquelles le prestige de l'ascendant religieux s'est évanoui avec le respect des croyances. La piété, le zèle, l'humilité, l'abnégation, l'amour de la retraite et de la mortification, qui ont devant Dieu un si haut prix et constituent essentiellement le mérite du prêtre, seraient peu propres à lui concilier l'estime et la confiance d'un monde qui, soupçonnant à peine l'utilité de ces vertus, fait beaucoup plus de cas, par exemple, de la politesse, de l'affabilité, de la douceur. Bien que ces dernières qualités tiennent moins au fond qu'à la forme, nous les jugeons d'une haute importance, parce qu'elles servent à relever la dignité du sacerdoce. Rien n'est à mépriser pour l'homme de Dieu, quand il s'agit de rendre sa personne recommandable et son ministère fructueux.

Malgré les rapports intimes qui existent entre la politesse, l'affabilité et la douceur, nous en traiterons séparément, au risque de commettre quelques redites.

POLITESSE DU PRÊTRE.

Ce n'est point assez pour un prêtre d'être saint, quand il est appelé à travailler à la sanctification du monde. Comment parviendrait-il à lui faire goûter les vertus qu'il enseigne, s'il se montrait incivil et mal élevé ? Sans la politesse, l'abord d'un prêtre est naturellement brusque, ses formes sont gauches et rustiques, sa franchise est brutale, son caractère âpre, ses vertus rudes et sauvages, défauts qui annulent presque toujours devant les hommes le mérite le plus éminent devant Dieu. Au lieu de plaire, il s'aliènera les cœurs. L'oubli de la civilité et des convenances, un simple manque de tact, de prévenances et d'égards, une parole irréfléchie, une légère inattention, un sourire déplacé, une visite omise et jusqu'à une lettre restée sans réponse, mille autres petites bienséances, qui échappent parfois à des hommes même polis, blessent et offusquent ; tant il y a de susceptibilité dans les gens du monde qui, en cette matière, poussent l'exigence jusqu'à l'excès. Plusieurs ecclésiastiques édifiants et réguliers auxquels, pour être des pasteurs accomplis, il ne manquait que des formes extérieures plus agréables, ont vu leur ministère paralysé par des manières dures, un ton impératif et trop acerbe dans les rapports de la vie civile. On ne peut, au contraire, calculer toute la puissance de la politesse, particulièrement sur les hautes classes de la société. Des dehors honnêtes et gracieux, des manières nobles et aisées, des procédés obligeants, le respect des usages, préviennent favorablement envers un prêtre et lui font gagner à peu de frais les cœurs, ou du moins lui en préparent l'entrée. Quel autre moyen d'adoucir, d'humaniser et de christianiser ces esprits irréligieux qu'on dirait atteints de prêtrophobie ? Comment, en effet, résister à l'attrait d'un langage spirituel et poli, à des attentions délicates, à des marques de bienveillance et d'amitié ? Ces actes de courtoisie, ces procédés pleins de délicatesse et d'amabilité commandent l'estime, inspirent l'affection et assurent la popularité. C'est un aimant sympathique, un charme fascinateur qui captive et subjugue. Or, de l'attachement pour la personne du prêtre, on arrive sans efforts et tout naturellement à la vénération pour son ministère, heureux prélude d'un retour prochain dans la voie du salut.

Le prêtre ne s'écartera donc point des principes d'honnêteté et de bon ton ; il se pliera à toutes les exigences sociales, à tous les usages reçus qui forment ce qu'on est convenu d'appeler le savoir-vivre, tout arbitraires ou insignifiants qu'ils lui sembleraient. Les froisser parce qu'on les croirait bizarres, gênants ou absurdes, serait un acte choquant et dès lors inexcusable. Attentif à ne point soulever de contestations, à ne contredire personne maladroitement, à ne blesser aucune susceptibilité, il se gardera cependant de porter la complaisance jusqu'à sembler être de l'avis de tout le monde et abonder dans le sens des opinions les plus divergentes ; cela sentirait la duplicité.

La réserve dont un prêtre ne doit jamais s'affranchir, ne lui permet pas d'adopter tous les modes de civilité qui ont cours dans le monde. En cette matière, le clergé a d'autres règles à suivre que celles qui sont admises dans les réunions laïques. Il est même des usages dont l'observation ne serait propre qu'à le rendre ridicule. La politesse cléricale doit être naïve, affectueuse et prévenante, sans doute, mais aussi constamment simple, sérieuse et discrète, jamais fade, fausse ni prétentieuse. Un ton maniéré, une obséquieuse attitude, un langage mielleux et complimenteur sont de mauvais goût dans un prêtre, et fatigueraient plus qu'ils ne plairaient. La souplesse, la fatuité, la pédanterie, les soins minutieux, les petites attentions, les airs cérémonieux et mondains seraient à peine tolérables chez un séculier qui voudrait faire sa cour. En s'appropriant toutes ces afféteries si étranges sous la robe ecclésiastique, le prêtre fournirait matière à d'intarissables plaisanteries. Ce serait, par exemple, manquer à la modestie sacerdotale que de donner le bras à une femme pour la conduire à table, ou de présenter des fleurs à une jeune personne, de la complimenter sur ses grâces et sa beauté. Il faut laisser aux laïcs ce genre de galanterie, ainsi que toutes ces gentillesses, ces mots doucereux ou adulateurs, que ne comporte point la sévérité sacerdotale. Le monde lui-même n'impose pas ce cérémonial aux ecclésiastiques dans leurs rapports avec la société ; il aime qu'ils ne dérogent jamais aux règles de gravité que prescrit leur position. Un pasteur habituellement réservé, franc sans rudesse, poli sans affectation, humble et modeste sans servilité, digne en un mot, aura toujours ses sympathies.

Le prêtre s'étudiera donc à devenir un modèle accompli de politesse. On gagne beaucoup et l'on ne perd jamais rien à observer avec une ponctuelle exactitude toutes les bienséances généralement admises ; il vaut même mieux en dépasser un peu la limite que de rester en deçà. La gêne et la servitude en ce point, la perte du temps même, ne seraient pas des raisons suffisantes pour justifier la violation d'usages que l'on regarde comme obligatoires. Il faut savoir supporter une visite importune, au risque de soustraire à son travail quelques instants d'ailleurs précieux, et ne point paraître les donner de mauvaise grâce. On ne se dispensera soi-même d'aucune démarche obligée ou convenable. Ainsi, un service reçu exige une visite ou au moins une lettre de remercîments; une invitation à dîner prescrit le même devoir; toute politesse commande une politesse. Le décès de quelques membres d'une famille, un malheur, une catastrophe, sont aussi des circonstances où un curé fera preuve de civilité en exprimant aux affligés quelques paroles de condoléance. Les visites de nouvel an aux autorités locales, aux principaux du lieu, sont de rigueur. L'arrivée dans une paroisse des premiers magistrats d'un département ou d'un arrondissement, invite naturellement le pasteur à leur offrir le tribut de ses hommages. Sauf quelques cas exceptionnels, les visites doivent être courtes pour ne point devenir importunes et gênantes. On devra toujours alors avoir une bonne tenue et une mise soignée.

La plupart des prêtres sortant aujourd'hui des classes communes n'ont pu recevoir, au sein de leur famille, une éducation distinguée. Ce n'est pas non plus dans les séminaires que l'on s'occupe à faire des cours de civilité. Dans les paroisses rurales, où l'on n'a communément de relations qu'avec des villageois, on risque plutôt de perdre l'habitude de la politesse que de s'y perfectionner. Cependant cette belle qualité ne saurait être chose indifférente. Que faire donc pour l'obtenir? C'est d'examiner attentivement tout ce qui se passe dans les bonnes sociétés où l'on se trouve quelquefois. Dès qu'on saura qu'un homme est un modèle de sociabilité et de bon ton, on imitera, dans une sage mesure, ses manières, l'ensemble de son maintien et tous ses procédés, semblable à un jeune peintre qui, pour former son talent sur les tableaux des bons maîtres, s'efforce d'en traduire les beautés dans son dessin, et finit, avec le temps et la persévérance, par les atteindre et se les approprier. C'est auprès de ces hommes de bonne compagnie qu'un curé acquerra insensiblement cette exquise urbanité qui peut lui être d'une utilité si éminente dans ses rapports avec les notables de son pays. Il veillera attentivement lui-même à se dépouiller de tout ce que la nature et le vice d'une première éducation auraient pu laisser en lui d'agreste et d'impoli, pour le remplacer par ce que la charité a de plus affectueux, de plus bienveillant et de plus propre à conquérir les esprits et les cœurs. Il retracera dans sa personne une piété qui n'ait rien de minutieux, d'austère, ni de ridicule, mais qui soit raisonnable, douce et insinuante. Il présentera, en un mot, la religion sous des attraits si séduisants qu'il la rende aimable et chère à tous. On ne peut dire combien ses qualités personnelles seront capables, non-seulement de lui concilier l'estime et le respect, mais d'attirer des hommages de vénération au sacerdoce lui-même si souvent jugé d'après quelques-uns de ses membres. Que manque-t-il à plusieurs prêtres, pour féconder leur divine mission ? Ce n'est ni la science, ni la piété, ni le zèle, ni l'esprit de leur état, mais seulement une éducation plus soignée, le sentiment pratique des convenances, des dehors enfin qui fassent mieux ressortir leur véritable mérite. Soyons saints avant tout, mais ne soyons pas singuliers ni surtout incivils; ne nous rendons pas les imitateurs de ces ecclésiastiques dévots et vertueux peut-être, mais dont l'originalité excentrique et sauvage n'est propre qu'à dégoûter de la religion des esprits légers et superficiels. Le clergé a tenu dans presque tous les siècles le sceptre de la politesse qui est, d'ailleurs, une vertu éminemment française. Que le monde trouve donc toujours en nous des hommes de bonne compagnie non moins que de dignes prêtres.

AFFABILITÉ DU PRÊTRE.

La vertu porte avec elle un caractère affectueux et s'annonce d'ordinaire sous des traits aimables. Qui dit un homme vertueux, dit généralement un homme bon, doux, bienveillant et affable, ayant un cœur noble, une âme sensible. La vertu a reçu d'en haut cette puissance d'insinuation, ce charme séduisant, pour captiver la créature raisonnable et la mener finalement au créateur. Les cœurs conquis à un curé, sont déjà à moitié acquis à la religion ; car on accepte volontiers pour pasteur celui qu'on chérit déjà comme ami. Or le secret de cette double victoire, c'est l'affabilité qui, non moins que la politesse, aidera efficacement le prêtre à mériter l'affection de ses paroissiens et lui facilitera auprès d'eux l'accomplissement de sa mission de salut. Nous allons rapidement l'esquisser, en montrant ce qu'elle est, ce qu'elle vaut, et combien, d'ailleurs, elle est peu coûteuse. Un abord, ouvert et facile, un visage gai, un air accueillant, un salut amical, préviennent singulièrement en faveur d'un curé. A des affligés une parole d'encouragement et de consolation, à des malades un mot de résignation et d'espérance, à une famille que visite la mort quelques larmes de sympathique douleur, à des parents une louange méritée sur les succès ou la bonne conduite de leurs enfants, à un homme heureux quelques félicitations, aux partants un adieu, à ceux qu'on rencontre un sourire bienveillant, aux malheureux des offres de service et de charité, à de jeunes personnes imprudentes un avis paternel, pour tous une aimable indulgence, une familiarité noble et décente; voilà un des moyens les plus capables de gagner à un curé les cœurs de tous ceux qui l'approchent, sans compromettre aucunement sa dignité ni le respect qui lui est dû. Il se montrera tel, aux pauvres comme aux riches, aux simples bourgeois comme aux influentes notabilités de sa paroisse. Garder ses prévenances et sa prédilection pour les opulentes familles, n'avoir pour la classe indigente que de l'indifférence, de la froideur, et, à plus forte raison, des airs hautains ou méprisants, c'est être partial et injuste, c'est encourir la désaffection et l'impopularité. La maison du prêtre doit être constamment ouverte à tous les pauvres, et sa personne accessible pour eux en tous temps. Ses paroissiens étant alors bien persuadés qu'ils seront reçus de lui obligeamment, l'aborderont avec une filiale confiance et le quitteront avec la pensée que leur visite lui est toujours agréable.

Mais comment révéler ses fragilités, ses peines secrètes, ses embarras et ses doutes; comment ouvrir entièrement son cœur au pasteur dont la présence gêne, dont le visage sévère éloigne la confiance en inspirant la crainte? De quel ascendant moral pourrait jouir un curé à l'abord glacial, au caractère altier et dédaigneux, à l'humeur sombre, taciturne et chagrine, ou brusque et violente, à la parole brève et dure, au ton dominateur et tranchant? Redouté de tous, il ne réussira qu'à se rendre odieux. C'est en père et non en maître qu'il faut aujourd'hui gouverner les peuples; et le talent par excellence qui doit distinguer les prêtres de notre siècle, consiste dans l'art de se faire aimer plutôt que craindre, de persuader plutôt que de commander. Vouloir forcer les volontés par des allures de domination, et obtenir une soumission d'esclave au lieu d'un libre assentiment du cœur, est de nos jours le pire de tous les systèmes d'administration paroissiale. Il se trouve, en effet, dans les plus humbles hameaux, des esprits fiers et superbes, susceptibles au plus haut point et quelquefois intraitables ; or, ce n'est qu'en usant envers eux d'une bienveillance affectueuse et d'une insinuante bonté, qu'on pourra les manier, les conduire, et surtout les plier aux lois si austères de la religion. Le seul empire véritable auquel puisse utilement prétendre un curé, c'est celui de régner sur les cœurs ; il ne s'acquiert que par l'amour et la confiance des peuples. Il fausse donc sa mission celui qui a la maladresse de faire durement sentir à ses ouailles le poids de son autorité, et de les gouverner par des voies d'intimidation. Eh ! pourrait-il se flatter d'être l'image du bon pasteur, le prêtre dont l'apparition subite au milieu de paroissiens timides, leur glacerait le sang dans les veines, ou mettrait en fuite tous les jeunes enfants, comme une sorte d'épouvantail ? Non, non : le divin modèle accueillait et bénissait l'enfance. Il n'y a que le vice qui doive rougir et se trouver embarrassé devant celui dont la présence seule en est la censure. Une paroisse aime d'être à l'aise avec son guide spirituel comme une famille avec son chef; elle éprouve naturellement pour lui une vive répulsion, s'il ne lui inspire pas la confiance et la joie (1).

N'est-ce point par leurs touchants et délicats procédés, que plusieurs saints sont parvenus à exercer un empire souverain sur leur siècle et ont rendu leur nom recommandable et populaire aux incroyants eux-mêmes ? On ne parle encore au-

---

(1) Que vos paroissiens retrouvent constamment en vous cette joie d'un père toujours aise de voir ses enfants : qu'il leur paraisse à tous que leur présence fait votre plus douce consolation ; et ne rebutez jamais les pécheurs mêmes qui vous approchent, par cet air de chagrin et de mélancolie qui semble leur annoncer que leur présence vous importune. (*Massillon*.)

jourd'hui qu'avec une religieuse vénération, dans les sociétés mondaines, de l'attrayante dévotion et de l'aménité de saint François de Sales, de la douceur et de l'affabilité de Fénélon, etc. Que le prêtre donc ait une piété douce et une sainteté aimable ; qu'il accueille tous ses paroissiens avec une cordiale bonté ; que surtout il montre une indulgence miséricordieuse à tous les hommes égarés qui s'avanceraient vers lui ; qu'il quitte tout pour aller à leur rencontre et leur abrège le chemin qui doit les conduire au salut. Sensible à l'attrait de toutes ces qualités réunies, le monde sans aucun doute s'empressera de les proclamer et de bénir le pasteur qui lui en offrira le modèle.

DOUCEUR DU PRÊTRE.

Elément constitutif du caractère du prêtre, la douceur et l'aménité doivent devenir l'esprit dominant de toutes ses actions. En lui on ne remarquera ni colère, ni brusquerie, ni aigreur. Que son front, constamment calme et digne, ne pâlisse ou ne s'enflamme jamais d'indignation, et que sa voix, toujours réglée, n'éclate pas en paroles injurieuses ou menaçantes : *Nihil fœdius præceptore furioso*, s'écrie saint Jérome. Un langage de paix et de mansuétude, est le seul que puisse convenablement parler la bouche du prêtre. Son humeur sera toujours égale ; son visage prévenant ; son maintien décent et modeste ; ses paroles, empreintes de bienveillance et de modération. Il faut que tout en lui annonce le silence des passions, la parfaite sérénité qui règne au fond de son âme et en règle tous les sentiments (1). Apprenez, disait

---

(1) Voici le langage que Massillon tient aux prêtres dans ses discours synodaux : « Rendez-vous aimables, si vous voulez vous ren-

saint Bernard aux prêtres de son temps, que vous êtes les mères des peuples que vous dirigez et non leurs maîtres ; travaillez bien plus à vous en faire aimer que redouter. Si vous jugez quelquefois la sévérité nécessaire, qu'elle soit paternelle et jamais tyrannique. En vous montrant pères par la fermeté dans vos corrections, montrez-vous mères par la douceur qui les accompagnera. Abstenez-vous ordinairement de rigueur et de punitions : autrement, ajoutait-il, vous exposerez le pécheur à mourir dans le péché, et vous deviendrez ainsi responsables de la perte de son âme.

Le bien à faire dépend essentiellement de l'amour que les peuples ont pour un pasteur; or, c'est la douceur dont il usera envers eux qui seule lui conciliera leur affection. Cette vertu partage avec la politesse et l'affabilité l'heureux privilége de toucher les cœurs et d'attirer la confiance, tandis que l'aspérité et la brusquerie du caractère rebutent, indisposent et découragent. Faire déserter le tribunal de la pénitence et rendre odieux au pécheur le seul remède qui puisse le

dre utiles; commencez par gagner les cœurs pour attirer les âmes à J.-C. ; ayez pour les fidèles dont vous êtes chargés le zèle et la sollicitude d'un pasteur, la tendresse et la miséricorde d'un père, et ils vous aimeront comme des enfants ; vous aurez même bientôt sur eux l'autorité d'un maître. L'amour et le respect des peuples sont toujours en harmonie avec la douceur et la dignité du bon prêtre. L'humeur, la dureté, la hauteur que vous leur laisserez paraître leur rendraient vos instructions odieuses comme vos personnes. Le ministère est sans fruit quand il est sans confiance, et il est toujours sans confiance quand il y a de la rudesse et de la fierté dans le caractère du curé. L'éloignement qu'on a pour sa personne, éloigne aussi de Dieu tout son peuple, et devient le plus grand écueil de son ministère. Et s'il se trouve quelques pécheurs scandaleux qui haïssent le bon prêtre qui s'élève contre leurs désordres, ils le respectent en secret, et la haine qu'ils portent au ministre honore le ministère. »

guérir, tel est, le funeste résultat d'un naturel irascible. Dieu envoya des agneaux et non des lions, dans la personne de ses apôtres, pour convertir l'univers ; et c'est à l'aide de la douceur qu'ils parvinrent à amollir et à dompter la férocité des loups. Comme eux donc le prêtre s'efforcera d'apprivoiser insensiblement ses paroissiens les plus sauvages et les plus rebelles, lesquels finiront par subir irrésistiblement sa bénigne influence. Il adoptera pour principe le système d'une pacifique administration, ménagera les caractères susceptibles, évitera tous airs passionnés et méprisants, toutes paroles piquantes et incisives. Si sa conscience l'oblige à exercer envers son peuple le devoir de la correction, il prendra soin de donner une expression douce et tempérée aux réflexions qui seraient de nature à froisser l'amour-propre. Ses actes même de vigueur et de juste sévérité seront constamment *empreints d'une modération tout évangélique*. Si, dans de rares circonstances, il laisse paraître une sainte et vertueuse indignation, il touche et il ébranle, mais il n'exaspère jamais. S'il éprouve des contradictions et de l'ingratitude, il dévore en secret ses chagrins et ses dégoûts, et ne les répand que dans le sein de J.-C. Souffrir, pardonner, se taire, aimer et bénir, telle fut, en résumé, la vie du Sauveur, ce grand modèle dont le prêtre doit être la fidèle copie : *Sacerdos, Christi expressa forma* (1). C'est là une des conditions principales de son ascendant spirituel.

(1) La douceur toutefois ne doit pas dégénérer en pusillanimité, et jamais on ne lui sacrifiera sa dignité personnelle. Il y aurait lâcheté à tolérer le brutal coup de pied de l'insolence ; le prêtre n'est pas moins citoyen que chrétien ; et, à ce double titre, c'est pour lui un devoir de se montrer homme de cœur.

L'homme se prend naturellement par la douceur; c'est par elle que saint Ambroise, évêque si bienveillant et si aimable, fit la conquête de saint Augustin qui dit dans ses Confessions : *Eum amare cœpi, non tanquàm doctorem veri, sed tanquàm hominem benignum in me.* Ce fut le moyen qui réussit à le rappeler de ses égarements. La douceur fait obéir sans froissement, elle subjugue facilement et sans résistance. Au contraire, un zèle brusque et violent dégoûte de la vertu et de la pratique de la religion ceux qui n'avaient qu'un faible désir de l'embrasser. Le prêtre d'une humeur querelleuse porte ce défaut jusque dans la chaire de vérité, et détruit tous les effets de la parole sainte; ses instructions ne sont que des invectives amères, qui poussent à bout et révoltent l'auditoire contre lui; et l'Evangile, cette parole de paix et de réconciliation, n'est plus dans sa bouche qu'un signal de dissension et de guerre. Il mortifie, il aigrit les gens égarés en traçant de leurs vices des portraits trop ressemblants pour qu'ils puissent s'y méconnaitre. Au lieu donc de corriger, il rend incorrigible ; au lieu de convertir il endurcit. Imprudent apôtre, il commande d'un ton de maître la conversion à des pécheurs, auxquels il ne fallait la persuader que par la douce voie de l'insinuation! Comme ceux du corps, les vices de l'âme, a dit Sénèque, doivent être traités avec indulgence et ménagements : *vitia mentium sicut et corporum ? molliter tractanda sunt.*

La violence est un défaut trop ordinaire aux curés même qui ne sont pas sans mérite. Il est plus facile, assurément, de supporter la faim, la soif, le froid, et de coucher sur la dure, que de souffrir patiemment les importunités, les railleries, les murmures, les plaintes, les outrages, les contradictions, les chagrins et les dégoûts. Voilà l'écueil fatal où vient souvent échouer la vertu des prêtres, qui, alors abandonnés de leur prétendue force d'esprit, ne savent point, la plupart, soutenir cette épreuve. C'est cependant, de la part d'un oint du Seigneur, un scandale bien préjudiciable à l'Eglise que de se laisser aller à des mouvements de courroux. Témoins continuels de toutes les actions de leur curé, les fidèles l'envisagent comme leur type, et s'étudient à se former sur ses exemples. Mais le prêtre d'un caractère dur et irritable est-il bien propre à guérir en eux le vice dont ils le verront entaché, ou à leur inspirer des sentiments de paix et de modération qu'ils ne remarqueront pas en lui ? Peut-on porter efficacement les autres à la douceur, quand on prend feu soi-même et qu'on n'écoute que les transports de la colère ? Enfin les effets de la violence et de la dureté, se résument dans un seul mot : haine au prêtre et à son ministère. De pareils moyens ne servent qu'à aigrir et à effaroucher les peuples, quand ils ne les rendent pas hypocrites et esclaves. Ils réussissent à faire masquer les vices plutôt qu'à les corriger.

La religion, on ne saurait trop le répéter, ne supporte pas de système coactif ni un mode acerbe d'administration; elle ne s'impose point par voie d'autorité, de commandement ou de menace : on la persuade, on l'insinue. Alors on s'y soumet volontiers, parce qu'on ne peut tenir contre les charmes de la douceur, et qu'on se plaît toujours à faire sans murmure ce qui est demandé de bonne grâce. On voit sans doute quelquefois des paroisses plier et céder à la force ou à la peur ; mais une impression de cette nature n'agit ni sur la pensée, ni sur les sentiments. Le prêtre exerce une domination toute de confiance et d'amour ; il mine son autorité dès qu'il la fait sentir. Un observateur a dit : Toutes les conquêtes d'un pasteur ne doivent venir que de son ascendant et de l'estime qu'il inspire. Eclairer la raison, émouvoir l'âme, gagner le cœur, assouplir la volonté; obtenir, en un mot, une soumission, non de force, mais de persuasion : telle est la seule marche à suivre. Prétendre gouverner violemment de nos jours, c'est prendre les esprits à rebours, froisser leur susceptibilité provoquer leur révolte; c'est donc viser à la ruine prochaine de la religion, surtout en France. Quiconque, par exemple, ne va pas de son plein gré à l'office divin ou à confesse, s'irrite et se roidit contre la force. Les gens de notre siècle n'entendent pas qu'on les placera sous le gouvernement d'un curé, comme de petits écoliers sous la férule d'un maître. Ils veulent être persuadés et suppliés plutôt que commandés et violentés. La contrainte est chez nous la chose la plus détestée : obligez à faire ce qui est utile, on aimera mieux faire librement ce qui est nuisible. En suivant ce faux système, on s'expose à transformer la religion en objet d'horreur, et l'on arrive ainsi à un résultat diamétralement opposé à celui qu'on voulait atteindre. Ne l'oublions pas, l'esprit du sacerdoce est essentiellement un esprit de douceur et de bienveillance : *Errantes ad bonum allicit benignitas, ad malum autem sœvitia præcipitat;* c'est pourquoi J.-C. exclut formellement du ministère pastoral celui qui serait sujet à la colère ou à la brutalité : *Non iracundum, non percussorem, non litigiosum;* il le veut *benignum, mansuetum.*

Les rois ne gouvernent plus les peuples par le sabre ni avec le despotisme ancien ; de même le prêtre ne peut plus administrer par des voies d'intimidation : on ne saurait aujourd'hui songer à régner que par l'empire bien plus puissant de la douceur. D'ailleurs, nous l'avons exprimé déjà, on ne réforme l'homme que par le cœur, et l'on n'arrive au cœur que par la persuasion, l'indulgence et l'amour. Avant de songer à convertir ses paroissiens, un curé commencera donc par s'en faire aimer.

Toutefois, nous ne dirons pas au prêtre de s'attacher

à conquérir l'affection à tout prix, ni d'adopter dans sa conduite un système de lâche condescendance, qui ne serait propre qu'à favoriser l'invasion des abus et la dépravation dans sa paroisse. C'est là une douceur fausse, cruelle et homicide. De même que, pour prévenir la gangrène, il faut quelquefois, dans le traitement des maladies, substituer aux remèdes émollients les remèdes stimulants et énergiques ; ainsi, dans certains cas, il devient nécessaire de remplacer les ménagements que conseille la prudence, par la vigueur d'un zèle apostolique, d'opposer une volonté de fer à des résistances coupables, un mur d'airain au débordement de tels ou tels vices qui nuiraient au bon ordre, à la discipline et à la moralité. Conséquemment, dissimuler tout dans le but de ne pas s'aliéner les esprits et les cœurs; avoir moins en vue la gloire de Dieu et le salut de ses paroissiens que sa tranquillité personnelle ; n'oser troubler les passions, de peur de troubler son propre repos, c'est là une tolérance coupable et une politique digne des anathèmes du Ciel. L'indulgence cesse d'être une vertu, dès qu'elle cesse d'être utile et salutaire; c'est un sentiment de douce pitié pour les pécheurs, et non une prime d'encouragement à leurs vices.

CHAPITRE XV.

HOSPITALITÉ.

La médiocrité des revenus d'un curé, suffisant à peine à ses besoins et à ses charges, ne lui permet pas d'exercer, grandement et généreusement comme autrefois, les nobles devoirs de l'hospitalité. Néanmoins l'état de malaise où il se trouve de nos jours, ne l'en dispense pas entièrement ; car, c'est une vertu patriarchale et éminemment évangélique, la fille aînée de cette charité chrétienne qu'un pasteur, plus que tout autre, doit avoir à cœur d'observer, du moins dans les limites de son aisance. Sans être jamais, du reste, laïc ni mondain dans ses mœurs, un prêtre séculier est appelé chaque jour à voir le monde, à le visiter, à le recevoir ; si donc il s'en séquestrait absolument, ne passerait-il pas avec raison pour un être insociable et sauvage ? il est curé et non anachorète. C'est pour lui dès lors une sorte d'obligation de faire bon accueil à tous ceux qui viennent s'asseoir au foyer de son presbytère et de leur offrir quelquefois une cordiale hospitalité, consistant bien moins dans le luxe de la table que dans celui de la politesse et de la bonté.

Tous les membres du clergé y ont les premiers un droit légitime et incontestable ; l'Eglise a toujours regardé comme une haute inconvenance qu'un prêtre prît logement ailleurs que chez un prêtre. La maison curiale n'est-elle pas, en effet, l'hôtellerie naturelle des ecclésiastiques en voyage? Siérait-il bien de mettre un confrère dans la pénible nécessité d'aller se confondre pêle-mêle dans certaines auberges, ignoble rendez-vous de buveurs effrontés, repaire impur de débauche et d'orgie, où souvent on affiche le mépris le plus insultant pour le sacerdoce? Aussi la demeure de l'évêque et celle du curé ont-elles été, de tout temps, l'asile hospitalier de tous ceux qui faisaient partie de la cléricature. Saint Chrysostôme crut même qu'il était de son devoir d'adresser au pape Innocent I, des plaintes amères contre Théophile, évêque d'Alexandrie, parce que celui-ci, dans un voyage à Constantinople, n'était pas descendu chez lui. Saint Grégoire pape refusa formellement d'élever au siége d'Ancône un archidiacre qui, par des vues intéressées, n'offrait jamais à ses amis des festins fraternels. Saint Isidore de Séville taxe même d'inhumanité les ecclésiastiques inhospitaliers. Saint Charles-Borromée regardait la vertu dont il est ici question, comme sa plus précieuse couronne devant Dieu et devant les hommes. Il en apprécia tellement l'importance que, vers le déclin de sa vie, il résolut de loger dans son palais tous les ecclésiastiques sans exception qui viendraient à Milan (1).

(1) C'est encore un devoir de haute convenance, en cas de visite de la part d'un confrère, qu'un curé lui défère l'honneur de présider à la célébration de tous les offices paroissiaux, comme, par exemple, de chanter la grand'messe, de faire le prône, de donner le salut, etc.
C'était déjà l'usage pratiqué dans la primitive Église, comme on le voit par le quatrième concile de Carthage, qui en a fait aux prêtres de l'Afrique une expresse recommandation : *si presbiteri, causâ visitandæ ecclesiæ, ad alterius ecclesiam venerint, in gradu suo suscipiantur, et tàm ad verbum faciendum quàm ad oblationem consecrandam*

Ne serait-ce pas aussi un acte de politesse bien placé qu'un curé fît quelquefois une réception honorable à des laïcs distingués, à des magistrats de son canton, à d'honnêtes voyageurs ou à des notables de sa paroisse ? Le presbytère, particulièrement dans les campagnes, est souvent la seule maison où l'on puisse accueillir d'une manière conforme à certaines positions sociales. Des réunions adroitement ménagées disposent à des rapprochements, établissent une bonne intelligence, entretiennent l'harmonie et créent entre un curé et les hommes influents de la contrée, des relations amicales qui réagissent heureusement sur l'opinion des paroissiens. Le respect dont jouit un pasteur, se mesure souvent sur le degré d'estime et de considération dont l'environnent les sommités du pays.

REPAS ECCLÉSIASTIQUES.

De tout temps, le peuple a déversé le blâme sur la conduite des prêtres en dénaturant leurs intentions les plus pures et les plus droites. Jésus-Christ lui-même ne fut pas exempt, sous ce rapport, de la calomnie des pharisiens qui lui reprochaient d'être l'ami des pécheurs, parce qu'il communiquait avec les publicains. Le but qu'il se proposait, était cependant bien digne de la sagesse de l'Homme-Dieu ; car c'était celui de leur conversion. Des repas innocents servi-

---

invitentur. On n'accuse pas les modestes curés de campagne de manquer à ce procédé ; mais on articule quelquefois des plaintes qui ne paraissent pas sans fondement contre certains membres du clergé des grandes villes, spécialement au sujet de leur froide et hautaine conduite envers les prêtres étrangers qui visitent leur église.

rent de prétexte aux accusations qu'intentèrent contre lui les zélateurs du judaïsme : « Il aime, s'écriaient-ils, la bonne chère et le vin ! » Si tels ont été les jugements des hommes envers le Saint des saints, à quoi ne doivent pas s'attendre aujourd'hui ses ministres, de la part de leurs nombreux et impitoyables censeurs ? On sait combien de réflexions malignes ils se permettent souvent au sujet des repas que se donnent mutuellement les ecclésiastiques ; à les entendre, on ne fait, nulle part, d'aussi copieux dîners, d'aussi abondantes libations que dans les presbytères ; les prêtres, disent-ils, sont des épicuriens qui ne se réunissent que pour se divertir, boire et manger ; ils nous prêchent la tempérance, et ils la violent les premiers. Tant il est vrai qu'on ne saurait trop se mettre en garde même contre la simple apparence des abus qui pourraient avoir lieu dans les réunions ecclésiastiques ! Ces abus proviennent généralement soit de la fréquence, soit de la trop grande abondance et de la délicatesse de ces repas, soit de la manière de s'y conduire, ou des conversations qu'on y tient, ou enfin du mélange des laïcs qu'on y admet.

D'abord, les repas reçus ou rendus, pour être trop souvent répétés, entraîneraient la perte d'un temps qui serait plus utilement employé à l'étude, à la visite des écoles et des malades, et à tant d'autres occupations qu'un prêtre dévoué à son état sait toujours varier et multiplier. Ils scandalisent le villageois qui, pour gagner un pain noir à peine suffisant à l'existence de sa famille, reste attaché à la glèbe pendant toute sa vie. A la vue de ces ecclésiastiques toujours en campagne pour aller à la quête de quelque dîner, et arrivant en foule au presbytère de leur village, les paroissiens ne comparent pas, sans un triste et douloureux sentiment de jalousie et de dépit, leurs pénibles et incessants labeurs, leur perpétuel malaise, avec cette douce oisiveté, cette vie d'aisance et de plaisir qui semble insulter à leur misère.

Le prêtre, sans doute, devra habituellement offrir à ses confrères et aux étrangers qui l'honorent de leur visite une table convenablement servie. Une réception mesquine et parcimonieuse révèlerait chez lui un esprit d'avarice, indigne de la noblesse de son caractère et de la hauteur de sa position. Ce n'est pas, au surplus, le défaut ordinaire des prêtres; ils tombent plus souvent dans l'excès opposé. Cependant une table sur laquelle s'étaleraient une somptueuse profusion de mets, de vins de prix, un dessert trop recherché, est contraire à cette vie de crucifiement que doit mener le simple chrétien, et à plus forte raison l'homme appelé, par état, à lui servir de modèle. Les fruits du verger presbytéral et les conserves du ménage, voilà, disait un respectable ecclésiastique, le seul dessert qui doive figurer sur la table d'un curé de campagne. Il faut que la tempérance sacerdotale dépasse celle des gens du monde; la simplicité, la frugalité en sont le caractère naturel et indispensable. Un prêtre oserait-il bien, du haut de la chaire de vérité, prêcher une vertu qu'il foulerait aux pieds: *num potest in suis sermonibus abstinentiam laudare quam calcat?* N'est-il pas un vrai scandale, ce luxe gastronomique dans le ministre du Dieu du Calvaire? *Vita sacerdotis, vita crucifera.*

Que les mondains accordent à l'opulence et à la dignité de leur position sociale une somptuosité qu'ils croient propre à en rehausser l'éclat, c'est un usage reçu et sanctionné par l'opinion et les bienséances; mais, communément, le prêtre ne saurait sortir des bornes d'une honnête médiocrité, sans se mettre dans l'impossibilité de satisfaire aux justes exigences de la charité chrétienne, et sans ravir aux pauvres ce qu'il consume en dépenses superflues et ruineuses (1). Parmi ses paroissiens il y a tant de nécessiteux qui ont à peine *panem arctum et aquam brevem*, tant d'orphelins délaissés, de veuves misérables, de vieillards caducs et indigents, tant d'infirmes et de malades sans ressources ! N'est-ce point à tous ces infortunés qu'appartient l'excédant des revenus d'un curé ? Combien d'êtres livrés aux angoisses de la faim, et dont le salut ne dépend peut-être que d'une aumône ! Avec quelle facilité le prêtre eût conquis pour le ciel ces âmes, dont les cris de détresse ont frappé en vain ses oreilles ! Est-il donc moins leur père que leur pasteur ? L'âme de ces pauvres Lazares ne vaut-elle pas celle du seigneur de sa paroisse, celle d'un académicien ou d'un maréchal de France ? Que de murmures provoquera le contraste de sa prodigalité pour la table, et de sa dureté envers les pauvres; de son amour pour la bonne chère et de ses procédés lésineux, quand

---

(1) On demandait un jour à un villageois comment son curé avait pu être réduit à un état de misère qui l'avait rendu insolvable : « Ah! s'écria-t-il, dans son expressif langage, c'est le robinet et le tournebroche qui l'ont ruiné ! »

Au XIVe siècle, sous Philippe le Bel, un des plus grands dépensiers de cette époque, on ne servait encore que trois plats sur la table de nos rois. On ne recourait pas à ce raffinement de mets et de liqueurs qui est aujourd'hui en usage même chez les simples bourgeois. Nos monarques ne buvaient que du vin de leur cru, et leurs vignes n'étaient ni en Bourgogne ni en Champagne.

Ils ne faisaient jamais venir de loin et à grands frais de ces vins exquis qu'on trouve jusque sur la table de plusieurs curés, qui n'ont souvent pour tout revenu que des appointements de 800 fr. On n'usait jamais, même dans les cours, de ces liqueurs fines faites avec tant d'art et achetées à si haut prix. On ignorait alors cette foule de besoins factices qu'éprouvent aujourd'hui des individus qui ont à peine le nécessaire, et qui dévorent en dépenses superflues une bonne partie de leurs ressources.

il s'agit de pourvoir aux plus urgents besoins ! Son office et son cellier abondent, peut-être, de provisions ou de vins des meilleurs crus, et sa sacristie n'a pas un ornement décent; sa table est splendide, ses autels mal parés; sa maison renferme mille superfluités, un mobilier brillant, du linge magnifique, une argenterie complète, et son église est dans une nudité honteuse, les vases sacrés sont du métal le plus commun, et le linge destiné au sacrifice, du tissu le plus grossier. Déjà, saint Charles, au quatrième concile de Milan, se plaignait vivement de ce genre d'abus introduits parmi plusieurs membres de son clergé; c'est ce qui le détermina à interdire sévèrement aux prêtres tout festin et tout ameublement somptueux ; le patrimoine des pauvres et des autels, dit-il, s'y consume au profit de la vanité et des passions. Ministres du Seigneur, ajoute-t-il, *parcâ et frugali mensâ contenti sitis et supellectili modestâ ac tenui.*

Tertullien, parlant des repas usités de son temps parmi les chrétiens, trace en peu de mots des règles d'une juste application pour la conduite à tenir en ce point par les ecclésiastiques de notre époque : « Notre table, dit-il, n'a rien qui sente la lésinerie ou la sensualité et l'immodestie ; on y boit, on y mange avec mesure et sobriété ; on n'y parle que de choses édifiantes et utiles ; on finit, comme on avait commencé, par la prière, et, à nous voir, il ne paraît jamais que nous ayons pris un repas, mais bien plutôt une leçon de sainteté. »

Ce qu'il importe surtout d'observer dans les réunions, c'est de ne s'écarter jamais, en paroles, des convenances qu'impose la dignité sacerdotale. Les conversations oiseuses et indiscrètes n'y sont pas moins funestes que les conversations imprudentes ou coupables. Essayons de caractériser les unes et les autres.

Conversations oiseuses et indiscrètes. On vante la finesse de son goût et de son palais, la bonne chère et les objets de sa préférence ; on compare le mérite respectif des cuisinières ; on parle beaucoup de sa cave et peu de sa bibliothèque ; on se pavane de ses connaissances gastronomiques, et l'on réussit à passer pour un excellent gourmet, plus entendu dans les sauces et les ragoûts, dans la symétrie d'une table et le menu d'un dîner, que dans les règles d'une saine théologie, du droit canon et des rubriques. Que de prêtres se connaissent mieux en bons vins qu'en bons livres, et se montrent plus versés dans la lecture du *Cuisinier royal* que dans la science de l'Ecriture et des Pères !

Conversations imprudentes ou coupables. On s'entretient, avec une grande légèreté, d'objets fort délicats de direction, de casuistique ou de ministère ; on tranche lestement sur les diverses mesures qui émanent de l'autorité épiscopale; on en censure les dépositaires avec une incroyable témérité, oubliant que, placé au point de vue borné de sa paroisse, on ne saurait embrasser l'ensemble des opérations administratives; on prononce d'une manière doctorale, *inter nuces et pocula*, sur une foule de questions fort graves et fort délicates au sujet desquelles un concile même hésiterait à porter son jugement ; on s'évapore en vanteries puériles sur ses succès vrais ou prétendus ; on déprime le zèle, le mérite et les services de ses confrères ; on dénature leurs intentions ; on critique leurs actes ; on révèle, on exagère leurs défauts ; on recourt, pour faire parade d'esprit, à des plaisanteries malignes et blessantes, au risque de sacrifier à un bon mot un ami de cœur, un estimable voisin ; on se livre à de chaleureuses discussions qui dégénèrent parfois en disputes offensantes et tellement tumultueuses qu'elles éclatent au dehors, et qu'un étranger serait tenté de prendre la maison où se passent ces bruyantes scènes pour un estaminet plutôt que pour un presbytère. Qui ne voit, qui ne sent la nécessité de fuir ce double écueil, caché sous l'intempérance du langage?

En outre, toujours homme de bonne compagnie et fidèle observateur de toutes les exigences de l'étiquette, de tous les usages reçus, le prêtre, soit chez lui, soit ailleurs, évitera scrupuleusement d'assaisonner les repas de rires immodérés, ou de bouffonneries déplacées même dans une bouche laïque. S'efforçant, par la décence de sa tenue, la civilité de ses manières et de tous ses procédés, de se rendre agréable à ses convives, de se concilier leur estime et d'introduire dans les cercles ecclésiastiques ce bon ton qui règne universellement dans les sociétés d'élite, il contribuera ainsi à produire une réaction avantageuse sur l'opinion des gens du monde : il importe, en effet, qu'ils ne s'attribuent pas exclusivement le mérite de la politesse et de l'urbanité, qu'ils n'aient pas même le plus léger prétexte d'accuser le prêtre d'en fouler aux pieds les devoirs, et qu'enfin ils rendent à son éducation l'hommage qu'ils ne peuvent refuser à sa vertu et à sa moralité (1).

Les ecclésiastiques doivent généralement s'abstenir de convier des séculiers aux repas qu'ils donnent à leurs confrères. D'abord, on est vu sous un jour plus favorable quand on est vu à une certaine distance; le prestige de la considération et du respect s'évanouit bientôt, lorsqu'on est envisagé de tout près et tel qu'on est réellement. Cette maxime, qu'il conviendrait d'adopter même envers les laïcs bien éle-

---

(1) Il semble inutile de rappeler ici combien sont inconvenantes les chansons dans les repas ecclésiastiques. *Non liceat*, dit le 4e concile de Carthage auquel assistait saint Augustin, *presbyteris inter epulas canere. Clericum inter epulas cantantem excommunicationis severitate coërcendum decernimus.*

vés, est recommandée par la prudence à l'égard des gens d'une éducation vulgaire, dont les dispositions tendent naturellement à rabaisser les prêtres au niveau de leur condition ; mais elle est un devoir rigoureux à l'égard de ces convives de bonne et joyeuse vie, qui compromettraient l'honneur sacerdotal par une conduite trop libre ou par des libations abondantes, dont ils se glorifient au sortir du presbytère; car, ils ne manquent jamais de faire part au public de toutes les espèces de vins qu'ils y ont dégustés, de la grande variété des mets qu'on y a servis, de la folle joie qui y a éclaté, et de la familiarité dont ils sont en possession d'user envers le curé de leur paroisse. Aussi, se méprend-on ordinairement sur les résultats avantageux qu'on se promettait des repas offerts à certains campagnards, riches peut-être, mais indiscrets et grossiers. Au lieu de procurer, comme on se l'était persuadé à tort, un retour de considération et de bienveillance, ces actes de politesse n'ont servi, le plus souvent, qu'à faire perdre l'une et l'autre dans l'esprit de la classe honnête et sensée.

La seule société qui, en général, convienne à un curé, est celle de ses confrères : c'est pour lui le délassement à la fois le plus innocent et le plus doux; là, point de gêne, point de contrainte, mais liberté, abandon; là, quand il règne entre voisins sympathie et confiance mutuelle, on est véritablement en famille ; on peut du moins se livrer aux épanchements d'une sainte intimité et donner un libre cours à sa joie; la gaieté y est pure, franche, vive, parce qu'on ne s'y voit pas espionné par la malveillance, et qu'on n'est point tenu à cette réserve sévère dont on ne saurait décemment s'écarter dans les réunions auxquelles prennent part des convives laïcs.

REPAS AUX ÉVÊQUES.

C'est surtout à l'occasion des visites pastorales d'un évêque, que des curés sont assez mal avisés pour faire des dépenses énormes. S'imaginant à tort honorer plus dignement le premier pasteur du diocèse, en lui offrant une hospitalité luxueuse et splendide, ils s'ingénient parfois à rechercher tout ce que la science culinaire, tout ce que l'art des pâtissiers et des confiseurs peuvent produire de plus fin et de plus délicat. Violateurs des saints canons qui, en prescrivant d'environner la réception de l'évêque de la plus grande solennité religieuse, statuent en même temps sur la frugalité du festin qui la suit, ces curés surchargent leur table de mets multipliés et dispendieux, de pyramides de dessert, de vins généreux et exquis (1). N'y aurait-il pas lieu de leur appliquer ce que

---

(1) Ces ecclésiastiques font du principal l'accessoire et de l'accessoire le principal ; c'est-à-dire que la cérémonie religieuse est quelquefois mesquine et le repas splendide. Sans doute, tout curé s'empresse d'étaler, en ce jour mémorable, ce que son église a de mieux ; mais si on fait le récolement du mobilier qu'elle renferme, on n'y trouvera souvent que des ornements peu convenables, du linge grossier, taché ou usé, des vases sacrés en cuivre ou imprégnés de vert de gris, des garnitures d'autel malpropres, des livres liturgiques en pièces et en morceaux, des statues d'anges et de saints mutilées, des tableaux ridiculement peints, des vitraux fracturés, un pavé inégal et défoncé, des armoires vermoulues, des chapes et des bannières rapiécées et incolores de vétusté, des chantres et des enfants de chœur grotesquement affublés, une sacristie où tout est en désordre. Voilà le triste spectacle qui afflige l'âme d'un évêque, non moins que ces repas où le faste qu'un curé déploie contraste d'une manière si choquante avec l'exiguïté de ses ressources. S'il consacrait à l'ornementation de son église les frais exorbitants qu'absorbe sa table en cette circonstance,

dit Bossuet des repas donnés par Assuérus aux satrapes de son empire, repas si onéreux, qu'il fallait un jeûne de six mois à tous ses sujets pour en couvrir les frais. Il n'est pas rare, en effet, de voir de pauvres desservants sacrifier le montant d'un trimestre pour acquitter les dépenses insensées que, contre le gré et les formelles recommandations de l'évêque, ils consacrent à sa réception. Par là, ils se mettent dans la pénible nécessité de s'imposer des privations pour combler ce déficit, et rétablir ainsi leur position financière. Heureuse encore l'Eglise, si ce malaise ne leur nuisait qu'à eux-mêmes; mais il réagit d'une manière fâcheuse sur les paroissiens indigents, qui, à leur tour, restent privés pendant plusieurs mois des secours périodiques qu'ils recevaient du presbytère. Il n'est pas rare que certains curés, après avoir enfreint les volontés expresses du prélat, soient les premiers à se plaindre, en termes plus que désobligeants, de l'état de gêne où les a réduits une visite pastorale, dont ils ont faussé le but principal, et peut-être neutralisé les fruits salutaires. Ne sont-ce pas là les raisons pour lesquelles nos premiers pasteurs éprouvent une certaine répugnance à faire plus fréquemment la visite générale de leurs diocèses, conformément aux prescriptions du droit canonique et du concile de Trente en particulier ? Ils aiment mieux priver les paroisses des consolations et des grâces attachées à leur mission, que de rendre leur présence onéreuse à leurs prêtres, et de leur fournir un prétexte pour étaler aux yeux du peuple le scandale d'une réception qui ne devrait briller que par une évangélique et modeste simplicité.

il offrirait à son évêque la seule fête qui lui plaise; ce serait même là le moyen d'attirer son attention et de se concilier plus sûrement son estime et ses bonnes grâces.

REPAS LAÏCS.

A propos des repas auxquels on peut être convié, saint Jérome adresse aux membres du clergé cette sage recommandation : *Nunquàm petentes, rarò accipiamus rogati; nàm facilè contemnitur clericus qui, sœpe vocatus ad prandium, ire non recusat.* Certains séculiers diront quelquefois à un prêtre, moins dans une intention sincère que par forme de politesse, que son couvert est toujours mis à leur table ; et ce prêtre, appréciant mal la valeur du langage des gens du monde, aura peut-être assez de bonhomie pour prendre au sérieux cette invitation banale ; il ne soupçonne pas qu'on serait bien fâché de se trouver pris au mot et que, en principe général, il vaut mille fois mieux se faire désirer que se rendre importun et à charge.

Il y a sur ce point deux extrêmes à éviter : refuser toutes les invitations, ou les accepter toutes.

Dans le premier cas, un curé ferait preuve d'incivilité et même de maladresse; dans le second, il manquerait à cette sage discrétion qui est une des premières exigences de son état. Il lui est difficile, selon saint Ambroise, d'entretenir avec des laïcs même chrétiens de fréquents rapports de table, sans affaiblir la considération et le respect que doivent au sacerdoce ceux mêmes qui n'en connaissent pas toute la sainteté. *L'ecclésiastique*, dit saint Jérôme et après lui saint Léon, *ne sort jamais des repas sans y laisser une pièce de sa réputation ou de son innocence pour le payement de son écot* (1). A plus

---

(1) Massillon lui-même, malgré le tact exquis et le discernement parfait qui caractérisait éminemment toutes ses démarches, n'a pas su échap-

forte raison, s'abstiendra-t-il de se rendre aux invitations qui lui seraient faites par des familles de réputation équivoque, d'une vertu problématique ou d'une impiété notoire (1), sauf le cas toutefois où un diner présenterait un caractère officiel. Il y a imprudence à se mettre en hostilité flagrante avec les hommes revêtus du pouvoir public; d'ailleurs l'autorité est respectable quels qu'en soient les dépositaires. Dans les réunions même les mieux composées, il se trouve souvent de ces hommes qui, toujours prêts à saisir les côtés faibles d'un ecclésiastique, à épier, sans en avoir l'air, son langage, ses manières, toute sa tenue, à compter les mets qu'on lui sert, le nombre de fois qu'il vide sa coupe, l'excitent à boire et seraient ravis de le voir tomber dans un excès coupable, pour jouir du plaisir satanique de le vilipender. Ne peuvent-ils réussir à le mettre en défaut sur ce point? Ils vanteront son amour pour la bonne chère, sa science gastronomique dans le choix des plus friands morceaux et la finesse de son palais dégustateur pour l'appréciation des meilleurs vins.

Ces observations sont applicables aux banquets, aux repas de noce, à ces nombreuses et bruyantes réunions de table et de plaisir où règne un excès de dissipation, où la familiarité

per à tous les traits de la malice, dans les repas qu'il croyait devoir accepter. Un homme du monde, d'un esprit étroit et facile à se scandaliser, il est vrai, l'ayant un jour invité à sa table, lui dit à la fin du dîner : « Mon père, je n'ai entendu aucun de vos sermons sans en sortir épouvanté ; mais je vous avoue ingénument que si votre morale m'effraie, votre conduite me rassure. » Tant il est vrai que le prêtre fera généralement preuve de sagesse en assistant rarement aux repas laïcs.

(1) *Noli esse in conviviis peccatorum, nec in comessationibus eorum.*

effacerait bientôt, avec le respect dû au caractère sacerdotal, l'influence morale du ministère lui-même. La présence d'un prêtre y serait aussi déplacée pour lui-même qu'importune et gênante pour les convives, lesquels, dans l'épanouissement d'une folle gaieté, s'échappent si volontiers en propos bouffons ou impies, en chansons lascives ou bachiques, en caustiques anecdotes contre des membres du clergé, en mille procédés enfin dont la brutale grossièreté froisse la délicatesse ou afflige la pudeur. Quelle pourrait être la contenance du prêtre dans une aussi critique position ? S'il blâme, on le condamne; s'il approuve, ne fût-ce que par un simple sourire, on le méprise; si par prudence il ne dit mot, il encourage l'impudence du cynisme. Ne pouvant donc ni contredire sans déplaire, ni se taire sans lâcheté, il fera beaucoup mieux de s'abstenir de ces sortes de repas.

CHAPITRE XV.

HARMONIE ENTRE LES PRÊTRES.

Lorsque J.-C. mourant donna à ses apôtres sa dernière bénédiction comme gage de sa tendresse paternelle, voici le vœu qu'il leur exprima : qu'ils s'aiment entre eux d'un amour vrai et sincère, dit-il, qu'ils soient unis et consommés dans l'unité ; c'est à cette marque seule que je les reconnaîtrai pour mes disciples. *Præceptum Domini est,* remarque saint Jérôme, *et si solùm fiat sufficit.* Ce vœu du Sauveur fut heureusement réalisé dans les temps apostoliques où, selon saint Luc, *multitudinis credentium erat cor unum et anima una.* Puisse cette belle harmonie régner aussi entre tous les prêtres ! L'intérêt du corps ecclésiastique et l'intérêt du ministère leur en imposent à tous le devoir.

1° *L'intérêt du corps ecclésiastique.* On ne peut se dissimuler que le clergé ne compte, de nos jours, presque autant d'antagonistes, qu'il y a d'apostats de nos croyances et de corrupteurs des bonnes mœurs. Prédicateur d'une religion qui contrarie les passions, impose des devoirs difficiles et des pratiques incommodes ; censeur d'office de tous les abus et de tous les désordres, il importune et soulève contre lui, même sans le vouloir, cette tourbe d'hommes vicieux et pervers qui vivent sans frein, sans règle et sans morale. Plaçant ainsi le prêtre dans un état permanent de guerre contre les vices de la société, l'exercice du ministère pastoral lui suscite une foule d'ennemis acharnés. Pourquoi donc le clergé aurait-il la maladresse d'en accroître la force et le nombre par un fatal esprit d'hostilité entre ses membres ? Nos collaborateurs dans le sacerdoce ne sont-ils pas des alliés, des amis et des frères unis à nous par des intérêts communs? Ne devons-nous pas tous travailler de concert et concourir au même but par une parfaite unité de vues, par des rapports de mutuelle bienveillance et de bon voisinage ? Les membres d'un corps qui se voient d'un œil défiant, haineux et jaloux, font acte de déraison et commettent un véritable suicide. Ce n'est que dans son homogénéité, c'est-à-dire dans son union compacte, que ce corps puise des éléments de force, de puissance et de durée. Quelle influence pourrait-il exercer, s'il est rongé par l'anarchie et des rivalités intestines ? On ne saurait calculer quel est l'ascendant, quel est le pouvoir d'une corporation gouvernée par les mêmes règles, animée des mêmes sentiments, tendant au même but et unanime dans les moyens d'exécution ! Seule âme animant mille corps, elle formerait une confédération d'une force immense. C'est cette union compacte, ce concert parfait, cet esprit d'ensemble qui ont communiqué une si énergique vitalité à certaines congrégations religieuses. Leurs prodigieux succès étaient bien plus imputables à leur bonne discipline, je veux dire à cette unité d'esprit et de volonté, qu'à leur puissance et à leur nombre, car elles ne se composaient souvent que d'une poignée d'hommes. De même que toutes les associations ont réussi par là, c'est par le vice contraire qu'elles ont péri. Cette grande et belle unité ferait aussi du clergé français une phalange invincible. Si, en effet, les quarante mille prêtres disséminés sur la surface du royaume, célibataires, et conséquemment affranchis de toute attache de famille et de préoccupations terrestres, combinaient tous leurs projets et apportaient de concert le tribut de leurs facultés au service de la foi et de l'Eglise, le triomphe du catholicisme serait dès lors assuré dans notre patrie. Une milice nombreuse et unanime d'esprit et de cœur, marchant comme un seul homme au moindre signe du général, avec identité de vues, ensemble d'efforts et concours parfait dans les moyens d'exécution, jouira toujours d'une haute prépondérance. Or, tel est précisément le clergé : cette vaste et harmonieuse association embrasse toute la France et compte un de ses représentants dans les trente huit mille communes du royaume ; à elle la chaire et les confessionnaux de toutes les églises ; elle pénètre au sein de toutes les familles, prend l'homme au berceau pour le façonner à ses doctrines, et le conduit jusqu'à la tombe ; elle domine enfin les consciences de plus de vingt millions de catholiques restés fidèles à l'Eglise. Y a-t-il dans l'Etat un corps exerçant une autorité aussi imposante, aussi universelle ? Rien d'étonnant donc que, malgré les préventions répandues contre le clergé et le déclin apparent de son influence, il soit encore, même aujourd'hui, un levier assez puissant pour remuer la nation tout entière. On ne soupçonne pas tout ce que lui donne de puissance cette quadruple unité de foi, de discipline, de hiérarchie et de sentiments, et combien il reste de jeunesse et de vitalité à ce vieux catholicisme qu'on disait décrépit et vermoulu, agonisant, trépassé même. Ne sait-on pas qu'on en avait déjà célébré par avance les funérailles ? Que le clergé ne cesse donc de rester parfaitement uni, et il sera toujours fort : *vis unita fit fortior*. Si, au contraire, il se laisse inconsidérément déchirer par les divisions, il sera comme une armée qui se débande. L'Eglise lui impose un sacrifice plus agréable à Dieu que celui de nos autels, c'est le sacrifice de ses dissensions. Les maux incalculables qu'elle a éprouvés depuis plus d'un demi-siècle ne font-ils pas à tous ses prêtres un devoir d'étouffer leurs ressentiments particuliers, et de resserrer leurs rangs sous l'étendard commun de la religion ? N'est-ce point là, d'ailleurs, un sentiment de générosité qu'inspirent à tout citoyen dévoué les malheurs de la patrie et la menace de sa ruine prochaine ? Est-ce bien dans ces crises terribles où le catholicisme donne le signal de la détresse, que des prêtres seraient assez peu sensés pour aggraver ses malheurs et les envenimer par leurs scissions et leurs discordes ? Au lieu de tourner leurs armes les uns contre les autres, n'est-ce pas plutôt le moment de réunir tous leurs efforts pour défendre leur mère commune contre l'oppression de ses ennemis ? Ah ! fut-il jamais un temps où nous ayons eu plus besoin d'étouffer entre nous tout germe de zizanie, et de nous coaliser dans les sentiments d'une sainte fraternité ?

2° *L'intérêt du ministère.* Un des principaux buts de la mission pastorale est d'unir tous les hommes par des rapports de charité mutuelle. Or, de quel front le clergé oserait-il, du haut de la tribune sacrée, recommander la paix et la concorde, s'il étalait à la face du public l'affligeant spectacle de ses divisions intestines ? Comment pourrait-il tonner contre la haine et commander le pardon ? Il aurait bonne grâce, le prêtre, de travailler au rapprochement des familles, à la réconciliation des ennemis, en se montrant lui-même le détracteur et l'ennemi de ses confrères. Un pasteur en rupture ouverte avec ses collègues du voisinage ne doit plus monter en chaire pour parler de charité à ses paroissiens, ou il n'est plus à leurs yeux qu'un charlatan. On ne peut calculer les déplorables effets des jalousies et des haines sacerdotales sur l'esprit des fidèles; c'est là un grand scandale pour leur foi, et une des causes fatales qui ont, de tout temps, paralysé le ministère des curés même les plus zélés. Il a suffi de quelques désaccords, de rivalités particulières qui ont éclaté çà et là entre certains d'entre eux, pour accréditer des accusations injurieuses contre l'ordre ecclésiastique. C'est même de là que l'expression *haine de prêtre* est devenue proverbiale dans le langage populaire. On a traité le clergé tout entier de race jalouse, vindicative et implacable; on lui a reproché de n'avoir jamais pardonné aucune injure, tout en prêchant aux autres l'oubli des outrages. Ce sont des faits rares et isolés qui ont donné une apparence de vérité à cette odieuse imputation. Toutefois, les impressions qui en résultent sont tellement fâcheuses pour l'honneur du sacerdoce, qu'un évêque compromettrait sa conscience s'il n'y mettait promptement un terme, soit en ménageant une réconciliation entre les ecclésiastiques divisés, soit en les séparant par l'énergique mesure d'un changement.

Un auteur ecclésiastique a remarqué que l'ennemi d'un prêtre est presque toujours un prêtre. Qu'il n'en soit pas ainsi de nous. Hélas! nous avons déjà assez d'antagonistes et de censeurs parmi les gens du monde, sans nous en faire encore parmi nos frères de la tribu sacrée! Unissons-nous tous par les liens d'une mutuelle et affectueuse confraternité; entr'aidons-nous, concertons nos vues et coordonnons nos efforts pour le bien de l'Eglise. Ménageons-nous les uns les autres, excusons-nous, et au besoin sachons pardonner. Terminons en famille et à huis clos les différends qui pourraient éclater entre nous; nous n'aurions qu'à perdre dans l'estime du monde, en le faisant assister au triste spectacle de dissensions qui doivent lui rester étrangères (1). L'esprit de paix, de concorde et de fraternité, dont nous offrirons le modèle, obligera nos contradicteurs eux-mêmes à dire de nous ce que disaient les païens des premiers chrétiens : *Voyez comme ils s'aiment entre eux !* Cette admirable unité de cœur et d'âme qui distinguait les fidèles de la primitive Église a opéré, sans contredit, plus de conversions parmi les idolâtres que tous les miracles et les prédications des missionnaires de l'Evangile. Pourquoi donc ce magnifique spectacle d'union et de charité, renouvelé de nos jours, ne produirait-il pas les mêmes effets qu'autrefois ?

(1) Lorsqu'il éclate des dissentiments entre prêtres, il est de la plus haute importance d'empêcher qu'ils ne deviennent publics. C'est à leurs confrères les plus sages de la contrée à s'interposer entre eux et à étouffer tout germe de division. S'ils n'y réussissent pas, ils en référeront à l'évêque. Le clergé doit vouer une sainte haine à l'esprit de discorde dont Satan est l'âme, l'instigateur et le père. Ministres du Dieu de paix, c'est à nous à établir cette paix partout où elle ne règne pas : *inquire pacem et persequere eam.* Où donc cherchera-t-on la charité fraternelle sur la terre si on ne la trouve point parmi nous ? Un auteur a dit : c'est haïr avec excès que de haïr un frère. Il n'y a que l'enfer et l'impiété qui aient lieu de se réjouir des défiances, des aigreurs et des rancunes qui existent dans le clergé. Ah ! que la religion souffre, et que les pieux chrétiens gémissent des dissensions qu'ils voient éclater entre des curés voisins ! Et ce qu'il y a de plus affligeant pour l'Eglise, c'est que le scandale de la discorde est quelquefois donné par plusieurs d'entre eux qui sont, d'ailleurs, honnêtes et réguliers. — Au contraire, qu'il est beau le spectacle d'une société d'ecclésiastiques assis à la même table, s'entretenant avec une cordiale franchise, une gaîté libre et confiante dans le but de se délasser innocemment, se prévenant d'honneurs et de respects, s'entr'aidant par un échange de services rendus et reçus ! Toucher à un membre d'une société si unie, c'est blesser tout le corps ; l'injure qui lui est faite retombe sur tous. Cette belle union console l'Eglise, réjouit le cœur des fidèles et intimide le méchant.

UNITÉ DANS LA PRATIQUE DU MINISTÈRE.

L'unité de l'Eglise est à la fois le caractère de sa beauté et de sa force. Voilà ce qui lui attire l'admiration et le respect des peuples, et lui donne surtout cette autorité imposante devant laquelle viennent se briser toutes les contradictions et les erreurs. Embrassant toutes les pensées et les volontés individuelles, elle en fait comme un seul faisceau auquel elle communique une force immense. Semblable à une ancre, elle fixe la mobilité des hommes et la versatilité de leurs opinions. Cette grande et belle unité qui est l'attribut distinctif du catholicisme assurera au clergé, tant qu'il la conservera, un haut ascendant moral sur les peuples pour lesquels il n'y a plus d'autre grande autorité que celle-là.

Ce n'est pas sur les dogmes du symbole ni sur les vérités définies comme de foi par l'Eglise, qu'il y a à craindre aujourd'hui de voir rompre l'unité entre les membres du sacerdoce catholique. Les dissentiments qui éclatent parmi eux surgissent plutôt de la divergence dans l'application des principes. L'antagonisme des opinions produit d'ordinaire l'antagonisme entre les hommes; et du désaccord des esprits à la division des cœurs, la distance n'est pas longue. Il importe donc au maintien de la bonne harmonie, que les curés s'entendent pour avoir, dans les principes de la morale et du ministère pastoral, une aussi parfaite unité, en quelque façon, que dans les vérités dogmatiques. Lorsque les prêtres d'une contrée tiennent tous le même langage en chaire, donnent les mêmes décisions dans le tribunal sacré, ont une marche régulière et uniforme dans les mesures d'administration paroissiale, ce merveilleux accord contribue singulièrement à conserver l'union. On ne réussira point à établir la concorde sur des bases solides et durables, si l'on ne fait disparaître auparavant cette discordance de pratique que l'on a lieu de remarquer trop souvent dans la conduite des curés. C'est là, d'ailleurs, le vœu ardent de l'Eglise; elle n'aime point que chaque prêtre adopte pour lui-même une méthode isolée et un système propre. Le gouvernement d'une paroisse ne doit pas se fonder sur le sens privé des individus, lors même qu'il serait conforme à la conscience de chacun. En substituant l'esprit particulier aux règles communes si sagement posées par l'Eglise, on s'expose à n'avoir, au lieu des vrais principes, que l'arbitraire et le caprice. Les curés doivent donc administrer avec ensemble, et conséquemment se concerter sur tous les points de morale, de direction et de discipline. Par là, ils imprimeront un même élan, une même tendance à toutes les paroisses d'un pays. Le bien ne peut jamais résulter que de cet accord parfait, résumé dans ces mots *eadem velle, eadem nolle*. On ne saurait énumérer les fâcheux effets qui résultent de ce conflit de principes et de règles administratives variant selon les paroisses et les pasteurs. Quand, en effet, les peuples voient condamner par un prêtre ce que l'autre prescrit, ou désapprouver ce qu'il permet, ils sont tentés de croire qu'il n'y a rien de fixe ni de certain dans le domaine de la foi et de la morale, et que la religion n'est qu'une affaire de pure opinion abandonnée à la libre interprétation de chacun. Que de fois les paroissiens, en observant cette discordance de pratique, se sont scandalisés et ont dit qu'il y avait autant d'évangiles que de prêtres. Que de fois ne se sont-ils pas écriés avec un étonnement mêlé de douleur : pourquoi donc les prêtres eux-mêmes s'entendent-ils si peu entre eux dans leur manière de voir et d'agir? Comment se peut-il que le même cas, accompagné des mêmes circonstances, soit décidé contradictoirement et en sens inverse par divers confesseurs ? Voilà ce qui ébranle leur foi et les jette dans une sorte de scepticisme. Tel a été souvent le funeste résultat de la méthode disparate des curés dans la direction des paroisses. C'est assez dire que l'uniformité de conduite est presque aussi désirable que l'unité même de principes. Toutefois, on ne peut se dissimuler qu'elle ne soit bien difficile à obtenir. Il y a, en effet, en matière de morale et de discipline, des questions graves et nombreuses sur la solution desquelles il n'a été rien statué ni par l'Eglise ni par les théologiens. Saint Bonaventure n'est pas toujours de l'avis de saint Thomas; Liguori diffère quelquefois de Bailly; il y a des points controversés et indécis à l'égard desquels les savants d'élite peuvent avoir des sentiments tout à fait divergents. Il convient de laisser à chacun la liberté de ses opinions, et de ne pas prétendre être plus sage ni plus exigeant que l'Eglise : *in necessariis unitas*, *in dubiis libertas*. Dans ces cas douteux, il n'y a point de règle fixe; la prudence seulement conseille d'adopter le sentiment des docteurs les plus habiles et la conduite des bons confesseurs. C'est ici que les curés devront se concerter pour établir entre eux l'uniformité. D'un autre côté, la différence d'éducation, la diversité des esprits, la nuance et l'originalité multiple des caractères, produiront nécessairement et toujours des variantes dans l'application, chez les hommes mêmes qui ont des principes communs. C'est ce qui explique cette disparité choquante qu'on a vu exister, de tout temps, dans le gouvernement des paroisses et la direction des consciences. Cependant, s'il se présentait dans la pratique du ministère quelques graves questions qui fussent de nature à soulever des divisions dans le corps ecclésiastique, on devrait, pour prévenir un schisme, en référer à l'évêque, et même au chef suprême de l'Eglise. La décision de nos pontifes, celle du Vicaire de J.-C. surtout, voilà notre boussole et notre bannière.

Mais il est une autre cause qui contribue plus que toute autre à rompre l'unité parmi les membres du clergé. Dans chaque contrée se rencontrent quelques-uns de ces prêtres tantôt dépourvus d'instruction ou entraînés au relâchement par la longue habitude d'un ministère tiède et mou, tantôt avides de popularité et sacrifiant les principes pour gagner la confiance publique. C'est à eux que s'adressent ordinairement cette foule de gens du monde dont la foi est faible, la conduite équivoque et souvent même scandaleuse. Ne voulant pas renoncer aux observances chrétiennes, ils recourent à ces prêtres tolérants et faciles, qui n'ont jamais eu le courage de refuser une absolution et adjugent toujours les sacrements au premier venu. Ce sont ces ecclésiastiques prévaricateurs qui autorisent, multiplient et perpétuent les abus et les vices contre lesquels s'élève la fermeté d'un de leurs confrères plus consciencieux, dont le ministère se trouve ainsi paralysé. Ses décisions et ses jugements seront cassés au tribunal de leur ignorance et de leur lâcheté. Si des observations fraternelles tendant à faire cesser cet abus restaient infructueuses, on s'adresserait à l'évêque, qui rappellerait ces prêtres infidèles au respect des principes et circonscrirait, au besoin, leur juridiction dans les limites de leur paroisse.

CONDUITE A TENIR DANS LES CONTESTATIONS ET LES DISCUSSIONS QUI S'ÉLÈVENT ENTRE PRÊTRES.

Il est moralement impossible qu'il ne surgisse quelquefois des dissentiments entre les membres du clergé ; mais ils ne doivent jamais altérer la paix, ni compromettre l'union et la charité. Ne vaut-il pas mieux discuter et s'entendre, que se disputer. Pour contester, disait M. de Cheverus, il faut être deux; or, je ne veux me faire le second de personne. Il suffit presque toujours d'une discussion amicale et conciliante pour tout aplanir entre ecclésiastiques raisonnables. Si toutefois ce moyen échouait, on pourrait facilement en appeler au jugement de quelques confrères ou amis impartiaux et éclairés, et, en dernier ressort, à l'arbitrage paternel de l'évêque. C'est là le tribunal de paix qui doit, naturellement et canoniquement, prononcer sur la plupart des contestations que les prêtres ne pourraient parvenir à vider par la voie d'un arbitrage fraternel. Les sujets de contestation ont communément rapport à des droits, à des prérogatives, à des préséances, et ne sont en réalité que de minces questions d'intérêt ou de misérables querelles d'amour-propre, véritables tempêtes dans un verre d'eau. Si le différend ne porte que sur la préséance, un ecclésiastique ami de la paix cèdera volontiers la place qu'on lui conteste, lors même qu'elle lui appartiendrait, pour aller prendre la dernière qu'on ne dispute jamais à personne que par un sentiment d'humilité et de modestie.

Quant aux discussions, qu'elles soient toujours honnêtes et pacifiques, jamais aigres ni inciviles; lorsqu'elles dégénèrent en altercations violentes et orageuses, elles blessent et irritent; elles enveniment les cœurs sans éclaircir les questions. Chacun a droit de défendre ses opinions, pourvu qu'il les propose avec modération et ne dépasse point, en les soutenant, la mesure des convenances. Il y aurait tyrannie à confisquer, au profit de ses sentiments propres, la liberté d'opinion de ses confrères et à prétendre opiniâtrément subjuguer leurs convictions pour les assouplir à ses idées personnelles. *In necessariis unitas, in dubiis libertas, in omnibus charitas*, tel est le principe auquel il faut subordonner sa conduite en ce point. Une opinion vaut-elle donc le sacrifice de la paix et de la charité entre prêtres chargés par devoir de l'inspirer et de la maintenir parmi les peuples? *De eâ re qua te non molestat, ne certeris* (Eccli. XI).

On évitera, dans la chaleur des discussions, non-seulement les disputes et les paroles offensantes, mais encore cet air de suffisance, ce ton décisif et tranchant, cet esprit de contradiction et de critique qui condamne tout sans examen et sans preuves, qui lance le sarcasme et le ridicule, distribue sans cesse le blâme et jamais un mot de louange et d'encouragement. D'ailleurs, un langage fier et moqueur déconcerte des ecclésiastiques modestes, timides et défiants de leurs propres lumières; ils aiment mieux se retrancher dans le parti du silence que s'exposer à de superbes dédains et à la risée des confrères. Il est des cas, dit Boileau, où il vaudrait mieux avoir tort que d'avoir si orgueilleusement raison. Il abuserait étrangement de la supériorité de ses talents, le prêtre qui en profiterait pour triompher de ses voisins et les humilier. Pourquoi causer de la confusion à des amis qui espéraient trouver de l'agrément dans les entretiens d'un confrère, et qui vont le quitter peut-être l'âme percée d'un trait dont la blessure saignera toujours? car l'amour-propre piqué ne pardonne jamais. En faisant parade d'esprit, ce prêtre n'aura pas fait preuve de tact et de bon sens, et surtout il aura montré un mauvais cœur. Il est malheureusement de ces hommes si avides de briller par des saillies fines et mordantes, qu'ils sacrifieraient tous leurs amis et leurs confrères pour le plaisir d'un bon mot. Mais un trait ironique a souvent coûté cher à celui qui l'a décoché, et il est plus d'une victoire qui a été pire qu'une défaite. Que nos combats entre confrères ne soient que des combats d'honnêteté et des joutes innocentes d'esprit, et que jamais nous ne transformions nos réunions en champs de bataille. Si, malgré les règles imposées par la plus vulgaire prudence, un confrère s'échappait en expressions acrimonieuses et blessantes, sachons le vaincre par la modération de notre langage et la civilité de nos procédés. Dans une conférence de controverse, un ministre protestant vomit contre saint François de Sales un torrent d'injures; ce saint n'y opposa qu'un torrent de bonnes raisons empreintes d'une extrême douceur et d'une politesse exquise. Prenons tous ce saint pour modèle dans nos discussions. S'il nous échappait quelques erreurs, soyons toujours prêts à croire que nous nous sommes trompés, et ne rougissons pas de l'avouer. Convenir qu'on a tort est un mot qui déchire la bouche, a dit un moraliste; mais, si pénible qu'il puisse être à l'amour-propre, cet aveu doit moins coûter au prédicateur de la vérité qu'à tout autre

JALOUSIE.

La jalousie est un vice odieux qui, sous le voile hypocrite du zèle et de la charité, s'attaque à la vertu même et appelle sur elle l'insulte, la haine ou le mépris: aussi est-elle l'indice d'un mauvais cœur. On ne peut énumérer tous les maux que cette basse passion a produits dans l'univers; elle l'a, de tout temps, rempli de dissensions, de ruines et de sang. Tout le monde sait que J.-C. devint la victime de la malignité des pharisiens, jaloux de l'admiration qu'avaient excitée ses merveilles. Le plus énorme des crimes qui ensanglanta la terre, le déicide, fut le résultat de l'envie. De la synagogue, ce vice s'est glissé jusque dans le sanctuaire chrétien pour infecter de ses poisons le corps ecclésiastique lui-même. En effet, combien de rivalités et de défiances parmi les ministres de l'Eglise, entre confrères et voisins, entre prédécesseurs et successeurs, entre curés et vicaires! Qu'un ecclésiastique brille entre ses collègues par la supériorité de ses talents et de ses vertus, par la prospérité de son ministère et la gloire de ses succès; que, par exemple, une foule de personnes courent à ses sermons, qu'une nombreuse clientèle se presse à son tribunal, qu'on le consulte de toutes parts, qu'on lui prodigue des marques de confiance et de vénération, il s'élèvera aussitôt du fond de certains cœurs gonflés d'envie une voix maligne s'écriant : *Eccè mundus totus post eum abiit.* Des prêtres jaloux qui n'ont pas la même vogue et la même célébrité, s'offusquent de sa réputation, dépriment son mérite, dénigrent sa personne, critiquent ses actions, discréditent son ministère et blâment jusqu'au bien qu'il fait. A les entendre, ses succès sont contestables, exagérés et éphémères; toutes les entreprises de son zèle et de sa charité lui ont été dictées par un sentiment d'amour-propre. Ces misérables s'efforcent même de communiquer leurs sentiments pervers à ceux qui les entourent, et à jeter de la défaveur sur les sacrifices les plus méritoires, sur les intentions les plus pures et les plus saintes. Si, en récompense de son mérite et de ses services, l'évêque confère à ce digne ecclésiastique un emploi honorable, ces mauvais cœurs, ces âmes basses, qui se font toujours un tourment du bonheur d'autrui, en éprouvent une peine secrète et un dépit poignant; se croyant et se disant orgueilleusement supérieurs en mérite, malgré leur médiocrité, ces envieux envisagent d'un œil inquiet et chagrin l'élévation d'un concurrent plus heureux qui les efface; sa gloire les importune, ses succès les irritent.

Cette détestable passion de la jalousie pousse des prêtres qui en sont possédés, jusqu'à s'affliger du progrès de l'Evangile et de l'avancement du règne de J.-C. Il faudrait que Dieu ne fût glorifié que par eux, que les âmes périssent plutôt que d'être sauvées par les soins d'autrui. Quelques-uns ont contrarié les efforts et les succès de leurs confrères et ont même tenté d'anéantir tout le bien que le Seigneur voulait opérer. Ah! saint Chrysostôme n'a point exagéré quand il a dit que les hommes envieux sont aussi pervers que les démons : *Invidi... dœmonibus pares et forte deteriores.*

Détracteur des autres, le prêtre jaloux ne croit qu'à son propre mérite. Rien n'est beau que ce qu'il a conçu et imaginé, rien ne va bien que ce qu'il fait ou ce qu'il dirige, rien ne va mal qu'autant qu'il n'y met pas la main. Seul il forme de beaux plans; seul il administre bien; seul il connaît à fond le cœur humain; seul il a de la prudence, le coup d'œil juste et pénétrant; seul il possède la science du temps, l'aptitude et le talent pour le gouvernement des paroisses; seul il est digne par ses services d'occuper des postes brillants; en un mot, il semble vouloir résumer en lui seul le mérite sacerdotal. Tout ce qui n'est pas le produit de son cerveau est marqué au coin de la légèreté, de l'imprudence et de la sottise. Tant la jalousie rend aveugle et stupide quiconque en est possédé !

Prêtres du Seigneur, ne nous laissons pas dominer par cette détestable et satanique passion. Aimons nos confrères et applaudissons sincèrement à tous leurs succès. Loin de nous attrister de la prospérité de leur ministère, louons Dieu, au contraire, de toutes les bénédictions dont il l'accompagne. Soyons leurs admirateurs et leurs émules, mais jamais leurs rivaux. Voyons tous avec de saints transports de joie l'œuvre de l'Evangile fructifier entre des mains plus habiles, et souffrons d'être éclipsés par des collègues plus heureux. Eh! qu'importe comment et par qui le salut du monde s'opère? *Dummodò Christus annuntietur, in hoc gaudeo, sed et gaudebo.* Réjouissons-nous de voir glorifier J.-C. par des voix plus éloquentes et plus persuasives, et exprimons tous avec une parfaite sincérité ces humbles paroles tombées des lèvres du Précurseur, lorsqu'il entendit raconter les merveilles du divin Maître, *oportet illum crescere, me autem minui.*

CHAPITRE XVII.

SCIENCE DU PRÊTRE.

NÉCESSITÉ DE LA SCIENCE ECCLÉSIASTIQUE POUR LE PRÊTRE.

Au zèle, il appartient de toucher les cœurs et de les convertir; à la science, de convaincre les esprits. L'un fait les savants, l'autre les hommes actifs et dévoués; mais l'union des deux fait le pasteur accompli. Ce n'est point assez pour lui d'édifier les peuples par le spectacle de sa sainteté, il doit encore les éclairer et les conduire sûrement (1). La simplicité, l'ignorance, si elle est vertueuse, peut bien, dit St Jérôme, faire un pieux laïc, un excellent religieux; car, pour se sauver, il lui suffit d'écouter la voix de sa conscience et de suivre les inspirations de son cœur. Mais l'ignorance

---

(1) *Tàm vitâ quàm doctrinâ debet clarere ecclesiasticus doctor; nam doctrina sine vitâ arrogantem reddit, vita sine dotrinâ inutilem facit.* (S. Grég.) *Si in laicis vix tolerabilis est inscitia, in eis qui præsunt seu in sacerdotibus, nec excusatione digna est, nec veniâ.* (S. Léon.)

n'est jamais une excuse recevable dans un prêtre qui a charge d'âmes, fût-il animé des intentions les plus pures, parce qu'elle pourrait l'égarer. La boussole qui doit guider le directeur des âmes, c'est la connaissance approfondie de la religion qui, comme un flambeau resplendissant, répand de magnifiques clartés sur toutes les questions les plus profondes et les plus mystérieuses qui peuvent intéresser le salut de l'homme. Pour un ecclésiastique, livré à l'exercice du ministère, c'est donc une nécessité d'allier la science à la vertu, à tel point qu'il ne peut être bon curé sans être en même temps un théologien instruit. Tous les prêtres, sans doute, n'ont pas besoin d'être des Cyprien, des Ambroise, des Chrysostôme, des Jérôme, des Augustin, des Bossuet. Le curé de campagne n'est pas comme le docteur discutant dans sa chaire les points les plus obscurs du dogme et de la morale; cependant la nécessité d'une vaste instruction pour un pasteur des âmes, résultera évidemment des considérations suivantes.

Un curé est obligé, par état, d'enseigner aux fidèles la religion, c'est-à-dire ses dogmes, sa morale et son culte; il doit pouvoir tracer la ligne précise qui sépare le dogme de l'opinion, le conseil du précepte, le péché mortel du véniel, la coutume de l'abus, pour se tenir dans un milieu juste également éloigné du rigorisme et du relâchement. C'est à lui de prendre garde d'altérer la pureté des croyances par le mélange d'idées fausses, douteuses ou seulement probables.

Interprète de la morale, et presque toujours le seul oracle qu'on puisse consulter sur ces matières, le prêtre doit savoir en quoi et jusqu'où oblige la loi, saisir le point fixe de la vérité et du devoir, faire une application judicieuse des principes, sans les outrer ni les affaiblir; mais sans science il ne les connait point, ou il les applique mal. Comment pourra-t-il, s'il est dépourvu de capacité, distinguer nettement ce qui est ordonné, conseillé, défendu, permis ou toléré ; résoudre des questions de justice souvent très-épineuses, sur lesquelles varient les sentiments des théologiens ; prescrire des restitutions, ou en dispenser sous sa responsabilité personnelle? Un juge qui, faute d'être assez habile dans la science du droit, prononce un faux jugement sur des matières de justice, n'est pas moins tenu à la restitution qu'un voleur qui a pris le bien d'autrui. Il en est de même du confesseur qui fait restituer ce qui ne tombe pas sous le domaine de la restitution. On ne saurait croire combien il est commun d'ordonner des restitutions indues, trop fortes ou trop faibles. Comme médecin, le prêtre doit connaître les diverses maladies de l'âme, distinguer *inter lepram et lepram*, c'est-à-dire, discerner les habitudes, les occasions prochaines ou éloignées du péché, leurs causes et leurs effets, leurs circonstances aggravantes ; apprécier l'emploi des remèdes préservatifs ou curatifs, la proportion des peines satisfactoires ; car un confesseur sage ne peut pas appliquer le même appareil à ces variétés si nombreuses d'infirmités dont les pécheurs viennent chercher auprès de lui la guérison. Or, fût-il pieux, régulier, bien intentionné même, le prêtre à charge d'âmes qui est dépourvu de ces connaissances, c'est un prévaricateur. Comme juge des consciences, il doit connaître les bornes de sa puissance, les limites de sa juridiction, les censures et les péchés réservés, les irrégularités, les décisions sur le mariage, les devoirs et les transgressions de chaque état, l'usure dans les contrats et les fraudes dans le commerce, en un mot, toute la morale dont la théorie est difficile et dont la pratique est bien plus compliquée encore ; c'est comme un vaste et ténébreux labyrinthe dont on a tant de peine à sortir ! La seule science du tribunal est d'une étendue immense, car elle est immense la sphère des actions humaines. Quel chaos à débrouiller que celui des consciences! Combien de questions ressortent de la juridiction d'un confesseur! N'est-il pas, chaque jour, interrogé sur toutes les obscurités que présente la loi de Dieu? Que de doutes à éclaircir, de cas critiques à examiner et à résoudre! Il n'est presque pas de semaines où il n'ait à discuter des matières très-délicates, à donner des conseils d'une haute importance, à prononcer des jugements dont dépend l'éternité de ses pénitents. Ajoutez qu'il faut quelquefois décider seul et instantanément, et l'on se perd en décidant mal. Or, si le prêtre n'est pas doué d'une vaste instruction, que d'erreurs et d'inexactitudes dans son enseignement; que de décisions fausses, hazardées, téméraires dans la direction des âmes! Énerver la morale ou l'exagérer, pallier la fraude et l'usure, aggraver ou alléger les obligations, alarmer de bonnes âmes qu'il fallait tranquilliser, laisser sommeiller dans une tranquille impénitence des consciences qu'il fallait troubler, accorder sans mesure comme sans justice la réconciliation à des pécheurs qui en sont indignes, et la refuser à ceux qui avaient droit de l'attendre de son ministère, tels sont les écueils où vient échouer le prêtre ignorant. Que de confesseurs qui prononcent des décisions iniques, commettent des erreurs irréparables, traitent de forfaits des peccadilles ou transforment en simples imperfections de véritables crimes! Que de juges ecclésiastiques enfin qui, d'autant plus présomptueux et suffisants qu'ils sont moins éclairés, ne savent douter de rien et tranchent doctoralement certaines questions ardues sur la solution desquelles tremblent et chancellent les théologiens les plus doctes et les plus experts! La science du doute est plus rare qu'on ne le pense; l'homme seul consommé en science réfléchit et hésite. Pour l'ignorant, il ne doute de rien.

C'est assez pour faire comprendre combien il serait dangereux de s'ingérer dans ce redoutable ministère qui a rapport à l'ordre éternel, sans la capacité nécessaire; car on courrait risque de donner dans mille écueils, dans mille travers. La direction est l'art des arts, et faute de lumières on perd les âmes. Que de prêtres qui, dans l'administration des sacrements, se rendent les dissipateurs plutôt que les dispensateurs du sang de J.-C. ! Aussi, assument-ils la responsabilité de tous leurs actes et de leurs décisions ; ils sont comptables de toutes les fautes que leur fait commettre leur ignorance et de celles encore que commettent leurs dirigés. C'est pourquoi sainte Thérèse, qui fut toujours d'un sens si droit, et si versée dans les matières de la science et de la spiritualité, disait-elle qu'entre un directeur moins pieux, mais plus habile, et un saint qui serait moins éclairé, elle ne balancerait pas à donner la préférence au premier, parce que le dernier, par insuffisance de lumières, pourrait jeter dans des erreurs et des écarts. La piété, quand elle est seule, est bien une marque d'aptitude à la vie religieuse, mais non à la vie pastorale. Enfin Dieu n'a jamais attaché à la vertu du prêtre la validité des sacrements, tandis qu'il la fait dépendre, en bien des cas, de sa capacité.

L'étude approfondie de la religion est donc indispensable à quiconque est chargé du ministère pastoral, de sorte qu'un des plus grands délits que pourrait commettre un évêque, serait celui d'admettre aux saints ordres ou de laisser dans le gouvernement des âmes des prêtres entachés d'ignorance. Il y aurait crime de sa part à attendre patiemment, pour en délivrer les paroisses, que Dieu les appelle à son tribunal.

Il n'en est pas de cette étude comme de celle des sciences profanes qui toutes ont des bornes ; la religion, science de l'infini, a d'incroyables profondeurs qu'il faut cependant sonder autant que peut le permettre l'esprit humain ; c'est une science si vaste que la vie la plus longue n'y suffirait pas.

En matière d'études religieuses et ecclésiastiques, on évitera celles qui sont oiseuses, conjecturales ou de pure curiosité ; on a dit du savant abbé Dom Calmet qu'il eut bien plus utilement employé son temps, en nous enseignant le chemin du ciel, qu'en cherchant, sans même le trouver, le lieu où était le paradis terrestre. Il vaut mieux s'appliquer à l'étude des sciences nécessaires et utiles que d'étudier de grandes inutilités scientifiques.

Les historiens ecclésiastiques, en examinant les différentes causes de la propagation de l'hérésie de Luther et de Calvin, attribuent cette grande apostasie, non-seulement aux abus et à la dépravation du clergé, mais encore à son ignorance. L'Eglise ne manquait pas alors de gens de bien parmi ses prêtres; mais ils n'avaient point, en général, assez de science et de capacité pour confondre l'erreur et faire triompher le catholicisme (1). Se défiant donc de leurs propres forces, les curés n'osaient entrer en lice avec les réformateurs qui s'en prévalurent habilement pour vilipender le clergé, attaquer l'Eglise et disséminer l'erreur. Ce n'est donc pas sans raison qu'on a toujours regardé l'ignorance comme une source de maux pour la religion et comme la mère de toutes les erreurs ; *Ignorantia mater omnium errorum.*

---

(1) Nous ne voulons point dire par là que le catholicisme manquait alors de bons théologiens ; car on comptait en Allemagne Canisius, Emser, Eckius, Coclée, Faber, etc.; en Angleterre, Thomas Morus, Fischer, Lejai, etc.; en Belgique et en Hollande Lefèvre et Erasme ; en Italie, Lainez, Salmeron, Cajetan ; en France, Sadolet, puis Duperon et enfin Bossuet qui, selon l'expression originale d'un auteur, fut le Grand-Maître de l'artillerie controversiste.

SOURCES DE LA SCIENCE SACRÉE.

Étude de l'Écriture sainte.

La sainte Écriture, voilà l'arbre de la science que doit cultiver le prêtre tous les jours de sa vie; c'est sous son bienfaisant ombrage qu'il doit venir s'abriter pendant les tempêtes que soulèvent les passions; c'est de ses fruits abondants qu'il doit nourrir les ouailles qui lui sont confiées lorsqu'elles ont faim de la parole divine. L'Écriture est le flambeau qui doit éclairer le prêtre à chaque pas dans sa vie pastorale. Ministre de J.-C., il doit étudier la doctrine du maître et la connaître à fond; il cesserait sans cela d'appartenir à l'école du Sauveur; il mériterait même qu'on lui arrachât le caractère auguste et sacré qui orne son front. Ce n'est pas là assurément un langage hyperbolique, car il n'est que la traduction des paroles de saint Jérôme. *Si sacerdos est*, dit ce père, *sciat legem Domini; si ignorat legem, ipse se arguit non esse Domini sacerdotem..... Divinas scripturas lege; immò numquàm de manibus tuis sacra lectio deponatur.* C'est encore de cette science que disait un concile : *Crebriùs lege; disce quàm plurimùm; tenenti codicem somnus obrepat, et cadentem faciem pagina sacra suscipiat.* De là encore ces paroles : *Clerici in lege Domini meditentur die ac nocte... Quotidie aliquid ex sacris bibliis legite; aliquid etiam ex sanctorum Patrum opusculis et aliorum qui sanctitate et doctrinæ laude in Ecclesiá celebrantur.* Citons encore saint Jérôme écrivant à la vierge Démétriade : *Statue quot horis sanctam scripturam ediscere debeas;* et le même écrivant à la sainte veuve Furia : *De scripturis sanctis habeto fixum versuum numerum; istud pensum Domino tuo redde; nec quieti membra concedas, antequàm impleveris; post scripturas sanctas doctorum hominum tractatus lege; eorum duntaxat quorum fides nota est.* Le même saint Jérôme, parlant de l'amour de Népotien pour la lecture des saintes Ecritures, disait : *Qui lectione assiduâ pectus suum bibliothecam fecerat Christi.* Voilà la science obligatoire et indispensable à tout prêtre.

Pour l'intelligence des Ecritures, il serait utile d'acquérir comme préliminaire la connaissance des langues hébraïque et grecque, puisque la bible a été composée en hébreu ou en grec. Cependant l'Eglise ayant déclaré le texte de la Vulgate authentique, c'est-à-dire, comme ayant une autorité suffisante pour la détermination de la foi des chrétiens, le prêtre peut se contenter absolument de la bible latine. Mais c'est une chose fort désirable que les membres du clergé se mettent en état d'étudier l'Ecriture dans ses sources et de repousser les objections que les ennemis de l'Eglise tirent du texte original.

Étude des Saints Pères.

Il convient que, après l'étude approfondie des livres saints, le prêtre fasse aussi une étude spéciale des écrits de quelques-uns de ces hommes d'une sainteté éminente et d'un vaste savoir, qui ont jeté sur le christianisme un vif éclat et que les suffrages unanimes des siècles ont qualifiés du titre vénérable de Pères de l'Eglise. Etudier les écrits de tous, est une tâche impossible; on pourra donc se borner à la lecture d'un ou de plusieurs, pour se pénétrer de leur esprit religieux, se familiariser avec leur génie et s'identifier avec eux.

On s'attachera de préférence à celui qui sympathise le mieux avec nos idées, nos goûts, notre élocution, et on se l'appropriera en quelque façon. On trouvera dans les Pères un trésor abondant de pensées justes et énergiques, d'expressions fortes et empreintes d'une sève vigoureuse; on y acquerra une grande facilité pour le ministère de la parole. Les paroissiens mêmes recueilleront des fruits de bénédiction et de salut des éloquentes instructions puisées par leurs pasteurs dans ces immortels ouvrages. Tels sont les avantages que présente cette étude.

La lecture des Pères controversistes et apologistes est encore d'une éminente utilité aux prêtres de nos jours pour apprendre les preuves de la religion, réfuter les objections de l'impiété et de l'hérésie, et affermir les croyances dans le cœur des fidèles. L'industrie typographique vient de nous rendre ces grands ouvrages que le vandalisme avait détruits. Qu'en entrant dans notre presbytère, l'œil de nos confrères ou de l'étranger qui nous visite, voie dans les rayons de notre bibliothèque, sur notre table de travail, et mieux encore entre nos mains, à côté de la bible, quelques-uns des volumes des Pères. Ne craignons pas d'amoindrir notre bourse pour faire la noble emplette d'un ou de plusieurs de ces intéressants ouvrages.

Etude de la théologie.

Après l'étude des Pères vient celle de la théologie. La théologie est la reine de toutes les autres sciences qui marchent à sa suite. Pour un être immortel comme l'homme, la science qui le mène à l'immortelle vérité ne peut avoir de rivale. Les autres sciences peuvent donc sans jalousie et sans honte s'incliner devant elle, et la saluer comme leur maîtresse et leur mère. Tous les grands hommes des temps passés ont été théologiens, ainsi que tous les génies créateurs qui ont reculé les bornes de l'esprit humain. Il n'est pas un nom illustre dans les derniers temps qui n'ait été porté par un homme profondément versé dans cette science sacrée. Le prêtre doit en faire une étude toute spéciale. M. Lamothe, évêque d'Amiens, ne manqua jamais de lire chaque jour quatorze pages de la théologie de Poitiers. Il ne suffit pas, dit Benoît XIV, d'avoir parcouru une fois la théologie, d'en avoir eu l'intelligence ; il faut être assidu à la cultiver, à l'entretenir par l'étude ; faute de quoi on la perdra. Malheureusement on n'étudie pas assez au sortir des écoles; une fois qu'on est échappé aux bancs, on croit devoir échapper aux livres.

A cette étude, on joindra celle de la casuistique, du droit canon, de la liturgie, de l'histoire de l'Eglise, etc., etc., qui est d'une indispensable nécessité pour tous les prêtres.

UTILITÉ DES SCIENCES HUMAINES ET DE LA CULTURE DES LETTRES POUR LE PRÊTRE DE NOS JOURS.

Les acquisitions scientifiques et littéraires ne forment pas sans doute essentiellement la base de l'instruction ecclésiastique ; elles ne sont en elles-mêmes que comme une décoration et un ornement de l'éducation cléricale. Un prêtre s'efforcera donc, avant tout, de connaître à fond la science sacrée et d'exceller dans son art, au risque d'ignorer les autres connaissances qui ne sont que de luxe et de pur agrément. On excusera assurément un curé dépourvu de lumières purement profanes, s'il possède dans un degré suffisant, celles qui ont rapport à son ministère, et qu'il soit d'ailleurs régulier dans sa conduite et fidèle à tous ses devoirs. Chercher à acquérir une instruction variée sur tout, et ignorer la science de la religion ou ne l'avoir qu'effleurée, ce serait sacrifier le principal à l'accessoire, avoir le superflu et manquer du nécessaire. Si donc un prêtre de moyenne capacité intellectuelle ne pouvait acquérir qu'une médiocrité de connaissances, il n'embrassera que celles qui lui sont nécessaires (1). Au lieu de se livrer à plusieurs genres d'études à la fois, il fera bien de se borner exclusivement à celles de son état qui sont plus que suffisantes pour absorber tout le temps de sa vie. Il rangera alors les connaissances de pur agrément dans la classe des objets de luxe, leur appliquant ces paroles de saint Augustin *ea prudentiùs et doctiùs nescio*. Ne serait-il pas absurde, criminel même, qu'un ministre de la religion connût l'histoire profane et non l'histoire sainte, qu'il abandonnât l'étude des livres bibliques pour celle de l'antiquité païenne, qu'il fût absorbé dans la lecture des poëtes et des orateurs de Rome et d'Athènes, et qu'il négligeât celle des Pères et des docteurs de l'Eglise, qu'il fît de la culture des belles lettres l'unique occupation de sa vie

---

(1) Quand l'esprit est d'une capacité trop étroite pour y loger à la fois le nécessaire et le superflu, a dit un auteur, on doit abandonner les inutilités, parce qu'il n'y aurait plus de place pour le nécessaire. Un ecclésiastique ne devra se permettre l'étude des sciences profanes et des lettres humaines qu'autant qu'il sera doué de talents, et que, d'ailleurs, il aura déjà acquis le nécessaire et l'utile. Il prendra garde encore de tomber dans le défaut de notre siècle où il n'y a plus que des lumières communes. Aussi ne compte-t-il que de bien rares génies, mais un grand nombre de savants médiocres dont on peut dire qu'ils savent *de omni re aliquid, de toto nihil*. Il ne faut pas étendre et généraliser ses études, parce qu'on n'obtiendrait par là qu'une instruction superficielle en tout.

et qu'il ignorât jusqu'au nombre ou jusqu'au nom de nos auteurs sacrés. Saint Jérôme se plaignait déjà de son temps que certains prêtres abandonnaient la lecture des prophètes et des évangiles pour celle des ouvrages comiques : *Et nunc videmus sacerdotes Domini, omissis evangeliis et prophetis, quotidiè comœdias legere.* Il faut que le prêtre préfère les régions sévères de la théologie aux champs fleuris de la littérature, et qu'il sache résoudre d'épineuses difficultés de conscience plutôt que de hautes questions de physique et d'astronomie ou que des problèmes de géométrie.

Cependant, puisque la tendance de notre siècle est dirigée vers la science qui est aujourd'hui une passion, un tourment même et presque un délire; puisque la diffusion des lumières existe dans tous les rangs de la société contemporaine, et qu'une grande variété de connaissances forme aujourd'hui l'objet de l'enseignement public; puisqu'enfin l'ascendant intellectuel n'aspire à rien moins qu'à la domination universelle, il importe que le prêtre soit versé dans les sciences humaines et qu'il se place au niveau d'un siècle si fier de ses découvertes, si infatué de ses progrès, si prompt à taxer d'ignorance quiconque ne marche pas avec lui d'un pas égal dans la voie nouvelle qu'il s'est frayée. L'instruction, et surtout l'instruction profane, est maintenant pour un ecclésiastique le seul passe-port qui lui donne droit d'entrée dans les sociétés savantes et distinguées, où sa robe noire ne trouverait sans cela qu'un accès difficile ou qu'un accueil peu flatteur. Il ne pourrait d'ailleurs s'y présenter sans mettre en regard l'état d'infériorité où il se trouverait vis-à-vis d'hommes, à la hauteur desquels il ne saurait s'élever par le seul ascendant de son caractère. L'inégalité de science et d'érudition l'obligerait alors à se réfugier dans le parti du silence pour ne pas s'exposer à un échec peu honorable pour lui.

Le monde est aujourd'hui comme un champ de bataille où il faut sans cesse rompre des lances en faveur de la religion, qui n'a jamais eu autant besoin de défenseurs, parce que, à aucune époque, elle n'a eu à repousser plus d'attaques, et des attaques plus dangereuses. C'est surtout dans les sciences philosophiques et physiques que l'on va puiser des arguments contre elle. Il est peu de réunions publiques et privées où elle ne soit mise en discussion. Obligé souvent de s'y trouver, par respect pour les bienséances sociales, que fera le prêtre au milieu d'ennemis astucieux et habiles qui vont saisir avec empressement cette occasion favorable de le pousser à bout et de le confondre? Perd-il du terrain dans une lutte inégale où il est souvent seul contre tous, et où chacun se fait un point d'honneur de sa défaite, la religion souffrira singulièrement de la faiblesse de son défenseur, et on la jugera dépourvue de preuves victorieuses, s'il est lui-même dépourvu de la science nécessaire pour les faire valoir. S'il ne court pas précisément risque d'être vaincu dans la lutte, il se compromettra du moins, en se montrant faible, indécis et embarrassé, et il passera sinon pour battu, du moins pour n'avoir pas eu incontestablement la supériorité. Les ennemis de la religion et du clergé triomphent avec des transports de frénésie, toutes les fois qu'ils réussissent à jeter un prêtre dans des difficultés d'où il ne peut se tirer. Il est des ecclésiastiques qui, pour avoir été réduits *ad metam non loqui*, sont devenus le jouet et la risée de la compagnie où ils se trouvaient, et la fable de tout un pays (1). Que le prêtre donc s'attache à pos-

---

(1) Le monde renferme aujourd'hui un grand nombre d'hommes très-habiles dans l'art de causer et de critiquer sur presque tout. Ils

séder toutes les connaissances nécessaires pour défendre la religion dont il est le ministre, rendre vaines les tentatives de ses nombreux détracteurs, repousser leurs attaques, découvrir leurs artifices, démasquer leurs sophismes, réfuter leurs allégations par des réponses plausibles et des réparties heureuses, justifier la religion dans ses dogmes, sa morale, son culte et ses pratiques, et assurer ainsi le triomphe de l'Eglise.

Il est d'ailleurs certaines circonstances où la réputation de science vaudra au prêtre beaucoup plus de respect que son caractère, et même souvent, que sa vertu. C'est là le seul moyen d'attirer au sacerdoce la considération des classes éclairées, ou de ces hommes savants qui dirigent souverainement l'opinion d'une ville ou d'une contrée tout entière. N'est-ce pas encore à l'aide de la science que le prêtre réussira à réconcilier la foi avec les lumières, et à opérer entre elles une alliance désirable ? De l'estime que lui auront méritée ses talents, ses adversaires passeront naturellement à l'estime de la religion elle-même. Ainsi, bien que les connaissances humaines soient d'une importance secondaire, elles offrent l'avantage de rattacher à l'Evangile la classe des hommes lettrés, en lui commandant de respectueux égards envers le corps ecclésiastique. Le préjugé le plus fâcheux qui règne dans le monde savant ; celui qui oppose d'incalculables

---

savent particulièrement railler avec esprit dans les attaques qu'ils dirigent contre la religion. Quand ils rencontrent un prêtre qu'ils soupçonnent peu instruit, ils se plaisent à le harceler et à l'embarrasser. Réussissent-ils à triompher de sa faiblesse, ils l'insultent et le méprisent, et vilipendent tout le clergé dans sa personne. On comprend donc que, désormais, des hommes incapables ne doivent point faire partie du sacerdoce catholique ; ou ils feront bien de se renfermer chez eux.

obstacles à l'action religieuse et régénératrice du sacerdoce, c'est l'opinion accréditée que la science a déserté le sanctuaire, et que le clergé n'est point au niveau du siècle. Il faut, à tout prix, faire tomber ces préventions si peu honorables pour l'Eglise, comme l'a si bien dit un saint : *Ecclesiæ dedecus, presbyter inscius*. Après la qualification d'homme vicieux, la plus flétrissante pour le prêtre est celle d'ignorant. Fût-il la sagesse et la sainteté même, il perdra la confiance et encourra le mépris, s'il est justement accusé ou même soupçonné d'ignorance (1).

Enfin, de tout temps et en tous pays, le clergé s'est placé à la tête des intelligences, et a dominé la société par la supériorité de ses lumières ; il fut toujours le maître de la science comme le chef du culte. Qu'il ne se laisse pas déshériter de ses anciennes et naturelles prérogatives. S'il ne les possède plus exclusivement, qu'il sache du moins les partager avec les laïques (2).

(1) J'ai eu sous les yeux des exemples bien frappants de l'insuccès de certains prêtres, d'ailleurs fort estimables, mais présumés ignorants. J'en ai connu plusieurs qui étaient doués d'une fervente piété, d'un zèle ardent, d'une éminente charité, d'une pureté de mœurs irréprochable, et dont le ministère a été frappé d'impuissance une fois que leur incapacité est devenue notoire pour les paroissiens. Il n'y a pas jusqu'aux villageois, qui ne prennent naturellement en pitié leur pasteur, quand ils se persuadent qu'il n'en sait pas plus qu'eux. Ils ne veulent ni l'écouter, ni se fier à ses décisions.

(2) Autrefois le sacerdoce catholique renfermait dans son sein tout ce qu'il y avait de sciences et de lumières. Les prêtres formaient l'élite intellectuelle de la France. Nos docteurs chrétiens étaient les premiers philosophes, les premiers littérateurs, les premiers érudits, etc. L'Eglise dominait par son intelligence toutes les classes sociales, et nul ne lui contestait sa supériorité. Ne faut-il pas que dans cette nombreuse hiérarchie cléricale qui couvre la surface du pays, il y ait encore des noms qui puissent être glorieusement

Que le prêtre aille donc au-devant de la science et qu'il l'accompagne dans sa marche ascensionnelle. Tout est en mouvement et en progrès autour de lui ; il faut qu'il suive le courant sous peine de rester en arrière. Ce n'est plus que par l'ascendant de ses lumières et de ses vertus qu'il donnera un peu de lustre à son auguste état si déchu par la ruine des croyances. Autrefois, il suffisait d'être prêtre pour être environné des hommages publics; le sacerdoce était alors, dans l'opinion, une haute dignité à laquelle se trouvait attachée une grande considération; mais il n'a plus cet entourage de respect et de vénération qui donnait jadis tant de poids à son ministère sacré (1). Il faut donc s'efforcer de ressaisir un peu d'influence par tous les moyens convenables.

Les individus sont encore respectés; le corps ne l'est plus que par les qualités personnelles de ses membres ; c'est l'homme seul aujourd'hui qu'on estime dans le prêtre, lequel n'est plus grand que de sa propre grandeur. Après le mérite fondé sur ses vertus, il n'y a que son diplôme de savant qui puisse honorer la mission qu'il exerce. Sa réputation refluera encore d'une manière heureuse sur les succès de sa parole. Clément d'Alexandrie fait observer avec justesse qu'une érudition étendue et variée recommande celui qui expose les grands dogmes de la foi à l'esprit de ses auditeurs, inspire l'admiration à ses disciples et les attire à la vérité.

---

revendiqués par les arts et les sciences ? Ne convient-il pas de soutenir notre gloire passée par un peu de gloire présente ?

Napoléon dans une séance du conseil d'état a dit : Les prêtres ont perdu leur empire le jour où leur supériorité dans les sciences est passée à l'ordre civil.

(1) Il n'y a pas assez de foi aujourd'hui pour ne voir dans le prêtre que l'élu de Dieu; on n'envisage plus en lui que l'homme, a dit un de nos publicistes.

Aussi, les prédications d'un pasteur réputé instruit ont-elles beaucoup de force, et ses avis, une grande autorité. La bonne opinion de son vaste savoir lui permettra encore d'exercer un salutaire empire sur les demi-savants de la paroisse ; et il n'y a pas jusqu'aux prédicants d'impiété, qu'il ne maintienne dans le devoir et le silence, grâce au respect qu'ils auront pour sa supériorité, ou à la peur d'être publiquement foudroyés par lui dans la tribune chrétienne. Cicéron a dit, il y a près de deux mille ans, que l'autorité de la science est toute puissante pour convaincre ; cette vérité est de tous les temps et de tous les lieux. Si, au contraire, un curé est à bon droit suspecté d'ignorance, on ne fera point de cas de ses prônes, et sur lui planera une immense défaveur qui nuira par contre-coup à son ministère.

Son savoir ne devra pas être exclusivement théologique ; il embrassera encore toutes les connaissances répandues dans les classes éclairées, de telle sorte que personne ne passe pour être plus instruit que lui dans la paroisse (1).

(1) Le mépris que l'on fait aujourd'hui de l'ignorance, lors même qu'elle est vertueuse, et la tendance générale des esprits vers les connaissances scientifiques et littéraires, doivent engager le prêtre à détruire ou à prévenir le reproche qu'on lui fait de négliger l'étude des sciences, pour concilier à sa parole l'estime et la considération ; il ne doit le céder à personne en cette partie. Le monde compte pour rien les sciences théologiques qu'il ne connaît pas, et il flétrit le prêtre de la réputation d'ignorance, s'il n'a pas les connaissances ordinaires du monde bien élevé. On ne sera même, sans cela, disposé ni à l'écouter ni à le croire. (*Cardinal de Cheverus.*)

Jamais néanmoins un prêtre ne se livrera à aucun genre de littérature qui aurait un caractère frivole, romanesque et dangereux. Les lectures même purement récréatives et dissipantes ne lui conviennent pas, fussent-elles innocentes ; il lui faut un tout autre genre de science et d'érudition. Les études graves, sérieuses et sacrées, voilà celles qui siéent le mieux à son état.

Rien, en un mot, ne relève et n'ennoblit plus le prêtre aujourd'hui que la science; elle vaut pour lui, dans le monde, presque autant que la vertu même.

Le clergé suppléera donc, par le mérite de son savoir et de sa vertu, à l'affaiblissement malheureusement trop réel de son ascendant religieux qui croît ou décroît en raison de l'état de la foi religieuse.

Ainsi, après avoir acquis les connaissances ecclésiastiques qui sont de rigueur et qui doivent même toujours avoir la priorité, il ne négligera pas l'étude des sciences et des lettres profanes, qu'on ne peut ignorer décemment dans les rangs éclairés de la société; il rafraîchira sa mémoire par la lecture des auteurs classiques, se nourrira de tous les bons ouvrages latins, grecs et français. Ces études formeront son goût, embelliront son esprit et charmeront son existence. Isolé au fond des campagnes, confiné dans son presbytère et les jours et les nuits, il ne trouvera, sans ce noble amusement, rien qui l'y fixe et qui l'y attache, rien qui remplisse le long vide de ses semaines et de ses années, rien qui dissipe l'inexorable ennui dont on est si souvent tourmenté dans la solitude.

Le travail intellectuel n'est-il pas, d'ailleurs, un impérieux besoin au milieu des déboires de la vie, et des dégoûts d'un ministère si souvent stérile en consolations et en résultats? Ne contribuera-t-il pas encore au perfectionnement de ses premières études peut-être tronquées et imparfaites, souvent superficielles ou peu variées? Si le jeune prêtre n'acquiert point par là une grande érudition, il atteindra du moins une médiocrité suffisante dans ce vaste domaine des sciences qui est sans limites et sans fin: *Quantum est quod nescimus!*

Enfin nos auteurs sacrés et nos grands docteurs ont senti la haute importance d'allier au savoir ecclésiastique, les connaissances humaines et la littérature profane.

Dieu même a voulu, dit Bossuet, que Moïse fût versé dans la science des Egyptiens; c'est par là qu'il a commencé à être puissant en paroles et en œuvres (1). La vraie sagesse, continue-t-il, se sert de tout, et Dieu ne veut pas que ceux qu'il inspire, négligent les moyens humains qui viennent aussi de lui à leur manière. Esdras, réformateur des Juifs rétablis, était aussi instruit dans la sagesse des Babyloniens. Saint Paul eut une parfaite connaissance de la sagesse judaïque et de la science des Grecs (2). Il cite les poëtes, les moralistes et les philosophes ; il prouve, par ses épitres, qu'il avait une érudition vaste et profonde, et qu'il possédait à un degré éminent la poésie, l'éloquence et la philosophie. Nos plus illustres docteurs n'allèrent-ils pas se former à l'école des beaux modèles de Rome et d'Athènes, où ils puisèrent l'art de composer ces éloquentes homélies qui ont été l'admiration de tous les siècles ? Ne lui devons-nous pas encore nos grands orateurs du siècle de Louis XIV, les Bourdaloue, les Bossuet, les Fénelon, les Fléchier, les Massillon, dont les talents firent tant d'honneur à l'Eglise et au clergé français.

La littérature, par l'éclat qu'elle communique à la science du prêtre, servira à faire mieux accueillir et goûter ses discours, et à donner plus de lustre à son ministère. On doit donc regarder les lettres et les sciences profanes comme un heureux complément de l'éducation cléricale, quoiqu'elles paraissent n'être qu'une sorte de superflu. Bacon assure que les sciences humaines rendent à la religion des services importants : d'une part, dit-il, elles contribuent à l'exalta-

---

(1) Discours sur l'histoire universelle.
(2) Actes des Ap. 7.

tion de la gloire de Dieu ; de l'autre, elles offrent un préservatif excellent contre l'incrédulité et l'erreur. En effet, combien de nouvelles preuves palpables et confirmatives des vérités fondamentales de la révélation, n'ont pas fournies les découvertes et les progrès des sciences historiques et naturelles (1)! Ces considérations feront suffisamment comprendre au clergé le besoin de joindre des connaissances scientifiques à ses cours en théologie, et de s'y livrer avec goût et ardeur, à l'exemple de la plupart des Pères de l'Eglise qui sont, ce semble, d'assez beaux modèles à imiter. Saint Basile, par exemple, avait fait une étude spéciale de l'antiquité païenne, et s'en montra constamment le défenseur. Saint Grégoire de Nysse le loue même d'avoir offert en hommage à la religion sa science profane, et de l'avoir consacrée à Dieu en la faisant servir à l'ornement des tabernacles. Saint Grégoire de Nazyanze obtint les plus brillants succès dans la culture des lettres humaines. Saint Cyprien, Lactance, saint Jérôme, saint Augustin et presque tous les Pères étaient profondément versés dans les œuvres littéraires et philosophiques de la docte antiquité. C'est en se familiarisant avec elles qu'ils ont purifié et ennobli leur style, qu'ils ont acquis cette profondeur de pensées et cette vaste érudition qui étonnent encore aujourd'hui les lecteurs de leurs immortels ouvrages.

(1) N'est-ce pas la géologie qui a détruit les objections de l'incrédulité contre le récit de la Genèse relatif à l'existence, à l'universalité et à la date du déluge ? Il en est de même de la numismatique et de l'archéologie ou science des antiquités : une monnaie, une inscription ancienne recueillie sur un monument ont souvent suffi pour réfuter une erreur, déterminer une date, confirmer un fait, expliquer une contradiction apparente et fortifier les croyances chrétiennes. On a trouvé à Apamée deux médailles antiques représentant l'arche de Noé avec le nom de ce patriarche.

Où Tertullien, Arnobe, St Justin, Origène, etc. se procurèrent-ils ces armes puissantes dont ils se servirent si habilement pour la défense de la religion attaquée par le syllogisme non moins que par le glaive? Dans la science profane. Les Pères de la primitive Eglise se sont emparés de toutes les richesses littéraires et philosophiques de l'antiquité païenne, les ont accumulées dans leurs ouvrages et utilement exploitées au profit de la religion. L'empereur Julien comprenait si bien la valeur des sciences humaines, et l'usage heureux qu'on pouvait en faire pour établir l'Eglise sur les ruines de l'idolâtrie, qu'il publia, à l'époque de son apostasie, un édit qui défendait aux chrétiens de fréquenter les écoles publiques et de se livrer à toute espèce d'étude étrangère à l'Evangile. Ce décret perfide parut à nos docteurs un coup d'infernale politique, et une mesure plus désastreuse à la foi chrétienne que les terribles persécutions de ses sanguinaires prédécesseurs.

Ce serait donc courir au-devant des désirs les plus ardents de nos antagonistes, consentir à réaliser le vœu le plus cher aux ennemis de la religion, que de vouloir demeurer stationnaire au milieu des progrès de l'esprit humain. Il n'en sera pas ainsi. Le clergé se souviendra de son passé, c'est-à-dire de tout ce qu'il a fait pour le perfectionnement intellectuel de l'humanité. N'est-ce pas lui, dans le moyen âge, qui sauva du naufrage les sciences, les arts et la civilisation? N'aurait-on pas vu s'éteindre, sans lui, le dernier flambeau des connaissances humaines, dont il ne restait plus qu'une lueur pâle et mourante? Lorsqu'un voile épais obscurcissait l'univers et s'étendait d'un pôle à l'autre, que le vandalisme démolissait, brûlait et anéantissait tout, et que le monde allait retomber dans le chaos de la plus stupide ignorance, n'est-ce pas le clergé qui conserva et transmit aux plus lointaines générations, les chefs-d'œuvre de l'Orient, de la Grèce et de Rome, en transcrivant les pages mémorables des écrivains de tous les temps? Ne sont-ce pas les moines qui exhumèrent de l'oubli, et arrachèrent aux torches incendiaires des sauvages du Nord et des disciples de Mahomet, les derniers débris des sciences qu'ils protégèrent à l'ombre de leurs autels? N'est-ce point par eux que les trésors scientifiques et littéraires entassés dans les anciennes bibliothèques, vaste et précieux dépôt des connaissances humaines, furent légués à une ingrate postérité qui méconnait leurs services, et leur voue, aujourd'hui, un profond mépris? Ne retirèrent-ils pas des cendres encore fumantes, les feuillets épars de l'histoire, avec les membres mutilés des anciens poëtes, des orateurs et des philosophes? Tandis que la barbarie avançait sur le monde et menaçait l'intelligence humaine d'une éclipse totale, on voyait ces pieux cénobites pâlir sur les livres, les transcrire, les mettre en ordre et préserver de la destruction les magnifiques créations des génies passés. Les cellules monastiques étaient devenues le sanctuaire des lettres et le lieu d'apprentissage de l'industrie et des arts. Aussi, est-ce un fait avoué par tous les partis que le clergé fut, surtout pendant les guerres incessantes du moyen âge, le sauveur des sciences et des arts, et qu'on lui est redevable du triomphe définitif de l'intelligence sur la force brutale. Sans lui on n'eût pas conservé la moindre étincelle du savoir des vieux temps.

C'est le clergé qui a éclairé toutes ces hordes sauvages qui firent irruption sur l'empire romain, et se partagèrent ses lambeaux sans se partager ses lumières et sa civilisation. C'est encore lui qui a partout fondé et doté les colléges, les universités et les académies. Il n'y a pas jusqu'aux chaires de droit, de médecine et de chirurgie, qui n'aient été établies par des papes, dirigées par des prêtres, des moines ou des clercs; point d'institution scientifique qui n'ait été soutenue par les encouragements et la munificence de l'Eglise (1). Sciences, littérature, arts, progrès, génie, civilisation, tout a été généralement dû au clergé, qui a fait passer les peuples chrétiens de l'état d'enfance intellectuelle à cette brillante virilité qui les distingue aujourd'hui.

N'est-ce pas encore le clergé qui a préparé les brillantes époques de Charlemagne et de Léon X ou de François Ier, et aussi le beau siècle de Louis XIV? Lui qui a formé Bossuet le prince des orateurs, Fénelon le précepteur le plus distingué des enfants de nos rois, Pascal le plus profond des philosophes, Racine et Corneille les plus illustres de nos poëtes, ainsi que tous les autres grands hommes de ce grand siècle? Voltaire lui-même a été l'élève des Jésuites; Napoléon a grandi chez les Oratoriens de Brienne. On pouvait compter déjà avant lui Condé, Villars, etc. Toute cette foule d'hommes éminents, publicistes, jurisconsultes, professeurs, physiciens, littérateurs, historiens, orateurs, tous ceux enfin qui ont acquis un nom célèbre, eurent un prêtre pour maître, pour professeur ou pour guide.

N'est-ce pas encore la religion qui inspira tous les grands artistes, les Michel-Ange, les Raphaël, etc., ainsi que les œuvres de génie qui les ont immortalisés, comme Saint-Pierre de Rome, Saint-Paul de Londres, et toutes ces magnifiques

---

(1) Les fameuses universités de Paris, d'Oxford, de Salamanque, de Padoue, de Bologne, etc., doivent leur création au sacerdoce catholique; ce sont ses œuvres, et aussi ses titres à la reconnaissance publique. C'étaient des religieux ou des prêtres séculiers qui les dirigeaient. C'est l'Eglise qui a fondé tous les corps enseignants, comme Jésuites, Oratoriens, Bénédictins, etc. C'est donc avec raison qu'on lui a toujours donné le glorieux surnom d'institutrice du genre humain, *magistra gentium*.

cathédrales du moyen âge, monuments qui sont la gloire des arts et l'admiration des contemporains (1) ?

Aussi a-t-il reçu, en hommage de la reconnaissance publique, cette haute puissance morale qu'il exerçait jadis à la satisfaction de tous. Que le clergé de nos jours, s'il ne peut plus primer comme autrefois par la supériorité de ses lumières, ne se laisse pas du moins ravir tout à fait le sceptre de la science ; qu'il vise à l'égalité, et marche de pair avec l'élite de la société. Ne convient-il pas que la jeunesse lévitique, cette si précieuse espérance de l'Eglise, soit au niveau de la jeunesse de nos écoles et de nos académies ? Qu'elle s'avance donc en première ligne sur le théâtre du monde scientifique, et se maintienne ainsi dans le haut rang qui lui a toujours appartenu. Par là, elle sera constamment honorée ; car le talent et la science commandent le respect, et l'on s'incline devant eux.

Cependant malgré le désir de tous les amis du bien, de voir le clergé marcher concurremment avec le siècle pour la culture intellectuelle, il ne faut pas que la fièvre de l'étude

---

(1) N'est-ce pas encore le clergé qui a sauvé les chefs-d'œuvre de Praxitèle et de Phidias, et tous ces nobles débris de l'art antique, ainsi que tant de superbes édifices, orgueil des nations chrétiennes ? De simples moines étaient les architectes, les sculpteurs et les peintres de ces grandes basiliques de la période ogivale. N'est-ce point à des membres du clergé qu'est due l'invention des lunettes, du télescope, de l'horloge, de la boussole, et de la plupart des autres découvertes de l'esprit humain dans tous les siècles qui ont précédé nos temps modernes ?

Ce sont encore des religieux qui ont appris à nos pères à retourner la glèbe, qui ont défriché nos forêts, desséché les marais, élevé une partie de nos cités et fertilisé nos sillons. Répétons-le, sans crainte d'être démentis : si le genre humain est parvenu à l'âge d'une forte majorité, c'est au clergé qu'il est redevable de son émancipation littéraire et scientifique.

et que l'intempérance du savoir l'absorbent tout entier. Surtout il ne doit pas mettre le sacré et le profane, le divin et l'humain dans la même balance. Le goût prononcé pour les sciences matérielles, matérialise aussi les idées ; s'il prédominait, il finirait par affaiblir ou même par anéantir celui des études sérieuses et ecclésiastiques. Aussi, presque tous les prêtres trop possédés de la manie d'acquérir un vaste savoir profane, n'ont-ils pas grand attrait pour les sciences sacrées, et sont-ils peu familiers avec l'Ecriture et les Pères de l'Eglise ; ils épuiseraient en quelques heures tout leur trésor théologique. Or, ne serait-ce pas une choquante anomalie que des ecclésiastiques eussent une profusion de connaissances superflues, et qu'ils possédassent à peine les rudiments de la théologie dogmatique et morale ? Nous ne sommes essentiellement ni naturalistes, ni poëtes, ni géographes, ni historiens, ni romanciers ; bornons-nous à une teinture suffisante des choses d'agrément et de pure curiosité, et fortifions-nous de préférence dans notre spécialité sacerdotale. Ce sont des théologiens d'abord et des saints qu'il faut à l'Eglise, et non des botanistes, des géologues ou des physiciens (1). Avouons

---

(1) Il est néanmoins important que chaque diocèse ait dans son sein quelques spécialités pour les langues, et les différents genres de sciences qui ont cours dans le monde savant. Mais le nombre des prêtres est trop petit, et les fonctions du ministère trop nombreuses et trop importantes, pour que tous les membres du clergé sacrifient aux objets scientifiques, un temps qu'il vaut mieux consacrer au service des paroisses et aux œuvres de salut.

Il est nécessaire, dit un auteur, d'élargir le cercle des études cléricales et de les asseoir sur des bases scientifiques. Le clergé doit être aujourd'hui ce qu'il fut toujours, le flambeau des intelligences et la lumière du monde, *lux mundi*. Que le haut clergé, ajoute-t-il, nourrisse donc de science les jeunes et fortes intelligences qu'il rencontrera dans les séminaires ; qu'il les fasse marcher avec le siècle et

d'ailleurs que ce sont les saints plutôt que les savants qui changent et renouvellent les paroisses. En tout cas, c'est la science de la religion qui doit, dans le prêtre, dominer toutes les autres sciences : le nécessaire d'abord, l'utile ensuite, puis enfin l'agréable et le superflu, si l'on peut l'acquérir sans préjudice pour le principal. Je dis sans préjudice ; car le service de Dieu, les devoirs de la piété et de la charité, le prône, le catéchisme, la visite des malades et des écoles, la réconciliation des familles, l'administration des sacrements, etc., voilà l'occupation capitale du bon curé ; c'en est assez souvent, quand on veut bien faire, pour absorber les jours et même les nuits de quiconque a sous sa responsabilité le salut d'une paroisse qui ne compterait que quelques centaines d'âmes. Enfin, comme dix talents ne valent pas une vertu, le bon prêtre tiendra toujours plus à celle-ci qu'à la science même (1).

suivre les progrès de l'esprit humain. C'est là un besoin social, une nécessité de l'époque que l'ordre ecclésiastique est condamné à subir. Au corps épiscopal est dévolue la noble mission de travailler à cette grande et sainte œuvre de régénération sociale ; à lui de choisir parmi les jeunes lévites les sujets les plus distingués, pour les lancer dans les hautes régions de la science, et les préposer un jour à l'enseignement public. Un clergé instruit et régulier tout à la fois, jouira nécessairement d'une grande influence, parce que rien ne résiste à l'empire du talent uni à la vertu.

(1) Il est des hommes du monde assez impolis et assez injustes pour faire au clergé un reproche de sa pauvreté scientifique et littéraire : ce langage ressemble assez à celui d'un voleur qui rirait de la nudité du pèlerin qu'il vient de dépouiller. On a enlevé au prêtre les moyens de s'instruire; la révolution a immolé les maîtres de la science ecclésiastique ; elle a détruit nos plus célèbres écoles qui étaient comme les grands foyers des lumières sacrées ; elle a brûlé ou pillé nos bibliothèques ; elle a confisqué nos biens ; tout enfin a péri dans ce terrible cataclysme. En outre, le nombre si restreint des prêtres de

Rapportons, enfin, l'étude des sciences à la gloire de Dieu et de la religion dont nous sommes les ministres et les défenseurs, nous y proposant toujours les plus purs motifs, et faisant attention à ce beau passage de saint Bernard qui va terminer cet article : *Sunt qui scire volunt eo fine tantùm ut sciant, et turpis curiositas est ; sunt qui scire volunt ut sciantur ipsi, et turpis vanitas est ; sunt item qui scire volunt ut scientiam vendant pro pecuniâ, et turpis quœstus est ; sunt quoque qui scire volunt ut œdificent, et charitas est ; et item qui scire volunt ut œdificentur, et prudentia est.*

BIBLIOTHÈQUE D'UN PRÊTRE.

Le plus bel ameublement d'un presbytère est la bibliothèque; c'est là le seul luxe séant dans un prêtre avec celui de son église, non dans ce sens qu'il doive en faire unique-

---

nos jours, le peu d'années qu'ils passent au séminaire, la nécessité de les jeter prématurément dans les occupations du ministère pour remplir des vides qui tendent à s'élargir par la multiplicité des vacances, ne leur accordent que le temps nécessaire pour leur communiquer les connaissances divines et indispensables. Absorbés ensuite par le service des paroisses qui nécessite l'emploi de toutes leurs heures, ils se consacrent entièrement au salut des âmes, sans pouvoir donner aucun moment à l'étude des sciences et des lettres. Il est bien peu de postes qui laissent beaucoup de loisirs pour l'étude. Enfin les vexations dont le clergé s'est vu l'objet, ont détourné de la carrière ecclésiastique bien des jeunes gens qui auraient honoré les rangs de la cléricature par leur capacité et leurs lumières. On peut encore faire remarquer que, dans l'intervalle de 89 à 1810, tout a marché et changé de face ; de nouvelles sciences furent inventées, les anciennes firent des progrès immenses. Est-il étonnant dès lors que plusieurs membres du clergé se trouvent à cet égard au-dessous de quelques gens du monde, et qu'ils semblent même appartenir à un autre siècle ou venir d'un pays étranger ?

ment un meuble d'ostentation (1). Une bibliothèque, en effet, ne saurait être pour lui qu'un objet de lecture et de travail, un moyen d'occuper noblement ses loisirs après les soins donnés à son ministère. On remarque avec un sentiment de regret que certains ecclésiastiques, en petit nombre il est vrai, n'ont point de bibliothèque et se dispensent de toute étude, sous prétexte qu'ils en savent assez pour l'administration d'un village. Ils ne réfléchissent pas, sans doute, que celui qui fait divorce avec les livres, est bientôt entaché de la lèpre de l'ignorance, et que son esprit s'hébètera nécessairement faute de culture. D'autres prétendent se justifier par l'insuffisance de leurs revenus. Mais Bossuet leur répond *qu'il n'y a point d'ecclésiastique si pauvre, qui ne puisse avoir autant et plus de livres qu'il ne lui en faut pour s'occuper toute sa vie.* Ne peut-il faire des épargnes sur son petit pécule pour s'en procurer? Comment d'ailleurs parvient-il à se pourvoir d'argenterie et d'un cellier abondant, à meubler une suite d'appartements avec goût et élégance, alors même qu'il allègue la pénurie d'argent pour organiser une bibliothèque? Il nous suffira de dire que tous ceux qui tiennent ce langage et cette conduite sont, d'ordinaire, des hommes mous et indolents, matériels et terrestres, ignorants et vicieux peut-être. Un jeune prêtre ennemi de l'étude et du travail ne tarde point à se démoraliser. *(Voir les paragraphes sur l'étude et le travail).*

(1) On trouvera, à la fin du second volume, une liste des principaux ouvrages qui doivent former la bibliothèque d'un prêtre.

CHAPITRE XVIII.

DES CONFÉRENCES ECCLÉSIASTIQUES.

L'épiscopat français a organisé, dans la plupart des diocèses, les conférences ecclésiastiques qui sont en plein exercice sur presque tous les points du royaume. C'est à bon droit qu'on les a universellement recommandées et établies; elles sont en effet bien propres à bannir l'ignorance, à faire fleurir la science sacrée, à provoquer entre les membres du clergé une similitude de goûts, d'opinions et de sentiments, et à entretenir en eux l'amour des vertus cléricales. Aussi doit-on les regarder comme une des plus belles institutions de l'Église dans les temps modernes. Examinons-en les divers avantages.

Le premier, c'est de ranimer le goût du travail et de favoriser la culture des sciences ecclésiastiques. Le sacerdoce, on le sait, est le terme fatal des études pour certains prêtres qui sont charmés de sortir du séminaire, afin de s'affranchir de la dure épreuve des examens et de n'avoir plus de compte à rendre de leur incapacité. Plusieurs autres n'ont communément, à la terminaison de leur cours en théologie, que la médiocre science de leurs cahiers, acquise durant trois ou quatre ans sur les bancs de l'école. Or, dans un siècle si infatué de ses lumières et de ses progrès, le sacerdoce ne finirait-il pas par déchoir complétement dans l'opinion publique, s'il avait à rougir de son infériorité devant la présomptueuse science des gens du monde? Une des plus grandes plaies à redouter pour le clergé, c'est celle de l'ignorance. Or, l'institution des conférences l'empêchera d'envahir le sanctuaire. Ces réunions ecclésiastiques sont un foyer de lumières, un centre d'intelligences variées où chacun apporte le fruit de ses études, les résultats de ses recherches et de ses observations; en sorte que tous les membres qui les composent, profitant du tribut de capacité et d'érudition de leurs confrères, pourront atteindre à un degré de science convenable et se placer même au niveau des connaissances qui sont le partage des classes éclairées. Les discussions qui ont lieu dans ces assemblées, deviendront non-seulement profitables à la science, mais elles seront encore, pour tous ceux qui y prennent part, un moyen puissant d'émulation et d'encouragement au travail. Aiguillonné par un noble sentiment d'amour-propre, chacun voudra se mettre au fait des matières à examiner, afin de pouvoir en parler pertinemment. De là l'emploi de tout son temps libre à l'étude des sujets qu'on y traite. Combien alors de hautes questions de théologie dogmatique ou morale y seront discutées d'une manière lumineuse! Que de difficultés délicates et importantes de casuistique y seront sûrement et uniformément résolues! Que de points de discipline ou de droit canon obscurs y seront éclaircis! Ainsi, ces intéressantes réunions deviendront un véritable cours d'études profondes et de saines doctrines. Il serait donc frappé d'un stupide aveuglement, le prêtre qui n'en apprécierait pas les heureux résultats. Certes! les hommes du monde adonnés à la culture des arts et des belles-lettres, provoquent, de toutes parts, la convocation de congrès scientifiques, dans l'unique but de décider des points douteux de la science, de résoudre certains problèmes purement spéculatifs, et de concilier ainsi les opinions des savants. A cet effet, ils établissent des centres de correspondance, se réunissent, se concertent et s'entendent. Au milieu de ce mouvement scientifique qui emporte la société, le clergé resterait-il donc stationnaire, pour ne pas dire rétrograde? Le sacerdoce n'a-t-il même plus souvenir que, dans tous les temps et chez toutes les nations, il a devancé ou dirigé l'essor des esprits et exercé la royauté de l'intelligence? Nos congrès naturels, à nous prêtres, ce sont les conférences qu'il faut assidûment fréquenter après le cours de nos études cléricales.

Un second avantage des conférences, c'est d'offrir aux pasteurs les moyens de se concerter relativement à l'administration de leurs paroisses. S. Paul, quoique divinement inspiré et transporté au troisième ciel, vint à Jérusalem pour consulter S. Pierre, S. Jacques et les autres Apôtres assemblés, et conférer avec eux des intérêts de l'Eglise naissante. Croit-on que, de nos jours, le concert entre les différents membres du clergé soit moins indispensable pour le gouvernement des paroisses? Quel curé serait assez présomptueux pour oser se flatter de se suffire à lui-même, et de posséder toutes les connaissances qu'exige l'exercice du ministère, surtout à une époque où le changement inouï des hommes et des choses nous a créé une position qui n'a point d'analogue ni d'antécédent dans l'histoire? Ah! s'il fût jamais un temps où les Evêques et les prêtres eurent besoin de se communiquer leurs pensées et leurs sentiments réciproques, de s'entendre dans leurs projets et leurs combinaisons pour le bien de l'Eglise, c'est particulièrement le temps actuel, où, comme nous l'avons déjà dit, le gouvernement des esprits se trouve compliqué de tant d'embarras et de difficultés. N'est-il pas nécessaire de se voir pour examiner les besoins des populations, aviser aux moyens d'y pourvoir, arrêter des résolutions communes, former un ensemble de vues et établir un système d'unité parmi les pasteurs d'une contrée ? Autrement, il n'y aura jamais conformité de sentiments, de principes et de pratique dans l'administration paroissiale. Les conférences seules produiront cet heureux et si désirable résultat. Et pourtant, chose étrange ! ce sont précisément les ecclésiastiques les moins capables qui croyent pouvoir s'en passer : ils marchent seuls, sans guide et sans lumières au milieu des ténèbres de leur ignorance et des écueils dont le ministère est parsemé ; de là ils s'égarent et se jettent dans le précipice, entraînant avec eux les âmes qui ont suivi ces aveugles conducteurs. Quels précieux avantages ne retireraient-ils pas de ces réunions périodiques, pour le perfectionnement de leur expérience, auprès de respectables confrères plus éclairés qui leur communiqueraient cette science administrative, cette sagesse dont ils sont doués, sagesse si indispensable aux débutants dans la carrière sacerdotale! Combien de jeunes prêtres, improvisés pasteurs à l'âge de 25 ans, par suite du malheur des temps, ont su profiter des lumières de leurs doctes voisins, dans ces assemblées où conseils, talents, vertus et doctrines étaient mis en commun ! Quel heureux moyen pour des novices de se former à l'état pastoral, en proposant leurs doutes et leurs embarras à des curés méritants et vieillis dans le ministère des âmes ! N'est-ce pas enfin dans les conférences que les idées et les méthodes particulières, fondées plutôt sur des caprices et des routines que sur les vrais principes, seront examinées, jugées et condamnées, si elles ne sont pas en harmonie avec les décisions de l'Eglise? C'est du défaut d'entente que provient généralement cette affligeante diversité de pratique et de direction que l'on remarque parmi les curés. S'ils se concertaient, il n'y aurait pas tant d'arbitraire dans la décision des cas de conscience, ni de contrariété dans la manière de gouverner les paroisses. Ils s'éclaireraient ensemble de l'opinion des meilleurs casuistes et du mode d'administration le plus conforme aux règles ou le mieux approprié aux besoins des temps. La théorie peut s'apprendre dans les livres; mais la pratique, science beaucoup plus difficile, ne s'apprend que dans les entretiens de ces vénérables pasteurs qui ont la réputation d'administrateurs habiles.

Un troisième avantage des conférences, c'est de resserrer, entre les membres du clergé, les liens de cette belle union qui fait toute leur force et leur consolation. Il suffit souvent de se rencontrer et de s'entendre pour dissiper bien des préventions, et rapprocher des cœurs depuis longtemps divisés. C'est là que, en se voyant de plus près, on apprend à mieux se connaître, à s'estimer et à se chérir mutuellement. Après quelques entrevues et des échanges de procédés bienveillants, on ne se quitte plus qu'avec des sentiments d'amitié réciproque et le désir de se revoir bientôt. Ah! combien d'ecclésiastiques prévenus les uns contre les autres, qui, pour s'aimer, n'ont besoin que de se voir et de se parler! Non, de nombreux exemples pourraient le démontrer, rien n'est plus capable que les réunions de cimenter la paix ou de rétablir cette touchante harmonie qui ne devrait jamais cesser de régner parmi les prêtres.

Enfin les conférences sont le moyen le plus efficace pour entretenir en eux l'amour des vertus et des devoirs de leur auguste état. Saint Vincent de Paul en appréciait tellement l'importance qu'il les regardait comme le seul remède qui pût guérir les maux du clergé de son temps (1). La même conviction a déterminé nos prélats français à en favoriser de tous leurs efforts la formation, pour mieux seconder le développement de l'esprit ecclésiastique. Nos vénérables Evêques devraient donc tous avoir à se féliciter des dispositions sympathiques et unanimes de leur clergé pour le rétablissement et la tenue régulière des conférences. Les curés n'auraient-ils pas lieu de s'applaudir eux-mêmes des grands avantages qu'ils y trouveraient pour le complément de leur instruction? Ne répandraient-ils pas de plus abondantes lumières sur les peuples confiés à leur sollicitude? Quel beau spectacle que celui de ces réunions où des ecclésiastiques travaillent en commun à s'éclairer, à s'encourager, à s'aimer et à s'édifier mutuellement par la pratique des vertus sacerdotales!

---

(1) S. Vincent de Paul, cet homme si visiblement suscité de Dieu dans des jours mauvais, pour rendre au sacerdoce le lustre que l'ignorance et le vice lui avaient fait perdre, considéra les conférences comme un des moyens les plus propres à cicatriser ces plaies profondes. De là date l'établissement de ces réunions sacerdotales « où, dit » Abelly, *il entretenait les ecclésiastiques sur la manière d'annoncer* » *l'Evangile, de catéchiser les enfants, d'entendre les confessions et* » *d'administrer avec fruit les autres sacrements de l'Eglise.* »
Ce ne fut d'abord là qu'un essai ; mais encouragé par d'autres prêtres et par les succès consolants des premières tentatives, l'homme de Dieu institua à Saint-Lazare ces conférences célèbres qui produisirent un bien immense. S'il y avait à gagner pour l'esprit et la science, le cœur y trouvait des ressources plus abondantes encore. Ces exercices opérèrent une étonnante régénération religieuse et morale dans presque tous les prêtres qui les suivirent régulièrement.

CHAPITRE XIX.

GOUVERNEMENT DE LA MAISON DU CURÉ.

Bien présider à sa maison, y établir le bon ordre, y conserver l'harmonie entre les personnes qui l'habitent, les tenir dans les limites d'une respectueuse déférence aux volontés du maître, leur prescrire avec fermeté les égards et tous les procédés de politesse à observer envers les paroissiens et les étrangers qui visitent le presbytère, c'est là un devoir rigoureux pour le prêtre, qui se déclarerait de fait incapable d'administrer une paroisse, s'il ne parvenait pas même à gouverner sagement son intérieur domestique (1). Destiné par sa position à faire régner partout

---

(1) Un prêtre n'oubliera point que sa maison est exposée aux regards de tous, et qu'elle doit être pour les paroissiens un objet d'édification et une règle de vie : *In te oculi omnium diriguntur ; domus tua et conversatio quasi in speculo constituta, magistra est publicæ disciplinæ ; quidquid feceris, id sibi faciendum omnes putant.* (S. Jérôme.)

Si quelqu'un, dit S. Paul, ne sait pas même régir sa propre maison, comment gouvernera-t-il l'Eglise de Dieu ? Comment établir l'ordre dans la paroisse, lorsqu'il n'existe pas chez lui ? Comment discipliner la jeunesse, s'il ne peut maintenir dans la subordination, l'obéissance

la discipline et la régularité, il doit être, dans sa conduite privée aussi bien que dans sa conduite publique, comme le type de toutes les familles qu'il est appelé à diriger. Un presbytère en désordre, où l'autorité du chef s'efface devant l'insubordination des inférieurs, et où semble régenter en souveraine maîtresse, celle dont le rôle est d'obéir humblement, deviendrait pour les fidèles un sujet de scandale qui paralyserait le ministère du pasteur auquel il serait imputable.

Un des premiers soins du curé sera donc de donner à sa maison une bonne direction; de surveiller la conduite de la servante, principalement au point de vue des mœurs et de la sobriété (1); de pénétrer habilement ses défauts secrets pour les corriger ; de rectifier ses travers, et de rabattre en elle toute prétention, toute tendance à la domination. Il développera et perfectionnera ses bonnes qualités, tant par de sages encouragements que par l'édification de ses propres vertus; il lui inspirera un esprit d'ordre et de sagesse ; la formera à des mœurs sédentaires et laborieuses, à des habitudes de propreté, d'économie et de discrétion, à des principes d'honnêteté et de respect envers ses collègues et ses amis, à des sentiments de bonté et de compassion envers tous les malheureux. Il faut que l'accès du presbytère soit facile à tous; car c'est là

et la paix , deux ou trois personnes qui le servent? Comment arrêter le torrent des désordres , s'il prend sa source dans le presbytère même ?

(1) En général, un curé commettrait une imprudence dont, plus tard, il pourrait avoir sujet de se repentir, s'il confiait habituellement les clefs du cellier à une servante, quand surtout sa sévère tempérance ne lui est point suffisamment constatée. Ne sait-on pas que les personnes sorties de cette classe que la pauvreté condamne aux privations, succombent facilement à l'appât de jouissances dont, toujours, elles se sont vues sévrées ? Qu'on évite donc d'exposer une domestique au danger d'une tentation malheureusement si naturelle.

qu'habite le père commun de la paroisse. Qu'on puisse donc s'y présenter non-seulement sans crainte, mais avec l'assurance d'y recevoir un accueil bienveillant et cordial. Les personnes de service chez les prêtres reçoivent, parfois, d'une façon si sèche et si rebutante les étrangers qui n'ont pas le bonheur de leur plaire, qu'on hésite à s'approcher du maître ; il est même des maisons d'ecclésiastiques devenues comme inabordables au public, à cause de l'humeur acariâtre et revêche d'une gouvernante qui murmure à l'arrivée d'un confrère voisin, qui prend à tâche d'éloigner les visiteurs par la froideur et l'impolitesse de ses manières, par les plaintes et les murmures qu'elle laisse échapper, et enfin par les duretés et les affronts qu'elle ose quelquefois se permettre. Loin donc de la demeure presbytérale ces créatures fières et impérieuses, qu'on voit traiter leurs égales en esclaves et leur supérieur même en dominatrices ! Arrière encore ces âmes insensibles à la prière du pauvre et sourdes à la pitié ; elles sont l'épouvantail de tous ces malheureux qui espéraient trouver sous le toit curial un asile hospitalier et secourable !

Que de respectables vieillards, victimes de la bonté de leur cœur et de la faiblesse de leur âge, sont tenus dans une sorte de minorité perpétuelle ! Que d'ecclésiastiques même moins âgés se sont laissé asservir en quelque sorte sous la domination despotique d'une servante, devenue la véritable maîtresse du logis ! Ils n'osent, pour ainsi dire, rien commander qu'avec son agrément, ne reçoivent parmi leurs confrères que ceux qui ne sont pas encore tombés dans sa disgrâce, c'est-à-dire ceux qui ont eu l'attention de ne pas s'écarter des égards ou des ménagements qu'exige son caractère impérieux et hautain. Quand on s'aperçoit qu'un curé n'est plus le maître chez lui ; qu'il est sous la tutelle d'une domestique qui a pris le haut pas dans la maison ; qu'il est exposé à des observations amères et déplacées toutes les fois qu'il offre un lit ou sa table à des amis et à des confrères; qu'il n'ose, sans son avis, rien entreprendre ni rien conclure sous peine d'être contredit et désavoué ; qu'il est assez craintif pour ne faire aucune aumône, n'envoyer aucun secours aux malades sans sa permission et son bon plaisir ; il devient bientôt l'objet des lazzis et de la pitié publiques. Honte à ces hommes faibles qui ont laissé prendre à une fille un souverain ascendant sur leur esprit et sont servilement conduits par elle (1) !

(1) On se ferait difficilement une idée de l'empire qu'exercent certaines filles de service dans quelques presbytères où, au lieu de se borner au simple rôle d'économes, elles s'érigent en maîtresses absolues. Il est tel curé qu'on ne peut aborder sans leur permission ; encore n'ose-t-on la demander de peur d'essuyer, de leur part, une tempête de mauvaise humeur, à moins qu'on ne possède le secret de s'en faire l'ami. J'ai eu l'occasion de rencontrer plusieurs de ces gouvernantes qui avaient l'impudence de contredire et de réprimander leur maître devant des confrères ou des paroissiens ; qui en venaient jusqu'à lui dicter, dans la pratique du ministère, une sévère conduite envers des personnes à elles odieuses ; jusqu'à fixer et percevoir le casuel, régler le cérémonial des services religieux, la discipline des congrégations, etc., portant ainsi la main à l'encensoir et gérant tout au moins les fonctions de vicaire. A l'aide, tantôt de la flatterie, tantôt d'une colère feinte, des bouderies, des reproches ou des menaces de sortir, ces filles habiles et souvent même très-astucieuses, sont parvenues à prendre un empire tyrannique sur des curés faibles et pusillanimes. Leur influence une fois assurée, il leur en coûtait peu pour imposer à ces prêtres des préventions jalouses ou haineuses, les conduire au gré de leurs caprices, et leur faire commettre de graves imprudences, des gaucheries, quelquefois même des injustices. Combien de paroissiens ont été gourmandés à tort par un curé trop crédule aux rapports de sa fille ! Or, on le sait, rien ne les mortifie et ne les irrite autant que les réprimandes qu'ils soupçonnent émaner originairement d'une servante qui, par d'adroites insinuations, a su capter sa confiance et le circonvenir par des suggestions perfides. N'est-ce pas une sorte d'opprobre qu'un homme auquel l'Eglise a commis le gouvernement d'une

Quel respect peuvent avoir des paroissiens pour un pasteur coupable d'une telle lâcheté ? Quels fâcheux soupçons de la part des habitants censeurs et malins, qui ne s'expliquent pas qu'un homme placé comme chef à la tête d'une paroisse, soit subjugué précisément par celle à laquelle il devrait commander ! C'est là, en réalité, un renversement des règles, bien propre à frapper un prêtre de déconsidération dans l'esprit des peuples.

Un curé aura donc toujours seul l'autorité dans sa maison; il tiendra ses subordonnés dans les limites de la soumission et du respect, ne tolèrera aucune parole peu mesurée à son égard, aucune réflexion hardie, aucune résistance, et, à plus forte raison, aucune impertinence. Il réprimera avec fermeté tous les empiètements sur ses droits, maintiendra chacun dans la sphère de ses devoirs et le sentiment de sa position. La plus séduisante des tentations pour une fille de service dans un presbytère, étant celle de dominer et de conduire son maître, celui-ci la circonscrira rigoureusement dans les modestes attributions de son office. Un homme du monde parlant du rôle dévolu à une personne employée dans l'habitation d'un curé, s'exprime ainsi : *La culture du jardin, les soins de la basse-cour, l'ordre et la bonne tenue de la maison, l'achat et la surveillance des provisions et le gouvernement du pot au feu; tel est le cercle qu'elles ne doivent point franchir : une concession de plus serait un abus.* On leur interdira donc de s'ingérer dans les affaires de l'administration, de se mêler des premières communions, des refus de sacrements,

---

paroisse, ait la bassesse de subir l'avilissant esclavage d'une femme, d'une subalterne ? Certes, n'est-ce pas à lui, plus qu'à tout autre, que s'applique cette recommandation de nos livres sacrés ; *Non des mulieri potestatem animæ tuæ.* (Eccli.)

de la distribution des aumônes ; on n'aura ni confidence à leur faire, ni règles de conduite à recevoir d'elles, ni même le moindre conseil à leur demander sur la direction de la paroisse. On ne devra, sous aucun prétexte, jamais parler en leur présence d'objets de ministère, de confession ou de cas de conscience, des préventions favorables ou désavantageuses à l'égard des familles, des désordres secrets des jeunes gens de la paroisse. En principe général, il sera bien de ne révéler et de ne se permettre devant elles que ce qu'on pourrait dire et faire devant toute autre personne. On les rappellerait à l'humilité de leur position, si elles prétendaient censurer le vicaire, l'instituteur ou la sœur d'école. On leur enjoindra, enfin, de ne prendre aucune part aux propos et aux jaseries publiques, ainsi qu'aux différends, aux intrigues, aux coteries et aux dissensions qui divisent les familles.

Pour conserver plus sûrement son indépendance vis-à-vis de sa servante, un curé ne lui empruntera jamais, parce que le rôle de débiteur sied mal au supérieur, et qu'une domestique créancière de son maître aurait peut-être trop de tendance à le dominer. Il faut aussi solder très-exactement ses gages, et faire en sorte qu'il n'y ait jamais d'arrérages relativement à l'acquit du salaire. Plusieurs curés ont été victimes de l'insubordination d'une fille, pour n'avoir point tenu compte de cette sage recommandation. On a quelquefois vu des personnes de service dont l'ascendant, la morgue et l'arrogance même à l'égard de leurs maîtres, allaient jusqu'à l'outrage et à l'insulte, quand elles s'apercevaient qu'ils étaient dans l'impossibilité d'acquitter leurs dettes auprès d'elles. Un curé fera donc mieux d'emprunter, au besoin, auprès d'un capitaliste pour s'affranchir d'une aussi fâcheuse et aussi vile dépendance.

Le prêtre observera encore envers elles la plus grande

réserve dans son langage ; il ne peut, à ce sujet, pousser trop loin les précautions ; car elles sont fines, curieuses, attentives et clairvoyantes ; elles sont *tout yeux et tout oreilles ; rien ne leur échappe,* disait un prédicateur de retraite. Il n'est même pas rare que leur indiscrétion entraîne des révélations imprudentes, et, par suite, des explications et des pourparlers toujours au moins regrettables, quand ils n'ébranlent pas la confiance des paroissiens dans un pasteur qui passe pour tout raconter inconsidérément. Certains laïcs, on ne peut se le dissimuler, ont le soupçon que leur curé confie à sa servante tout ce qui regarde le spirituel et l'intérieur des familles, soupçon dont l'effet inévitable est de le faire haïr ou mépriser.

De son côté, le pasteur exercera l'autorité dans sa maison sans dureté comme sans hauteur ; il cherchera constamment, à l'exemple d'un grand prélat, dont le souvenir n'est pas encore loin de nous (1), à rendre heureux tous ceux qui l'entourent ; se montrant plein d'attentions et d'égards pour ses domestiques (2). L'obligation de servir, disait ce respectable archevêque, est assez humiliante par elle-même et souvent bien pénible ; c'est au maître à l'adoucir le plus qu'il peut, en sorte que les domestiques soient satisfaits en nous servant. On doit les traiter avec bonté, n'échapper aucune parole dure, et ne faire jamais la moindre démonstration de hauteur et de supériorité. S'ils méritent des avis, on les reprendra avec la charité d'un père, plutôt qu'avec la sévérité d'un maître. Rien ne concilie à un chef de maison l'affection et le dévouement de ses domestiques,

---

(1) M. le cardinal de Cheverus, archevêque de Bordeaux.
(2) *Si est tibi servus fidelis, sit tibi quasi anima tua ; quasi fratrem eum tracta.* (Eccli. 33.). *Noli esse sicut leo in domo tuâ, evertens domesticos tuos, et opprimens subjectos tibi* (Eccli. 35).

comme la douceur, dit S. Chrysostôme. Toutefois, cette douceur ne doit pas moins exclure la mollesse que l'âpreté, parce que l'énergie du commandement est le nerf de la discipline dans les petits gouvernements comme dans les grands.

Un curé agira prudemment s'il ne donne que de rares louanges à sa domestique; des preuves d'attachement souvent répétées, des flatteries lui feraient croire qu'elle est douée d'un haut mérite, et elle en deviendrait plus fière et plus arrogante.

OBLIGATION POUR LE PRÊTRE DE N'AVOIR A SON SERVICE QUE DES PERSONNES D'UN AGE CANONIQUE.

Un point important et capital, qui intéresse au plus haut degré la dignité du sacerdoce et la bonne réputation du clergé, c'est que le prêtre n'attache au service de sa maison que des personnes qui joignent, à la régularité de leur conduite, la canonicité de l'âge. On murmure quelquefois bien à tort de ce que les administrations ecclésiastiques sont trop sévères sur l'application d'une mesure éminemment tutélaire et protectrice de l'honneur du prêtre. N'aurait-on pas lieu de se plaindre avec plus de raison, si les évêques se relâchaient de l'observance rigide, il est vrai, mais prudente, mais sage, d'une règle qui est toute dans l'intérêt moral des pasteurs eux-mêmes. Aussi la défense d'avoir pour domestiques des personnes du sexe au-dessous de l'âge de quarante ou même de cinquante ans, est-elle établie par tous les conciles des temps anciens et modernes, lesquels frappent, *ipso facto*, les clercs transgresseurs, de la suspense des fonctions sacerdotales. Le concile de Nicée n'excepte que la mère, la sœur, la tante, ou seulement les femmes à l'abri de tout soupçon : *Aut matrem, aut sororem, aut amitam, vel eas tantùmmodò personas quæ suspicionem effugiunt.* Cette mesure canonique a toujours paru d'une si haute importance que, malgré la variation des mœurs et des époques, malgré les adoucissements tolérés dans les siècles de relâchement et de corruption, elle a échappé au naufrage des mœurs cléricales, et qu'elle est devenue, par son universalité et sa perpétuité, une règle générale et immuable de discipline pour tout le sacerdoce catholique. Que les membres du clergé environnent donc de leur respect cet antique usage, si cher à l'Eglise et qui intéresse tant l'honneur des individus et du corps tout entier. Quoi de plus délicat que la réputation du prêtre ? Elle est flétrie par l'injure seule d'un soupçon. En présence d'aussi graves considérations, disparaissent et s'effacent tous les motifs ou plutôt les prétextes que l'on fait valoir pour être dispensé de cette loi, dont rien au monde ne saurait légitimer l'infraction : *Ne in præteritâ castitate confidas; periculosè enim tibi ministrat virgo cujus vultum frequenter attendis.* (Concil. d'Aix-la-chap.) *Multi ob speciem mulieris perierunt.* (Eccl.) Avec les femmes presque toujours *periclitatur fama, periclitatur et conscientia.* (S. Aug.) C'est là un danger imminent et perpétuel pour la vertu du prêtre : *Ancillæ, quæ in obsequio sunt, tibi scias esse in insidiis; quia quantò vilior eorum conditio, tantò facilior est ruina.* (S. Jérôme.) C'est pour cela que S. Chrysostôme disait : *Episcopo non licet virginum contubernio uti.* S. Augustin ne voulait pas même habiter avec sa sœur, femme d'une éminente sainteté, parce que, disait-il, les personnes qui fréquentent ma sœur ne sont pas mes sœurs : *Quæ cum sorore meâ sunt, sorores meæ non sunt.* Le saint évêque de Genève en agit de même avec sa vertueuse mère, la comtesse de Sales. S. Basile interdit un ecclésiastique septuagénaire pour avoir gardé chez lui une femme contrairement aux saints canons. En devenant prêtres, nous n'en restons pas moins des hommes faibles et fragiles ; la témérité qui s'expose ne peut manquer de périr : *Qui amat periculum in illo peribit.* Après tout, si ce règlement est sévère, il a été imposé par l'autorité légitime et dès-lors il est strictement obligatoire : *Dura lex, sed lex.* Ces canons et ces règles ne sont donc pas une lettre morte.

Un ecclésiastique doit se rappeler sans cesse que les affections sensuelles sont des feux mal éteints, et qu'il faut se garantir, à tout âge, de l'ardeur de leurs flammes; l'esprit est prompt, la chair est faible et le démon habile dans l'art de séduire. C'est par la fidélité seule à observer les prescriptions de l'Eglise qu'on pourra se soustraire aux dangers et se conserver pur devant Dieu et devant les hommes. La demeure permanente et toujours innocente d'un prêtre avec une jeune personne pendant la longue solitude des jours et des nuits, serait, d'après saint Bernard, *non tàm exemplum quàm miraculum.* La vertu des anges suffirait à peine à braver une si périlleuse tentation. Notre corps est-il donc de fer, notre âme de marbre ou de bronze? Sommes-nous plus forts que tant d'hommes éminents en sainteté et en vertu, qui ont été victimes de l'humaine fragilité ? Peut-on, dit Salomon, marcher sur des charbons ardents sans se brûler les pieds ? Mettra-t-on des braises dans les pans de sa robe sans que le feu prenne à ses vêtements? Il en est ainsi du séjour habituel de tout homme avec la femme; en lui, le cœur est l'endroit le plus faible; et il doit toujours en redouter la trop facile séduction. Plus est précieux le trésor de l'honneur ecclésiastique, plus aussi le prêtre veillera scrupuleusement à le préserver de toute atteinte. C'est donc avec raison que saint Jérôme s'est récrié avec tant de force contre l'usage adopté par plusieurs clercs de son temps, de prendre à leur service des personnes d'un âge peu avancé ; il le taxe d'abus criminel et le stygmatise énergiquement du nom de *agapetharum pestis*.

Un curé interdira la fréquentation du presbytère aux personnes du sexe, dont l'âge, les mœurs, les habitudes ou la conduite équivoque, seraient de nature à compromettre sa réputation. S'il est obligé d'employer des ouvrières, il prendra soin d'en faire sévèrement le choix, et d'exclure les filles légères, dissipées, curieuses, indiscrètes, ou à plus forte raison celles d'une moralité suspecte. Il défendra à sa servante d'introduire chez lui, sans sa permission, ni compagnes, ni amies, ni parentes quelconques. Tout ce qui tient au prêtre, tout ce qui en approche, doit être à l'abri de la censure. Il ne donnera à aucune de ces personnes des témoignages trop expressifs d'estime, d'attachement et de confiance ; car, pour peu qu'on s'en aperçût, le public lui soupçonnerait bientôt une affection illicite et l'accuserait peut-être même d'inconduite. Il évitera, dans ses rapports obligés avec elles, toutes les manières libres et enjouées, tous discours familiers, tout ce qui pourrait, en un mot, donner prise à la malignité.

Ce serait aussi un acte d'imprudence, comme nous l'avons déjà dit, de réunir au presbytère les jeunes filles de la paroisse pour le chant des cantiques. Il en serait de même de toute autre visite pour des raisons analogues, par exemple, pour des conseils de direction ou des entretiens de piété. Il faut enfin qu'un presbytère offre à tous ceux qui le visitent l'austère régularité d'une communauté religieuse.

INCONVÉNIENTS DE L'HABITATION OU DU SÉJOUR DES PARENTS CHEZ LE PRÊTRE.

Les parents qui demeurent au presbytère ou qui y font un long séjour, passent souvent aux yeux des peuples pour des gens avides, venant, pareils à des sangsues, sucer la substance des pauvres et s'enrichir des produits de la cure. Les villageois se persuadent facilement que ce sont eux qui pourvoient à tous les frais d'entretien de la parenté de leur pasteur et qu'ils contribuent ainsi à en augmenter l'aisance. Cette prévention se change en certitude quand ils le voient diminuer ses aumônes et les indigents s'éloigner du presbytère, ou bien sa famille s'ingérer dans les affaires d'intérêt et la perception du casuel. Ah! c'est une bien pesante croix pour un curé que celle de ses parents, soit qu'ils résident chez lui, soit qu'ils se trouvent établis dans la paroisse. On en a vu exploiter la cure à leur profit et, déguisant mal des vues intéressées et cupides, irriter le public par une sordide avarice, soulever l'indignation des pauvres et annuler ainsi les fruits du ministère d'un prêtre, fort méritant d'ailleurs, qui, sans leur importune présence, y eût assurément obtenu de brillants succès par sa piété, son zèle et ses talents. Le presbytère, du moins dans les communes rurales, est le grand point de mire des paroissiens : attentifs à observer tout ce qui s'y passe, épiant malicieusement le curé dans l'ensemble de ses actions et surtout dans sa conduite envers ses proches, ils ne tarderont pas à s'apercevoir et à remarquer entre eux qu'une sœur ou une nièce est arrivée chez l'oncle ou le frère, sous le modeste costume d'une simple campagnarde. Ils la voient ensuite sortir peu à peu de sa condition originelle, afficher dans sa mise l'étalage de la riche bourgeoisie et se transformer enfin, au sein d'un humble village, en élégante demoiselle, stimulant par ses prétentieux atours et par la coquetterie de sa toilette, le goût effréné des jeunes paysannes pour l'éclat des parures. Le curé, censeur officiel des abus, se trouve-t-il alors obligé de réclamer, du haut de la chaire, contre l'invasion du luxe, il ne pourra ni parler de simplicité dans les habits, ni même articuler le mot de vanité, sans provoquer de la part de ses auditeurs, une explosion de malignes plaisanteries et de murmures. Ce défaut dans une fille va bien rarement seul ; c'est souvent un symptôme indicateur et précurseur d'affections conjugales qui se décèlent bientôt, d'abord par des attentions particulières pour certaines familles de la paroisse, puis par des liaisons avec tel ou tel jeune homme, et enfin par de véritables intrigues qui se nouent en l'absence ou à l'insu du pasteur, et jusque dans sa maison même. S'il ne se hâtait de mettre un terme à ces périlleux tête à tête, il verrait bien vite le scandale cloué aux murs du presbytère, et le public, qui a l'œil perçant et l'oreille aux aguets, s'en faire le propagateur. Des oncles et des frères ecclésiastiques ont été, sur ce point, trop souvent dupes de leur simplicité à l'égard de leurs sœurs et de leurs nièces. La demeure curiale est ainsi quelquefois un séjour dangereux pour les jeunes parentes d'un prêtre qui, se confiant en elles d'une manière aveugle, les laisse vivre au gré de leurs caprices, ou, pendant ses fréquentes sorties, néglige de veiller sur ce qui se passe dans son presbytère. Dès qu'un curé remarquera dans ces personnes un goût prononcé pour le mariage, il s'empressera d'acquiescer à leurs désirs en leur donnant un *exeat*. Ne serait-il pas aussi absurde qu'injuste d'y mettre opposition et d'exiger d'elles ce que Dieu lui-même ne leur demande pas ?

C'est là, d'ailleurs, le sage conseil que donnait saint Jérôme :
Matrimonium petit, matrimonio trade; sed sponsalia in domo paterna, non in presbyteratu, paranda et perficienda sunt.

On ne comprend pas comment de jeunes ecclésiastiques ont l'imprudence d'attirer auprès d'eux les membres de leur famille, sans même consulter personne sur cette détermination qui importe tant à leur tranquillité, à leur indépendance et à leur bonheur, qui n'intéresse pas moins les succès de leur ministère. Je sais que, en prenant cette mesure, un jeune prêtre cède à des conseils quelquefois respectables, aux instances de ses parents, à la voix si puissante du sang, à un sentiment même de piété filiale d'ailleurs louable. Mais, nonobstant l'autorité de ces raisons, il fera bien, avant de prendre un parti définitif, de demander avis à des hommes éclairés et surtout à son évêque auquel il exposera, avec une exacte vérité, les motifs pour et contre l'exécution de ce projet. Il aquiescera toujours aux observations de son supérieur qu'il regardera comme une décision du ciel.

Un curé ne se déterminera point légèrement à recevoir chez lui son père et sa mère. Chef de la paroisse et de sa maison, pourra-t-il exercer facilement cette double autorité sur ceux auxquels, comme fils, il doit le respect et la soumission? De quel ascendant jouira-t-il pour la répression des vices et des abus qu'il remarquerait dans leur conduite ? Ne sera-t-il point dominé et asservi par eux ? En toute hypothèse, il ne devra jamais consentir à les recevoir à demeure, s'il y a des flétrissures dans leur passé, des taches à leur réputation et à leurs mœurs ; s'ils étaient infidèles aux pratiques de la religion ou suspects en matière de tempérance ; s'ils avaient enfin un caractère difficile et inconciliable avec le bon ordre et la discipline qui doivent régner dans un presbytère.

Le pieux Bourdoise, aussi original dans ses expressions que

sage dans ses idées, était tellement convaincu de la réalité des inconvénients de la famille pour les prêtres, qu'il exprimait le vœu que ceux-ci n'eussent de *parents qu'au cimetière*.

Homme tout céleste, le prêtre a dû, en embrassant la cléricature, se détacher de sa famille charnelle pour ne plus s'affectionner qu'à sa nouvelle famille spirituelle désormais pour lui la plus chère. Prêtre selon l'ordre de Melchisedech, il n'a plus de généalogie ni de parenté.

CHAPITRE XX.

RAPPORTS DU PRÊTRE AVEC LE MONDE.

NÉCESSITÉ ET AVANTAGES DE CES RAPPORTS.

Recherché jadis et fêté par les gens du monde, le clergé faisait l'ornement et les délices de toutes les sociétés; il était l'âme de leurs jeux et de leurs plaisirs. Il n'y avait point de soirées et de réunions splendides auxquelles on ne le conviât; elles auraient paru tristes, sans sa présence. Il en est bien différemment de nos jours. Au lieu de paraître et de briller dans les cercles, le clergé vit obscur, solitaire, oublié, méconnu. Occupé, à l'insu des hommes, à prier, à étudier, à confesser, à catéchiser, à soigner les malades, à visiter les pauvres et les orphelins, il est absolument séquestré des enfants du siècle avec lesquels il ne se trouve plus en contact. Trop mondain autrefois, il s'est peut-être aujourd'hui trop isolé du monde où il a l'air d'une colonie d'étrangers. De là un mur de séparation entre les séculiers et l'ordre ecclésiastique qui forme comme une caste à part dans notre état social. L'isolement, telle est une des causes principales de cet antagonisme. Quoi de plus naturel, en effet, que de voir naître, entre des hommes qui ne se connaissent point, des préventions et des défiances dont on se dépouille une fois qu'on s'est vu et rencontré. Un rapprochement entre le prêtre et la société ne tarderait donc pas à faire succéder à cet état d'hostilité des sympathies qui auraient pour résultat une mutuelle et prochaine réconciliation. Ils le savent bien, les ennemis de la religion : aussi, pour réussir à ruiner l'ascendant moral du clergé cherchent-ils à le représenter comme une race ennemie des peuples, et à rendre infranchissable la barrière de préjugés qui existe entre lui et le monde. Averti de ces perfides desseins, et convaincu qu'une absolue séquestration ne ferait qu'aggraver le mal au lieu d'y porter remède, le clergé se gardera donc bien de donner en aveugle dans le piége qu'on lui tend, et il se mêlera un peu à la société sans se fondre néanmoins avec elle. Il faut, à tout prix, qu'il rétablisse un pont sur l'abime qui le sépare du reste des hommes ; il ne recouvrera un peu d'ascendant sur le monde et le monde lui-même ne reprendra des dehors plus religieux, une sorte de physionomie plus chrétienne, qu'à l'aide d'un rapprochement qu'il est urgent de tenter. Tous deux y gagneront, l'un en sociabilité, et l'autre en sympathies pour notre ministère et nos croyances. Il faut, dit un auteur, que le berger et le troupeau se voyent pour se connaître et s'affectionner mutuellement. Que de fois une entrevue, un voyage, une rencontre tout à fait fortuite ont rapproché et uni des séculiers et des ecclésiastiques qui, de prime abord, étaient en défiance réciproque ! Il a suffi de l'échange de quelques paroles pour dissiper le nuage des préventions et former des rapports d'amitié et de confiance. Il faut, dit M. Guizot, guérir la haine antireligieuse, rapprocher l'esprit chrétien et l'esprit du siècle, l'ancienne religion et la société nouvelle, mettre un terme à leur hostilité, les ramener l'une et l'autre à se comprendre et à s'accepter réciproquement; telle est la pensée qui doit inspirer tout prêtre.

Que de services rendrait au monde, en le visitant, un prêtre sage et éclairé qui n'y paraîtrait qu'avec des intentions pures et une dignité vraiment sacerdotale! Ne trouverait-il pas mille fois l'occasion d'y remplir un véritable apostolat envers tant de pécheurs et d'indifférents qui ne viennent jamais écouter sa voix à l'église et au confessionnal, qui sont même presque aussi étrangers à la religion que des Indiens de l'ancien ou du nouveau monde (1)? Ne doit-on pas s'apitoyer sur leur malheureux sort et courir après ces ouailles errantes et rétives pour les ramener au bercail? Ne sont-ce pas ces malades spirituels qui ont un plus pressant besoin de la visite et des soins particuliers du bon pasteur? *Non est opus medicus benè habentibus, sed malè habentibus.*

En se mêlant un peu aux hommes, un curé éclairerait l'ignorance des uns, dissiperait les doutes et les préjugés des autres, et combattrait toutes ces objections vulgaires qui, bien que usées, ne laissent pas de faire impression. Ne réussit-il pas à convertir, il opèrerait un bien immense en faisant cesser d'injustes antipathies contre l'Eglise et le sacerdoce, en réconciliant peu à peu avec son habit noir ce parti hostile qu'effarouche son seul aspect. Que de fois, dans

---

(1) Il ne faut pas qu'un curé se croie quitte envers ses paroissiens en leur disant la messe et en leur faisant le prône tous les dimanches. Il ne devra cesser d'agir, et ne goûter de repos, que quand il n'y aura plus d'ignorants à instruire, de préjugés et d'erreurs à dissiper, de faibles à soutenir, de pécheurs à ramener et d'abus à corriger.

ses rapports avec les incroyants, ne trouvera-t-il pas l'heureuse occasion de jeter, parmi l'ivraie de leurs fausses idées, un grain de vérité que fécondera plus tard la bénédiction du ciel ! Qui sait s'il ne parviendra pas à s'insinuer dans leurs cœurs et à gagner leur confiance ? Ces incrédules, sans doute, n'affectionneront d'abord le prêtre qu'en vue de ses qualités personnelles; mais ils ne tarderont pas à l'aimer comme prêtre même. C'est là un consolant présage de retour; car, nous ne saurions trop le redire, un ami acquis au prêtre est déjà à moitié conquis à la religion, et il reconnaît volontiers pour pasteur celui qu'il affectionne comme ami. Il y a d'ailleurs dans le monde tant d'honnêtes gens auxquels, pour être de parfaits chrétiens, il ne manque que le baptême de la foi ! Le bon pasteur ne doit-il pas aller à leur rencontre plutôt que de se claquemurer dans son presbytère ? Un curé qui est vraiment apôtre ne se renferme pas dans le sanctuaire, attendant que les pécheurs viennent l'y trouver; il va au-devant d'eux pour leur faire reprendre le chemin de l'Eglise et les remettre dans la voie du salut. Combien d'autres services ne rendra-t-il pas à cette noble portion de son troupeau restée croyante et fidèle ! Ici il adressera d'utiles conseils à un adolescent, de sages observations à une jeune personne, une paternelle réprimande à un enfant indocile pour le rappeler au devoir; là il corrigera un abus, réformera un vice, étouffera des haines, préviendra ou terminera à l'amiable un procès, éteindra les dissensions du foyer domestique, rétablira l'union entre un père et son fils, rendra à un époux le cœur de son épouse, réconciliera des voisins divisés et portera la paix de J.-C. dans l'intérieur d'une famille. Ailleurs il se conciliera la bienveillance des grands qui, sensibles aux égards qu'il leur témoigne, lui assureront un patronage utile en faveur de la religion et des mœurs publiques ou de sa propre tranquillité, si l'on venait à la troubler. Ajoutons que, en méritant l'amitié et la confiance des riches, il deviendra le canal de leurs bienfaits et le dépositaire de leurs aumônes, et se ménagera ainsi de précieuses ressources en faveur de l'infortune et de l'indigence. Enfin, il trouvera quelquefois l'occasion d'adresser quelques paroles amicales à des hommes qui lui sont peut-être hostiles, de s'informer de leur famille, de leur état, de leurs affaires ou de leurs moyens d'existence. Une visite de ce genre faite à propos aura pour effet de rattacher au pasteur des cœurs ulcérés ou prévenus. En se répandant ainsi avec discrétion au sein des familles, rappelant les égarés à la voix du devoir, réchauffant le sentiment religieux chez les tièdes, soutenant une conversion naissante par des encouragements paternels, intercalant adroitement dans ses conversations quelques réflexions morales et religieuses, mêlant toujours çà et là et à propos un mot de Dieu, d'édification et de vertu, il s'insinuera dans le cœur de tous et exercera dans le monde une mission plus profitable par ses résultats que la chaire où il parlerait même avec éloquence. Il importe surtout qu'on voie le bon curé dans le monde toutes les fois qu'il y aura des douleurs à consoler et des malheurs à réparer. Ah! que sa présence fait de bien au sein des familles quand elles ont des parents à l'agonie ou des morts au cercueil! Qu'il est beau et surtout fructueux le ministère de consolation dévolu alors au prêtre chrétien! C'est ainsi que des pasteurs, non moins habiles que pieux, ont acquis sur leurs paroissiens un ascendant irrésistible qu'ils ont fait servir à l'accroissement du règne de Dieu et à la sanctification des âmes. C'est bien le temps le mieux employé, celui que l'on consacre à reconquérir le monde à J.-C. De là il suit qu'il n'y a que le bon prêtre qui ait droit de voir le monde, et qui puisse le visiter avec profit.

D'ailleurs, un ecclésiastique ne peut pas toujours vaquer à des devoirs soucieux et pénibles; il éprouve le besoin de suspendre ses études et ses occupations sédentaires. L'esprit humain n'est pas propre à soutenir longtemps la contention du travail et le sérieux de la retraite. Ses visites dans la paroisse seront donc pour lui comme un remède à l'ennui, une diversion aux sollicitudes du ministère, un délassement utile et innocent. Mais que dis-je? l'obligation de voir le monde est souvent moins un agrément qu'une véritable servitude pour le bon prêtre qui, assurément, trouverait plus de satisfaction et de véritables jouissances dans son oratoire ou son cabinet d'étude. Il saura ici sacrifier ses goûts à son devoir et se dévouer à une religion dont les intérêts touchent si vivement son cœur. Enfin, le prêtre séculier n'est pas un reclus: il ne doit donc pas se confiner dans son presbytère comme un hermite dans sa cellule, ni mener la vie claustrale d'un trappiste ou d'un chartreux (1).

Un dernier avantage qui résultera pour le prêtre de ses rapports avec le monde, c'est d'y acquérir cette fleur d'urbanité française, ce savoir-vivre qui fait les hommes bien élevés. Les ecclésiastiques, on le sait, ne sont pas tous des fils de bonne maison; ils n'ont pas universellement reçu, au sein de leur famille, cette éducation distinguée, ces formes agréables et aisées, ce vernis d'élégance et tous ces procédés gracieux,

---

(1) La vie claustrale, dit un publiciste, n'est pas celle qui convient au curé de nos jours. Il ne saurait se rendre utile, en vivant dans une complète ignorance de l'état actuel de la société, de ses besoins, de ses tendances, de ses goûts, de ses croyances et de ses préjugés; en un mot, de tout ce qu'il doit indispensablement connaître, soit pour savoir où porter principalement les secours de son ministère sacré, soit pour discerner les points de contact, les opportunités qui lui rendraient les âmes accessibles.

délicats, qui sont de règle dans la haute société. Or, par leur frottement avec le monde, ils se dépouilleront de cette rude surface, de cette écorce raboteuse, de cette âpreté de caractère dont quelquefois on fait le reproche à plusieurs d'entre eux; ils y gagneront de l'usage, y poliront leur esprit, y adouciront la rusticité de leurs manières, s'y façonneront au ton de la bonne compagnie, qui va si bien à un homme de leur position. Ajoutez que leurs relations sociales les rendront moins timides et moins embarrassés, moins singuliers, misantropes et sauvages; avantages qui ne sont pas sans importance, quand une paroisse renferme un certain nombre de personnes bien élevées. On s'empresse de faire partout bon accueil à un prêtre poli, et le peuple, témoin de l'estime et de la bienveillance que lui portent les notables du lieu, aura pour lui plus d'amour et de vénération.

Au surplus, en ne voyant le monde que pour l'édifier et le sanctifier, un curé ne courra jamais aucun péril pour sa vertu. Ce que l'on fait en vue de Dieu, n'éloigne jamais de Dieu, et l'on est toujours en sûreté là où il nous appelle.

INCONVÉNIENTS A VOIR LE MONDE TROP SOUVENT.

A voir trop souvent le monde il y a beaucoup à perdre et peu à gagner. Un curé ne doit pas, sans doute, s'en exiler, parce qu'il serait justement accusé d'une misanthropie originale et sauvage; mais il s'abstiendra de le visiter habituellement, en considération des inconvénients attachés à la fréquence de ces rapports, inconvénients que nous allons énumérer :

1° Le prêtre qui se répandrait par goût dans le monde et

céderait volontiers aux instances qu'on lui fait sur ce point, perdrait un temps précieux qu'il vaut mieux économiser et mettre à profit. Il est l'homme de Dieu, de la retraite et de la prière, et non un homme de salons et de plaisirs. L'emploi de tous ses moments appartient à la méditation de ses devoirs, à l'étude des sciences ecclésiastiques et aux soins multipliés du ministère. S'il se livre au monde, il sera absorbé par lui. Les joies dissipantes de la société sont incompatibles avec la vie active d'un ecclésiastique qui a charge d'âmes.

2° L'esprit du monde et l'esprit sacerdotal sont diamétralement opposés : *Amicus sæculi, inimicus Dei.* Ce que l'Evangile réprouve, souvent le monde le canonise. Dans son contact habituel avec celui-ci, le prêtre adoptera insensiblement ses goûts et ses sentiments, se nourrira de ses maximes, s'accommodera à son langage, puisera son esprit de dissipation et de mollesse, et s'identifiera complétement avec lui. Aussi le curé qui s'éprend du monde, sent-il peu à peu son cœur se dessécher, sa ferveur se ralentir, son ardeur décliner, et la sévérité elle-même de ses mœurs s'amollir. On vit toujours de l'atmosphère qu'on respire (1) : or, l'air pestilentiel du siècle corrompt, use et dissout l'esprit ecclésiastique, amortit la piété, le zèle et toutes les autres vertus religieuses et morales, au point qu'on n'a bientôt plus du sacerdoce que le caractère et l'habit. Il en est du prêtre adonné au monde comme d'une

---

(1) De même qu'un médecin finit par être atteint du virus de la contagion régnante, en visitant assidûment des pestiférés, ainsi le prêtre se relâche peu à peu dans le monde, et finit par devenir victime de ses séductions. Dès le principe on éprouve quelques scrupules, des remords même, mais ils se calment bientôt; de là on passe à la conformité de goût et d'inclinations, puis au désir d'imiter, et enfin

plante de la montagne, qui a besoin, pour croître, que ses racines s'enfoncent dans les fissures d'un rocher, et qui dépérit lorsqu'on la transporte dans la plaine, ou sous un climat étranger. Rarement l'innocence de son âme sort-elle des cercles profanes sans altération et sans tache : *Quoties apud homines fui, minor homo redii.* La solitude, au contraire, est son élément naturel, sa sauvegarde la plus sûre ; elle le fortifie, l'épure et l'abrite contre les séductrices influences.

Au surplus, c'est ainsi qu'en pense et qu'en juge le monde lui-même. Quels ecclésiastiques associe-t-il à ses assemblées et à ses plaisirs? Ne sont-ce pas ceux précisément qui lui paraissent abdiquer le sérieux de leur ministère et les vertus de leur état? Convie-t-il jamais à ses fêtes les prêtres vraiment saints et respectables ? Non. Ce n'est que dans les circonstances graves, les afflictions et les approches de la mort, qu'on le voit recourir à ceux qu'il révère. Alors, il laisse là les mondains dont, au fond, il fait peu de cas; il sait leur rendre la justice qu'ils méritent, en les jugeant ineptes pour tout ce qui tient à la conscience et au salut.

3° La présence d'un curé dans le monde, si elle y est fréquente, lui enlève ce prestige de considération et de respect qui constitue toute sa puissance morale. Quand on voit un homme de tout près, et tel qu'il est effectivement, on trouve souvent qu'il n'est, en réalité, ni aussi estimable, ni aussi vertueux qu'il en avait l'air : *Præsentia minuit famam.* Il faut donc s'attendre que, exposée à des yeux clairvoyants,

---

à ces souillures, suite inévitable d'un perpétuel contact avec le monde. *Non aliundè clericalis ordinis dignitas fuit offensa quàm a nimiâ laicorum familiaritate* (Concile d'Aquilée).

malins et censeurs, la pauvre humanité du prêtre paraîtra au grand jour environnée de toutes ses imperfections et de ses faiblesses. Aussitôt que l'homme aura percé sous la soutane, le charme s'évanouira avec les idées avantageuses qu'on avait conçues de lui (1).

On est vu, au contraire, sous un jour plus favorable, quand on est vu rarement et à une certaine distance. Que les apparitions du prêtre parmi les hommes soient rares, dit Châteaubriand; c'est à ce prix qu'on lui accordera le respect et la confiance. Le prêtre, selon la remarque d'un moraliste, ne devrait se laisser voir que dans les fonctions de son ministère et à travers les nuages de l'encensoir. Si vous voulez, ajoute un publiciste, que les prêtres soient environnés de la vénération publique, ne les mettez ni dans le monde, ni dans les affaires humaines. Ils sont comme des vases sacrés; c'est les profaner que de les employer aux usages du siècle. Croire qu'on s'assure l'estime et la bienveillance du monde en se familiarisant avec lui, est une grave erreur. Il y a, sans doute, dans ces paroles, de l'exagération, mais aussi un peu de vérité. Le prêtre qui ne se prodigue point, et ne se laisse voir que dans un demi-jour mystérieux, n'en paraît que plus vénérable; il est reçu de ses paroissiens avec une respectueuse affection et une joie ineffable. Ses visites sont considérées comme une honorable faveur et répandent le contentement dans toute une famille.

---

(1) En nous montrant souvent au monde, nous accoutumons les fidèles à nous voir sans respect et sans attention; notre dignité souffre toujours de la familiarité de notre présence. Il n'y a qu'à perdre pour nous dans le commerce familier des mondains. Notre rareté dans le public nous fera toujours honneur (Massillon) : *Rarus sit egressus tuus in publicum.*

Que pense et que dit-on d'un curé qui se produit avec indiscrétion ? *Gravis est nobis ad videndum* (1). Quel poids peut avoir sa parole, après qu'on l'a vu se donner souvent en spectacle dans les assemblées, les fêtes, les jeux ou les soirées qui ont lieu dans la paroisse ? Pourra-t-il, en chaire et au confessionnal, exposer avec une vigueur vraiment sacerdotale, les graves et sévères enseignements de l'Evangile, parler de la fuite du monde et des pièges qu'il tend à l'innocence ? Exercera-t-il un apostolat utile en présence de ceux qui sont ses compagnons habituels de table et de plaisirs ? Quand un prêtre est regardé comme un homme semblable à tous les autres; aussi léger, indiscret, caustique, médisant, aussi adonné enfin à la bonne chère et aux autres vices du siècle que les mondains eux-mêmes, c'en est fait de sa mission évangélique, qui sera pour les paroissiens d'une nullité à peu près complète.

INCONVÉNIENTS A ÉVITER DANS LES RAPPORTS AVEC LE MONDE.

1° Le prêtre, dans ses rapports avec les paroissiens, saura respecter et faire respecter sa dignité. Qu'il soit populaire et d'un abord facile pour tous; mais qu'il ne se laisse traiter par personne avec familiarité. De là il suit qu'il ne doit pas se répandre dans la société des villageois; il les visitera, sans doute, mais ne les fréquentera pas, à moins que ce ne soit à titre d'apôtre et pour les ramener à Dieu. On connaît la tendance naturelle du peuple, et surtout des campagnards, à se mettre à l'unisson de tous ceux qu'ils voient habituellement. En se prodiguant au milieu d'eux, le curé ne serait

(1) Sagesse.

bientôt plus que leur pair et leur égal. Il faut savoir se placer à un certain degré d'élévation dont il ne convient jamais de descendre. La distance à garder ne doit être ni un rapprochement, ni moins encore un éloignement (1).

2° Il importe assurément qu'un curé soit bien avec les riches de sa paroisse, ne serait-ce que pour empêcher toute opposition de leur part au bien qu'il se propose de faire ; mais il ne retirera, finalement, que bien peu de profit spirituel de ses visites fréquentes chez les grands du monde, parce que leur retour à Dieu rencontre trop d'obstacles. Rien de plus aisé que de se mettre en bons rapports avec eux ; mais les déterminer à revenir à l'église, surtout au confessionnal et à la table sainte, est un point d'une immense difficulté. Il n'en est pas de même des gens du bas peuple généralement plus faciles à ramener au Seigneur : si on leur consacrait tout le temps qu'on donne inutilement aux riches, l'emploi en serait mille fois plus fructueux. Un bon curé s'attachera donc de préférence au peuple dans ses relations pastorales. Malgré la répugnance à se trouver en contact avec cette classe mal élevée de ses paroissiens, il saura en faire le sacrifice et regarder comme les plus utiles et les plus heureux moments de sa vie ceux qu'il destine à la sanctification de leurs âmes : *Evangelizare pauperibus misit me.* — *Tibi derelictus est pauper; orphano tu eris adjutor.* Il n'imitera donc pas ces ecclésiastiques mondains qui regardent comme une insigne faveur d'avoir leurs entrées libres dans une maison seigneuriale, et tiennent plus aux bonnes grâces des riches qu'au salut des pauvres campagnards dont l'âme, pourtant, nous le répétons, vaut

---

(1) On remarque d'ailleurs que les curés de campagne qui se prodiguent, perdent le ton de la bonne compagnie, l'usage des convenances sociales et même ecclésiastiques, et finissent par s'*apaysaner*.

celle des académiciens, des ducs et pairs de France. Il sera le visiteur de la chaumière autant que du château, le consolateur de la veuve et de l'orphelin, plutôt que le courtisan et l'adulateur des puissants.

Après les pauvres, les préférences du bon pasteur seront pour ceux qui gémissent sous le poids de l'affliction et de l'infortune. Il y a des épreuves si dures, des maux si intolérables, que rien, hormis la religion, ne peut en alléger le fardeau. Qu'il s'empresse donc toujours de verser sur les plaies de la douleur le baume des consolations chrétiennes. Sa place naturelle n'est-elle pas partout où il y a des larmes à sécher et des malheureux à secourir ?

5° Un curé agira sagement s'il ne contracte d'intimité spéciale avec personne, et vit en bonne intelligence avec tous. Fréquenter une ou deux familles exclusivement aux autres, avoir pour elles des attentions trop marquées, épouser leurs intérêts, leurs rivalités et leurs passions, est un acte d'imprudence et de maladresse. Ces préférences font naitre des jalousies et provoquent même des irritations. N'est-il pas mieux qu'un pasteur, à l'exemple du divin modèle, ne fasse acception de personne ? Rien, toutefois, de plus naturel et de plus juste qu'il admette dans sa familiarité les paroissiens les plus recommandables par leur piété et la régularité de leur conduite : *Inter sæculares sectare meliores.*

Ce n'est que dans des cas rares et exceptionnels qu'il pourrait voir des individus d'une orthodoxie douteuse ou d'une moralité équivoque. Le public religieux n'aurait-il pas lieu de s'étonner qu'il formât des liaisons, par exemple, avec des esprits forts, des francs-maçons, des épicuriens, des hérétiques, avec des hommes enfin notoirement connus pour contempteurs de la religion et de la vertu ? De telles liaisons ne sont-elles pas réprouvées par les simples bienséances ?

4° Un curé n'assistera point à ces assemblées nombreuses, à ces fêtes mondaines où règne une gaité bruyante et folâtre, et, à plus forte raison, une certaine licence. Car alors il faudrait, pour n'être point à charge, qu'il s'y relâchât de la gravité de son caractère. Si donc il était invité à des soirées dansantes, à des dîners où l'on violerait l'abstinence, à des réunions quelconques où la religion et la décence seraient traitées légèrement, où le ton, le langage, les manières seraient trop peu analogues au sérieux de son ministère, partout enfin où la présence d'un prêtre serait déplacée, il s'abstiendra d'y paraître. Quand, d'un côté, on ne peut réclamer contre des abus sans blesser les bienséances, et que, de l'autre, on ne peut se taire sans scandale, il ne reste qu'un parti à prendre, celui de refuser poliment une invitation. Le monde lui-même comprend les convenances de notre position, et il a trop de délicatesse pour exiger que nous y dérogions jamais. Laissons-lui ses soirées, ses fêtes et ses plaisirs, et n'y portons pas indiscrètement la tristesse par la sainte gravité du caractère sacerdotal qui, pour lui, serait alors importune.

MANIÈRE DE SE CONDUIRE DANS LES RAPPORTS AVEC LE MONDE.

Dans ses relations sociales, le prêtre sera habituellement d'une gaité et d'une familiarité décentes, d'un esprit sociable et liant, d'une humeur accommodante et facile, d'un caractère plein de candeur et de loyauté. Toutefois, sa cordialité et sa franchise ne dépasseront pas les règles de la discrétion et de la réserve. Sa vertu se montrera constamment douce, accueillante, aimable, jamais froide, sombre ni austère.

Honnête, respectueux même envers les grands, sans se ravaler néanmoins jusqu'à devenir leur bas et servile flatteur, il saura tenir son rang dans la société et ne point descendre au-dessous ; il n'accepterait plus à dîner, par exemple, chez ces familles qui méconnaissent les égards dus au sacerdoce, au point de considérer un prêtre comme le dernier des convives et de le reléguer au bout de la table. C'est une leçon de savoir-vivre à donner à certains hommes qui, sans doute, ne s'exposeront plus à la recevoir une seconde fois. L'humilité dans la personne d'un curé n'exclut point le sentiment de sa dignité.

Le monde, on le sait, est inexorable sur l'article des convenances, et un ecclésiastique, moins que tout autre, pourrait y déroger. En se présentant dans la société, il aura donc assez de tact pour ne jamais heurter de front les usages reçus, ni ces préjugés qu'on ne saurait contredire sans froisser et déplaire. Il observera avec un soin scrupuleux toutes les bienséances qui ont cours parmi les hommes de la bonne compagnie. Il évitera cette gaîté bruyante, ces gros éclats de rire si déplacés, ces conversations assaisonnées de saillies d'un mauvais genre, cette franchise rude et blessante, ces airs de suffisance et de prétentions, ce ton magistral qui tendrait à régenter la société. Des conversations intéressantes, des discussions scientifiques ou littéraires, d'innocentes et spirituelles plaisanteries, quelques traits fins, des réparties heureuses et faites à propos, tels doivent être ses entretiens favoris et habituels dans ses relations avec le monde. Il se tiendra en garde contre la manie de contredire, de railler et de dénigrer, chose détestable dans un prêtre. Un esprit moqueur qui humilie, blesse et immole autrui à sa causticité, est toujours l'indice d'un cœur mauvais. En résumé, un prêtre se montrera noble et digne dans le monde comme à l'église. Il ne doit point offrir un changement de personnage qui établisse un contraste choquant entre l'homme au pied des autels et l'homme dans le commerce du monde. A part la différence de position, ne faut-il pas qu'on retrouve à peu près au milieu des assemblées celui qu'on vient de quitter dans le temple saint? Quel pourrait être l'effet des sermons les plus pathétiques et les plus éloquents, si un pasteur en paralysait les fruits par ses légèretés, ses indiscrétions et ses inconséquences au dehors? Troubler la conscience des pécheurs à l'église, lorsqu'on la rassure dans sa conduite privée, c'est jouer, aux yeux du monde, un rôle bien peu sérieux (1).

(1) C'est ici surtout que trouve son application la remarque, exagérée sans doute, faite par un homme du monde sur le contraste que lui avait paru présenter la sévérité de Massillon dans la chaire évangélique, avec sa conduite facile dans la vie privée. *Voir ce trait historique, page 217, note (1).*

CHAPITRE XXI.

HARMONIE ENTRE LES CURÉS, LES AUTORITÉS ET LES NOTABILITÉS DES PAROISSES.

Un des points qui intéressent le plus le succès du ministère, la paix d'une paroisse et la tranquillité personnelle du curé, c'est la bonne harmonie entre lui et les magistrats ou les notables. La haute position sociale du clergé dans les temps passés, la vénération religieuse dont l'entourait la foi des peuples, vénération qui se transmettait héréditairement dans toutes les familles depuis tant de siècles, lui assuraient une autorité morale que tous respectaient. Le privilége de l'irrévocabilité était aussi pour lui une puissante sauvegarde contre l'insubordination des paroissiens. Sans doute, il éclatait alors, comme aujourd'hui, des divisions et des conflits entre un curé et les administrateurs civils ou les principaux habitants de la commune ; il y avait notamment des rivalités et des luttes entre le clergé et la noblesse : mais la fortune, la considération et l'indépendance dont jouissait le corps sacerdotal, le protégeaient efficacement contre toute aggression injuste, et lui donnaient une grande influence sur le peuple. La face des choses est bien changée. Le clergé qui, en sa qualité de premier corps de l'Etat, exerçait autrefois une si haute prépondérance, se trouve actuellement placé au dernier échelon de la hiérarchie sociale. Son crédit est déchu ou affaibli, sa position obscure, pauvre, et surtout dépendante et précaire, tandis que le peuple a grandi en richesses, en autorité et en indépendance. Ajoutez que, sous l'empire des lois qui nous régissent, le recours au ministère pastoral est tout à fait volontaire, que la profession ou l'apostasie de la religion est libre, au point que chacun peut légalement vivre en athée; que d'ailleurs, les faveurs du culte et les grâces purement spirituelles paraissent bien insipides à un siècle matériel dans ses goûts, et profondément indifférent pour tout ce qui n'a pas rapport à son bien-être physique. C'est ainsi que le sacerdoce s'est vu dépouiller de son ascendant spirituel, et la religion elle-même, de son autorité morale.

Il s'est donc opéré une transformation totale dans la position du prêtre, qui ne peut plus exercer utilement son ministère, qu'en le faisant accepter des peuples par une soumission de pure raison et tout à fait de conscience; mais il ne l'obtiendra, cette soumission, qu'autant que son enseignement, sa conduite et tous ses procédés seront empreints de modération, de mansuétude et de prudence. Il succombera, si, ne tenant aucun compte des modifications introduites dans sa situation présente, il prétend régenter sa paroisse en maître absolu, élever imprudemment des conflits entre lui et les magistrats de la commune, soulever des luttes avec ceux qui exercent sur les habitants une sorte de pouvoir absolu, faire des coups d'autorité; plus forts que lui, ses adversaires le briseront. De nos jours, un maire, un riche propriétaire, un gros fermier, un notaire, un médecin, un percepteur, un savant véritable ou prétendu, sont des puissances bien supérieures au curé dans les localités où la religion a perdu son action sur les masses. Là, seulement, où dominent les idées religieuses, le prêtre peut avoir un peu d'empire ; son ascendant est faible, nul même sur les paroisses indifférentes ou irréligieuses. Or, si un curé, dont la position est précaire et l'autorité chancelante, se commet témérairement avec les municipaux, les électeurs et les hommes prépondérants qui disposent de la population, il ne lui reste plus qu'à secouer la poussière de ses pieds, à moins qu'il ne parvienne à rétablir la bonne intelligence par des transactions pacifiques. Si, malheureusement, tout espoir d'accommodement est évanoui, que les antipathies soient invincibles et la rupture irréparable, il n'y a, le plus souvent, de remède applicable au mal que dans le déplacement du pasteur, lequel devra tôt ou tard se sacrifier au rétablissement de la paix et au salut de sa paroisse, qui ne saurait rester éternellement divisée : on ne peut ni arracher du sol les antagonistes du curé pour les transplanter ailleurs, ni laisser une commune en proie à des querelles et à des déchirements interminables. Si donc il s'obstine à lutter dans le but de rester maître du champ de bataille, ou du moins de ne pas céder la victoire à ses ennemis, son entêtement amènera inévitablement la ruine du catholicisme ; par opposition systématique contre lui, on s'attaquera à son ministère, et, de la haine de l'homme, on passera bientôt à la haine de la religion elle-même qu'il représente. Celle-ci, il faut bien le comprendre, est concentrée dans ses ministres et comme identifiée avec eux ; elle est aimée ou haïe, selon que le curé est lui-même chéri ou détesté. *Le discrédit personnel du prêtre*, selon la remarque d'un auteur, *discrédite toujours la religion qu'il enseigne : et son ministère est plutôt nuisible qu'utile à l'Église.* Pour ne point rendre sa mission stérile, un curé s'efforcera donc de prévenir toute cause de mésintelligence, évitera tout sujet de rupture, ne froissera aucun amour-propre, aucun préjugé même, et usera des plus grands ménagements, surtout envers les riches et les puissants du lieu. Les fonctionnaires municipaux et les électeurs particulièrement, ont à leur disposition tant de moyens de tracasseries pour se venger d'un curé ! Combien de mesures vexatoires qu'ils sauront, au besoin, revêtir des formes de la légalité ! On supprime ou on réduit son supplément sur le budget communal ; on lui retire les affouages ou les pâtis ; on refuse les allocations nécessaires à l'entretien du presbytère, de l'église et du culte ; on dénature ses intentions et ses paroles ; on décrie ses prônes ; on altère insensiblement la confiance publique ; on attaque ce prêtre au comité ou en fabrique ; on l'abreuve d'amertumes et de dégoûts ; on accrédite contre lui des imputations mensongères et calomnieuses ; on le dénonce aux administrateurs ecclésiastiques et civils, aux journaux même ; enfin, on le harcelle de toutes parts et avec tant de persistance, que *le poste n'est plus tenable, et qu'il faut songer à plier bagage*. Voilà, quand une guerre est allumée entre un curé et les notables du lieu, le commencement des hostilités et leur inévitable résultat final. L'expérience est là pour donner à cette vérité une victorieuse démonstration. Ces hommes n'auraient-ils pour eux qu'une très-faible minorité, presque toujours ils gagnent, en influence active, ce qu'ils n'ont pas en force numérique, et cette minorité, une fois engagée dans une funeste voie d'opposition, poursuit le pasteur avec une indomptable opiniâtreté.

La bonne harmonie est d'une si haute importance, qu'un curé doit se résigner à tous les sacrifices permis plutôt que de la compromettre ou, à plus forte raison, de la troubler. Quels succès a jamais obtenus un prêtre toujours luttant et guerroyant dans sa paroisse ? La rivalité et la haine viennent constamment à la traverse du bien qu'il veut faire ; il est contrarié pour l'exécution des mesures même les plus justes, entravé à chaque pas dans sa marche, de sorte que, en définitive, la mésintelligence rend tout projet d'amélioration, sinon impossible, du moins fort difficile. Ne vaut-il pas mille fois mieux arborer le pavillon de la paix, et avoir pour auxiliaires ceux précisément que l'on a pour adversaires? N'y a-t-il pas déjà trop d'éléments de perturbation dans les communes, et faut-il encore les accroître? Aussi les curés d'une humeur tracassière et belligérante sont-ils tout à fait antipathiques aux dispositions des peuples si peu endurants à l'égard du clergé. J'ajouterai qu'ils sont presque aussi dangereux et nuisibles à l'Eglise que les prêtres irréguliers et vicieux.

C'est surtout avec le maire et l'instituteur que le curé s'efforcera d'entretenir une parfaite harmonie : il n'est presque point de concessions auxquelles il ne doive se résoudre, dans l'intérêt de sa paroisse, pour obtenir leur salutaire concours. La commune s'appuie, dans notre constitution présente, sur trois sortes d'autorités, le presbytère, l'école et la mairie. Cette triple puissance embrasse et concentre toute l'administration. Si, au lieu de se nuire, de s'entraver et par conséquent de s'affaiblir, ce triumvirat a la sagesse de rester ami, et d'agir avec une constante union, la paroisse aussi sera dans un état permanent de paix et de concorde; toutes les passions, les mutineries, les oppositions hostiles viendront se briser contre cette harmonieuse trinité de pouvoirs dont l'alliance décuple les forces : *Vis unita fit fortior*.

Libres et indépendants dans la sphère de leurs attributions spéciales, ils ne doivent jamais ni s'absorber, ni s'entre-choquer l'un l'autre; car un conflit serait ici le suicide de l'autorité. Il est au contraire de leur intérêt de s'entendre et de se concerter, afin d'établir entre eux, par un échange réciproque de sentiments et de communications, un ensemble de vues qu'ils s'empresseront de réaliser au profit du bien-être public. Qu'un curé ne néglige donc rien pour obtenir cet heureux accord, et qu'il évite à tout prix, avec le maire et l'instituteur, ces déplorables collisions qui ont un éclat toujours si fâcheux, et qui deviennent, pour toute une commune, la cause d'une guerre intestine non moins funeste à la religion qu'à la paix des familles. S'il est sage et pacifique, il usera envers l'instituteur et le maire de douceur, de bienveillance, de ménagements et de tous les procédés les plus honnêtes. Il sera indulgent pour le défaut de politesse et d'éducation, qu'il rencontrerait chez certains magistrats villageois. Il se souviendra même qu'un fonctionnaire, fût-il méprisable dans sa conduite privée, a néanmoins droit à des égards et qu'il faut voir dans sa personne, non pas l'homme, mais le représentant de l'autorité. Jamais, cependant, un curé ne se montrera adulateur ni rampant; jamais, au prix d'une obséquieuse et lâche pusillanimité, il n'essaiera d'acheter une paix honteuse; jamais il ne subira de joug ni de domination. Dépositaire de droits inviolables et sacrés, s'il a garde d'intervenir dans les attributions qui lui sont étrangères, il ne permettra, non plus, à qui que ce soit de porter une main profane sur l'arche du Seigneur. Abaisser la dignité du sacerdoce, se constituer l'humble vassal d'un maire, c'est un acte de servilisme et de bassesse indigne d'un homme si haut placé par la majesté de sa mission. *Avec son maire*, dit M. de Lamartine, *le curé doit être dans des rapports de noble indépendance en ce qui concerne les choses de Dieu, de douceur et de conciliation dans tout le reste; il ne doit ni briguer l'influence, ni lutter d'autorité dans la commune: il ne doit oublier jamais que son autorité commence et finit au seuil de son église, au pied de son autel, dans la chaire de vérité, sur la porte de l'indigent et du malade, au chevet du mourant; là il est l'homme de Dieu, partout ailleurs le plus humble et le plus inaperçu des hommes.* »

Un curé, pour peu qu'il soit sage et habile, saura presque toujours atteindre à cette parfaite harmonie entre le pouvoir municipal et le pouvoir ecclésiastique, sans sacrifier aucunement l'indépendance de sa position. L'expérience vérifie ce fait presque chaque jour. Tous les membres du clergé qui ont un peu de tact et de prudence, de la politesse et des égards pour les chefs civils de leurs communes, n'éprouvent pas même de résistance dans mille circonstances où d'autres se brisent maladroitement. S'il se présente parfois quelques difficultés à l'encontre de leurs projets, ils les détournent et les évitent, et préviennent ainsi tout démêlé et tout conflit qui pouvait surgir entre eux et les autorités. On en a vu qui, par l'emploi constant de procédés pleins de douceur et de modération, sont parvenus à triompher d'oppositions fort violentes, à aplanir des obstacles qui semblaient insurmontables, et même à apprivoiser certains magistrats réputés pour être de farouches antiprêtres. Aussi ces sages ecclésiastiques voyent-ils chaque jour prospérer leur ministère que Dieu bénit, tandis que d'autres, dans des positions moins critiques et moins fâcheuses, ne réussissent qu'à perdre leurs paroisses et à y faire disparaître quelquefois jusqu'aux dernières traces du christianisme.

CONSÉQUENCES DU CHAPITRE PRÉCÉDENT; AVIS IMPORTANTS AUX CURÉS.

Il résulte des observations qui précèdent que rien n'est plus désirable que le concert et l'entente entre un curé et les chefs des communes ; c'est là un point capital et décisif pour l'administration des paroisses. Autant la religion et la société gagnent à l'accord des deux pouvoirs, autant toutes deux souffrent de leur désunion et de leur antagonisme. Les paroisses en proie à ces funestes discordes, sont dans un état permanent d'agitation fiévreuse, d'anarchie et de guerre. Un curé n'est-il donc pas intéressé éminemment à éviter tout sujet de désaccord et de mésintelligence, toute cause de rupture ou même de refroidissement avec les autorités locales ? N'y aurait-il pas danger pour lui, prêtre faible et sans défense, de lutter contre les forts, d'aigrir et de heurter des hommes qui règnent en souverains sur la population entière d'une commune ? Pourquoi se les rendre hostiles en pure perte et courir la chance d'être vaincu dans une bataille qu'ils pousseront jusqu'au bout ? Quelle aveugle imprudence de se mettre, sans nécessité, en opposition ouverte avec la majorité du nombre ou de la puissance, au risque d'être victime d'une supériorité écrasante ? Il est d'expérience que toutes ces luttes et ces soulèvements ont, d'ordinaire, pour résultat, une défaite peu honorable pour les prêtres qui les ont provoqués ou qui n'ont pas eu la sagesse de les prévenir. La plus minime cause pourrait aujourd'hui ébranler la situation instable et précaire d'un pauvre curé de campagne. Il suffit quelquefois, pour opérer sa translation, d'une simple incompatibilité d'humeur entre lui et un maire qui saura habilement inspirer son antipathie au conseil municipal ou à quelques hautes notabilités du pays : de là des délations mensongères et calomnieuses auxquelles on cherche à donner les couleurs de la vraisemblance (1).

Un curé n'interviendra jamais dans les attributions d'un

---

(1) Il est aujourd'hui des paroisses bien difficiles à administrer, parce qu'elles sont sous la puissance de certains nouveaux parvenus et enrichis, dont la morgue et la susceptibilité sont incroyables. On connaît aussi la hauteur et les prétentions de certains maires villageois, fiers de porter l'écharpe municipale et de faire sentir, surtout à un prêtre, le poids de leur autorité. Il est notamment des manufacturiers, des industriels, pleins d'orgueil et amoureux de distinctions, qui, tout en faisant parade de leurs idées libérales, exigent d'un curé plus d'égards que les anciens seigneurs et même que les hauts barons du moyen âge. Que de ménagements à garder envers eux ! Que de précautions délicates pour ne pas froisser leur amour-propre et leur susceptibilité ! Il faut, par amour de la paix et du bien public, descendre jusqu'à la déférence la plus respectueuse envers eux, faire tous les frais de modération pour ne pas encourir leur disgrâce ; sans quoi il faudrait qu'un curé se déterminât bien vite à aller défricher un autre champ.

Toutefois, qu'il n'oublie jamais son rang et sa dignité, et ne s'agenouille pas en tremblant devant eux. Il humilierait la hauteur de son sacerdoce, si, pour obtenir une paix qui ne serait que la paix de la servitude, il montrait une basse complaisance et une obséquieuse souplesse. Toujours obligeant et poli, il ne se soumettra pourtant pas à des exigences qui bientôt n'auraient plus de terme. Car si, pour plaire à des hommes superbes et hautains, il cédait à toutes leurs prétentions, satisfaisait tous leurs caprices, battait constamment en retraite devant le moindre signe de leur mécontentement ou de leur improbation, il encourrait inévitablement leur mépris et les encouragerait à lui imposer de nouvelles et plus tyranniques exigences. Quand, après tous les moyens de bienveillance, les attentions les plus délicates, un prêtre pacifique et inoffensif ne parvient point à se faire tolérer, et qu'on lui fait l'honneur de le détester, qu'il s'en console et se résigne en songeant que le disciple n'est pas au-dessus du maître.

maire ni dans la gestion des intérêts d'une commune : s'immiscer dans ce genre d'affaires qui ne sont point du ressort spirituel, c'est risquer de se compromettre et même d'allumer la guerre entre lui et les conseillers municipaux.

Il sera encore attentif à ne jamais déverser de blâme sur les actes administratifs des fonctionnaires publics qui trouveraient tôt ou tard occasion de s'en venger amplement par mille tracasseries. On citerait, au besoin, plusieurs curés qui ont été poursuivis à outrance pour avoir imprudemment lancé, du haut de la chaire, des censures aigres et mordantes sur la conduite des magistrats de leur paroisse.

En se renfermant scrupuleusement dans les limites de ses devoirs, un curé obligera ainsi un maire à ne point sortir de la sphère de ses attributions propres, et à ne jamais porter la main à l'encensoir.

Il aura encore soin d'éviter tout désaccord avec l'instituteur, et ne prendra généralement aucune part à des mesures tendant à l'évincer de son poste. Nos lois civiles ont fait au prêtre desservant une position plus chanceuse et plus précaire qu'au maître d'école qui jouit d'une sorte d'inamovibilité. Aussi l'instituteur se pose-t-il aujourd'hui avec fierté devant son pasteur, et se pavane-t-il publiquement de la supériorité des garanties que lui assure notre législation.

Un curé ne négligera rien pour vivre en bonne intelligence avec les principaux habitants de sa paroisse, avec les électeurs particulièrement. *Malheur*, a dit un publiciste, *aux curés qui ont pour ennemis des paroissiens ayant dans leur poche une carte d'électeurs ; ils sont sûrs d'avoir bientôt contre eux le sous-préfet et le député de leur arrondissement.* Il faut réfléchir mûrement que ce sont les Chambres qui gouvernent la France, et que c'est l'opinion électorale qui fait les Chambres. Une des plus fatales calamités de notre temps est que le corps ecclésiastique ait pour adversaires les électeurs parlementaires en tant de localités. On comprend les conséquences de cet état de lutte, s'il s'étendait à tout le royaume. En résumé, la prudence commande d'user d'extrêmes ménagements envers les hommes riches et puissants d'une paroisse ; les aigrir et les brusquer en leur adressant des reproches publics et mortifiants, c'est les jeter dans une violente et perpétuelle opposition contre un curé et les excommunier en quelque sorte et pour toujours de l'Eglise ; c'est les exposer à la tentation d'élever leurs enfants dans la haine de la religion et du sacerdoce, de vexer leurs femmes et leurs domestiques au sujet des pratiques du culte. Ne vaut-il pas mieux que le curé leur adresse, à huis clos et à leur oreille seule, de paternelles observations avec l'accent d'une évangélique charité ? Par ces sages et honnêtes procédés il ne réussira peut-être pas à les amener à l'église et au confessionnal ; mais il paralysera du moins leur funeste influence, évitera les troubles et les conflits, et se conciliera même leur bienveillance, sans compromettre ni sa conscience ni la paix de son ministère (1). N'est-ce pas

---

(1) On m'a cité, il y a quelques années, un fait bien grave qui prouve la haute importance de ces observations pour la pratique du ministère en certaines paroisses. Un fabricant ayant sous sa dépendance plusieurs centaines d'ouvriers, se brouilla avec son curé, à raison de quelques allusions et personnalités que celui-ci se serait permises, en chaire, contre sa conduite ; il lui imputait encore d'avoir flétri sa moralité par d'indiscrètes accusations au tribunal de la pénitence. Ce manufacturier, maître absolu de la population qui tenait de lui tous ses moyens d'existence, fut tellement courroucé de la conduite du curé qu'il s'attaqua, non-seulement à sa personne, mais à son ministère et à la religion elle-même. Il commença par interdire l'usage de la confession et la fréquentation de l'église à sa femme, à ses enfants et à tous ses domestiques. Cette défense intimida bientôt les nombreux

obtenir un beau succès que de pouvoir travailler sans obstacles et sans entraves à la sanctification de tout le personnel d'une grande maison, de maintenir dans les principes de la foi et l'observance des devoirs religieux tous les membres d'une famille influente, ainsi que les nombreux ouvriers placés sous sa dépendance ? Et lors même qu'un curé ne parviendrait pas à conquérir présentement à J.-C. les notables de sa paroisse, n'a-t-il pas quelque espoir, en se les rendant favorables à

ouvriers de la fabrique, au point que, pour conserver les bonnes grâces de leur maître, la plupart jugèrent prudent de ne plus aller à la messe ni à confesse. Les danses et le cabaret remplacèrent pour eux l'assistance aux offices divins. Quelques-uns, il est vrai, furent assez courageux pour résister aux moyens d'intimidation et rester fidèles aux pratiques du culte; mais ils furent, sous divers prétextes, congédiés successivement de l'usine et privés de toutes ressources. La terreur devint alors générale parmi ces malheureux ouvriers, qui abandonnèrent universellement la religion et toutes ses observances, pour ne pas encourir de disgrâce et la perte de leur salaire.

Dès lors, il n'y eut plus aucun exercice religieux, et le catholicisme s'éclipsa, en quelque façon, du milieu d'une population de 500 à 600 âmes qui, jusque là, lui avaient donné des preuves d'attachement sincère.

La chapelle de l'établissement étant une propriété particulière, et conséquemment dépendante du bon plaisir du fabricant, fut décidément fermée. Dans l'intervalle, on s'était adressé à un ministre méthodiste et on lui avait offert le service de cette chapelle, en lui assurant que, avant deux ou trois ans, il aurait décatholicisé et conquis à son culte, la masse des ouvriers. Cette grande apostasie eût été probablement accomplie sans la sagesse de l'évêque, qui remplaça le curé par un prêtre plus prudent et plus habile. Celui-ci fut assez heureux, non-seulement pour rétablir l'ordre dans le lieu, mais encore pour faire refleurir la religion avec plus d'éclat qu'auparavant. Il eut même le bonheur de ramener à la religion le chef de l'usine, qui avait été le promoteur du désordre; l'ayant visité assidûment et avec une pastorale tendresse, pendant une longue maladie, il lui procura la grâce insigne de trépasser chrétiennement.

force de témoignages de bonté et de dévouement, de les saisir au passage si décisif du temps à l'éternité ?

Enfin un curé se rappellera qu'il a personnellement tout à craindre des luttes qui surgissent entre lui et les paroissiens. Elles compromettent non-seulement la paix, mais encore la stabilité de sa position, le jettent dans un état de crise qui se résout par une démission volontaire ou obligée : Voilà le dénouement ordinaire des collisions de cette nature, surtout dans les campagnes. Une victoire, s'il l'obtient, et c'est chose rare, envenime souvent la plaie, au lieu de la cicatriser. Le combat ici est toujours inégal, et reste, dans la plupart des cas, à l'avantage de ses ennemis ; car, finalement, c'est lui qui quitte la place.

CHAPITRE XXII.

AFFECTION ET DÉVOUEMENT DU CURÉ POUR SA PAROISSE.

Dès qu'un prêtre accepte une paroisse, il contracte avec elle une alliance spirituelle qui l'unit par des liens intimes et sacrés. Cette union est même assimilée par les SS. Pères au lien indissoluble du mariage chrétien. Le curé, selon leurs expressions, est l'époux de sa paroisse et de son église; il doit s'y dévouer d'esprit et de cœur, et s'identifier complétement avec elle : *Erunt duo in carne unâ.* Il est, en réalité, père de la famille spirituelle adoptée par lui; les intérêts des paroissiens deviennent les siens, leurs joies ses joies, leurs douleurs ses douleurs, leurs misères ses misères. Tout ce qu'il a d'argent dans sa bourse, de temps libre dans sa vie, de force dans le corps, de facultés dans l'esprit, d'amour dans le cœur, il doit le consacrer et le prodiguer au service de ses ouailles ; la tendresse pastorale l'oblige à s'immoler pour elles tout entier, corps et âme. L'union conjugale est une image noble, touchante et sublime de l'alliance sainte et intime du pasteur avec sa paroisse; il doit, en l'épousant, se regarder désormais comme lui étant inséparablement uni, en sorte qu'il n'appartiendrait qu'à la mort seule de rompre ces nœuds sacrés. C'est pour lui un devoir de l'aimer et de l'embellir comme son épouse, de la protéger et de la défendre au péril de sa fortune, de sa santé et de sa vie même ; elle est son bien, son trésor, sa propriété spirituelle, son amour, son bonheur et sa gloire.

Qu'ils sont donc malheureux les prêtres tourmentés par la soif du gain et la fièvre des changements, qui n'aspirent sans cesse, comme le mercenaire, qu'à un mieux qu'ils ne rencontrent nulle part ! Combien plus honorable, au contraire, est le pasteur pauvrement rétribué qui s'enterre vivant dans un hameau obscur et oublié, pour le civiliser par l'Evangile ! Il y a tant de curés qui trouvent la tranquillité, la joie et le bonheur dans une modeste succursale, où ils recueillent les hommages de la reconnaissance et les bénédictions de leurs paroissiens, tandis que leurs confrères vivent soucieux et agités dans des positions plus brillantes en apparence et qui sourient peut-être de loin à des ambitieux. Les vicissitudes, les amertumes et les angoisses ne sont-elles pas, en effet, le partage ordinaire des hommes haut placés? Le bon curé bannira donc de son cœur toute idée de changement, tout désir d'un poste plus élevé, tout projet de s'éloigner d'une paroisse avec laquelle il a dû faire une alliance perpétuelle. L'abandonner sans de graves raisons de conscience, c'est faire une sorte de divorce spirituel qui est toujours funeste au bien des âmes. Il faut qu'un curé ait habité depuis longtemps une paroisse, pour y jouir d'une grande influence. Il remplit alors au sein des familles une magistrature paternelle au milieu de deux ou trois générations qu'il a élevées. On ne saurait croire quelle est l'autorité d'un de ces vénérables pasteurs qui a baptisé, communié et marié la plupart de ses paroissiens ; il exerce au milieu d'eux une sorte de royauté que personne n'ose contester.

Ce noble dévouement par lequel un curé se donne à sa

paroisse sans partage, sans mesure et sans fin, est la qualité que les peuples aiment le plus à trouver dans un pasteur. Une fois qu'ils sont convaincus de son vif et sincère attachement, ils acquittent envers lui la dette de la reconnaissance en lui rendant amour pour amour. Or, ne nous lassons pas de le redire, un curé chéri et vénéré fait facilement aimer et bénir son ministère; il lui en coûte peu pour gagner à J.-C. ceux dont il a déjà conquis le cœur. La confiance dont il jouit est illimitée, son autorité s'exerce sans résistance sur toutes les ouailles qui s'empressent d'écouter une voix chère et amie. L'obéissance est toujours filiale là où l'autorité se montre paternelle. Tel est le prêtre qui retrace l'image du bon pasteur : il fait les délices de sa paroisse, inspire la confiance et l'amour, commande le respect même aux ennemis de la religion. On se plaît à le voir à l'autel, à l'entendre en chaire, à lui ouvrir son cœur au saint tribunal; on l'accueille avec joie et amitié, et on voudrait l'avoir pour confident, pour ami; on le consulte dans les matières les plus délicates, on reçoit ses avis et ses décisions comme des arrêts sans appel. Son ascendant lui permet, au besoin, de parler haut et fort, et si quelques téméraires osent le censurer, mille bouches s'ouvrent pour le justifier et le défendre. Juge et magistrat du peuple, c'est lui qui accommode les procès, termine les différends, concilie les intérêts, éteint les haines et les discordes, évangélise la paix au sein des familles. Son autorité, bien que dictatoriale, n'excite ni plaintes ni envie, parce qu'elle est douce et bienveillante et par là même chérie et vénérée. Heureuses donc les paroisses qui ont des pasteurs doués de ces qualités si précieuses! Ils possèdent bientôt l'amour du peuple, avec l'empire de tous les cœurs. Dieu lui-même bénit leurs sueurs et récompense leurs travaux, en comblant de prospérités leur ministère dans lequel ils moissonnent les plus abondantes consolations (1).

Une paroisse au contraire se roidit contre les avis et les ordres d'un curé dépourvu de l'affection populaire. Ce dernier ne saurait former aucun projet de bien, adopter aucune mesure même sage, sans soulever des oppositions contre lui ; et s'il veut faire un acte de courage, entreprendre une réforme, il risque d'échouer. L'impopularité, en un mot, tue son influence. C'est donc avec raison que saint Grégoire le Grand fait la remarque suivante : *Difficile est ut, qui non diligitur, libenter audiatur. — Nihil tàm utile quàm diligi; nihil tàm inutile quàm non diligi*, ajoute saint Ambroise.

Le pasteur vraiment attaché à ses ouailles s'étudie d'abord à les bien connaître et à former avec elles des rapports d'affection et de bienveillance (2). Il n'attend pas qu'elles viennent

(1) Une fois que des curés ont donné à leurs paroisses des preuves d'un entier et inaltérable dévouement, ils sont en possession de la faveur populaire et maîtrisent les esprits. Rien, même dans l'ordre temporel comme dans l'ordre spirituel, ne se fait que sous leur bon plaisir et par leur direction. Ils finissent par devenir le mobile de toutes les affaires et de toutes les entreprises. Ils exercent un crédit si puissant sur la population qu'ils contiennent par leur ascendant les méchants et les brouillons, les obligent à s'observer et même à feindre pour eux les sentiments de la masse : tant ces hommes redoutent d'avoir pour ennemi un pasteur chéri universellement ! Tous le respectent et craignent de lui déplaire: l'instituteur le regarde avec un air de déférence et de soumission ; la haute bourgeoisie se trouve honorée de sa présence ; et il n'y a pas jusqu'à l'orgueilleux fabricant, ce nouveau seigneur du 19ᵉ siècle, qui ne s'estime heureux d'avoir des rapports avec lui. Enfin les cultivateurs, les hommes de métier et les artisans, tous témoins de la vénération dont il est l'objet, partagent l'estime et la confiance générale qu'on lui accorde. Voilà le fidèle tableau du bon curé qui a su mériter la considération et gagner les cœurs.

(2) *Diligenter agnosce vultum pecoris tui, tuosque greges considera...*

d'elles-mêmes à lui, il va les chercher dans le monde. C'est dans ces entrevues qu'il se rapproche d'elles, qu'il s'épanche en leur présence, se concilie leur estime et leur amitié. Ces visites pastorales sont de véritables relations de famille, semblables à celles de père à fils; relations sympathiques et touchantes qui présentent, pour le ministère ecclésiastique, d'inappréciables résultats, quand un curé ne s'y écarte pas des limites d'une familiarité décente. Une fois que les paroissiens ont fait la connaissance de leur père spirituel, ils se mettent à l'aise avec lui, et ouvrent leurs cœurs à la confiance.

Mais ce n'est point assez pour un pasteur de connaître ses ouailles; il doit prier pour elles. De même que Job offrait chaque jour des sacrifices pour purifier toute sa famille, ainsi le bon curé adressera au Seigneur des vœux et des supplications en faveur de son troupeau, toutes les fois qu'il montera au saint autel. Nouvel Abel, il offrira souvent la sainte victime pour apaiser le courroux céleste, implorer la divine clémence et attirer sur son peuple les bénédictions de la bonté infinie. Les prières d'un pasteur fervent font descendre du ciel des pluies de grâces qui peuvent féconder le champ le plus ingrat et le plus stérile.

Ange protecteur de sa paroisse, il exercera sur elle une surveillance de tous les jours, de toutes les nuits et de tous les instants. Sans des soins actifs et persévérants, une paroisse deviendrait bientôt la retraite du vice et de la débauche, semblable à une forêt qu'habitent tranquillement les bêtes sauvages, si les chasseurs n'y mettent jamais le pied. La vigilance pastorale, dit saint Chrysostome, s'étend à tous les individus et à tous les besoins, de sorte que l'œil d'un curé doit tout voir et tout embrasser : *Innumeris oculis illi opus est undique.* Enfants et adolescents, chefs de famille, maîtres et maîtresses, domestiques, pauvres, malades et gens de toute classe et de tout métier, voilà l'objet de sa surveillance, ainsi que la réformation des mœurs, la répression des scandales et des désordres. Que d'attention, d'activité et de zèle réclame la garde des âmes de la part d'un administrateur consciencieux ! Il faut qu'il oppose la digue d'une vigilance continuelle à l'invasion des vices et des abus. L'indolence, l'incurie et le sommeil sont un grand crime dans un pasteur qui répond du salut de ses paroissiens, sang pour sang, vie pour vie, âme pour âme.

C'est surtout pour l'enfance et la jeunesse, dont il est par état l'ange gardien et le sauveur, qu'un prêtre aura toutes les prévoyantes tendresses d'un père. N'est-elle pas la fleur d'une paroisse et le plus cher espoir de l'Eglise ? Elle lui inspirera donc la plus vive sollicitude et le plus affectueux intérêt ; car il n'est point d'objet plus digne de sa prédilection. Aussi un bon curé se hâte-t-il toujours de prendre possession du cœur des jeunes gens et de s'emparer de leur intelligence.

A l'exemple du divin modèle, il accueillera les pécheurs avec une miséricordieuse bonté, leur facilitera les moyens de débrouiller leur conscience, et saura toujours à propos faire grâce à la pauvre infirmité humaine. On ne le verra jamais briser le roseau à demi rompu ni éteindre la mèche qui fume encore. Il aura, particulièrement, une tendre charité pour les fidèles timides que la brusquerie et la dureté troublent et déconcertent, ainsi qu'une indulgente pitié pour les personnes affectées de peines intérieures. Les inquiétudes d'esprit et de conscience, connues sous le nom de scrupules, sont une des épreuves qui affligent le plus cruellement certaines âmes faibles et timorées. Il en est qui passent des années entières sous le poids accablant des remords les plus déchirants, et même toute leur vie dans de perpétuelles angoisses. Ecouter leurs consultations avec une patiente bonté, dissiper leurs doutes et leurs anxiétés, éclaircir leurs difficultés, rendre la sérénité et la paix à leur âme crucifiée par ces douloureuses peines de cœur, voilà un des devoirs qui doivent le plus intéresser la compatissante charité d'un pasteur.

Le bon curé, en un mot, a une tendresse de mère pour son cher troupeau; il ne vit et ne respire que pour lui; il déploie une infatigable activité pour le préserver de tout vice, ne craignant rien tant que de le voir dépérir sous sa houlette pastorale.

Après avoir donné tous ses soins à sa famille spirituelle et à l'accomplissement fidèle de tous ses devoirs, il consacre à méditer l'Evangile tout le temps qu'il ne passe point à le prêcher et à le pratiquer. Un prêtre, animé de l'esprit de Dieu, plein de la grâce de sa vocation, qui prodigue à ses paroissiens son temps, ses veilles, ses soins et son sang dans le but de les sanctifier, est le plus beau présent que le Ciel puisse faire à un peuple qu'il veut privilégier. Voilà les heureux effets du dévouement d'un bon pasteur pour son troupeau : son vif attachement pour lui est l'âme, le fond, l'essence et la gloire du sacerdoce catholique. Tel est le principe de ses pensées, le mobile de ses désirs et la fin de toutes ses œuvres.

C'est ainsi que, après avoir porté pendant un demi-siècle l'étole pastorale avec le plus grand honneur, le bon curé s'achemine calme et presque heureux vers la mort. Entouré du respect et de l'affection de ses paroissiens, rassuré sur son avenir par tous les bienfaits qui ont marqué chaque heure de sa vie, soutenu par les divines promesses de la religion, il descend paisiblement dans la tombe avec la foi et l'espérance du réveil éternel. Il éprouve bien sans doute quelques regrets amers au milieu des accents plaintifs que font entendre autour de son lit funèbre ses brebis désolées; mais il espère les revoir un jour dans une meilleure patrie : il sait en effet que s'il quitte la terre, c'est avec l'assurance de l'échanger pour le ciel où le Père des miséricordes le glorifiera. Il ferme donc tranquillement les yeux à la lumière et s'envole heureux dans le sein de son Dieu. Les regrets et les gémissements de tout son peuple l'accompagnent au lieu de sa sépulture. Incroyants comme croyants, hommes de tous les partis, sans en excepter même ceux qu'il n'a pu ramener au bercail, rendent d'unanimes hommages de vénération et d'amour à ce digne pasteur qui a su faire constamment honorer son ministère et chérir sa personne. Toutes les bouches prononcent son oraison funèbre, publient ses vertus et bénissent sa mémoire. Aussi, ses funérailles auxquelles prend part le concours universel de tous les rangs de la société, présentent-elles l'image d'un triomphe et presque d'une apothéose. Il vivra même longtemps après sa mort dans l'esprit des paroissiens. La reconnaissance, si justement définie la mémoire du cœur, lui gardera un souvenir d'affection plus durable que le marbre et le bronze; car les titres les plus impérissables sont toujours ceux qui se fondent sur la gratitude publique : le temps qui use tout n'altère pas ceux-là.

CHAPITRE XXIII.

CHARITÉ DU PRÊTRE.

Après le nom trois fois saint de Dieu, le mot de charité est celui qui doit occuper le premier rang dans toutes les langues humaines. Il n'est donc pas étonnant que cette sublime vertu soit comme le pivot sur lequel repose l'édifice du christianisme, qui semble en effet se résumer tout entier dans le précepte de la fraternité entre tous les membres de la grande famille humaine. Le caractère propre et distinctif de la religion est de s'attendrir sur tous les maux de l'humanité souffrante; elle préconise comme une qualité des plus insignes la douce pitié, la tendre commisération envers tous les infortunés, flétrit comme un vice honteux le dur égoïsme qui glace le cœur et le rend insensible à la douleur d'autrui, prend toutes les misères sous sa maternelle protection, et voue, en quelque façon, un culte au malheur. Elle a député un consolateur à toutes les souffrances morales et physiques; à chaque genre de maux elle a assigné un distributeur de secours; il n'est pas un besoin qu'elle n'ait cherché à satisfaire, pas un seul genre d'infortune qu'elle n'ait voulu soulager; elle épie toutes les nécessités de la pauvre espèce humaine, pour n'en laisser aucune sans adoucissement et sans remède.

Aussi n'y aurait-il pas de malheureux sur la terre, si le christianisme refleurissait aujourd'hui comme à son état primitif. Placé auprès des hommes en qualité de ministre de cette admirable religion, surnommée si glorieusement la religion de la miséricorde, un bon curé s'empressera d'en retracer la charité et la bienfaisance envers tous ceux de ses frères qui souffrent ici-bas.

Trois sortes de malheureux sont particulièrement dignes des sollicitudes et des secours de sa charité: les pauvres, les malades et les affligés.

1° Les pauvres. — Souvent jaloux et mécontents des visites habituelles de leur curé dans les maisons de la haute bourgeoisie et des heureux du siècle, les fidèles sont au contraire édifiés de le voir fréquemment pénétrer sous le chaume qui abrite l'indigence, et ils ont raison : car le riche aura toujours auprès de lui assez d'amis, de courtisans et de flatteurs ; mais le pauvre délaissé n'a ni protecteurs, ni appuis, ni consolateurs. Homme du peuple par excellence, un curé devra donc se montrer son patron et son visiteur le plus assidu. Il négligera, s'il le faut, de faire sa cour au seigneur du château pour voler au secours d'un humble villageois habitant une cabane. Laissant de côté les maisons d'opulence, de festins et de plaisirs, il réservera ses attentions et ses sympathies pour les maisons de deuil et de larmes. Tous les êtres déshérités des biens, des joies et des faveurs du monde, voilà les objets de sa prédilection. Il sera une seconde Providence auprès de tous les membres souffrants de la grande famille chrétienne. Vieillards, veuves, orphelins, aveugles, estropiés, nécessiteux de tous les genres, tels sont ceux qui touchent de plus près au cœur du bon curé. De tout temps d'ailleurs le patronage du malheur n'a-t-il pas été dévolu au prêtre chrétien ? L'exercice de la charité n'est-il pas son âme, sa vie et toute son existence ? Point de misères qui ne doivent exciter son intérêt et sa sensibilité. Il ne se bornera donc pas à faire de la bienfaisance en théorie ou par des phrases purement sentimentales. La main fermée, disent les livres saints, déplait au Seigneur ; il veut qu'on l'ouvre à l'indigent. Du pain à ceux qui sont aux prises avec la faim ; du bois à ceux qui gisent grelottants sur la paille humide de leur galetas ; une couche à ceux qui en manquent, un vêtement aux déguenillés ; quelques lambeaux à une pauvre femme devenue mère qui n'a pas de quoi emmailloter son nouveau-né ; quelques pièces d'argent à une veuve affligée de ne pouvoir payer son loyer, et menacée de n'avoir pour reposer sa tête que le pavé des rues ; quelques secours à un malheureux père expirant sous le faix de la famille et incapable de pourvoir aux frais d'apprentissage d'un métier pour ses nombreux enfants (1) : voilà des aumônes qui, appliquées avec intelligence et à propos, ont les plus heureux résultats pour le soulagement de l'humanité et la prospérité du ministère pastoral. Rien n'est beau, magnifique dans le prêtre comme cette tendresse paternelle sans paternité.

Ce n'est pas assez toutefois pour l'acquit de sa conscience ; il doit encore aller à la découverte de la nécessité honteuse et de l'infortune cachée, qu'il assistera sans la faire

---

(1) La classe indigente est souvent plus à plaindre dans nos sociétés modernes que celle des serfs sous certains gouvernements absolus. Le sort d'un serf est, en somme, plus heureux que celui de la plupart de nos artisans ; car il est logé, nourri, vêtu et soigné dans la maladie. Mais les autres n'appartenant à personne, on les exploite tant qu'il y a quelque profit à en tirer ; puis on les laisse là, après que l'âge et le labeur ont usé leurs forces. N'en voit-on pas, dans les années calamiteuses, mourir de faim et de froid au coin de la rue, ou à la porte d'un hospice dans lequel ils sollicitent en vain leur entrée ?

rougir. Que de pauvres vertueux n'osent faire l'humiliant aveu de leurs besoins ! Un sentiment de délicatesse ne prescrit-il pas au prêtre de les soulager sans blesser leur fierté, ni effaroucher leur amour-propre ? Hélas ! il est tant de misères inconnues au public dont on ne consent à révéler le triste secret qu'au prêtre seul ! C'est alors qu'éclate le généreux dévouement d'un curé habile à découvrir les besoins de ces pauvres qui, redoutant plus la honte que la faim, aiment mieux souffrir qu'implorer et se plaindre. A l'aide d'une ingénieuse et discrète charité, il fera passer des secours à cette classe si intéressante de ses paroissiens pour qui demander serait une humiliation, et recevoir, une véritable peine. Rien n'étant plus doux que le plaisir de donner à d'aussi honorables indigents, tant qu'il aura pour lui, il devra avoir pour eux, et sa bienfaisance ne tarira qu'avec ses ressources. Telle est la noble et miséricordieuse mission du bon pasteur, ange consolateur de toutes les infortunes et de toutes les souffrances. Pourrait-il voir avec une froide impassibilité ce déchirant spectacle, et ne pas sentir remuer dans son âme de profondes compassions pour tant de Lazares qui expirent de faim ? Qu'il ne craigne pas, en cédant aux généreuses inspirations de son cœur, de s'appauvrir ou de s'endetter (1).

(1) Il est rare, me disait un bon prêtre, que, en s'appauvrissant pour le soulagement de l'humanité, on manque du nécessaire. Un curé qui retire volontiers pour le pauvre la dernière obole de sa bourse, reçoit abondamment lui-même des mains de tout le monde. La Providence est un fidèle banquier qui ne faillit jamais à la confiance qu'on a mise en elle. Si l'on a vu certains prêtres devenir victimes du besoin et de la misère, ce n'est pas l'exercice de la charité qui en a été la cause, mais bien plutôt le défaut d'ordre, d'économie, ou des spéculations qu'ils devaient s'interdire. L'aumône est comme une céleste et miraculeuse rosée qui, en se répandant sur les biens de l'homme

La charité ne meurt jamais insolvable; Dieu suscitera, au besoin, des ressources miraculeuses et saura multiplier les pains sous ses mains bénies.

A l'aumône corporelle un curé joindra toujours l'aumône de l'intelligence et du cœur, une parole de foi, de bienveillance et de consolation mille fois préférable au don qui l'accompagne; elle fait le plus grand bien à l'âme flétrie et desséchée par le malheur. Rien ne touche l'homme qui souffre, comme le sentiment de piété dont il se voit l'objet. Cette sensibilité qu'on lui témoigne, pénètre doucement jusqu'au fond de son être; c'est pour lui un charme indéfinissable qui adoucit admirablement tout ce qu'a d'amer sa situation. Rien, au contraire, ne resserre plus douloureusement le cœur que la dureté avec laquelle on fait l'aumône qui, fut-elle abondante, ne sera jamais une suffisante compensation de la peine ressentie.

Une parole de douceur et de charité, adressée à un malheureux avec l'accent d'une bonté compatissante, le soulage plus que dix mille sous qui lui seraient jetés de mauvaise grâce. *Le plus fort et le plus difficile, c'est de donner*, dit Labruyère; *que coûte-t-il d'y ajouter un sourire?*

2° Il est une autre classe de malheureux bien dignes des

---

miséricordieux, les bénit et les accroît; et lors même qu'elle ne multiplierait pas les ressources temporelles d'un curé, elle lui serait, du moins, renvoyée d'en haut en vertu et en sagesse pour ses paroissiens, et en bénédictions pour le pasteur et tout son troupeau. Le Dieu des chrétiens qui aime à se dire le Dieu des pauvres nous déclare qu'il tiendra comme fait à lui-même tout le bien que l'on fera à ses enfants plongés dans la détresse ici-bas : *Mihi fecistis*. En répandant des aumônes dans le sein des malheureux, le prêtre bienfaisant a donc l'assurance que le Seigneur lui en paiera la rente en cette vie par leur affection et leur reconnaissance, et que, dans la vie à venir, il lui en remettra le capital avec usure. La main des indigents lui ouvrira les portes éternelles.

soins attentifs et de la commisération d'un curé : ce sont les malades souvent dépourvus de consolations alors d'un si grand prix. Si, dans les maladies graves, mais de courte durée, rien n'est aussi consolant que la visite d'un pasteur qui sait mêler quelques mots d'espérance pour le temps à des paroles de vie pour l'éternité, de quelle nécessité bien plus grande ne sera pas sa présence dans ces affections chroniques qui se prolongent quelquefois indéfiniment et clouent, pour des années entières, un pauvre patient sur son grabat de douleur ? Il est de ces malheureux humains atteints d'infirmités incurables, de ces Jobs pleins d'ulcères, dont l'existence n'est qu'une lutte perpétuelle contre la souffrance; or la patience leur faillirait bientôt dans l'excès des tourments qu'ils subissent, si un consolateur ne venait combattre leur désespoir et relever leur cœur abattu. Qu'un curé s'intéresse donc à leur triste sort, compatisse à leurs maux, retrempe leur courage, adoucisse leur situation par les espérances ineffables de la religion, seules capables de tempérer l'amertume des peines de la vie et de faire porter patiemment le poids de ses cruelles infortunes. Quelques pieuses paroles de confiance, souvent répétées à l'oreille d'un valétudinaire, ont plus d'une fois suffi pour alléger ses souffrances et ranimer son âme défaillante. Des visites rares et transitoires ne répondraient pas suffisamment aux besoins de ces personnes dont l'état réclame des soins continus et quotidiens, des encouragements persévérants pour soutenir leur résignation. Un prêtre inspiré par la charité les visitera toujours assidûment, les abordera d'un air de bonté, s'insinuera dans leur cœur, et remplira même auprès d'elles le rôle charitable d'infirmier, non moins que de consolateur (1). Il pénètrera dans les

(1) En 1818, un jeune ecclésiastique débutant dans le ministère,

plus chétives cabanes, dans les plus sales galetas de la misère; se rendra au chevet des malades les plus dégoûtants, pour leur suggérer la patience; ira s'asseoir à côté du vieillard

cultivait assidûment depuis un mois le comte de C***, homme du monde qui, par ses débauches, n'avait pas moins ruiné son âme que sa fortune. Espérant qu'à force d'attentions et de prévenances, il trouverait accès dans la conscience de ce malheureux, le zélé vicaire, en lui prodiguant tous les soins de la plus affectueuse charité, remplissait auprès de lui l'humble rôle d'infirmier, et l'aidait même, parfois, de sa bourse, toujours ouverte à ses besoins. Mais ces bons offices avaient échoué devant l'indomptable obstination de cet impie forcené, dont le cœur, blasé comme le corps, avait abjuré depuis 50 ans toute pratique religieuse et tout principe de moralité. Désolé de l'insuccès de ses efforts, le pauvre prêtre avait perdu, à l'égard de son malade, jusqu'au moindre espoir de conversion. Enfin, un jour, profondément touché des vils et humiliants services que l'infatigable vicaire venait de lui rendre avec un redoublement de charité, le comte, vaincu malgré lui-même, se dresse tout à coup sur son lit de douleur, et lui dit avec une énergie que la plume ne saurait exprimer : « Ah! M. l'abbé, je suis un être dénaturé, un monstre, de répondre si mal » à tant d'abnégation, de bienveillance et de générosité : Non, il n'est » pas possible qu'une religion qui inspire à ses ministres un pareil » dévouement, soit fausse et mensongère. Elle est vraie, je le sens, » je le comprends, je le vois : malheureux transfuge, je veux au plus » tôt rentrer dans son sein : Oh! de grâce, confessez-moi, confessez- » moi! » Et le charitable ecclésiastique, transporté de joie et d'émotion, céda bien vite aux vœux ardents et inattendus de l'obstiné pécheur, qui, enlacé à son cou, l'étreignait avec une sorte de frénésie. Le comte de C*** mourut quelques jours après dans les sentiments de la foi la plus vive et du plus édifiant repentir.

Ce qui touche et convertit les hommes, c'est moins assurément le syllogisme que la vertu. Le raisonnement, d'ordinaire, même dans la classe éclairée, n'agit pas à beaucoup près aussi efficacement sur le cœur que le spectacle d'actions nobles et sublimes : la foi, comme on l'a si bien dit avant nous, n'est jamais au bout d'un argument, et la charité est mille fois plus puissante que la controverse pour convertir. Aussi le prêtre généreux et bienfaisant procure-t-il plus de gloire à Dieu et de services à l'Eglise que le pasteur docte et profond.

expirant sur la paille, pour l'inviter au repentir et purifier sa mauvaise conscience. Il courra plus particulièrement au secours du vieux pécheur pour ouvrir les trésors de la pénitence à son âme ulcérée de remords, qui rongent le germe de la vie plus rapidement que les maladies mêmes. L'assistance du bon curé à l'agonie et au trépas de ses paroissiens leur adoucit merveilleusement les horribles angoisses de la mort. Ses paroles et ses bénédictions rendent la paix à leur cœur, éclairent d'un rayon d'espérance leur couche funèbre et l'environnent des consolations de l'immortalité. Tel est le beau ministère du prêtre chrétien qui guide les fidèles jusqu'au seuil de la tombe, jusqu'aux confins de l'éternité ; il ne les quitte qu'après les avoir déposés aux pieds du Dieu des miséricordes.

Pour faire agréer plus efficacement les secours spirituels qu'on n'apprécie pas toujours à leur juste valeur, le curé les accompagnera de toutes les marques et de tous les services de la charité chrétienne. Souvent un malade grossier et matériel fera plus de cas d'une aumône que du bienfait des derniers remèdes de la religion, que de la grâce de l'extrême-onction et du viatique : les exhortations les plus pathétiques le toucheront peu, mais il sera sensible aux soulagements qui ont rapport à sa santé, aux douceurs et aux réconfortants qui lui viendront du presbytère, aux frais de maladie que son pasteur acquittera chez le pharmacien et le docteur. Eh bien ! que le bon curé lui prodigue tous les offices de la double assistance physique et morale ; qu'il paye, s'il le faut, médicaments et potions, visites du médecin ; qu'il fournisse surtout le pot au feu. Ces secours ne sont pas sans efficacité sur les dispositions d'un infirme qui s'attachera d'abord par reconnaissance à son généreux bienfaiteur, et qui ensuite répondra aux sacrifices de sa charité, en accueillant plus favorablement les grâces de son ministère (1). Il faut d'abord s'insinuer dans la confiance et l'affection d'un malade avant de songer à le convertir ; c'est à l'aide de la charité qu'on y parvient plus sûrement : elle est comme la clef qui nous ouvre tous les cœurs et nous y fait pénétrer ; elle attendrit les plus durs, fléchit les plus rétifs et subjugue les plus indomptables. Elle exerce une telle puissance qu'elle opère plus de conversions que les miracles mêmes (2) ; c'est l'auxiliaire la plus

---

(1) Un pauvre, visité assidûment et depuis longtemps par son pasteur qui l'engageait à accepter les secours de son ministère, était resté sourd à ses pressantes exhortations. Cependant, ayant appris de la bouche de sa femme que le charitable curé lui avait remis secrètement un écu de six francs pour l'aider à payer les frais de sa maladie, il en fut tellement ému qu'il fit aussitôt appeler le bon prêtre et le pria, les larmes aux yeux, de le confesser. De toutes les vertus, la charité est la plus populaire et la plus estimée dans le monde.

(2) Julien l'apostat fait remarquer que ce qui rendit le christianisme si merveilleux aux yeux de l'idolâtrie, c'est qu'il nourrissait indistinctement tous les pauvres, païens comme chrétiens. Il n'y a, en effet, devant la religion, ni grec ni scythe, ni romain ni barbare, ni chrétien ni infidèle, ni catholique ni sectaire, ni compatriote ni étranger, ni vainqueur ni vaincu : tous les hommes sont des frères qu'il faut confondre dans un égal et commun amour.

Le paganisme avait affiché un profond et insultant mépris pour les classes inférieures de la société. Platon, ce prince des philosophes de la Grèce, par l'avilissante définition qu'il donnait du pauvre, allait jusqu'à le dépouiller de son privilége d'homme. Le sage par excellence des anciens Romains, Caton, envoyait mourir dans une île du Tibre ses vieux esclaves, devenus impropres au travail. Voilà comment il rémunérait des services considérés parmi nous comme les plus dignes de la reconnaissance des maîtres. Ainsi se conduisaient les plus grands hommes du paganisme qui ignoraient jusqu'au devoir et même jusqu'au nom de charité et d'humanité. Le monde païen, en un mot, regardait comme viles et abjectes les basses classes du peuple, dont il ne daignait prendre aucun souci. Le Christianisme les a rele-

efficace de la religion. Quand elle a fait les premiers pas elle est bientôt suivie par ses deux sœurs : l'espérance et la foi. C'est donc par le soulagement des corps que le bon curé visera à la conquête des âmes : *L'aumône matérielle*, dit un auteur, *sert comme de passe-port à l'aumône morale.*

vées de cet état de dégradation ; cette religion de fraternité et d'égalité qui passe son niveau sur tous les rangs, qui ennoblit toutes les conditions, qui ne fait pas moins de cas de l'âme et de la vie d'un simple artisan que de celle d'un maréchal de France, a prononcé que noblesse et roture, opulence et pauvreté sont sœurs. Aussi, sous l'influence du christianisme, la charité s'est-elle fondue tellement dans nos mœurs qu'elle est devenue une vertu vulgaire ; c'est un fluide céleste qui a pénétré notre civilisation et circule comme la vie dans toutes les veines du corps social. De là cet admirable esprit de miséricorde et de compassion dans les divers rangs de nos populations chrétiennes, qui rivalisent de zèle pour exercer les actes d'une sublime bienfaisance. Nos bonnes dames font l'office de filles de la charité, se constituent servantes et infirmières des pauvres. Nos magistrats chrétiens eux-mêmes, au milieu de tous les soins qu'ils donnent aux affaires publiques, offrent leur temps en sacrifice à l'humanité, acceptent le patronage du malheur, bâtissent des palais à l'infortune et consacrent leur superflu à l'assistance des misérables qui, en vertu du noble précepte de la fraternité évangélique, sont pour eux, désormais, les membres de la grande famille humaine. C'est dans le sein de l'Eglise qui nous a tous élevés, qu'a été puisée elle-même cette philanthropie tout humaine dont se prévaut tant notre siècle ; philanthropie enfant bâtard de la charité, et qui lui ressemble à peu près comme la fausse monnaie à la bonne.

Il n'y a pas une idée de bienfaisance, pas un principe de vertu qui ait porté des fruits sans avoir eu ses racines dans le christianisme, parce qu'il n'est pas donné au monde d'inventer une vertu. C'est à l'Evangile surtout qu'est due la charité, parce que c'est lui qui l'a divinisée. Oui, j'aime à le répéter, la morale si touchante dont notre génération se fait gloire, se compose des lambeaux du christianisme ; tout ce que la société a de bon n'est qu'un emprunt qui lui a été fait, et celui-ci, en le revendiquant, ne fait que reprendre son bien. Gloire donc et reconnaissance à la religion du Christ !

3° Un dernier genre de douleurs humaines sollicite encore bien vivement l'intérêt du bon pasteur : ce sont les peines morales qui usent si rapidement une organisation délicate et sensible ; peines bien plus amères et plus cuisantes que les tourments physiques. Hélas ! la charge du malheur est si lourde à porter ! Tantôt c'est un revers de fortune qui précipite soudain un homme opulent dans l'abîme de la misère ; tantôt c'est une catastrophe qui ravit à une famille les plus tendres objets de son affection, ou c'est un acte de bassesse qui imprime à un de ses membres une flétrissure indélébile ; ajoutez à cela les déceptions et les désenchantements du monde. Ces tortures morales qui navrent le cœur sont souvent plus intolérables que les souffrances les plus atroces. C'est alors que la charité pastorale apparaît dans tout son éclat ; c'est là son côté à la fois le plus consolant et le plus sublime. Voilà le temps favorable pour visiter ces maisons de deuil, ces créatures infortunées en proie aux fureurs du désespoir, qui, peut-être, accusent la Providence d'injustice et de cruauté, blasphèment contre Dieu, et sont même souvent tentées de se débarrasser par le suicide du poids accablant de la vie (1) ; car le crime est si voisin du désespoir ! Que

---

(1) Toutes les ressources humaines sont impuissantes contre les grandes adversités de la vie, par exemple pour consoler une mère éplorée à la vue du linceul d'un fils unique et bien aimé, une fille en présence du cercueil d'un père tendrement chéri auquel elle est condamnée à survivre. Il y a là un vide affreux qu'il n'est pas au pouvoir de l'homme de dissimuler ni de remplir. On ne peut échapper à d'aussi amers chagrins que par deux issues, la foi ou le suicide : la foi, espoir consolateur de quiconque a perdu tout espoir, asile toujours ouvert à l'homme inconsolable et délaissé, remède seul efficace dans les profondes infortunes. Les âmes fortement trempées des croyances chrétiennes sur l'immortalité, sont capables de résister aux plus intolérables épreuves, en fait de calamités et de catastrophes. Mais

le bon pasteur aille répandre sur leurs blessures saignantes l'onction si douce des espérances chrétiennes, partager leurs peines, mêler ses larmes à leurs pleurs, et les rendre ainsi plus résignées ou moins malheureuses. La visite d'un curé est alors si propre à rendre le calme à des âmes agitées, à faire éclore un sourire de bonheur sur des lèvres flétries par le chagrin. Aussi, voit-on nombre de malades le

---

les âmes dégradées par ce grossier matérialisme qui pétrifie tout sentiment religieux dans les cœurs, ne peuvent longtemps supporter le poids d'une cruelle adversité. Quand elles sont aux prises avec les transes du désespoir, c'est à la mort qu'elles ont communément recours pour y mettre fin. L'eau, l'épée, le poison, la corde ou le pistolet, terminent presque toujours la vie de ces infortunés dépourvus de convictions religieuses. On en voit heureusement quelques-uns qui, éclairés d'un rayon de la grâce divine, finissent par abjurer leurs erreurs et se réfugier dans le sein de la foi, comme dans un port tutélaire, pour échapper aux orages de la vie et y trouver un salutaire abri (1). — Le temps de l'adversité est pour le prêtre une bien favorable occasion de visiter ses paroissiens malheureux auprès desquels il cherchera à s'introduire avec une pieuse adresse. D'une main il séchera leurs pleurs et raffermira leur courage abattu; de l'autre il leur montrera le ciel. Rien alors de plus facile que de faire goûter les vérités chrétiennes à ces intelligences lassées de l'erreur et à ces pauvres cœurs affamés de consolations. Il n'est pas un homme qui, dans son infortune, ne sente le besoin de jouir d'un monde meilleur; pas un opprimé qui ne demande justice à Dieu; pas un fils ou un ami, séparé par la mort d'un être regretté et chéri, qui ne désire que cette séparation ne soit point éternelle. Un bon curé ne manquera donc pas de visiter ses ouailles plongées dans la douleur ni de leur adresser quelques-unes de ces paroles de foi et de consolation qui tempèrent si heureusement l'amertume des pleurs, qui allègent le poids des plus désespérantes tristesses.

(1) Notre sublime religion, disait à un évêque le ministre d'un grand État, est le port, le refuge et le rempart de tous les malheureux. Les hommes qui ont longtemps erré dans les voies du monde et les désordres de la jeunesse, sont heureux, en vieillissant, de venir se reposer dans son sein et de s'amender auprès d'elle comme auprès d'une bonne mère.

bénir avec amour et remercier le ciel à son approche. Nul n'a reçu la puissance de consolation au même degré que le prêtre chrétien. Il montrera à tous ceux dont le cœur est broyé sous le pressoir de l'affliction, le Dieu du calvaire supplicié sur le bois de l'infamie, et leur parlera de cette résignation héroïque et sublime du Rédempteur crucifié ; il leur fera envisager les souffrances et les tourments de la terre comme la voie de la gloire et du bonheur, ou comme une condition à laquelle seule le ciel leur est promis ; il leur représentera que les maux d'ici-bas sont transitoires et bornés, et que la mort toujours prochaine y mettra bientôt un terme; il leur fera surtout entrevoir une patrie à venir où un torrent d'éternelles voluptés sera le prix d'une passagère douleur. En distillant ainsi dans leur âme ulcérée le baume salutaire de la consolation, il verra bientôt ces malheureux revivre par l'espérance. Ses paroles amies et encourageantes descendront dans leurs cœurs comme une bienfaisante rosée sur des fleurs flétries par le souffle brûlant du midi ; elles adouciront et cicatriseront bientôt les plaies saignantes de leur âme. C'est dans ces grandes catastrophes de la vie qu'un curé parlera à l'incrédule et au matérialiste du vide et du néant de ces doctrines si désolantes et si barbares qui ravissent à l'infortuné jusqu'à l'espérance, et ne lui laissent en perspective que le sort dégradant de la brute. C'est alors aussi qu'il lui fera goûter les ineffables et immortelles félicités d'une religion qui trouve des consolations même pour d'inconsolables douleurs. Qu'il sera doux pour ce malheureux de penser qu'il n'a pas dit un dernier et éternel adieu à une épouse ou à un enfant chéris que lui a ravis la mort, et qu'il les reverra un jour. Maudissant alors sa désespérante impiété, il bénira enfin une religion, tendre mère de tous les affligés, qui, en dédommagement du deuil et des autres tristesses de la vie, leur offre dans l'immortalité l'heureux espoir d'une réunion désormais inséparable.

Le moment des tribulations est l'heure la plus propice au retour des incrédules, qui, frappés de la main de Dieu, soupirent ardemment après des consolations pour tempérer l'amertume de leurs peines : ne trouvant ces consolations que dans les pensées et les convictions de la foi, ils se réfugient naturellement entre les bras de cette sublime religion qui, dans les trésors de son immense charité, a des secours pour tous les besoins, des remèdes adoucissants pour toutes les souffrances. Un pasteur habile ne manquera pas une si belle occasion de ramener au bercail un homme égaré, en lui rappelant, pour calmer ses douleurs, les dogmes consolateurs du christianisme; en lui faisant entrevoir, au milieu de ses misères, la jouissance d'un monde meilleur, et la certitude d'y trouver une justice qu'il ne rencontre pas sur cette terre, où d'ailleurs on séjourne si peu; il lui inspirera la confiance dans l'attente assurée des récompenses éternelles promises à l'homme résigné et courageux. C'est souvent là le seul côté accessible pour arriver jusqu'à son cœur, l'attendrir et le gagner à Dieu. Au surplus, on voit les choses sous des couleurs bien différentes, quand on est plongé dans l'infortune. Une âme fatiguée, découragée des mécomptes de la vie, se donne naturellement à qui la soutient, la guide et s'intéresse à elle; elle se détache sans peine de ses opinions impies qui ne lui offrent ni avenir, ni bonheur. Voilà comme le prêtre exercera dignement sur la terre la céleste mission d'ange consolateur. Il est le ministre d'une religion qui a divinisé la charité, le représentant d'un Homme-Dieu qui en a poussé la pratique jusqu'au sublime de la perfection et de l'héroïsme. En se rendant son imitateur, il jouira de la plus douce satisfaction qu'il soit possible de goûter ici-bas, celle d'avoir consolé des frères malheureux : rien, en effet, ne rafraîchit l'âme comme le sentiment des bonnes actions. Le plaisir de faire du bien ne ressemble pas à ces autres plaisirs qui ne laissent souvent après eux que des pensées amères: celui-là ne rappelle que d'agréables souvenirs; c'est une sensation délicieuse, un contentement intime, une suave jouissance à qui rien au monde n'est comparable : *Benè facit animæ suæ vir misericors.* (Prov.) On est, après tout, si peu certain de garder ce qu'on possède et de le transmettre à sa postérité ! mais ce qu'on est sûr de posséder à toujours, c'est ce que l'on donne à Dieu dans la personne des pauvres. Enfin, s'il y a une vertu qui de nos jours assure au prêtre une sorte de toute-puissance, c'est la miséricorde, c'est la bienfaisance ; elle lui permet de trôner comme un roi au milieu de sa paroisse et de maîtriser souverainement le cœur de tous.

SECOURS DE LA RELIGION AUX MALADES.

Un curé mettra le plus grand zèle à visiter assidûment tous ses malades et suivra les diverses phases de leur état, pour se trouver en mesure de leur administrer à temps les secours de son ministère. Une remise, un délai, une simple négligence, un instant perdu, pourraient ici avoir des suites incalculables et éternelles (1). Hélas ! le croirait-on, une

---

(1) Lorsqu'un prêtre est infidèle à quelques devoirs de son ministère, il peut se promettre de réparer sa négligence dans une autre occasion ; mais si malheureusement un malade expire en état de péché mortel, il n'y a plus aucune espérance de pouvoir jamais remédier

absence, une soirée, une visite d'agrément, une conversation oiseuse, une partie de jeu, ont été quelquefois les déplorables causes pour lesquelles des mourants ont franchi, sans y avoir été préparés, le passage si décisif du temps à l'éternité. Or, est-il un crime égal à celui de laisser faire à un

aux lamentables suites de cette omission qui est un des plus grands crimes dont un curé puisse se rendre coupable. Il a manqué les précieux moments que le Seigneur réservait à cette pauvre âme dans les trésors de sa miséricorde; c'en est fait, elle est perdue sans ressource, et la responsabilité de sa réprobation retombe pour toujours sur lui. Et comment pourrait-on jamais réparer auprès de Dieu la perte éternelle d'une âme rachetée au prix du sang de J.-C.? Les larmes du repentir, les sanglots de la douleur, la plus austère pénitence auraient-elles assez d'efficacité pour expier un attentat qui appellera toujours les vengeances de la victime sur l'auteur de sa damnation? L'arrêt de mort éternelle une fois porté par la justice divine est sans appel.

Aussi, disait Massillon à ses prêtres, je vous avoue que je sens déchirer mes entrailles, quand on vient m'annoncer que quelques malades dans une paroisse sont morts sans secours, par la faute et la négligence du curé : rien ne me paraît plus affreux, plus infâme et plus déshonorant pour le saint ministère ; et je ne comprends pas qu'un prêtre et un pasteur puisse exercer une barbarie dont un païen et un samaritain dans l'Evangile ne furent pas capables.

Un curé prendra ses mesures avec sagesse, pour ne point être surpris à l'égard de ses malades, et n'attendra jamais à la dernière extrémité pour leur administrer les sacrements de l'Eglise. Est-ce bien quand les forces sont épuisées, les sens assoupis, les facultés éteintes, le cœur défaillant et la langue épaissie, que l'on peut éclaircir le ténébreux chaos de sa conscience, débrouiller la longue histoire de tous les vices et de toutes les fautes de sa vie? Des confessions faites dans les agitations de la fièvre, dans les convulsions de l'agonie et les angoisses de la mort, sont bien peu rassurantes. Quel passeport pour l'éternité qu'une absolution donnée hâtivement à un moribond? Y a-t-il lieu de fonder de bien légitimes espérances sur le salut d'un pécheur vieilli dans le crime, quand on n'a pu l'administrer qu'à l'état de cadavre?

paroissien cet effrayant voyage, sans l'avoir délié de ses péchés et muni du saint viatique ? Quel risque pour lui d'être condamné au tribunal de la justice divine ! Quels amers reproches, quels cruels remords pour le pasteur coupable de cette irrémédiable négligence ! Le souvenir de cette âme infortunée se représente à ses yeux comme une image terrible qui fera le tourment de toute sa vie, et le poursuivra jusqu'au fond du tombeau, jusqu'aux pieds mêmes du grand juge. Un pasteur est-il donc averti qu'un de ses paroissiens malades touche aux limites du ciel ou de l'enfer, il volera à son secours avec la rapidité de l'éclair. Au fort même de l'hiver, à travers les glaçons et les neiges, les forêts et la fange des marécages, il se rendra toujours et promptement au premier appel des familles. Est-il un père qui n'accoure pas auprès de tous ses enfants, quand il se voit sur le point de les perdre ? Ne s'empresse-t-il pas de leur porter les derniers témoignages de sa paternelle tendresse ? Et ne serait-il pas indigne du beau titre de pasteur, l'homme assez insensible pour rester sourd au cri de détresse de ses brebis infirmes et mourantes ? Pour ne priver aucun de ses paroissiens des grâces de son ministère, il tiendra la porte de son presbytère ouverte, à toute heure de la nuit, à celui qui l'éveille, sa lampe toujours allumée, son bâton toujours sous sa main. Point d'obstacle qui doive arrêter la charité pastorale, quand il s'agit de porter l'huile au blessé, le pardon aux coupables et Dieu aux agonisants. Montagnes, rochers, torrents, distance, chaleur, frimas, contagion, mort même, il doit tout braver pour sauver les âmes commises à sa garde et les guider vers l'immortelle patrie (1).

(1) Dans une maladie pestilentielle qui exerçait à Boston de cruels ravages, on pressait vivement Monseigneur de Cheverus de se ména-

C'est dès le début même du mal, s'il présente de fâcheux symptômes, qu'il convient de disposer les fidèles à la réception des sacrements. N'est-ce point pendant le combat qu'il faut des armes, et, pendant la maladie, des remèdes : après, il n'est plus temps. Un curé n'attendra donc pas que l'état du moribond, venant à empirer, lui rende inutile sa présence et paralyse les salutaires effets de son ministère (1). Quelle inhumanité d'exposer un chrétien à paraître au tribunal suprême, sans avoir été réconcilié par les bénédictions de l'Eglise ! Des larmes pourraient-elles jamais expier l'irréparable perte d'une âme qui a coûté le prix du sang de J.-C. ?

Mais il y a certains malades plus dignes que les autres de la miséricordieuse tendresse d'un curé; ce sont ces incroyants qui ont vécu en dehors du culte pendant toute leur vie, et ces grands coupables qui ont vieilli dans le crime. A quels ingénieux stratagèmes ne faut-il pas quelquefois recourir pour se glisser furtivement jusqu'à leur chevet ! Quelle tâche difficile de faire, en quelques instants, d'un grand pécheur, un vrai pénitent et un saint ! Mais aussi quel éminent service d'arracher une âme à l'enfer, de lui frayer le chemin du salut et de lui préparer une place dans le ciel ! L'espoir seul d'un si beau succès n'est-il pas un motif suffisant pour sti-

---

ger pour échapper à la contagion : *Il n'est pas nécessaire que je vive,* répondit-il, *mais il est nécessaire que les malades soient soulagés et les moribonds assistés.* C'est pour le prêtre un devoir d'offrir chaque jour sa vie en sacrifice à l'humanité.

(1) *Parochus,* dit S. Charles, *non expectabit donec ab œgroto vocetur; sed sœpè ultrò ad illum veniet: parochiales etiam suos sœpè monebit, ut se accersant cùm primùm aliquis in morbum inciderit. — Idque non semel tantùm, sed sœpiùs, quatenùs opus fuerit,* ajoute le rituel romain.

muler le zèle, enflammer l'ardeur d'un prêtre sincèrement dévoué à ses ouailles ? Et certes, quand il s'agit d'un malheureux qui ira, peut-être, *coucher ce soir en enfer*, n'est-ce pas un rigoureux devoir de tout tenter pour le sauver d'une telle catastrophe ? Et fallût-il passer, à côté de ces paroissiens rétifs et infidèles, des jours et des nuits, des semaines et des mois, reculerions-nous devant ce léger sacrifice, nous prêtres qui avons accepté la garde de leurs âmes et la responsabilité de leur salut ? Le petit bénéfice d'un infirmier, l'amour et le dévouement d'un ami, la reconnaissance d'un domestique, les enchaînent pour des mois entiers au lit d'un malade. Le médecin, qui est le plus souvent père de famille, ne brave-t-il pas tous les dégoûts, l'épidémie et la mort même, pour rappeler à la vie ceux qui réclament les soins de son art ? Et pourquoi mangeons-nous le pain des fidèles, si ce n'est pour nous immoler à leur salut, surtout à l'heure critique et si décisive de la mort ? Et les enfants de cet impie, de ce grand pécheur, ne nous voueront-ils pas une éternelle reconnaissance pour l'insigne service rendu à leur père, et ne se plairont-ils pas à raconter partout sa fin édifiante entre nos bras ? La bonté d'un prêtre pour les infirmes, son assiduité auprès d'eux, est un spectacle d'édification et de dévouement qui touche vivement les paroissiens, et lui ouvre facilement la porte de leurs cœurs. Il y a quelque chose de bien plus puissant que les raisonnements pour amener les hommes à l'amour et à la pratique de la religion ; c'est la sublimité du dévouement qu'elle inspire. Quelque dégradé et pervers que soit un homme, il n'est jamais insensible à la pitié qu'on lui témoigne, ni aux attentions et aux bienfaits qu'on lui prodigue.

Les occupations multipliées du ministère pastoral ne permettant pas quelquefois de visiter chaque jour les malades, du moins dans les grandes paroisses, un curé fera bien de s'associer des personnes pieuses pour le seconder dans l'exercice de ce devoir, qui intéresse si éminemment le salut des âmes. C'est parmi les œuvres de religion une des plus importantes et des plus fructueuses. N'est-ce pas un véritable apostolat que de préparer à bien mourir des gens qui souvent ont mal vécu, de les disposer à la réception des sacrements, de les consoler dans leurs peines et de les encourager dans de douloureuses maladies, en ranimant dans leurs cœurs la confiance et la résignation ? Cette grande et belle œuvre de charité est autant au-dessus de l'aumône corporelle que le ciel est au-dessus de la terre : *Divinorum divinissimum est cooperari Deo in salutem animarum.*

MOYENS DE SECOURIR LES PAUVRES.

L'Eglise possédait jadis de riches dotations qui lui permettaient d'exercer une noble et généreuse bienfaisance envers les pauvres. Elle était alors comme un grand fleuve de charité qui abreuvait de ses trésors toutes les indigences de la terre. Il est bien regrettable que, dépouillée aujourd'hui de tous ses biens, elle ne puisse plus donner des preuves publiques de sa compatissante bonté envers les malheureux. Privés d'aisance la plupart des pasteurs de nos jours rencontrent dans leurs paroisses bien plus de nécessités que leur charité n'en peut secourir ; il leur faudrait, pour y subvenir, d'immenses ressources qu'ils n'ont pas à leur disposition. Comment, avec un traitement modique, pourvoir à toutes les misères qui les assiègent? Vécussent-ils pauvres dans le but de se ménager les moyens de sustenter ces nombreux indigents qui n'ont que *arctum panem et aquam brevem*, ils se trouveraient encore dans la douloureuse impuissance de les assister tous. Cependant, pourraient-ils demeurer insensibles au tableau déchirant des angoisses de leurs paroissiens ? Non, certes : après avoir fait de leur bourse tous les sacrifices que comportent leurs facultés, ils stimuleront vivement la bienfaisance publique à leur venir en aide par ses largesses. Les prêtres ont été, de tout temps, désignés pour être les tuteurs des pauvres, les administrateurs des aumônes, les receveurs de l'impôt de charité que Dieu ordonne de prélever sur l'opulence en faveur de la pauvreté. Il les a constitués médiateurs entre ceux qui possèdent et ceux qui n'ont rien, pour accepter le don des premiers et recevoir des seconds les bénédictions de la reconnaissance envers leurs bienfaiteurs. On ne se lassera point de rappeler aux heureux du siècle que l'aumône est la dette du riche et la créance du pauvre : en effet, *le pauvre*, a dit un auteur, *est un créancier que Dieu envoie au riche ; le refuser, ce serait renier une dette ; le superflu de l'un est le patrimoine de l'autre* (1). C'est dès-lors une stricte obligation pour les

___

(1) L'antagonisme entre le pauvre et le riche est, on le sait, la plaie la plus dévorante de notre état social. Or la religion, par le magnifique précepte de la charité fraternelle, peut seule y apporter un remède efficace. En prescrivant aux uns de donner et aux autres de bénir, elle rétablit une sorte de niveau et une véritable harmonie parmi les hommes de tout rang et de toute condition : ainsi, sous le règne heureux de la charité chrétienne, il n'y aurait point de mendiants ; loin d'être une cause de discorde, l'inégalité de fortune deviendrait, entre l'opulence et l'indigence, le ciment de la paix. Ce serait donc, de la part des classes élevées, un acte de haute sagesse autant que de miséricorde, de se rapprocher des classes inférieures par le lien de la bienfaisance et d'un patronage tout fraternel.

D'ailleurs la religion, en prescrivant l'aumône aux riches en faveur des pauvres, n'entend ni favoriser ni consacrer la paresse de ceux-ci;

privilégiés de la fortune d'abandonner à ceux qui en sont déshérités, cet excédant qui ne servirait, après tout, qu'à compromettre leur salut.

Un curé cherchera donc à pénétrer dans le cœur des riches pour y porter la commisération et y émouvoir la sensibilité. (1) Il leur demandera une parcelle de l'or qu'ils

---

elle impose à l'indigent l'obligation du travail, en déclarant que celui qui ne veut point travailler, ne doit pas manger. Ainsi elle détruit la dureté des riches et l'apathie des pauvres.

(1) Le soin des pauvres est un des objets principaux de la prédilection d'un pasteur. Un père s'occupe naturellement avec plus de tendresse et de zèle de ses enfants qui souffrent; de même un pasteur charitable doit, en portant tous ses paroissiens dans son cœur, avoir des sentiments plus affectueux pour ceux qui sont pauvres et s'appliquer particulièrement à pourvoir à leurs besoins.

L'expérience prouve que ceux qui se plaignent le plus, ne sont pas toujours précisément les plus dépourvus de ressources. Toujours attentive, la charité du pasteur aura l'œil sur les diverses nécessités de sa paroisse, et cherchera surtout à découvrir ces pauvres honteux qui mangent à peine dans le secret quelques morceaux de pain détrempés de leurs larmes. *Videndus est,* dit saint Ambroise, *ille qui te non videt, requirendus ille qui erubescit videri.—Grandis culpa si, sciente te, fidelis egeat, si scias eum… famem tolerare, ærumnam perpeti, qui præsertim egere erubescat.*

Pour prévenir le grave inconvénient d'une oisive pauvreté, on obligera les indigents à se livrer au travail, et on n'ajoutera au gain qu'ils en retireront que le surplus nécessaire à leur existence et à celle de leur famille. Pour les accoutumer à la pratique de l'économie, vertu si importante dans les classes inférieures, on se bornerait quelquefois à leur prêter de petites sommes, à charge par eux de les rendre partiellement ou en totalité à un terme convenu d'avance. Ces petits services suffiraient souvent pour tirer d'embarras une foule de familles misérables, sans épuiser les dons de la charité. Si ce moyen n'est pas praticable et qu'il faille donner en pure aumône, il conviendra de n'accorder que peu à la fois. On connaît l'abus que font souvent les pauvres des largesses qui leur sont faites; il faut le prévenir, en ne leur donnant qu'au fur et à mesure de leurs besoins. Par là, on ne four-

consument en frivoles plaisirs, et ne rougira point de mendier au profit de ses pauvres, dût-il essuyer des affronts. Dieu a gravé dans l'âme de tous les hommes un sentiment de pitié pour l'infortune; en faisant retentir à leurs oreilles les gémissements de la misère délaissée, le prêtre réussira souvent à triompher même de la dureté des plus égoïstes, et leur fera ouvrir une main secourable à ces nombreux affligés, leurs frères en J.-C. Ces allocutions sont, d'ordinaire, persuasives, quand elles émanent de la bouche d'un pasteur réputé bienfaisant; quelquefois même elles excitent un admirable élan

---

nira pas d'aliment à la bonne chère, à l'intempérance et à l'oisiveté, penchants si habituels et si funestes dans le bas peuple.

Il vaut mieux donner aux indigents des objets en nature qu'en numéraire, parce qu'il y aurait risque que l'argent ne fût bientôt dépensé d'une manière peu profitable. Il conviendra donc de donner la préférence à des distributions en remèdes, pain, viande, bouillons, combustibles, linges de corps et de lit ou autres ustensiles de ménage. Un curé aura toujours soin de faire servir ses aumônes au salut des âmes, en les accompagnant de quelques paroles d'édification et de vertu. Les pauvres, on le sait, ne se montrent pas généralement fort soigneux de leurs intérêts religieux et éternels; ils fréquentent peu les offices et les instructions, et végètent communément dans une crasse ignorance des vérités fondamentales du christianisme. Sans leur faire de l'assiduité aux exercices de la religion une condition rigoureuse pour avoir part à ses aumônes, ne doit-il pas du moins profiter du moment favorable où il les gratifie de ses libéralités, pour les inviter à visiter régulièrement l'église et à recevoir les sacrements?

La distribution des aumônes pouvant, dans les paroisses populeuses, exiger d'un curé beaucoup de soins et de moments qu'il doit consacrer à des devoirs parfois plus importants, il fera bien de s'en décharger, et de choisir, pour le suppléer, des personnes pieuses et charitables auxquelles il commettra le soin de la visite de chaque quartier. Il aura ainsi plus de temps à donner à ses fonctions de l'ordre spirituel. Il en résultera un autre avantage : car ces personnes connaissant mieux que lui les pauvres et leurs besoins respectifs, sauront faire les distributions avec plus d'intelligence et d'à-propos.

de générosité dans la classe opulente ou aisée d'une paroisse.

Il ne manquera pas surtout de provoquer la formation d'assemblées de charité et d'associations de bienfaisance, qui se concerteront avec lui sur les moyens de s'assurer des secours supplémentaires et de les répartir avec intelligence et en proportion des différents besoins. Le tourbillon des affaires et des plaisirs, le tumulte des passions et, enfin, le défaut de sensibilité, laissent trop souvent les hommes froids et inattentifs au spectacle de la misère publique. En revanche, les femmes, naturellement si compatissantes, se montrent admirables pour toutes les œuvres qui sont du domaine de la miséricorde. Un curé s'empressera donc d'établir dans sa paroisse des associations de dames ou de demoiselles, qui deviendront les coopératrices de son zèle et les vicaires de sa charité. Ardent promoteur de toutes les pieuses entreprises qui tendent au soulagement de l'indigence, il ne restera étranger à aucune : voilà, s'il est dépourvu de revenus personnels, le moyen par lequel il se procurera de précieuses et abondantes ressources en faveur de la classe malheureuse. Bien que dénué de fortune, saint Vincent de Paul ne parvint-il pas, à l'aide des associations de dames, des sermons de charité et des nombreuses quêtes qu'il fit dans la capitale, à distribuer des millions pour tous les genres de calamités et pour la création d'une foule d'établissements; et cela, dans un temps où, à l'extrême rareté du numéraire, venait encore s'ajouter par surcroît, avec leurs inévitables désastres, la guerre, la famine et la peste (1) ?

---

(1) Ce héros de la charité, qui n'avait rien de son propre fonds, trouva le secret de soulager des besoins immenses, de nourrir des provinces entières et de faire ressentir les effets de ses libéralités jusque dans les pays barbares. (*Miroir du clergé.*)

CONDUITE DU CLERGÉ DANS LES CALAMITÉS PUBLIQUES.

Toujours le clergé a pris l'infortune sous sa protection, et a fait preuve d'un généreux dévouement, souvent même d'un sublime héroïsme, dans les grandes catastrophes qui ont affligé l'humanité. C'est avec raison ; car sa place naturelle est de se trouver partout où il y a des douleurs à consoler, des misères à secourir, des malheurs à réparer, en un mot, du bien à faire. Ainsi, dans toutes les calamités, telles que famine et peste qui déciment une population, incendies ou inondations qui ravagent maisons et propriétés, c'est le devoir d'un curé d'accourir le premier aux accents du malheur pour adoucir la violence du désespoir, apaiser la faim qui tord les entrailles, recueillir les orphelins délaissés, procurer un toit à ceux qui sont sans asile, assister les malades, se sacrifier au soulagement de tous ses paroissiens, s'immoler même pour leur sauver la vie. On a vu, dans des temps d'épidémie, de saints évêques parcourir chaque jour tous les quartiers de leur ville épiscopale, visiter les hôpitaux, porter l'onction et le viatique aux pestiférés, passer des semaines et des mois entiers au chevet des malades les plus dégoûtants. Saint Charles, saint Vincent de Paul sont de beaux exemples à citer en ce point, ainsi que les Belzunce et les Fénelon (1).

---

(1) Dans la guerre désastreuse de 1709, entre Louis XIV et les alliés, Fénelon offrit son palais de Cambrai comme asile aux généraux, aux officiers et aux soldats malades ou blessés de l'armée française. Tous étaient logés, défrayés et servis chez lui. Le généreux prélat était présent aux consultations des médecins et des chirurgiens, pour mieux veiller à ce qu'elles fussent observées, et remplis-

CHARITÉ DU PRÊTRE. 347

On en a même vus qui, dans le but de pourvoir à tous les besoins de leur troupeau, vendaient jusqu'à leur vaisselle

sait comme un simple prêtre les modestes fonctions d'aumônier auprès de tous les soldats blessés et malades logés dans son palais, ou dispersés dans les hôpitaux et les maisons particulières de la ville. Il lui arriva même de panser leurs blessures avec une compatissante bonté. Aussi, fut-il l'objet de la vénération, de l'amour et de l'admiration de tous, français et alliés. Les généraux même ennemis avaient donné l'ordre d'épargner les magasins de l'archevêque, faisaient placer des gardes sur toutes ses propriétés, comme châteaux, maisons de ferme, terres ensemencées, forêts, dans le but de les préserver de tous dégâts et de tout pillage, en sorte qu'ils les conservèrent avec le même soin qu'ils auraient pu apporter à la sûreté des domaines et des palais des souverains dont ils commandaient les armées. Les bourgs et les villages de Fénelon devenaient ainsi des lieux d'asile, de refuge et de sécurité pour tous les habitants des environs. Le duc de Malboroug porta la délicatesse de ses soins pour Fénelon, jusqu'à une recherche de prévoyance et d'attention dont il n'est pas un seul autre exemple dans l'histoire. La rareté des subsistances s'étant fait ressentir jusque dans sa propre armée, et donnant lieu de craindre que les soldats alliés ne fussent obligés de faire leurs provisions dans les magasins de Fénelon, Malboroug fit charger sur des chariots tous les grains qui s'y trouvaient, et les fit escorter par ses propres troupes jusque sur la place d'armes de Cambrai, devenu le quartier général de l'armée française.

Cet hommage honorable rendu à la vertu d'un simple particulier, par des étrangers acharnés à la ruine de la France, servit à sauver la France elle-même. Fénelon livra tous ses magasins aux ministres de la guerre et des finances; il ne se réserva que ce qui était strictement nécessaire pour sa consommation et celle des militaires qui venaient lui demander l'hospitalité. Le contrôleur général l'invita à fixer lui-même le prix des grains qu'il venait de fournir avec tant de générosité dans un si pressant besoin. La réponse de Fénelon dut avertir le ministre qu'il avait trouvé dans l'archevêque de Cambrai un munitionnaire général des armées, qui ressemblait peu à ceux avec qui il était dans l'habitude de traiter. « Je vous ai abandonné mes » blés, monsieur, ordonnez ce qu'il vous plaira ; tout sera bon ».

Il écrivait en même temps au duc de Chevreuse : « Si on mand'argent et tout leur mobilier, au point qu'il ne leur restait ni linge, ni vêtement, ni couchage. Ces nobles et généreuses sympathies d'un prêtre pour le malheur, cette sublime inspiration de miséricorde qui le porte à se dépouiller de tout pour assister des frères infortunés, sont les plus beaux titres de gloire du sacerdoce catholique. C'est là pour lui le moyen sûr et prompt de reconquérir l'affection des peuples ; rien, en effet, ne les touche comme le spectacle de ces grandes actions de bienfaisance et de générosité auxquelles se voue un magnanime pasteur dans tous les événements calamiteux. Les curés ne se laisseront donc devancer par personne dans l'exercice de cette admirable vertu de la charité, qui est le magnifique apanage de la religion du Christ : ils se montreront partout, au contraire, comme la Providence vivante de tous les affligés.

Un prêtre sans entrailles et sans pitié, sourd aux sanglots de la douleur et aux cris de la faim, est un être vil, égoïste et abject, qu'il faudrait dégrader du sacerdoce. Certes ! ne voit-on pas tous les jours de simples laïcs, des pères et mères de famille, et jusqu'à des hommes sans foi, s'attendrir sur les misères publiques, rivaliser de zèle et de libéralité pour secourir généreusement l'infortune ? et le cœur du prêtre resterait, en quelque sorte, à l'état de pétrification, au milieu des profondes afflictions qui l'entourent !

» quait par malheur d'argent pour de si pressants besoins, j'offre ma
» vaisselle d'argent, et tous mes autres effets, ainsi que le peu qui
» me reste de blé. Je voudrais servir de mon argent et de mon sang,
» et non faire ma cour. » Tel était l'homme qu'on avait eu la perfidie de représenter à Louis XIV comme son ennemi. (*Extrait de l'histoire de Fénelon par le cardinal de Baussct.*)

CHAPITRE XXIV.

ZÈLE ECCLÉSIASTIQUE.

Ce n'est point assez pour un prêtre qui a charge d'âmes de mener une vie morale et régulière : il ferait beaucoup de mal en ne faisant pas de bien, et perdrait les âmes en ne les sauvant pas. Le curé qui a vieilli dans la carrière pastorale sans avoir travaillé avec un actif et généreux dévouement à la sanctification de ses paroissiens, n'a point accompli la sainte mission que Dieu lui a confiée (1). Un des dangers qui menacent plus particulièrement le clergé, c'est l'affaiblissement du zèle pour le salut des peuples ; ce défaut perd assurément plus de prêtres que le défaut de mœurs, de régularité et de vertus communes.

La dégénération de l'esprit de zèle et d'action dans les pasteurs de nos jours tient à différentes causes qui l'ont plus ou moins altéré. Témoin des progrès toujours croissants de

---

(1) *Essentia sacerdotii*, dit un saint, *consistit in ardenti desiderio promovendi gloriam Dei et salutem proximi*. — Saint Grégoire le Grand parlant de la responsabilité des pasteurs relativement au salut des âmes de leurs paroissiens, dit : *Tot occidimus quot ad mortem ire quotidiè tepidi et tacentes videmus ; quia peccatum subditi culpa præpositi, si tacuerit, reputatur*.

l'impiété, de l'indifférence et du relâchement du siècle, un prêtre même fervent ne tarde pas à se décourager en mesurant la profondeur du mal qu'il juge irrémédiable. Convaincu d'avance de l'inutilité de ses efforts pour en arrêter les ravages, il se résigne tristement à une sorte d'inertie par désespoir de réussir, renvoyant ainsi à la Providence la conversion de ses paroissiens, et n'attendant leur salut que de Dieu seul. Semblables à ces hommes hébétés par la peur et auxquels la consternation a brisé bras et jambes quand ils voient le feu embraser leurs maisons, certains curés aussi s'enveloppent stupidement dans le manteau de l'indolence et s'asseyent avec une incroyable insensibilité pour contempler d'un œil sec les déplorables ruines de la religion. Dieu, sans doute, n'a besoin de personne pour sauver son Église; mais il impose à tous, prêtres et fidèles, le devoir de lui consacrer sans réserve le tribut de leurs facultés; malheur aux lâches déserteurs qui l'abandonneront au moment du péril et des défections : l'excès même du mal ne pourra servir d'excuse à leur découragement ni à leur inaction.

D'autres prêtres, d'une politique tout humaine, et n'ayant en vue que de poursuivre le vain fantôme de la popularité, s'attachent plus aux suffrages et aux faveurs du monde qu'à ses intérêts éternels. Ces hommes prétendus habiles placent aujourd'hui la perfection du ministère dans un modérantisme qui n'est, en réalité, qu'une meurtrière indulgence envers tous les vices, même les moins excusables. Pour réussir à se faire une réputation de sagesse, ils retiennent la vérité captive, adoptent, dans la pratique, le système d'une aveugle tolérance, cherchent avec le siècle des accommodements de toute nature, et courbent les rigueurs de la morale sous le niveau du relâchement public. Au lieu de corriger les mœurs par les règles, ils assouplissent les règles aux exigences des mœurs, transigent avec les devoirs et font bon marché des principes, dont'ils renvoient l'application à d'autres temps : de là cette morale facile et accommodante qui énerve la discipline, affaiblit l'autorité du précepte, élargit la voie du ciel au mépris des oracles évangéliques, se plie à toutes les circonstances, endort doucement le pécheur et le conduit à une tranquille impénitence.

Il est encore de ces hommes mous et égoïstes, uniquement soucieux de mener dans le sacerdoce une vie douce, oisive et commode. Sectateurs de la paix à tout prix, incapables d'aucun acte de vigueur et de fermeté, ils aiment mieux dissimuler les abus et les désordres les plus criants, et garder un criminel silence, que d'élever la voix et de tonner, traitent comme des peccadilles les plus graves prévarications, placent des coussins sous le coude des pécheurs dont ils redoutent une disgrâce, capitulent avec la conscience pour se procurer des appuis de chair et de sang, et s'assurent la tranquillité à force d'égards purement humains, de timides ménagements, de serviles complaisances, de coupables concessions même. On est toujours sûr de les voir battre en retraite devant les oppositions et les résistances qui leur semblent de nature à troubler leur indéfinissable quiétude et à compromettre leur bien-être matériel. Le peu de courage qui pourrait leur rester s'ébranle et faillit au choc de la moindre contrariété et au vent de la première tempête. C'est un affreux système que celui d'acheter la paix, même dans des jours mauvais, au prix des devoirs les plus impérieux et les plus sacrés. Aussi, tout va-t-il dans leur paroisse comme il peut aller, par une sorte de vieille habitude et de mécanisme usé; ils se bornent, en un mot, à *implere officium suum taliter qualiter, et sinere mundum ire quomodo vadit*. Si, mus par un sentiment d'amour-propre plutôt que de zèle, ils cherchent parfois à obtenir quelques succès, quelques triomphes, c'est à la condition que ces succès seront sans efforts, et ces triomphes sans combats. Pour peu qu'ils courent risque de déplaire à l'occasion d'une tentative de réforme utile, voire même urgente, ils reculent lâchement pour s'engourdir dans une indolente et apathique torpeur (1).

Loin de nous tous ces prêtres flasques et énervés, neutres

(1) On ne peut se dissimuler qu'il se rencontre, dans le sein du clergé, des hommes qui, préférant leur tranquillité à tout le reste, visent uniquement à se procurer les douceurs d'un calme heureux, principale et souvent unique affaire de leur vie. Inquiets, pusillanimes et trembleurs, ils n'exécutent aucune grande mesure, aucune réforme courageuse, pour jouir d'une sécurité constante et parfaite dans leur position. Instruits par instinct et par l'expérience que les prêtres zélés, entreprenants et magnanimes, s'attirent souvent des vexations, des avanies, des disgrâces même, lorsqu'ils portent bravement la hache à la racine des abus, eux, au contraire, au lieu d'agir, font par crainte ou calcul toutes les concessions qu'on leur demande pour acheter la paix, mais une paix déshonorante. Leur apostolat, c'est celui du silence et de la peur; aussi se taisent-ils, même lorsque le silence est un crime ou un acte de lâcheté. Leur refrain ordinaire est qu'il vaut mieux plier que rompre; leur règle de conduite, c'est ce grand principe des gens sans cœur qu'ils préconisent à tout propos : *Cedendum tempori*. Muets en chaire, Hélis au confessionnal, vassaux de leurs maires, courtisans du seigneur de leur village, humbles et respectueux devant les forts et les influents de leurs communes, ils s'abaissent quelquefois jusqu'au rôle d'esclaves, dans le but de s'assurer leur patronage. Cette servilité, malheureusement, plaît d'ordinaire à certains hommes du monde hautains et superbes, qui se trouvent flattés de voir un prêtre subir leur joug et se courber à leurs pieds : voilà pourquoi il n'est pas étonnant que les ecclésiastiques d'un caractère servile et d'une large tolérance en fait de morale, aient été préférés, dans certaines paroisses démoralisées, à des pasteurs nobles et indépendants qui avaient la conscience de leur dignité d'hommes et de prêtres. Ceux-là, il est vrai, sont heureusement fort rares, tandis que ceux-ci se comptent par milliers dans les rangs du clergé français.

entre la vérité et l'erreur, le vice et la vertu, qui considèrent toutes les mesures vigoureuses comme inopportunes et imprudentes, taxent le vrai zèle d'excès et de témérité, et l'anéantissent sous prétexte de ne pas l'outrer. De pareils hommes, j'en conviens, ne s'attirent presque jamais d'ennemis ; ils jouissent même communément d'une grande tranquillité dans leurs paroisses : mais aussi sont-ils d'une insignifiance et d'une nullité complète, et laissent-ils périr de sang-froid les âmes par milliers. Voilà, cependant, les prêtres prônés d'ordinaire comme sages et modérés, par un monde au jugement duquel tout effort de zèle ardent et généreux n'est que la marque d'une pieuse extravagance et d'un véritable fanatisme.

Le prêtre, dit M. de Cheverus qu'on ne suspectera pas de rigorisme, *doit avoir une fermeté inflexible pour la doctrine et pour tout ce que le devoir commande : attaché aux règles de la morale comme aux dogmes de la foi, il ne saurait pas plus transiger avec le relâchement qu'avec l'erreur.* Il prendra pour devise et régulateur dans son ministère ce principe administratif d'un sage prélat : *fortiter in re, suaviter in modo.* Il faut plutôt se sacrifier et mourir que de céder lâchement là où le devoir commande d'être ferme. Il est en effet des cas où, selon saint Jérôme, le prêtre doit généreusement préférer le martyre à la tolérance, au silence même : *Mori possum*, dit-il, *tacere non possum.*

QUALITÉS DU ZÈLE.

Le prêtre devra éviter soigneusement dans son zèle deux extrêmes qui heurtent également la justice et la prudence, et qui entraineraient à la fois le confesseur et le pénitent dans l'abîme éternel : *Qui confessarios simul et pœnitentes in œternum interitum trahent*. D'un côté il n'adoptera pas, dans sa règle de conduite, ce zèle exagéré et désespérant, ce rigorisme barbare qui condamne impitoyablement le pécheur, en lui présentant ses fautes comme étant sans remède et sans espoir. Le bon prêtre doit l'aimer, l'accueillir comme un père, et lui ouvrir le sein immense de l'infinie bonté. Il ne s'étonnera, ni ne s'impatientera de l'énormité des chutes de l'humaine nature ; ministre de la charité et du pardon, il fausserait sa sainte et miséricordieuse mission s'il repoussait un coupable en le décourageant; c'est la douleur et le remords qu'il faut lui suggérer et non le découragement. Le zèle ne peut être vrai et selon Dieu qu'autant qu'il est charitable et compatissant; il a horreur de la meurtrière pratique de ces prêtres qui commencent par fermer à un relaps les portes de la miséricorde, et qui, pour se débarrasser de la direction d'un pénitent importun, trouvent plus court et plus facile de le congédier en le menaçant de la réprobation. Outrer les devoirs de la morale et user d'une rigueur farouche, c'est s'aliéner les pécheurs et les endurcir ; c'est faire d'un peuple relâché un peuple décidément ennemi de la religion et du sacerdoce. Combien de gens du monde détestent le clergé et ont déserté tous les exercices du culte pour avoir eu le cœur ulcéré par les exigences et la dureté d'un confesseur ! Que d'âmes ont été perdues à jamais par la faute d'un guide aux vues étroites, qui, en s'exagérant la sévérité des justices du Seigneur, avait méconnu les inépuisables trésors de sa clémence (1) !

(1) Des observateurs judicieux et chrétiens attribuent en partie l'abandon des sacrements et des pratiques du culte, qu'on remarque dans certaines provinces de France, à l'implacable rigueur des principes introduits depuis deux siècles par le Jansénisme.

L'enfer, a dit quelqu'un, est près du tribunal d'un confesseur sans indulgence et sans pitié, et tous ceux-là s'y précipitent de désespoir qui se voient repoussés par une inflexible rigueur. Si, d'un côté, la trop grande facilité des prêtres autorise jusqu'à un certain point la licence et la corruption, multiplie les péchés et amollit les peuples ; d'un autre, il ne faut pas l'oublier, le rigorisme les rend systématiquement irréligieux et impies. Saint Bonaventure comparant les résultats de la sévérité et de l'indulgence, dit que la première damne souvent ceux qui se seraient sauvés, et que la seconde sauve ceux qui se seraient damnés : *Prior sæpe damnat salvandum, posterior salvat damnandum.* La rigueur éloigne les malades du médecin, désaffectionne les brebis à l'égard du pasteur, fatigue et décourage les pénitents, effarouche contre le ministère qui devient dès lors odieux et intolérable, et finit même par faire déserter les sacrements, ce qui équivaut de fait à une sorte d'apostasie. Elle ne cause guère moins de dommages à l'Eglise que l'hérésie ; car elle aurait pour effet d'abolir insensiblement l'usage de la confession, véritable rempart de la vertu, boulevard du catholicisme. En rendant l'usage des sacrements trop difficile et trop pénible aux fidèles, une morale outrée en anéantit tôt ou tard la pratique et tend, finalement, aux mêmes résultats que l'hérésie. Ceux qui se confessent à un directeur indulgent, ne fût-ce pas avec tout le fruit désirable, ne sont ni si pervers ni si scandaleux que ceux qui renoncent à cette salutaire observance. Il y a au moins une trêve de quelques mois pour les péchés d'habitude ; la foi est plus vive, la conscience plus délicate, le cœur plus fervent, la conduite plus régulière et l'ensemble de la vie plus religieux ; les fragilités surtout sont moins graves, les chutes plus rares, et après certains égarements d'une jeunesse qui, au fond, est restée chrétienne, on finit par se convertir sincèrement. Le rigorisme au contraire trouble, aigrit, décourage les hommes faibles et pécheurs, et leur fait même abandonner, de désespoir, la profession du christianisme.

Il est surtout une précaution de sagesse à garder, c'est de ne pas exagérer l'excellence des dispositions nécessaires pour recevoir les sacrements, en paraissant exiger une sainteté parfaite ; car ce serait alarmer les fidèles et les réduire à l'impuissance d'y apporter une préparation suffisante : par là on ne réussirait que trop bien à faire tomber en désuétude l'usage à la fois si important et si efficace des sacrements en général et en particulier de la confession. On ne saurait dire combien d'imprudences commettent certains curés, à l'approche des pâques, relativement à la contrition, au bon propos, à la rechute, à l'examen de conscience et à la nécessité des dispositions pour communier. Les exagérations de cette nature ne servent, le plus souvent, qu'à troubler la conscience des âmes pieuses et à éloigner cette foule d'hommes et de jeunes gens qui vivent en chrétiens imparfaits : ces derniers, s'autorisant du prétexte qu'il vaut mieux ne pas communier que de communier mal, abjurent ainsi la pratique des sacrements ; et c'est là malheureusement une des grandes plaies du catholicisme en France. N'appelez jamais, a dit un saint prêtre, des confesseurs et des prédicateurs rigoristes, qui ne peuvent instruire ni diriger les âmes sans les décourager ; prenez de préférence ces ecclésiastiques qui, à une charité de père et à l'expérience d'habile directeur, joignent une morale discrète et modérée. S'humiliant toujours devant Dieu à la vue de ses propres misères, le bon confesseur ne s'étonne jamais des fragilités de son pénitent : *Considerans teipsum ne et tu tenteris*. L'accusation des péchés n'est-elle pas déjà par elle-même un acte d'humilité bien profonde et un commencement de retour qu'il faut encourager? Loin donc de repousser le pécheur contrit qui demande grâce et pardon, tendons-lui les bras en l'accueillant avec une paternelle bonté et bénissons-le : *Vera justitia compassionem habet, falsa dedignationem* (S. Grégoire).

Les plaies pansées par une main trop dure, s'enveniment au lieu de se cicatriser ; ce sont des lénitifs qu'il faut leur appliquer et non des remèdes irritants : *Vitia mentium sicut et corporum molliter tractanda sunt.* Enfin, la religion nous enseigne que le vrai repentir est une seconde innocence et que Dieu n'a pas moins de tendresse pour le pécheur pénitent que pour le juste qui a toujours persévéré. La conduite de J.-C. envers la femme adultère en est la preuve : *Nemo*, lui dit-il, *te condemnavit? nemo, Domine*, répond-elle ; *nec ego te condemnabo*, réplique le Sauveur. Dans maintes circonstances où la sévérité aurait de fâcheux résultats pour le salut de l'homme, le prêtre suivra toujours les opinions les plus douces et les plus bénignes, pourvu qu'elles soient licites, et il péchera plutôt par excès de bonté et de douceur que de rigueur et de dureté : *Melius est*, dit saint Antonin après saint Jean Chrysostôme, *Domino rationem reddere de nimiâ misericordiâ quàm de nimiâ severitate.* — *Etiamsi damnandus sim, malo tamen de misericordiâ quàm ex duritiâ vel crudelitate damnari* (S. Odilon).

Toutefois la douceur du prêtre ne doit pas dégénérer en une mollesse qui excuse et innocente tout ; il est des bornes même à la miséricorde. L'abandon des pratiques chrétiennes, la décadence des mœurs publiques et la haute importance de rattacher à la religion des esprits qui n'y tiennent plus que par un léger fil qu'il ne faut pas rompre, devront sans doute déterminer souvent le prêtre à faire grâce à la fragilité humaine, en allant jusqu'aux dernières limites du possible en fait de modération et de condescendance (1); mais il ne fera point un pas de plus ; s'arrêtant toujours en face de sa conscience, il dira aux Hérodes et aux Césars du siècle, avec une sainte liberté et un zèle magnanime : *Tu es ille vir. Non licet. Non possumus.* On lui répondra peut-être comme à J.-C. : *Durus est hic sermo, et quis potest eum audire?* Mais la doctrine évangélique a toujours contrarié les mauvais penchants et soulevé le monde, qu'elle a néanmoins fini par subjuguer. Il faut savoir troubler les passions, au risque de troubler son propre repos, et ne chercher d'autre satisfaction que celle d'une bonne conscience. Semblable au médecin qui ne saurait porter le fer dans la plaie du malade sans réveiller ses cris, le prêtre ne peut, en certains cas, s'abstenir de blesser au vif les lépreux spirituels dont Dieu lui a confié la guérison. Il est même des circonstances, rares à la vérité, où son zèle doit déployer une grande et forte énergie : quand il s'agit, par exemple, de réprimer l'impudence de certains êtres éhontés et pervertis qui ont jeté le masque ; c'est alors pour lui un devoir d'user de son autorité avec une vigueur sacerdotale et une fermeté tout apostolique : à lui, homme de Dieu, de venger la gloire de Dieu, et de rugir comme un lion contre les outrages qui lui sont faits ; à lui, apôtre de la foi et des bonnes mœurs, de défendre les intérêts sacrés de la religion et de la morale ; à lui de s'opposer comme un mur d'airain au débordement des vices, et

---

(1) Le peuple tient encore heureusement à la religion par des liens qui l'y attachent fortement ; le baptême, la première communion, le mariage et le décès. Il y tient encore par la prédication et la messe dans la plupart des localités rurales ; au lieu de rompre maladroitement ces précieux liens, ne doit-on pas au contraire mettre tout en œuvre pour en resserrer les nœuds ?

de lutter avec une indomptable énergie contre les excès du relâchement et de l'indiscipline. Il est quelquefois bon de frapper un grand coup pour terrasser cette fière audace d'un cynisme qui se fait un jeu de tout braver. Si le prêtre, cette colonne sur laquelle repose l'édifice de la religion, allait alors fléchir comme le roseau qui plie, il n'y aurait bientôt plus ni mœurs ni décence dans le monde; le silence serait ici un acte de lâcheté et une sorte de honteuse apostasie. Mais ce sont là des remèdes héroïques qu'il faut réserver au seul cas d'urgence, aujourd'hui que l'autorité d'un curé est si faible et sa position si instable; aujourd'hui surtout qu'il se rencontre dans les paroisses des caractères si turbulents et si vindicatifs. Il suffirait souvent d'un de ces écarts de zèle pour aiguiser de secrètes exaspérations, exciter d'aigres ressentiments, qui, après avoir fermenté sourdement, éclateraient tout à coup en explosions de colère. Maintenant plus que jamais le zèle a besoin, pour obtenir des succès, d'être judicieux, doux et insinuant; il n'a d'heureux résultats pour l'Eglise qu'autant qu'il est accompagné de cette sagesse et de cette modération, fruit malheureusement tardif des années et de l'expérience. Les jours sont mauvais, on le sait, et l'esprit public est loin d'être favorable au clergé.

Le zèle éclairé observe plus qu'il n'agit, et ne procède qu'avec une sage lenteur; il s'arrête quelquefois sans pour cela se ralentir, et ne déborde jamais outre mesure; il ne précipite pas le bien qui n'est pas mûr encore, et quand il le fait c'est toujours à propos et non à contre temps. De même que l'homme de l'art s'abstient, pendant le paroxisme de la fièvre, d'administrer un remède irritant qui aggraverait le mal au lieu de le guérir, et qu'il attend prudemment pour l'appliquer la cessation de l'accès; ainsi le prêtre doué du bon sens et du savoir pratique sait toujours choisir habilement les moments favorables pour parler et agir : il modère son ardeur pour le bien, mûrit longtemps ses projets de réformes et d'innovations, sonde les dispositions publiques, devine les obstacles, calcule les résistances et ne prend un parti qu'à coup sûr. Le prêtre, au contraire, qui n'a égard ni aux temps, ni aux lieux, ni aux personnes, aigrit le plus souvent les populations, aujourd'hui si susceptibles et si ombrageuses : son activité bouillante et intempestive heurte les préjugés, effarouche et révolte ; c'est là le zèle passionné de l'homme et non celui de Dieu avec lequel il n'a pas le moindre rapport (1). Qu'est-ce, en définitive, que le zèle, sinon la charité en action ? or, celle-ci n'a ni précipitation, ni âpreté. Encore une fois, c'est de l'indulgence et de la sagesse, souvent même de la temporisation du zèle que dépend son efficacité.

Le christianisme, avec la rigueur et l'étendue des devoirs qu'il impose, est une religion déjà bien austère pour des peuples qui ont secoué le joug de toute règle et brisé le frein de toute morale. Que le prêtre sauve sans doute les principes, mais que du moins il en adoucisse la sévérité dans l'application, par la suavité des formes et la douceur des procédés. C'est moins la vérité qui blesse que la manière de la dire ; moins la religion qui déplaît, que la maladresse et la brusquerie avec laquelle un curé prétend l'imposer de force ; moins l'exactitude aux règles qui choque et rebute, que l'inflexible roideur du caractère, l'aigreur des reproches et la rudesse des manières. Voilà, comme déjà nous l'avons signalé, la pierre d'achoppement où vient quelquefois se briser le zèle brûlant et irréfléchi d'un prêtre débutant dans la carrière ecclésiastique. Les imprudences

---

(1) *Zelus sine scientiâ plerumque perniciosus est.* (S. Bernard.)

sont des écarts si faciles dans l'effervescence du jeune âge ! Ce pasteur novice peut être doué de toutes les vertus sacerdotales, animé des plus pures intentions; mais il est sorti tout fraîchement des bancs de l'école, sans étude préalable d'un monde qui lui est complétement étranger; il manque de tact et d'expérience, et malheureusement encore il vit isolé et sans conseil. Témoin d'abus criants dont s'indignent son zèle et sa vertu, il voudrait les couper au vif sans songer aux cris et aux résistances mêmes que provoquera sa tentative prématurée, surtout de la part d'une jeunesse fascinée par l'illusion des plaisirs et le charme des passions. N'est-il pas naturel d'ailleurs que, constamment sévère pour lui-même et pur de tout acte désordonné, il n'ait pas conscience de la pauvre infirmité humaine et se montre intraitable envers ses faiblesses? Hélas ! le bon jeune homme, faut-il lui faire un crime de son innocence ! Il porte en lui l'ardeur d'un apôtre et le courage d'un martyr; son cœur palpite d'amour et de foi, il a faim et soif du salut des âmes, s'alarme des progrès toujours croissants de l'immoralité, s'impatiente de l'insuccès de ses généreux efforts à lutter contre le torrent qui le déborde, et refoule en vain au fond de son âme les transports d'une sainte indignation qu'il ne peut maîtriser; sentant donc bouillonner dans ses veines le sang de la jeunesse, il éclate en invectives, en reproches pleins de fiel et d'amertume, comme l'orage qui, après avoir grondé dans les nues, crève et se répand à flots pressés sur nos campagnes (1). Le jeune clergé voudra bien ne pas s'offenser

---

(1) Mgr l'évêque d'Hermopolis répondant à des allégations produites à la tribune contre le jeune clergé au sujet de certains écarts et exagérations de zèle, le justifie comme il suit :

«Hélas! vous le savez, Messieurs, la faulx révolutionnaire a moissonné

des ombres de ce tableau qui n'est pas de fantaisie, ni rembruni à plaisir; avouons-le naïvement : nous trouvons

très-largement dans les rangs de la hiérarchie ecclésiastique. Il n'existe plus guère dans le sacerdoce que des vieillards et des jeunes gens. Qu'arrive-t-il? C'est qu'à peine ces jeunes gens ont terminé leurs études dans nos écoles ecclésiastiques qu'on les envoie à la tête d'une paroisse. Autrefois ils avaient l'avantage de faire une sorte d'apprentissage sous la direction de curés vénérables et expérimentés. Aujourd'hui, abandonnés à eux-mêmes, dans l'impuissance de recourir à de sages conseils, ils prennent en main leurs livres de doctrine et peuvent parfois s'arrêter à la lettre qui tue au lieu de suivre l'esprit qui vivifie. Messieurs, il en est des jeunes prêtres comme des jeunes gens dans toutes les carrières civiles et politiques; voyez les jeunes magistrats, les jeunes officiers, les jeunes administrateurs, les jeunes maîtres dans les écoles, et soyez sûrs qu'ils seront plus sévères que les anciens. Cette vérité tient même à un sentiment qui les honore. Oui, quand on est jeune, on sent plus vivement ses devoirs, on a une horreur plus décidée de ce qui est mal ; à cet âge le premier mouvement est de s'indigner, de s'irriter contre ce que la règle condamne. Eh! Messieurs, ils sont encore trop jeunes pour être indulgents : de toutes les vertus la plus naturelle à l'homme, à cause de sa faiblesse, devrait être, ce semble, l'indulgence, et cependant c'est une vertu qui ne s'apprend bien que par l'expérience.

»Soyons justes et sachons reconnaître, à la louange des jeunes ministres des autels, qu'en général ils offrent partout l'exemple d'une piété vraie, d'un zèle sincère, d'une vie pure et sans reproche ; l'âge viendra mûrir leur esprit, adoucir leur caractère et tempérer la rigueur de leurs principes. Encore un certain nombre d'années, et ces rangs intermédiaires qui séparent la jeunesse et la vieillesse se trouveront remplis; alors les sujets ou plutôt les prétextes de plaintes deviendront bien plus rares.

»Savez-vous d'ailleurs si les torts sont toujours de leur côté? Ne peut-il pas se rencontrer quelquefois des maires, des adjoints, des juges de paix et leurs assesseurs, des paroissiens difficiles, qui aient aussi des torts? Messieurs, la différence qui existe entre eux et les desservants, c'est qu'il n'échappe pas une faute, pas une parole peu mesurée à ces derniers, qu'elle ne soit aussitôt recueillie et que toutes les trompettes de la renommée ne la fassent retentir dans toute la France. Je ne sais ce que deviendrait une administration quelconque, si tous ses agents étaient traités avec la même sévérité. »

presque tous ici notre propre histoire. Que de fois un zèle amer et impétueux a bouleversé des paroisses que le calme et la modération auraient sanctifiées!

Concluons : un curé n'endormira pas le pécheur dans ses vices par une excessive indulgence, qui tolère tout ; il ne l'aigrira point par une rigueur outrée, qui décourage ; mais il mêlera l'huile de la douceur au vin de la force, et sauvera, s'il y a moyen, la règle et le pécheur tout à la fois. Le laxisme et le rigorisme sont deux extrêmes également blâmables qu'il faut éviter, pour suivre ce milieu sage qui consiste dans un égal tempérament de justice et de miséricorde, de clémence et de sévérité. La sagesse pastorale consiste précisément à voguer entre ces deux écueils sans y échouer : *Per medium tutissimus ibis*. Tel est le principe régulateur posé par Benoît XIV et saint Liguori ; adopté par la saine majorité des théologiens et des sages praticiens de nos jours, principe dont on ne devra jamais dévier ni en chaire, ni au confessionnal, ni partout ailleurs.

PRUDENCE DU PRÊTRE AU SUJET DES INNOVATIONS ET DE LA RÉFORMATION DES ABUS.

C'est surtout à l'égard des innovations et de la réformation des abus que le prêtre a besoin d'user de la plus haute prudence (1). Plus le mal est profond et universel, plus il faut,

---

(1) Il est, dit M. de Cheverus, de ces esprits remuants et confiants en eux-mêmes qui, au début de leur ministère dans une paroisse, aspirent à tout changer. Ne respectant pas ce qui se pratiquait sous leurs prédécesseurs, ces hommes turbulents entreprennent les œuvres les plus périlleuses et les plus hardies, tentent même quelquefois l'impossible. Il faut, ajoute ce grand prélat, procéder bien différem-

pour y remédier, de sagesse, de tact et d'habileté. A côté du désir d'améliorer, se trouve parfois le grave inconvénient d'innover et de brusquer, et la tentative du mieux a souvent compromis le bien. Il est de vieux abus peut-être condamnables; mais qui, datant de plusieurs siècles, enracinés dès lors dans les habitudes et les mœurs publiques, fondés sur les affections des masses et comme autorisés par les usages de toute une contrée, sont d'autant plus inextirpables qu'ils ont acquis une sorte de prescription de tolérance et même de sanction par le silence de nos devanciers. Quoiqu'il en soit, c'est toujours chose fort délicate que d'y toucher : peut-être même convient-il de les ménager et de n'en rien dire d'abord, parce qu'il y a en général de l'imprudence à déclamer contre ceux qui sont universels et invétérés, surtout si, pour les réformer, il faut heurter de front les résistances populaires. La prudence commande quelquefois au zèle le silence et l'inaction : miner sourdement les abus, les tolérer, se taire même quand il semble dangereux de les attaquer ouvertement, c'est souvent un acte de simple bon sens et de sagesse : *Est tempus tacendi et tempus loquendi* (1). Pour-

---

ment, s'enquérir de tout ce qui se faisait auparavant, et ne pas plus y toucher qu'à l'arche sainte. Il convient même de réfléchir, quand il s'agit de toucher au bien pour l'améliorer, parce que le mieux est quelquefois l'ennemi du bien. Il termine en disant que les innovations et les réformes ont souvent les résultats les plus fâcheux.

(1) En voulant réformer les abus inhérents aux mœurs publiques, on réussit peut-être quelquefois à subjuguer une partie du peuple; mais on en révolte une autre qui est souvent la plus influente; une troisième, sans se plaindre précisément, n'en condamne pas moins en secret cette impulsion qu'elle juge ultra-chrétienne, et finit par s'allier à l'autre pour faire résistance. Le triomphe du bien, trop hâtif, est souvent suivi d'une réaction terrible, et l'on risque alors de perdre l'avenir d'une paroisse par l'intempestive ardeur d'un zèle irréfléchi.

quoi, en effet, soulever inutilement des mutineries et des oppositions insurmontables ? Pourquoi entreprendre une bataille avec la chance presque certaine d'être vaincu ? Mieux vaut l'existence d'un abus que l'essai d'une répression suivi d'un échec humiliant. Mieux vaut l'existence d'un abus que sa réforme, s'il fallait la devoir à la perturbation d'une paroisse, ou à l'abandon des sacrements ; ce serait arracher avec l'ivraie le bon grain, couper l'arbre par le pied pour l'émonder, en d'autres mots, courir risque de sacrifier la religion même à un avantage souvent aussi minime qu'incertain. N'est-il pas plus expédient de temporiser et de supporter ce que Dieu tolère ? C'est présomption de croire que l'on peut sarcler tout son champ dans un jour : il faut extirper brin à brin l'herbe parasite ; une partie sèchera d'elle-même, mais il y en aura bien plus encore qui disparaîtra peu à peu sous l'action destructive du temps. Le Seigneur veut qu'on souffre la présence de l'ivraie quand on ne peut l'extraire qu'avec le froment : *Ne forte colligentes zizaniam, eradicetis simul et triticum;* et J.-C. ajoute ces paroles si dignes de sa divine sagesse : *Sinite utraque crescere usque ad messem.* Le prêtre sage gémit tout bas des abus qu'il ne peut condamner tout haut ; c'est à Dieu seul qu'il s'en plaint ; il en fait l'objet de ses larmes et de ses prières plutôt que de ses reproches ; il sait enfin que l'extirpation du mal ne peut être que lente et graduelle, et que prétendre en affranchir le monde tout d'un coup, ce serait vouloir anéantir l'humanité même; *car il y aura des abus tant qu'il y aura des hommes,* a dit M. de Frayssinous. Un curé judicieux saura bien, d'ailleurs, que nous ne sommes plus au siècle des Ambroises et que ses paroissiens ne sont pas des Théodoses ; sa prévoyance ira jusqu'à lui faire comprendre qu'aujourd'hui on ne dirait pas impunément à certains parvenus ou même à d'orgueilleux campagnards, ce que Massillon et Bourdaloue prêchaient hautement à la cour du grand roi.

Placé dans une paroisse où l'on fait parade d'impiété, où l'on a substitué à l'adoration de Dieu l'idolâtrie du métal, paroisse démoralisée et imbue de haineuses préventions contre le sacerdoce et ses prétendues exagérations en matière de morale, un curé prudent n'ira pas inconsidérément remettre en vigueur des règles surannées qui, n'étant plus en rapport avec nos mœurs, étaient faites pour d'autres temps; il appréciera sa position, et n'exigera d'abord que ce qu'il croira pouvoir obtenir sans froisser les préjugés de ses paroissiens; il ne tonnera donc point contre les vices publics, ce serait un début fâcheux, un faux point de départ dont nous avons eu lieu déjà de constater les funestes effets. Avant d'essayer efficacement la réforme des abus, il faut avoir implanté la foi dans les cœurs, et gagné l'affection et la confiance : procéder autrement c'est manquer de sens (1).

(1) Massillon et Bourdaloue n'ont pas cru devoir faire de sermons contre les spectacles. Le premier a mieux aimé mettre la cognée à la racine de l'arbre que couper seulement les branches. Mais il attaqua avec éloquence l'amour des plaisirs, jugeant qu'il fallait combattre la cause plutôt que l'effet. Bourdaloue fit de même : il pénétra ses auditeurs de la sainteté du Christianisme et de la gravité des mœurs d'un disciple de J.-C.; ses auditeurs en concluaient qu'on ne saurait aller au spectacle sans profaner les vœux de son baptême. Il en était ainsi de la danse à laquelle on ne pouvait prendre part sans cesser d'être sage et chrétien.

Le monde, on le sait, est imbu de préjugés contre le rigorisme du jeune clergé, surtout au sujet de l'interdiction de certains divertissements. Il l'accuse de présenter la religion comme ennemie de la récréation et de la joie, de vouloir extirper tout plaisir et de chercher à *convertir de riants villages en sombres couvents de la Trappe.* Ces accusations ont pris malheureusement assez de consistance pour être aujourd'hui généralement accréditées; c'est là-dessus que se sont fon-

Il y a, dit Massillon, des prêtres qui se croyent marqués du sceau de l'apostolat à cause des persécutions dont ils sont

dés les gens du monde pour diriger contre nous des reproches dans lesquels il y a beaucoup d'exagération et seulement un peu de vérité. On ne peut disconvenir que des imprudences ayant été commises au sujet de la danse que certains prêtres inexpérimentés punissaient avec plus de sévérité qu'un énorme péché mortel, quelquefois même par des pénitences publiques. La danse est, sans aucun doute, désapprouvée avec raison par l'Eglise comme occasion de péché pour bon nombre de personnes. En exposer les dangers et les suites, en détourner les fidèles par toutes les voies de la persuasion, particulièrement au tribunal de la pénitence, est un devoir pour le prêtre fidèle aux principes. Mais déclamer violemment contre cet abus en public, flageller rudement des filles qui ont eu la faiblesse de céder à une tentation si séduisante pour elles, leur refuser les sacrements et même la communion pascale, c'est là une exagération de zèle tout à fait irrationnelle et injuste. Que d'occasions de péché bien plus dangereuses, sur lesquelles passent quelquefois fort lestement ces curés eux-mêmes qui se déchaînent contre la danse avec un zèle si passionné et si fougueux! Ce n'est pas ordinairement en public que les penchants vicieux se forment et que les chutes se préparent; c'est plutôt dans un rendez-vous nocturne ou secret, dans une promenade solitaire, un bosquet, etc. N'y aurait-il pas, au surplus, une insigne maladresse à présenter la religion comme triste, sombre et sévère à un peuple léger et amoureux de plaisirs, tel qu'est précisément le peuple français, qui bientôt la repousserait comme un joug dur et accablant.

Un prêtre intelligent et habile succédant à un curé qui avait complétement échoué dans la réforme des abus, se garda bien d'attaquer ceux qui régnaient dans la paroisse. Il crut d'abord nécessaire d'inculquer la foi dans le cœur des paroissiens qui n'avaient de la religion que les dehors et la surface. Quand il la supposa enracinée dans les âmes, il prêcha les grandes vérités du salut et les terreurs de l'avenir. Il réussit parfaitement sans même avoir prononcé le mot d'abus, ni articulé de cas particuliers. Mes prédécesseurs, disait-il, frappaient les branches, et moi je frappe la racine. Nous aurons beau couper les unes, si l'autre demeure pleine de vie, elles reprendront vigueur et se développeront de nouveau; mais la racine une fois morte, les branches tombent d'elles-mêmes.

l'objet ; ils s'applaudissent de leurs contradictions comme d'un honneur et d'une preuve de fidélité à leurs devoirs; ils croyent succéder au zèle des premiers hommes apostoliques, parce qu'ils succèdent à leurs tribulations ; ils s'applaudissent d'avoir rempli glorieusement leur ministère, parce qu'ils se sont attiré les mauvais traitements de ceux envers qui ils l'ont exercé. Mais c'est le plus souvent à leur imprudence, à leur humeur et à leur emportement, plutôt qu'à la malice des peuples, qu'ils doivent leurs persécutions et leurs déboires. C'est presque toujours la manière peu mesurée et peu décente de dire la vérité qui la rend odieuse ou ridicule. Se glorifier alors d'avoir des ennemis pour leur avoir dit la vérité, c'est se glorifier le plus souvent d'avoir fait de son ministère un abus et une passion. Ah ! loin de nous ces imprudents qui se prévalent comme d'un succès qui les flatte, d'avoir réussi à mériter la haine publique, et qui s'imaginent follement que, pour bien prêcher l'évangile de paix et d'amour, il faut aigrir et révolter tous ceux qui l'écoutent! C'est la charité qui a établi la religion sur la terre ; ce ne furent pas des lions, mais des agneaux que J.-C. envoya pour l'annoncer ; c'est leur douceur et leurs souffrances qui avancèrent l'œuvre de l'Evangile, et c'est par là que leurs successeurs doivent le continuer et l'étendre parmi les hommes (*Massillon*).

D'un autre côté, le prêtre sage ne se rebutera pas de l'apparente stérilité de son ministère; la grâce a ses heures, il le sait, et elle fructifiera en son temps ; c'est le travail et non le succès que Dieu lui commande, car il se contente des efforts du zèle et du sacrifice d'une bonne volonté : *Curam, non curationem exigit Deus* (S. Bernard).

Il est d'ailleurs des terres froides et ingrates, où la végétation n'est jamais hâtive ni la moisson précoce; les meilleures semences n'y germent que difficilement et avec lenteur (1). Cette terre aride et sauvage est l'image de plus d'une paroisse ; que le curé qui la défriche ne se décourage donc point, parce qu'il ne travaille jamais en pure perte : s'il n'a pas à se féliciter de succès visibles et complets, il a du moins semé des remords et préparé des conversions ; il a atteint l'incrédule et troublé le pécheur au fond de son cœur par les retentissements de sa parole, produit de fortes émotions et remué profondément les consciences. Pour s'en convaincre, il n'a qu'à examiner attentivement l'état moral de sa paroisse ; il aura lieu d'y remarquer un travail secret de la grâce, une fermentation religieuse, présage heureux et certain d'une moisson abondante dans un prochain avenir.

Il ne faut point s'étonner des difficultés que l'on rencontre à réaliser ses projets pour le bien, parce qu'à toute œuvre providentielle les obstacles sont des épreuves nécessaires. Dieu nous laisse quelquefois peu d'espoir de réussir dans nos entreprises, pour nous empêcher d'en attribuer le succès à l'humaine sagesse de nos vues ; en montrant à tous que la réussite est son seul ouvrage, il rappelle qu'à lui seul en revient la gloire. Si, de prime abord, tout souriait à nos désirs et que toutes les difficultés s'aplanissent devant nous comme par enchantement, un succès si prompt et si facile nous porterait à croire que nous en avons la meilleure part : tentés d'en faire honneur à la supériorité de nos talents, à la prudence de nos mesures, nous n'y verrions pas l'action de la grâce,

---

(1) Si, nonobstant ces puissantes considérations, un curé croyait qu'il fût de son devoir d'attaquer certains abus qui lui sembleraient vraiment intolérables, il devrait du moins, au préalable, consulter ses confrères les plus sages et les plus expérimentés ; il n'omettrait pas surtout d'en référer à son évêque et de demander ses avis : *Interroga majores tuos et dicent tibi.* (Voir les observations faites à ce sujet dans le chapitre de la PRUDENCE.)

ni le doigt de Dieu. Mais, quand des obstacles en apparence insurmontables viennent en aide à l'exécution de nos œuvres; que le bien, longtemps combattu par des ennemis tout puissants, semble surgir du sein même des contradictions qui auraient dû l'étouffer dans sa naissance; que tout, enfin, s'accomplit miraculeusement quand tout paraissait humainement désespéré, alors nous nous écrions avec une humble reconnaissance : c'est le Seigneur et non l'homme qui a fait toutes ces merveilles ! Le prêtre intelligent et zélé ne s'irritera donc pas de l'opposition des êtres vicieux et pervers ; car le vrai zèle échauffe le cœur, et ne l'aigrit pas ; il aime, édifie, et ne s'exaspère point. Semblable à son divin modèle, le bon curé a toujours en réserve des trésors de clémence, de miséricorde et d'amour pour ses ennemis mêmes. Il se rappelle que J.-C. a rencontré ici-bas mille contradictions et n'a converti qu'un bien petit nombre de pécheurs, malgré le pouvoir des miracles et l'empire souverain de sa divinité. L'Eglise elle-même a lutté trois siècles entiers et nagé dans le sang de ses martyrs pour avoir droit d'existence dans le monde : et nous, hommes impatients, nous voudrions voir notre zèle récompensé par des succès rapides et instantanés ; notre amour propre serait flatté que nous fussions payés comptant de nos peines par des fruits soudains et visibles ! Nous enfin, hommes d'un jour, nous prétendrions emporter d'assaut la conversion de toute une paroisse, qui ne peut être que le résultat de longs et pénibles labeurs, l'effet de la grâce, de la miséricorde divine, et surtout l'œuvre des siècles ! Croyons bien au contraire que, si nous avons gagné quelques intelligences à la foi et quelques âmes au Seigneur, nous aurons beaucoup fait et longtemps vécu, et que les bénédictions célestes nous attendent dans la vie à venir.

CHAPITRE XXV.

MANIÈRE DE GOUVERNER UNE PAROISSE DIFFICILE.

Tout curé sage et habile doit, en prenant possession d'une paroisse, méditer aussitôt un plan de conduite administrative qui serve comme de fil conducteur à toutes ses opérations. Exercer le ministère sans avoir combiné ce plan, c'est procéder sans ordre, agir sans ensemble et sans but, errer au hasard. Toutefois, avant de l'adopter, un pasteur ne manquera pas d'étudier l'esprit, le caractère et les besoins des fidèles confiés à sa sollicitude. De même qu'un agriculteur expérimenté a toujours soin, avant d'ensemencer le sol qu'il exploite, d'en examiner attentivement la nature, pour choisir à ses grains et à ses plantes le terrain qui leur est le mieux approprié; ainsi le curé doit-il préalablement sonder les dispositions générales de ses paroissiens, saisir leurs tendances, démêler leurs passions et leurs vices dominants. Mais ce n'est souvent qu'après un long séjour qu'on possède à fond cette vaste connaissance. Il y a tant de diversité dans les esprits et les caractères d'une population, tant de nuances dans ses opinions, ses sentiments, ses goûts, ses mœurs et ses habitudes ! Il y a surtout de si grandes différences dans le mode de la gouverner ! Avant donc d'arrêter définitivement son système d'administration, un curé y réfléchira mûrement, et le calquera sur les renseignements que lui aura procurés l'examen de l'état moral des habitants. Encore ne devra-t-il longtemps procéder, à l'exemple des hommes sages, que par voie d'observations et comme par tâtonnements. Voici, en abrégé, les moyens principaux par lesquels il convient, ce semble, de diriger une paroisse dans des circonstances difficiles.

Affection et confiance. La première et la plus indispensable condition de succès, c'est de gagner l'affection et la confiance publique. Il faut se faire aimer des hommes avant de chercher à les convertir; car quelle influence morale un curé pourrait-il exercer sur eux, s'il se les aliénait ? Ainsi il s'efforcera d'obtenir un filial attachement de la part des membres de sa famille paroissiale ; car une fois qu'il aura su trouver l'accès des cœurs, ses succès seront infaillibles. Pour y réussir, il se répandra parmi les paroissiens et se fera connaître d'eux avantageusement, dans le but de se les rendre favorables (1).

Comme nous l'avons exposé ailleurs plus en détail, il se montrera constamment gracieux dans son abord, affable dans son langage, poli dans tous ses procédés, populaire envers les pauvres, compatissant envers les malades, doux et patient envers tous. Il persuadera bien aux hommes de toute classe qu'il n'a rien tant à cœur que de les obliger et de travailler à

---

(1) Dans le chapitre des relations sociales, nous avons dit que le prêtre ne devait pas visiter le monde par goût, ni s'en faire une habitude, ni, à plus forte raison, un besoin. Mais il lui est toujours permis de le voir quand c'est dans des vues louables, telles que celles d'y trouver un honnête délassement, de s'y populariser et de s'y rendre utile. Il importe, de nos jours, que le clergé se rapproche des séculiers souvent effarouchés contre lui, dans le but de dissiper leurs préventions et de reconquérir leur faveur et leurs sympathies.

leur bonheur. Ces relations rapprochent un pasteur de ses ouailles, dissipent les préventions, font naître la confiance et accepter plus facilement son ministère. Il est d'expérience qu'un curé qui aime ses paroissiens à l'égal de sa parenté, qui les gouverne en père et sait, à l'aide de sa popularité, les mettre toujours à l'aise avec lui, se fait écouter avec plaisir et docilité, et finit par rappeler au bercail bien des brebis infidèles. Il en est, sans doute, quelques-unes que ses visites pastorales et ses attentions paternelles ne ramèneront pas de prime abord dans les voies du salut; mais s'il continue, en toute circonstance, à leur donner des témoignages d'affection et de dévouement; s'il n'y a rien de touchant et d'attrayant qu'il ne mette en œuvre pour les gagner à Dieu, il peut s'attendre à voir le ciel bénir les efforts de son zèle et les sollicitudes de sa pastorale tendresse.

Dans ses rapports, un curé ne fera point acception des fortunes et des rangs, et verra tous les habitants sans distinction. Avoir pour les grandes familles des excès d'attentions, et sembler faire peu de cas des personnes d'un état inférieur, c'est, de la part d'un curé, un procédé peu convenable et qui n'est propre qu'à lui faire perdre tout crédit sur la classe populaire, toujours la plus nombreuse. Aussi les curés qui se montrent obséquieux envers les riches et hautains envers le peuple, sont-ils cordialement détestés par la majorité de leurs paroissiens. Les préférences, s'il devait y en avoir, seraient toujours pour la pauvreté et l'infortune.

En recourant à l'emploi de tous les moyens légitimes pour mériter l'affection, un curé n'agira pas, toutefois, dans des vues purement personnelles. Il ne s'attachera les peuples, dit saint Grégoire le Grand, que dans le but de les attacher à J.-C., et il fera plus aimer la vérité que sa personne même. En visant à la conquête des cœurs, il visera toujours à la conquête des âmes, terme final qu'un bon prêtre se propose habituellement dans toutes ses actions. Une fois qu'il possèdera l'affection générale, il lui en coûtera peu pour réaliser toutes les entreprises et les améliorations qu'il jugera nécessaires au perfectionnement moral et religieux de son peuple.

Persuasion. Il est un ressort plus énergique et plus sûr que celui de la force et de l'intimidation pour le gouvernement d'une paroisse : c'est celui de l'ascendant persuasif qui fait obéir sans froissement et sans efforts. Tout le nerf de cette puissance est dans le cœur et dans la conviction. En effet, avec la persuasion on regarde la vertu comme un devoir, le crime comme une horreur, l'ordre et la morale comme une loi obligatoire; on obéit ainsi librement et spontanément à la règle, à la conscience et à Dieu. Or, éclairer l'esprit, convaincre la raison, toucher et former le cœur, tel est le vrai moyen de suggérer des convictions religieuses : voilà, en cette matière, l'unique marche rationnelle à suivre; c'est même le seul système d'administration qui présente des chances de réussite. Ce n'est que par des motifs déterminants, par des moyens de douce insinuation, qu'on peut maîtriser les intelligences et leur inculquer les croyances chrétiennes. On ne résiste pas à l'empire de la persuasion, qui subjugue les hommes de la manière à la fois la plus facile et la plus irrésistible. Voilà le meilleur mode de gouvernement spirituel pour les peuples, pour le peuple français particulièrement. On inspire la religion, on ne l'impose point par voie d'autorité, de menaces et de coercition; on ne commande ni l'amendement du vice ni l'amour de la vertu, on le persuade, on l'insinue. Il y a mille fois plus d'avantages à supplier qu'à ordonner, à exhorter qu'à réprimander, à convaincre qu'à violenter, à épargner qu'à frapper. A l'aide de ces voies persuasives, un pasteur sage parviendra à christianiser doucement et progressivement ses paroissiens infidèles, et à les ramener à l'église, quelquefois même au tribunal de la pénitence.

Ce serait méconnaître étrangement l'esprit de l'Evangile et celui de notre siècle que de recourir à l'emploi de la force et de l'intimidation : ce pitoyable système de gouvernement n'aboutit qu'à aigrir et à révolter les paroissiens contre le curé assez maladroit pour l'adopter. S'il y a, au monde, un état qui doive exclure les moyens acerbes et violents, c'est bien l'état pastoral ; et aujourd'hui, moins que jamais, on pourrait faire peser sur les paroisses une domination despotique. Ce mode d'administration ne produirait, tout au plus, que la crainte, la servitude et la haine. Pour que l'obéissance soit filiale et chrétienne, l'autorité doit être bienveillante et paternelle : or, il est d'expérience que les fidèles redoutent et détestent un curé dur et sévère, bien plus qu'ils ne l'aiment ; ils marchent comme des esclaves sous l'impression de la terreur, mais n'ont pour lui ni affection ni dévouement ; souvent même ils rongent avec fureur le frein qu'on leur impose, tout prêts à le briser à la première occasion (1).

---

(1) Si vous ne voulez qu'intimider les hommes et les réduire à faire certaines actions extérieures, levez le glaive, dit Fénelon, chacun tremble, vous êtes obéi. Voilà une exacte police, mais non pas une sincère religion. Si les hommes ne font que trembler, les démons tremblent autant qu'eux, et haïssent Dieu. Plus vous userez de rigueur et de contrainte, plus vous courrez risque de n'établir qu'un amour-propre masqué et trompeur... Souvenons-nous que le culte de Dieu consiste dans l'amour : *Nec colitur ille nisi amando.* (S. Aug.) Pour faire aimer, il faut entrer au fond du cœur ; il faut en avoir la clef ; il faut en remuer tous les ressorts ; il faut persuader et faire vouloir le bien, de manière qu'on le veuille librement et indépendamment de la crainte servile. La force peut-elle persuader les hommes ? Peut-elle leur faire vouloir ce qu'ils ne veulent pas ? Chacun se tait,

Modération en chaire. Le langage d'un curé dans la chaire chrétienne sera d'ordinaire empreint de modération et de charité ; car il est pasteur, et cette qualité l'oblige à parler plutôt en père qu'en maître. Alors les paroissiens, au lieu de se roidir contre les efforts de son zèle paternel, se plairont au contraire à exécuter docilement ce qu'il demande avec bienveillance et de bonne grâce. Ils seront plus particulièrement touchés de son indulgence, s'il a soin de jeter adroitement un voile sur quelques-uns de leurs torts en semblant les ignorer.

Il évitera, dans ses prédications, de prendre une voix tonnante, un langage habituellement sévère et menaçant ; cela n'aurait d'autre effet que d'indisposer les assistants contre lui.

Il s'interdira toute parole vive et brusque, toute question irritante, toute vérité dure, tout reproche humiliant, et à

---

chacun souffre, chacun se déguise, chacun agit et paraît vouloir, chacun flatte, chacun applaudit ; mais on ne croit et on n'aime point ; au contraire, on hait d'autant plus que l'on supporte plus impatiemment la contrainte qui réduit à faire semblant d'aimer. Nulle puissance humaine ne peut forcer le retranchement impénétrable de la liberté du cœur. Aussi J.-C. n'a-t-il rien fait par violence, mais tout par persuasion, dit S. Augustin : *Nihil egit vi, sed omnia suadendo.* L'amour n'entre point dans le cœur par la contrainte : chacun n'aime qu'autant qu'il lui plaît d'aimer. Il est plus facile de reprendre que de persuader ; il est plus court de menacer que d'instruire ; il est plus commode à la hauteur et à l'impatience humaine de frapper sur ceux qui résistent que de les édifier, que de s'humilier, que de prier, que de mourir à soi, pour leur apprendre à mourir à eux-mêmes. Dès qu'on trouve quelque mécompte dans les cœurs, chacun est tenté de dire à J.-C.: *Voulez-vous que nous disions au feu de descendre du ciel pour consumer ces pécheurs indociles?* Mais J.-C. répond: *Vous ne savez pas de quel esprit vous êtes;* il réprime ce zèle indiscret. (*Discours du sacre de l'archevêque de Cologne, par Fénelon.*)

plus forte raison toute invective, satire, personnalité et apostrophe blessante. De pareils procédés, toujours indignes de la chaire chrétienne, ne sont propres qu'à exciter des tempêtes populaires. Il s'abstiendra de prêcher plutôt que de parler jamais sous l'impression de l'humeur ou de se laisser entraîner à des mouvements d'indignation. En faisant retentir l'église des éclats de sa colère, il profanerait sa noble mission d'évangéliste.

En principe général, il convient de donner beaucoup d'avis et d'exhortations paternelles, et de n'adresser que bien rarement des reproches, à moins qu'on ne les formule sous des expressions de douceur qui en tempèrent l'amertume et les fassent ainsi bien accueillir. Un curé maladroit, qui se montre libéral en réprimandes ou mortifiant dans ses prônes, qui se permet des sorties fréquentes et furibondes contre les abus publics, ou de malignes allusions à l'égard des personnes, prend à rebours ses ouailles et finit par les exaspérer ; il envenime et aggrave le mal au lieu d'y remédier et de le guérir : on voit le plus souvent les pécheurs persévérer dans leurs vices par un faux point d'honneur affreux, et avec une ostentation de rage, satisfaits par là de braver leur importun censeur. Il n'est même pas rare qu'un pasteur violent qui a effarouché sa paroisse par la fougue de ses prédications, prépare un volcan de haines et de colères qui ne tardera pas à faire explosion et à vomir contre lui des flammes vengeresses.

Ce ne sont pas des lions, comme l'a dit Massillon, mais des agneaux que Dieu a envoyés pour convertir le monde. Le prédicateur bouillant et passionné fait, d'ordinaire, plus de bruit que de fruits ; il aigrit et brusque plus qu'il ne touche et convertit, et souvent, après beaucoup de troubles, de chocs et de fracas, il vient échouer devant l'opposition de ses paroissiens révoltés. Enfin il se rappellera qu'il ne doit jamais porter dans la tribune sacrée l'empreinte de son caractère, de ses défauts et de ses passions : là il n'est pas homme, mais le ministre de J.-C. et le héraut de l'Evangile.

Que toutes nos paroles tombent habituellement de la chaire comme une douce et fertilisante rosée, et se répandent avec une onctueuse efficacité sur les blessures de nos ouailles. Les fleuves d'un cours paisible fécondent seuls les campagnes qu'ils parcourent : tandis que ces torrents impétueux qui débordent avec fureur de leur lit pour précipiter sur la plage leurs flots écumants, renversent et déracinent tout, ne laissant que des ruines pour traces de leur passage.

Eviter les oppositions. Un curé prendra soin de ne jamais se mettre en opposition avec les notables de sa paroisse. Il est des hommes influents, qui règnent en véritables souverains sur des bourgades et des campagnes. Ces petits monarques maîtrisent tout, municipaux et bourgeois, et font particulièrement courber sous leur main de fer tout le petit peuple. On comprend qu'un prêtre sans défense n'est pas de force à soutenir contre eux une lutte égale ; car ce serait la guerre du pot de terre contre le pot de fer. S'il n'avait soin d'éviter toute cause de conflit et de division, il se créerait d'inextricables difficultés qui l'obligeraient tôt ou tard à déserter son poste. Sans doute, le curé même le plus habile et le plus patient ne peut se soustraire à toutes les oppositions : le zèle qui censure le vice provoque la haine des méchants; c'est là une persécution qui a toujours été la récompense et la gloire des ministres fidèles. Cependant, qu'il comprenne la nécessité de vivre en bon accord avec ces hommes, souvent fiers et ombrageux, sous peine de subir des vexations et des avanies. Il usera donc, dans ses rapports avec eux, d'une extrême modération, de toutes sortes de ménagements, d'égards et de prévenances. A d'injustes et brutales provocations il n'opposera que le silence et la mansuétude. De même qu'on parvient à apprivoiser les animaux les plus farouches, ainsi un curé amadouera les caractères les plus difficiles et les mécréants les plus hostiles à son ministère. A l'aide de tous ces procédés de douceur et de bienveillance, s'ils sont persévérants, il préviendra les mésintelligences, neutralisera les oppositions, aplanira tous les obstacles et triomphera de toutes les difficultés. Le principal avantage qui résultera pour lui de cette bonne harmonie, ce sera de gouverner paisiblement son peuple : or avec une administration pacifique, il fera le bien sans contrariété ni secousse, tandis qu'il se verrait entravé à chaque pas dans sa marche, s'il vivait en désaccord avec les principales familles de sa paroisse.

Si, sans l'avoir mérité, il encourt la haine d'injustes contradicteurs, il se montrera résigné dans les tribulations et courageux dans les épreuves, et ne répondra jamais aux persécutions et aux outrages que par l'oubli, le pardon et l'amour. C'est ainsi qu'il désarmera ses ennemis et réussira même finalement à se les attacher.

Sage lenteur. C'est un point fort important de savoir faire à temps le bien, qui a sa saison comme les fruits. Un pasteur doué d'un zèle ardent qui le porterait à précipiter des améliorations et des perfectionnements désirables sans doute, mais peu praticables, ressemblerait à un homme qui, pour jouir plus vite des produits de ses arbres, en provoquerait de force la floraison et la fructification ; leurs fruits ne feraient sentir à son palais, au lieu d'une succulente saveur, qu'une verte âpreté. Ne vaut-il pas mieux attendre, pour les cueillir, qu'ils soient parvenus à leur maturité complète (1) ? Le moissonneur ne laisse-t-il pas aux rayons du soleil le temps de jaunir les épis, avant de les recueillir sous sa faucille ? Telle est la conduite d'un curé sage qui, avant d'agir, consulte les inspirations de la prudence, parce qu'il y a risque de tout perdre à vouloir tout brusquer. Les améliorations lentes et successives sont, d'ordinaire, les plus sûres et les plus durables. Aussi imite-t-il la sagesse divine dont l'action est en général si lente, si douce et si mesurée qu'elle est à peine sensible. La perfection d'une pendule n'est pas d'aller vite, mais d'être bien réglée. Quelle incroyable prétention de la part d'un curé, de vouloir élever tout d'un coup à une haute vertu des hommes quelquefois étrangers aux plus simples éléments de la morale! En mettant trop de bois sur un petit feu, a dit un saint, on s'expose à l'étouffer. Il saura donc accélérer ou ralentir l'activité de son zèle selon les avantages ou les inconvénients que lui indiquera sa prévoyance. *Il ne faut pas*, dit M. de Frayssinous, *se précipiter dans le bien, mais aller à pas mesurés et prendre conseil des circonstances : il faut éprouver pour mieux connaître, et laisser faire quelque chose au temps,* ce grand destructeur des préjugés et des abus. *Il faut*, selon S. Vincent de Paul, *attendre les moments de la divine Providence sans précipiter leur marche, de crainte d'empiéter sur elle ; les moments de la grâce ne sont pas toujours ceux de notre impatience.*

Le plus sage parti à suivre, c'est de faire le bien petit à petit, au jour la journée, sans prétendre procurer la gloire de Dieu plus qu'il ne le veut. On saura se contenter de

---

(1) On ne cueille pas de fruits dans la saison des fleurs ; vouloir hâter leur maturité, à force de chaleur artificielle, c'est courir risque de les faire avorter.

quelques améliorations, si minimes qu'elles soient, être satisfaits des progrès insensibles que chaque heure amène, et ne pas viser à remettre tout à coup les choses dans un état pleinement satisfaisant. Le prêtre le plus zélé et le plus habile ne peut s'attendre à tarir entièrement la source des désordres ; toute son action se borne à les diminuer. On ne conquiert que peu à peu une population au christianisme, parce que les conversions, sauf un miracle, sont graduées et non soudaines. Le retour complet d'une paroisse est le fruit de cinquante ans de labeurs et de peines. *Hélas! le bien marche à pas de tortue*, a dit un auteur, *tandis que le mal court la poste*. C'est un ouvrage fort long et fort pénible de ramasser une population brin par brin, âme par âme. Des conversions en gros plairaient davantage à notre impatience; mais il y aurait extravagance à prétendre régénérer une paroisse tout entière. On ne fertilise pas par quelques labours un sol resté inculte depuis des siècles ; il faut le défricher patiemment et attendre, pour recueillir le fruit de ses sueurs, qu'il soit bien préparé. Les âmes ne se moissonnent pas à pleines mains, mais se glanent une à une. Un curé n'est point tenu d'accomplir tout le bien ni d'arrêter tout le mal qu'il aperçoit, mais de faire prudemment et doucement tout ce qu'il peut. Dieu demande de nous, non la conversion des peuples, mais seulement des efforts pour les convertir : *curam, non curationem*; n'eussions-nous coopéré qu'au salut d'une seule âme, que nous aurions bien merité de lui (1).

Le prêtre destiné au gouvernement d'une paroisse impie ou démoralisée, doit faire une abondante provision de dou-

(1) *Anima tanti valet! Nullum gratius omnipotenti Deo sacrificium offertur quàm animarum salus et ipsa conversio peccatorum* (S. Grégoire). *Animam salvásti, animam liberásti* (S. Aug.).

ceur, de patience et de courage ; c'est là une des conditions nécessaires pour réussir dans un ministère si difficile.

Conduite à tenir si la paroisse est mal disposée à l'égard du curé. Il ne faut ni labourer ni semer quand il gèle ou que le sol est trop dur : c'est là un principe agronomique qui s'applique justement à l'administration d'une paroisse. Lors donc qu'un curé reconnaît que les esprits sont prévenus, aigris et disposés à fronder tous ses actes, à contrarier toutes ses mesures, à lui faire, en un mot, une sorte d'opposition systématique, il doit, au lieu d'avancer, battre prudemment en retraite, ajourner à des temps plus propices l'exécution des diverses améliorations qu'il a conçues, et se tenir dans une position de silence, d'expectative et d'observation. Ce ne serait qu'autant que la temporisation devrait être considérée comme une lâcheté ou un crime, qu'il pourrait déroger à cette règle. Pourquoi affronter les préjugés publics, soulever les résistances populaires et s'obstiner à franchir de terribles difficultés qu'il ne fallait pas même aborder? N'est-ce pas le comble de la témérité d'imposer de force à des paroissiens insoumis des prescriptions qui leur répugnent, et que déjà, par avance, ils repoussent? En vain cherchera-t-il à justifier l'excellence des mesures qu'il propose : ses intentions les plus droites seront méchamment interprétées, ses projets les plus louables contredits, ses prédications les plus sages indignement travesties (1). Un prêtre à volonté de fer

---

(1) Lorsqu'une paroisse est dans un état flagrant d'hostilité et d'exaspération contre son curé, celui-ci attendra, pour lui proposer des mesures d'amélioration, la fin de l'orage et des jours plus sereins. Le sage pasteur qui n'oppose à la tempête que le calme et l'attente, qui sait se taire à propos et user d'une prudente longanimité, peut compter avec assurance sur une réaction heureuse et prochaine. Pour vaincre la résistance des frondeurs les plus déterminés, il suffit ordinairement

qui, en considération de la pureté de ses vues, s'obstinerait alors à faire plier sa paroisse sous l'empire de son autorité, effaroucherait les esprits, provoquerait des froissements et des chocs qu'il verrait bientôt éclater en explosions terribles. Plusieurs curés, hommes de bien, se sont brisés pour ne s'être pas assez mis en garde contre l'entêtement dans des idées préconçues, et avoir mieux aimé, par un faux point d'honneur, risquer leur position que consentir à faire la moindre concession, même licite. Quand des projets de bien rencontrent de fortes résistances et qu'on ne saurait les accomplir sans provoquer beaucoup de ressentiments, jeter des semences de division dans une paroisse, il y a sagesse à revenir sur ses pas et à fléchir sous la véhémence du vent. L'orage aura son temps, et mieux vaut se tenir prudemment à l'écart pour le laisser passer, que se faire engloutir dans la tempête. On gagne toujours à reculer quand on a été trop loin, ou qu'on s'est engagé dans une mauvaise voie; car persister alors dans un parti pris, c'est perdre souvent le fruit de longues années de sagesse et d'efforts généreux : il est si difficile à un prêtre de ressaisir ce qui lui a une fois échappé en affection et en influence !

On ne peut imaginer une situation plus délicate et plus

---

de garder en leur présence une attitude de patience et de modération. Telle était la règle invariable de conduite d'un respectable curé, modèle de tous les prêtres de sa contrée : il avait pour principe d'observer le silence et la réserve la plus parfaite envers ses paroissiens, lorsqu'ils étaient dans un état de fougue et d'exaltation ; la prudence alors, disait-il, commande les ménagements les plus charitables et les plus délicats. Sa manière d'agir était la même envers les chrétiens imparfaits dans leur conversion ; il leur montrait, en toute circonstance, une indulgente bonté, dans le but d'affermir et de consolider les quelques liens qui les attachaient à la religion.

périlleuse que celle d'un curé aux prises avec ses paroissiens insurgés. Quel tact exquis, quelle prudence consommée, enfin quelle pieuse résignation, quelle inépuisable douceur, quelle invincible patience, quelle angélique vertu ne lui faut-il pas pour garder alors inaltérable la sérénité de son âme, parler un langage constamment mesuré, éclairer des brebis aveugles et travailler incessamment sans entrevoir même l'espérance de pouvoir jamais réaliser le bien qui est dans son cœur !

Manière de présenter la religion. Lorsqu'une paroisse est irréligieuse ou désordonnée, il y aurait à craindre de l'effaroucher contre la religion en lui dévoilant de prime-abord toutes les rigueurs de sa morale ; il convient, dans les instructions, d'en dissimuler et d'en adoucir l'austérité, et de n'initier les paroissiens à la connaissance des devoirs qu'à mesure qu'on les jugera capables de la recevoir avec profit. J.-C. couvrait d'un voile de discrétion le mystère de sa filiation divine, et d'un secret absolu celui de sa naissance virginale, dérobant ainsi ces mystères augustes aux regards des impies ou des ignorants pour lesquels ils n'auraient été qu'un sujet de ridicule ou de scandale. Menant doucement et par degrés ses apôtres et ses disciples à la science de la religion, il savait adapter son enseignement au niveau de leur intelligence et de leurs besoins. C'est en conformité de cette règle de conduite qu'il leur adressa ce langage : *Adhùc multa habeo vobis dicere ; sed non potestis portare modò.* Environné d'ennemis qui épiaient sans cesse l'occasion de lui tendre des piéges et de le surprendre par d'insidieuses questions, il mit tant de réserve dans ses prédications et ses entretiens, il en mesura la portée avec tant de justesse, qu'il ne se compromit jamais entre les intérêts de Dieu et de César, entre ceux du sacerdoce et ceux de la magistrature : voilà le modèle accompli proposé à l'imitation du clergé.

Loin de mettre le ciel à un si haut prix, et d'en rendre la conquête pour ainsi dire impossible, un curé, afin de ne pas décourager des fidèles encore imparfaits, s'efforcera de leur en aplanir la voie, et de leur en faciliter l'accès ; au lieu de présenter la religion comme un épouvantail ou un joug accablant, il la leur fera envisager comme une source inépuisable de consolations dans toutes les positions de la vie. Ainsi, évitant de leur parler, dès son début, des vengeances divines et de l'éternité de l'enfer, il les entretiendra de préférence des miséricordes du Seigneur, des espérances immortelles et de toutes les vérités consolantes. Un zèle armé de terreurs et de menaces révolte des auditeurs qui ne sont pas intégralement chrétiens. Il s'attachera à leur montrer le christianisme sous son côté humain et social, dans tout ce qu'il a d'aimable et d'attrayant, afin de lui gagner les cœurs. Il leur exposera donc la sublimité de ses dogmes, la perfection de sa morale, la beauté de son culte, la sagesse de sa discipline et les heureux effets de ses sacrements. Il déroulera ensuite sous leurs yeux le magnifique tableau de ses immenses bienfaits et de ses incomparables services envers l'humanité et la civilisation. C'est en démontrant que la religion n'est pas moins capable de faire des heureux que des saints, qu'il la rendra chère et intéressante à un peuple qui, jusqu'ici, avait croupi dans l'ignorance. Ses entretiens rouleront successivement sur les douceurs du service de Dieu, la facilité des observances chrétiennes, le bonheur de l'innocence et les charmes de la vertu, sur le malheur du vice et ses funestes conséquences. S'appliquant en outre à détruire les objections vulgaires, à guérir la fièvre irréligieuse, à calmer les antipathies contre le clergé, il réconciliera insensiblement des ouailles rebelles avec le catholicisme et son sacerdoce; car des préjugés hostiles et persistants seraient une barrière insurmontable au bien qu'il se propose d'opérer. Il continuera de faire accepter à petites doses les idées saines, d'inspirer l'esprit religieux à ses paroissiens, et les amènera d'abord à l'estime, aux égards et au respect, puis à l'admiration et à l'amour pour le christianisme, en outre à des essais d'adhésion, et enfin à une soumission positive et complète par la croyance et la pratique. Présentée ainsi, la foi catholique captivera nécessairement l'attention et méritera les hommages de ceux qui ne l'auraient haïe ou abandonnée que pour l'avoir méconnue. Ne parvînt-il pas à rendre son troupeau croyant et pratiquant, le pasteur réussira du moins à le pénétrer d'une vénération profonde pour la religion; de là à l'acceptation, l'intervalle n'est pas si long qu'on le croit, et tôt ou tard on se décide à le franchir. Si, au contraire, ne tenant nul compte de ces conseils, un curé est assez imprudent pour proclamer prématurément les dogmes terrifiants de la loi nouvelle, la présenter dans toute la sévérité de ses préceptes si incommodes aux passions, menacer de la colère de Dieu ceux qui vont à la danse et point à confesse, tonner contre les abus et les désordres publics, prêcher la mort au monde, le renoncement aux plaisirs et toutes les austérités de la vie chrétienne, telles que jeûne, abstinence et autres mortifications ou sacrifices qui coûtent tant à la nature, il découragera les uns, révoltera les autres et n'en ramènera aucun. Sachant donc qu'il parle à des paroissiens décatholicisés ou infidèles, il attendra qu'ils aient la foi pour leur proposer les vérités redoutables et les maximes crucifiantes de l'Evangile. Agir autrement, c'est faire preuve de non-sens, et commencer par où il faut finir.

Enfin, le curé exclura, au tribunal sacré, le système de la rigueur dans ses prescriptions, adoucira les règles, fera toutes les concessions que ne désavoue point la conscience, poussera enfin la condescendance le plus loin possible, sans jamais rien céder toutefois de ce qui est immuable dans le dogme et la morale. L'épreuve de l'indulgence et de la miséricorde réussit ordinairement; elle est plus particulièrement indispensable s'il succède à un prêtre facile. Il prendra dès lors en considération la mobilité inhérente à la nature humaine et se gardera bien de mettre, par exemple, les jeunes personnes du sexe dans l'alternative d'opter entre les pâques et le bal, n'imposera point d'œuvres satisfactoires trop coûteuses à la faiblesse de ses pénitentes. Si des refus d'absolution étaient impérieusement réclamés par sa conscience, il les ferait agréer plutôt qu'il n'aurait l'air de les imposer. Voilà, selon nous, la vraie manière de présenter la religion dans maintes paroisses auxquelles on ne parviendra à la faire accepter qu'en la revêtant des formes douces et persuasives ci-dessus indiquées.

Un pasteur sage et fidèle à ces diverses recommandations, qui cultive laborieusement la paroisse confiée à l'industrie de son zèle, travaille avec une énergie calme, mais persévérante, à l'extirpation des abus et à la réforme des mœurs, verra bientôt croître parmi ses ouailles des fleurs de vertu et de piété, des fruits de pureté et de justice. Il y a heureusement dans le cœur de tous les hommes assez d'équité et de reconnaissance, pour forcer les méchants eux-mêmes à accorder une admiration secrète au saint prêtre qui n'ambitionne, pour honoraire de ses efforts et de ses peines, que la conquête des âmes.

Tel fut l'honorable M. de Cheverus : il débuta par un des plus difficiles ministères qui puissent échoir à un homme; c'était à Boston, ville des Etats-Unis entièrement protestante et livrée à toutes les préventions haineuses de l'esprit de secte contre la religion et le sacerdoce catholique. Il commença par détruire doucement les préjugés hostiles qui opposaient une barrière insurmontable à la réalisation de ses projets pour le bien. Aimable et gracieux dans son abord, toujours délicat et poli dans ses relations avec le monde, affectueux et bienveillant dans son langage, charitable et populaire envers les pauvres, obligeant et serviable pour quiconque recourait à lui, désintéressé dans les diverses fonctions de son ministère, il réunissait en sa personne toutes les qualités qui font le pasteur accompli. Une vie vertueuse et tout apostolique, disait ce saint évêque, tel est le vrai moyen de gagner des âmes à Dieu; telle est encore la réfutation la plus péremptoire des calomnies dirigées contre nous. Il faut du temps, ajoutait-il, pour détromper des esprits prévenus; mais il y a un moyen sûr et prompt de se les concilier, c'est une vie irréprochable et tout à fait sacerdotale. On ne saurait croire la révolution qu'opéra l'honorable conduite de ce digne pontife dans les opinions et les préjugés des protestants de Boston. Un habitant de cette ville lui fit un jour cette révélation : Voilà un an que je vous étudie, en observant attentivement toutes vos actions et vos démarches : je ne croyais pas, je vous l'avoue, qu'un prêtre de votre religion pût être un homme de bien; je viens aujourd'hui vous faire réparation d'honneur, en déclarant que je vous estime et vous vénère comme l'homme le plus vertueux que j'aie jamais connu. Un ministre protestant, frappé de la haute vertu de ce prélat, et non moins de celle du prêtre compagnon de ses travaux, exprimait ce jugement : ces deux hommes sont si savants qu'il n'y a pas moyen d'argumenter avec eux; leur vie est si pure et si évangélique qu'il n'y a rien à leur reprocher; et ils ont tant de douceur et de prudence qu'on ne peut assez les chérir et les louer. Je crains bien, ajoutait-il, que, par l'influence de tant de vertus jointes à tant de sagesse et de science, ils ne nous donnent ici beaucoup d'embarras. Aussi le pontificat de M. de Cheverus remit-il en honneur le catholicisme dans ces contrées : au mépris succédèrent l'estime et le respect, à la haine l'amour et le dévouement : les préventions les plus hostiles ne peuvent tenir, en effet, contre une religion qui est représentée par d'aussi vénérables ministres.

CHAPITRE XXVI.

CAS PARTICULIERS OU IL FAUT USER D'UNE GRANDE MODÉRATION.

Il fut un temps où les hommes étaient accoutumés à plier, dès l'enfance, sous le joug de l'Evangile ; ils se soumettaient à toutes les prescriptions disciplinaires de l'Eglise et aux exigences des chefs spirituels, quelles qu'elles fussent. Mais l'état présent des esprits n'a plus rien d'analogue avec celui des âges passés. L'homme du 19e siècle est peu souple à l'obéissance en matière de religion, et, pour l'obtenir de lui, le prêtre est souvent obligé de descendre aux supplications de la prière. Si jamais on a dû se montrer coulant et facile, c'est principalement aujourd'hui. Rien de plus malheureux pour l'Eglise que de compter, parmi ses ministres, ces hommes impitoyables et ennemis de toute transaction même légitime, qui, se modelant sur le patron des siècles écoulés, voudraient conduire les populations comme aux jours de la primitive ferveur ou du moyen âge ; renouveler l'ancienne discipline, et remettre en vigueur des règles antipathiques à nos goûts et à nos mœurs. Les saints, à toutes les époques, ont mis beaucoup de mesure dans leurs actions : attentifs à observer l'esprit public, ils s'efforçaient d'approprier les formes de leur zèle aux besoins des temps, des lieux et des personnes. Avant de se tracer un plan de conduite, ils appréciaient leur position et les tendances des peuples, et n'adoptaient que ce qu'ils jugeaient compatible avec les circonstances. Voilà aussi qu'elle doit être la pratique administrative du clergé actuel, sous peine de manquer aux conseils de la prudence la plus vulgaire et de voir paralyser ses efforts. Il n'y a que des hommes sans jugement qui prétendraient enfermer tous les siècles dans le cercle étroit du temps où ils vivent, et mesurer sur un inflexible niveau la discipline de l'Eglise et le mode à suivre dans l'exercice du ministère pastoral. Les règles à ce sujet se revêtent de formes variées selon la diversité des situations et des caractères.

REFUS DE SACREMENTS.

Les refus de sacrements ont généralement un éclat fâcheux et quelquefois même des conséquences très-funestes, soit à la tranquillité des pasteurs, soit à la prospérité de leur ministère. La rigueur en ce point serait d'autant plus inopportune qu'ils sont espionnés par une foule d'ennemis secrets, toujours prompts à signaler au journalisme antichrétien toutes les mesures qui présenteraient le moindre semblant d'un excès ou d'un abus de pouvoir. Les refus de sacrements doivent donc être justifiés par de graves raisons, commandés par la conscience, avoués par les règles de la morale ou de la discipline, et autorisés par la pratique générale du clergé. C'est ici qu'un curé se tiendra en garde contre l'arbitraire, le caprice ou la passion, afin de ne se permettre aucun acte de ce genre qui serait de nature à blesser la justice et à exaspérer des familles contre lui. Il est rare qu'un ecclésiastique habile fasse des refus publics de sacrements ; il a ordinairement la sagesse de les prévenir. Se trouve-t-il dans cette pénible nécessité, il sait le prévoir, et consulte l'Evêque sur lequel il a soin d'en laisser peser la responsabilité. (*Voir le Guide des curés.*)

REFUS DE PARRAINS ET DE MARRAINES.

D'après les mêmes principes, il faudrait condamner les prêtres qui refuseraient, pour parrains et marraines, des paroissiens infracteurs habituels du devoir pascal. Faire baptiser, confesser et communier ses enfants, respecter le repos dominical, aller quelquefois à la messe, par exemple aux grandes solennités, se présenter au sacrement de mariage, donner le pain bénit, observer certains jours d'abstinence, demander la sépulture chrétienne, ce sont là assurément des signes de catholicisme qu'il est juste de prendre en considération. Mgr. de Cheverus, prélat d'une si sainte mémoire, voulait qu'on ne refusât pour parrains et marraines que les gens mariés civilement, ceux d'une impiété ou d'une immoralité notoire, tels que les concubinaires publics et les filles de mauvaise vie. Quand les refus ne portent ainsi que sur des individus flétris par des excès d'inconduite, ou par des jugements pour délits et crimes déshonorants, tels que usure, vols ou escroqueries, on a dès lors l'assurance qu'ils seront sanctionnés par l'opinion générale. Un seul refus immérité ou intempestif pourrait produire un terrible éclat, et faire perdre le terrain gagné par dix ans de prudence et de travaux. Rappelons-nous que les jours sont mauvais :

MODÉRATION. 393

Dies mali sunt; n'irritons pas des lions qui commençaient à devenir agneaux (1).

REFUS DE SÉPULTURE.

La faculté de refuser la sépulture étant comme abandonnée à la discrétion des curés, et pouvant flétrir la mémoire des défunts, compromettre l'honneur de leurs familles, blesser au vif leurs parents et leurs amis, jeter de l'irritation dans toute une contrée, et même provoquer quelquefois des désordres publics, on ne l'exercera qu'avec une extrême réserve. L'intérêt bien entendu de la religion et du clergé, celui de la paix et du bon ordre invitent à réfléchir mûrement avant de prononcer l'interdit de la sépulture. On sait avec quelle habileté perfide les ennemis de l'Église ont maintes fois exploité les refus d'inhumation, pour vouer le sacerdoce à la haine populaire. De tels actes, s'ils n'étaient pas justifiés par de puissants motifs, paraîtraient d'autant plus arbitraires que tous nos prélats français recommandent instamment à leurs curés d'éviter à cet égard tout zèle outré et mal entendu, et de tempérer même la rigueur

---

(1) Il est assurément d'une haute convenance que la personne qui porte habituellement les enfants à l'église pour y recevoir le baptême ait une conduite morale et religieuse, et reçoive, pour remplir son office, l'assentiment préalable du curé. Toutefois, comme elle ne participe pas à la cérémonie même, et ne contracte aucune obligation spirituelle envers l'enfant auprès duquel elle ne s'acquitte que du rôle de simple porteuse, un pasteur ne serait pas en droit de refuser le baptême, sous prétexte qu'elle n'a pas été agréée par lui, ou qu'elle est dépourvue de principes de foi et de moralité. Le refus du sacrement comme moyen d'obliger les familles à faire choix d'une autre personne, constituerait un excès de pouvoir aux termes du droit canon et de la jurisprudence administrative.

des règles par une charitable condescendance : ce n'est point là d'ailleurs une affaire de dogme, mais de simple discipline. Une maladresse bien coupable dans la pratique du ministère pastoral, ce serait celle d'adopter, en cette matière, une sévérité faite pour d'autres temps et d'autres mœurs. Le but que s'est proposé l'Eglise en ordonnant des refus de sépulture, a été de punir le crime et de flétrir le vice ; mais, pour produire un grand effet moral, ils doivent être rares et avoir généralement pour cause une apostasie notoire ou un crime bien constaté. Enfin, bien des hommes ne tiennent plus à la religion que par trois liens, qui répondent aux trois grandes époques de la vie : la naissance, le mariage et la mort ; or, si insensiblement ils étaient amenés à briser ces liens sacrés, le monde, déjà émancipé en droit de la tutelle du sacerdoce, ne tarderait pas à s'affranchir encore, en fait, de toute dépendance envers lui ; l'inhumation purement civile passant du code de nos lois dans les mœurs publiques, bientôt c'en serait fait du prêtre et de son ministère. Aussi, hors les cas d'apostasie, de refus public des sacrements à l'heure de la mort, et certains autres crimes spécifiés dans le droit, la sépulture doit-elle être toujours accordée (1). *(Voir le Guide des Curés, où cette question est traitée fort au long.)*

---

(1) Les règles ecclésiastiques défendent d'accorder la sépulture chrétienne à celui qui n'est pas catholique ou qui a abjuré sa foi pour se jeter dans l'irréligion ou l'hérésie ; puis à celui qui est mort dans l'impénitence ou dans un flagrant délit tel que duel, suicide, adultère, etc. Il est requis en outre que la profession de l'impiété ou de l'erreur ait été publique, ou que le crime soit notoire, et qu'aucune circonstance ne puisse le faire révoquer en doute ; qu'il existe au moment de la mort, et qu'avant cet instant suprême, ou n'ait manifesté aucun signe de repentir. Tels sont les principes régulateurs sur cette grave question, principes adoptés par deux prélats français dont le nom seul fait autorité, Messeigneurs Affre et Gousset.

MÉNAGEMENTS A GARDER ENVERS LA FEMME AU TRIBUNAL DE LA PÉNITENCE.

La plupart des jeunes gens, du moins dans les villes, abandonnent les croyances et les pratiques religieuses, dès qu'ils cèdent à l'instinct des passions et respirent l'atmosphère pestilentielle du monde. C'est là un fait déplorable que vérifie partout l'expérience. Dès lors, passé l'âge de l'adolescence, l'action d'un curé est presque nulle sur le plus grand nombre des hommes. Quelle influence exercerait-il donc sur sa paroisse, s'il n'avait la sage prévoyance de se ménager le concours si utile des épouses et des mères? Rien n'importe plus à l'ascendant du prêtre que leur salutaire coopération pour le gouvernement spirituel des familles. Ainsi, les éloigner de la pratique des sacrements par des rigueurs indiscrètes qui découragent leur faiblesse, est une maladresse insigne, un inqualifiable aveuglement. En leur rendant le saint tribunal odieux et intolérable, la sévérité n'aboutirait qu'à le leur faire déserter. Il est des prêtres auxquels d'imprudents refus d'absolution ont enlevé tout crédit sur les gens notables d'une paroisse. Loin donc de rebuter les femmes par un rigorisme désespérant, il faut, au contraire, leur faciliter l'usage de la confession, leur inspirer le goût et l'habitude de cette sainte pratique, la plus nécessaire de toutes, la plus propre à faire fleurir la piété et la vertu, à établir le royaume de Dieu parmi les peuples. Aussi les curés intelligents apprécient-ils l'importance d'attirer au tribunal sacré les épouses et les mères à l'aide de tous les ménagements d'une indulgente bonté, et ils sont amplement dédommagés des efforts de leur zèle, par la consolation de voir les familles en ressentir la plus heureuse influence. Les jeunes générations, on le sait, sont entre les mains de la femme sur laquelle repose presque uniquement leur avenir religieux (1).

Cette puissance morale des mères de famille est incontestable, et l'on peut, sans hyperbole, assurer qu'elles sont les

---

(1) Il n'y a, dit M. de Cormenin, que la moitié de la société officielle de perdue. L'autre moitié ne l'est pas. Dieu, dans sa prévoyante sagesse, a voulu que ce qui périssait par l'homme, se sauvât par la femme.

Les femmes ont retenu cette virilité de l'âme qui n'a point de sexe, et que les hommes ont perdue dans les débauches du doute et de la matière. Les femmes ont pris sur leurs maris cette sorte d'empire que les esprits fermes prennent toujours sur les esprits faibles. Les femmes enseignent à leurs jeunes fils, ces leçons divines de morale et de religion que les colléges universitaires et quasi-universitaires ne peuvent pas tout à fait leur désapprendre ; les femmes ne peuvent pas ne pas croire, parce qu'elles ont besoin de force pour elles-mêmes et pour les autres.

L'homme officiel, absorbé par le continuel et violent amour de soi, ne connaît pas le peuple, ne l'étudie pas, ne le visite pas, ne l'aide pas, ne le sert pas, ne le porte pas dans son cœur, ne l'a pas même sur ses lèvres.

Mais la femme touche par tous les points au peuple, à ses vieillards sur le grabat, à son épouse en couches, à ses jeunes filles, à ses petits enfants, à ses misères, à sa faim, à ses blessures, à son désespoir, à son âme. Elle y touche par le travail qu'elle lui procure, par l'éducation qu'elle lui donne, par les plaies de son corps qu'elle panse, par les vêtements dont elle le couvre, par l'argent qu'elle met dans sa main sans qu'il s'en aperçoive, par sa parole de femme, la plus douce que le cœur du pauvre puisse entendre, par cette tendresse maternelle, inquiète, inventive, dévouée, prodigue, que la religion seule inspire, et qui cache dans le sein de Dieu le secret de sa récompense.

Oui, la charité, la sublime charité que l'homme ne pratique pas, entretient continuellement chez les femmes la source vive de leur foi.

Que la femme laisse donc à l'homme l'or, le pouvoir, l'agiotage et le sophisme ! Qu'elle garde pour elle le gouvernement moral des esprits, ce gouvernement qui est le signe le plus manifeste des créatures que Dieu a faites à son image ! Les hommes officiels ont abdiqué le

dépositaires et les conservatrices des espérances de la religion et de la patrie. Au milieu du grand naufrage qui menace d'engloutir les derniers débris des croyances et des mœurs, elles peuvent tout sauver encore ; peut-être même n'y a-t-il plus aujourd'hui pour la société chrétienne d'autre ancre de salut. On ne saurait, en tout cas, disconvenir que, dans la position présente du catholicisme en France, elles ne soient comme le seul lien qui rattache les familles à la foi, apostasiée de fait par la majorité des hommes. Or, supposons que le clergé commette l'énorme faute de décourager les femmes par trop de rigueur sur certains points, celles-ci échapperont insensiblement à son action religieuse ; alors on verra bientôt disparaître toute pratique du christianisme, et s'abîmer du même coup dans le gouffre de l'athéisme, morale et civilisation.

commandement de leur espèce. C'est à la femme à le reprendre et à l'exercer dans le sein du foyer domestique, avec la sainte autorité d'une épouse et d'une mère.

Si j'avais un souhait à former, je voudrais que les femmes du monde lussent et relussent ce que j'écris ici, car les hommes du monde ne me comprendront pas ; mais les femmes chrétiennes me comprendront, les femmes chrétiennes confirmeront mon témoignage, lorsque je dirai que la Providence les a suscitées pour sauver la société.

Les femmes, qu'elles s'en souviennent, répondront devant cette société, elles répondront devant Dieu, de l'éducation première de leurs fils et de l'éducation plénière de leurs filles.

Oh ! que ne puis-je avoir, en m'adressant à leur raison, cette force victorieuse de la logique qui triomphe dans les luttes de l'idée ! que ne puis-je avoir, en m'adressant à leur cœur, cette grâce qui persuade et qui coule des lèvres de l'éloquence !

On a fait, je le sais, on fait encore des efforts inouïs pour corrompre la moralité de la famille. On a dissous l'homme, on veut dissoudre la femme. La femme a résisté, elle résistera. Elle s'adossera à la religion, dans ce monde officiel qui s'ébranle et qui craque de toutes parts, et elle restera debout, pour les relever, au milieu de nos ruines.

Ainsi, plus même de baptême, plus de première communion : le mal sera irrémédiablement consommé.

En conséquence, aujourd'hui plus que jamais, on poussera jusqu'à ses dernières limites la condescendance envers les épouses et les mères ; on autorisera toutes les concessions, toutes les complaisances jugées nécessaires au maintien de la paix et de la bonne harmonie entre les époux, si, néanmoins, elles ne sont pas désavouées par la conscience. N'est-ce point justice de prendre en considération le déplorable assujettissement auquel sont réduites tant de femmes, victimes innocentes des brutales exigences d'un mari qui n'entend souffrir aucun frein aux caprices déréglés de ses passions. Pourvu que, constamment passive, elle abjure, dans la sincérité de son cœur, toute complicité directe et criminelle, elle a, auprès du directeur de son âme, un droit rigoureux à l'indulgence.

Qu'on se garde bien, toutefois, de voir dans ces conseils la sanction d'un relâchement coupable qui tendrait à absoudre le libertinage des mœurs ou la profanation volontaire et calculée des saintes lois du mariage. Capituler alors avec le double et impérieux devoir de la nature et de la religion, ce serait trahir une mission sacrée, et risquer, avec le sien propre, le salut des âmes qu'on doit diriger en guide fidèle et sûr dans la voie droite qui mène au ciel.

Le clergé ne devra point surtout se méprendre sur le but de la direction spirituelle des femmes. Ravaler une si auguste fonction au misérable rôle d'exercer, au profit d'une vaine satisfaction d'amour-propre, un empire absolu sur des esprits faibles ; viser, par voie d'insinuation, à gouverner à son gré l'intérieur des familles : transformer, en un mot, le tribunal sacré en une sorte de bureau d'affaires et d'intérêts de ménage, ce serait là un grave abus qui dénaturerait la fin même de la confession. Le pasteur vraiment digne de ce nom ne doit avoir, dans le sacrement de pénitence, d'autre objet en vue que l'aveu des péchés et la guérison du pécheur : et si des égards tout particuliers lui sont recommandés envers les femmes, c'est uniquement pour arriver, par leur intermédiaire, à opérer plus de bien dans leur paroisse, à y faire naître la concorde et non le trouble, l'ordre et non la désorganisation.

CONDUITE A TENIR ENVERS LES PERSONNES QUI ONT EU DES FAIBLESSES.

Un curé charitable et miséricordieux se gardera bien de repousser impitoyablement ces pauvres filles qui sont devenues mères sans en avoir le droit. Leur sort, hélas ! est déjà tant à plaindre ! Tout le monde s'acharne à leur jeter la pierre ; et toutefois, il y a eu souvent de leur part plutôt faiblesse et fragilité, que perversion ou débauche. Les vrais et les grands coupables ici sont les infâmes suborneurs qui ont attenté à leur vertu, et les ont rendues victimes de leur lubricité. Le point important pour la direction de ces personnes, c'est de prévenir des rechutes. Le curé s'attachera donc principalement à leur faire bien comprendre que les hommes n'accordent jamais leur estime aux femmes faibles dont ils ont trompé la confiance ; il les soutiendra et les encouragera dans le bien par ses avis paternels, et leur témoignera toujours une compatissante bonté. C'est ainsi qu'il apaisera leur désespoir et les fera rentrer dans la voie du salut. Qu'arriverait-il si un pasteur ou une famille persistait à repousser ces infortunées créatures ? Elles iraient cacher et ensevelir leur honte dans nos villes populeuses, ces vastes cloaques d'immoralité; et là on les ramasserait sur le pavé des rues pour les jeter dans des maisons de prostitution. C'est à de misérables débauchèuses, aux Messalines de leurs paroisses, à tous les corrupteurs de la jeunesse enfin, que les curés doivent réserver leur rigueur.

CHAPITRE XXVII.

AVERTISSEMENTS ET RÉPRIMANDES.

Le devoir capital d'un pasteur, c'est de prendre un grand soin des âmes que Dieu a confiées à sa vigilance : *curam fratrum nostrorum gerere, summa vitæ nostræ.* (S. Chrys.) Le prêtre assez peu soucieux pour voir les déréglements infester sa paroisse sans que ses entrailles en soient émues de compassion, prouverait qu'il n'a ni sensibilité, ni amour. De même que ce sont les battements du cœur qui annoncent que le corps vit et respire, ainsi les vives et paternelles sollicitudes d'un pasteur pour ses ouailles, révèlent et constatent son zèle et sa charité. Le curé dépourvu de cette double vertu est comme un soleil sans lumière et sans chaleur ; ce n'est plus qu'un fantôme de prêtre. Loin donc de regarder les abus et les désordres d'un œil tranquille et indifférent, il les réprimera avec un vigueur tout apostolique et vengera la gloire de Dieu outragé. Le pasteur devant être, d'après les livres saints, comme un mur d'airain et une colonne inébranlable au milieu des vents et des tempêtes, il y aurait de sa part une lâcheté coupable à se laisser dominer par des craintes humaines, et à n'oser entreprendre la correction des vices populaires. Comment ! L'impie pourra insulter Dieu, le libertin attenter aux bonnes mœurs; et lui, ministre de J.-C. et gardien de la morale publique, il aura la honteuse faiblesse de n'adresser ni un blâme, ni un reproche, ni même un avis, pour arrêter de pareils outrages! Comment! Le loup dévorera le troupeau, et le pasteur ne poussera pas un cri d'alarme et d'amour sur les dangers de ses brebis!

Toutefois, avant d'exercer le devoir de la correction, un curé, fidèle à la recommandation déjà faite ailleurs, étudiera les esprits, les caractères, et les dispositions générales des paroissiens, et règlera ses avertissements sur ces diverses indications.

D'abord il ne fera point de réprimandes, si elles devaient rester sans effet : *si non profutura*, dit un concile, *remittatur ad Deum*. C'est l'avis de S. Ambroise : *quandò nihil prodest, immò obest plurimum, abstinendum est*. S. Augustin donne le même conseil : *ubi scirem tibi non prodesse, te non monerem, te non terrerem*. A plus forte raison devrait-on s'abstenir de tout reproche capable d'aigrir le peuple et d'exciter des troubles. Il faut attendre un temps favorable, et ne pas précipiter des corrections que la patience et la lenteur pourront seules rendre salutaires et efficaces. A quoi bon déplaire et froisser en pure perte ?

Si un curé se voit dans la pénible nécessité d'adresser quelquefois de sévères réflexions (1), il saura toujours leur donner

---

(1) La correction ressemble à certains remèdes que l'on compose de quelque poison, et dont il ne faut se servir qu'à l'extrémité, en les tempérant d'ailleurs avec beaucoup de précaution; car elle révolte intérieurement jusqu'aux derniers fibres de l'orgueil, et laisse au cœur une plaie secrète qui s'envenime facilement. Le bon pasteur préfère, autant qu'il le peut, une douce insinuation; il y ajoute l'exemple, la patience, la prière, les soins paternels. Ces remèdes sont moins

une expression si tempérée et si douce, qu'elles ne puissent jamais paraître choquantes. Le médecin a soin d'enduire de miel le vase dans lequel il offre un breuvage amer à un malade difficile ou délicat : telle aussi doit être la conduite du prêtre envers des paroissiens qu'il réprimande. Le cœur humain, nous l'avons déjà dit, ne se prend que par la douceur: la charité donc est l'assaisonnement nécessaire à la correction, et doit seule dicter les remontrances d'un pasteur à ses ouailles (1). Ainsi, toutes et quantes fois que sa conscience l'obligera à élever la voix pour arrêter l'invasion des abus, ses paroles seront plutôt empreintes d'indulgence et d'amour que de rigueur et de sévérité. Qu'on voie en lui un père, une mère avertissant sa famille, plutôt qu'un dur censeur qui la gourmande sans pitié ; qu'il ait, en un mot, l'air de plaindre encore plus que de blâmer. Il faut, dit saint Augustin, que, si sa voix gronde et tonne, son cœur du moins ne cesse pas d'aimer (2). Ce n'est pas, au surplus, en révoltant les pécheurs par l'amertume des reproches et la violence des invectives, qu'on parviendra à les convertir. Sait-on quel est l'immanquable effet de ces déclamations virulentes et continuelles d'un curé contre les déréglements de ses paroissiens ? c'est de les pousser à bout, de les enfoncer plus avant dans le mal, de les affermir dans le vice et de les livrer au désespoir. Combien d'hommes ont été précipités dans l'impénitence

---

prompts, il est vrai, mais ils sont d'un usage plus efficace. Le grand art dans la conduite des âmes, c'est de se faire aimer pour faire aimer Dieu, et de gagner la confiance pour mieux réussir à persuader.

(1) *Sæpè plus ergà corrigendos agit benevolentia quàm auctoritas, plus exhortatio quàm comminatio, plus charitas quàm potestas.* (Conc. de Trente, sess. 13 de la réform.)

(2) *Sivè clames, dilectione clames; sivè emendes, dilectione emendes. — Vox clamat, cor mat.* (S. Aug.)

finale pour n'avoir pas été encouragés par l'espoir du pardon et le langage miséricordieux d'un bon pasteur ! A défaut de ce résultat, les reproches intempestifs en ont souvent un autre, déjà plus d'une fois signalé : ils révoltent les paroissiens contre le curé, et lui aliènent leur affection. Les prêtres d'un caractère grondeur deviennent fatigants et importuns, et se font communément détester. Ils heurtent maladroitement les susceptibilités du terrible amour-propre, qui est un *noli me tangere :* car, de toutes les passions, c'est la plus difficile à extirper, et selon la naïve expression d'un poëte arabe, c'est la dernière qui sorte du logis. On ne peut donc éviter avec trop de soin tout ce qui est de nature à le blesser, comme les observations aigres et dures, les paroles brusques et mortifiantes, les reproches amers et violents, les menaces et les malédictions (1). L'homme est né fier, indépendant et irritable; sa susceptibilité naturelle fait qu'il n'aime pas à être réprimandé ni subjugué. Quand il se rend, ce n'est qu'aux accents de la douceur et de la tendresse. Aussi les publicains et les femmes pécheresses qui avaient résisté à l'excessive rigidité du zèle pharisaïque,

---

(1) Il n'est pas rare de voir certains curés, mécontents de la conduite de leurs paroissiens, leur adresser de foudroyants reproches, les menacer en chaire du refus d'absolution pour les pâques, des jugements de Dieu et des flammes de l'enfer après leur mort. C'est là, on le comprend assez, un langage fort peu évangélique, pour ne rien dire de plus, qui révolte leur fierté naturelle, et n'aboutit le plus souvent qu'à les jeter dans un état d'exaspération dont l'inévitable conséquence est d'annuler les succès du ministère pastoral. Tout en déversant un blâme légitime sur les désordres publics, un sage pasteur saura toujours ménager la personne des coupables, et leur laisser entrevoir le bienfait de la miséricorde et du pardon. Convaincu que le monde a un bien plus grand besoin d'indulgence que d'anathèmes, il bénira ses paroissiens et ne les maudira jamais.

ne purent-ils tenir contre les charmes et les touchantes invitations de l'Homme-Dieu. Il ne les réprimande ni ne les menace ; mais il est ému pour eux d'une indulgente pitié, et plus il les voit près de l'abîme, plus s'alarme sa tendresse. Il ne maltraite pas de coups ou de paroles la brebis égarée ; mais il la charge sur ses épaules pour lui épargner jusqu'à la peine du retour. Il épuise, en un mot, avec les pécheurs, tous les secrets de son amour et de sa miséricorde. Voilà notre modèle à tous. Il y a mille fois plus de chances de réussir en recourant aux avis qu'aux réprimandes, aux supplications qu'aux accès de la colère. Edifier par l'exemple d'une vie vraiment sacerdotale, convaincre par des raisons solides, toucher par d'onctueuses et pathétiques exhortations, ce sont là des moyens de succès bien mieux assurés que ceux qui seraient uniquement fondés sur la violence.

CHAPITRE XXVIII.

IMPORTANCE DE L'INSTRUCTION RELIGIEUSE DANS L'ÉDUCATION DE LA JEUNESSE (1).

Il ne faut pas se le dissimuler : s'il est dans la mission du prêtre une œuvre qui doive être l'objet de sa sollicitude et de sa prédilection, le but de tous ses efforts, le terme heureux de ses travaux, c'est l'éducation de la jeunesse. Pour

---

(1) La religion est la plus grave et la plus importante de toutes les questions, celle qui intéresse le plus l'humanité tout entière. Elle règle généralement les destinées de l'homme en cette vie ; elle décide surtout de ses immortelles destinées dans la vie à venir. Or, ne serait-ce pas manquer de sens et de sagesse que de vivre dans une stupide ignorance sur des questions d'un intérêt éternel, d'une importance infinie, telles que celles du paradis et de l'enfer ? Le système de l'indifférence est donc l'acte le plus extravagant de déraison et de folie : comprend-on en effet que la créature ne cherche même pas à connaître son créateur, n'examine pas s'il a parlé, s'il propose des dogmes à croire, des lois à observer, des récompenses à donner et des peines à subir ? Voilà, cependant, des vérités dont les suites sont incalculables et terribles.

Quelle incroyable imbécillité de la part d'un homme qui n'est que voyageur sur la terre, de vivre dans une complète insouciance sur son avenir dans l'éternité, pour ne s'occuper qu'à contempler des astres, à découvrir de nouvelles planètes, à chercher des plantes inconnues

quiconque médite cette loi si importante de l'humanité, c'est là une vérité incontestable. On ne saurait croire combien est grande, pour le bien comme pour le mal, l'influence qu'elle exerce. L'homme devient sous sa puissance ce qu'est l'argile entre les mains du potier qui la pétrit. Elle le fait à son image, lui imprime le cachet de ses opinions et de ses doctrines, l'empreinte de son caractère, de ses tendances et de ses passions; elle est comme un moule où se façonne le genre humain tout entier qui y reçoit ses formes intellectuelles, morales et religieuses. Idées, sentiments, préjugés, sympathies et antipathies, vérités et erreurs, vices et vertus, philosophie, religion ou impiété, tout vient de l'éducation qui frappe à son effigie l'esprit, la conscience et le cœur de tous les hommes. Elle embrasse les divers degrés de la hiérarchie sociale, se réfléchit sur tous les rangs, et dirige souverainement les habitants de nos hameaux comme les rois qui président aux destinées des nations. Guerriers, administrateurs, magistrats, philosophes, littérateurs, artistes, négociants, chefs de famille, tous règlent sur elle leurs croyances et leurs mœurs. Il est bien peu de personnes qui, dans le cours de leur vie, n'agissent sous l'influence des principes de leur éducation primitive, et ce sont ces principes qui décident finalement de la moralité des hommes en ce monde, et de

---

et des insectes exotiques, à analyser des sels, à étudier le corps humain, la législation, les mœurs et l'histoire des peuples ?

L'homme, cette noble et sublime intelligence, oserait-il regarder ces études secondaires et minimes comme plus dignes de ses soins que la connaissance de Dieu, de la religion et de l'immortalité? Hélas! j'ai connu des savants qui ont consacré un demi-siècle de travaux à l'étude des papillons et à la collection d'autres insectes, et qui, pendant cette longue période de temps, n'avaient pas donné cinq minutes au culte de Dieu et au salut de leur âme.

leur bonheur éternel dans l'autre. Une immense responsabilité pèse donc sur le clergé, c'est l'éducation de toutes les générations que Dieu lui a remises entre les mains, laquelle doit reposer sur la base de la doctrine évangélique. L'instruction religieuse n'est-elle pas, en effet, le premier de nos besoins, la science de Dieu et du salut, de nos devoirs et de nos vertus ; n'est-elle pas la science de bien vivre, celle, en un mot, qui fait le véritable honnête homme ?

La jeunesse est la portion la plus pure et la plus intéressante du troupeau, l'avenir et la ressource de la société (1). Lui inculquer les sentiments et les principes du

---

(1) *Juventus enim spes ac soboles reipublicæ.* (Conc. de Bordeaux). *Totius propemodùm reipublicæ tùm salus, tùm pernicies dependet.* (Conc. de Cologne).

Il importe d'initier de bonne heure à la connaissance de la religion la jeunesse chrétienne, afin d'enraciner profondément les croyances dans son cœur. Toute éducation tardive réussit mal ; on n'en garde communément que de faibles impressions. Comment, d'ailleurs, s'instruire à fond de la religion quand on est adulte, ou, à plus forte raison, dans un âge avancé ? Les soins du monde et les occupations d'un métier, le mauvais exemple, le respect humain et la honte de redevenir enfant, sembleront à l'indolence et à l'ignorance des prétextes légitimes pour se dispenser de toute instruction. Qu'arrivera-t-il ? Ne pouvant ou n'osant se faire instruire, ces infortunés vivront et mourront même, portant au tribunal de Dieu l'ignorance des idolâtres et des sauvages. Les jeunes gens auxquels on a trop tardé d'inspirer des sentiments chrétiens sont, dit Massillon, comme les jeunes plantes qu'on a laissées sécher dès leur naissance ; on aura beau les arroser et les cultiver dans la suite, elles ne feront plus que végéter ; le mal est sans remède. Il faut que l'éducation de l'enfant commence au berceau, et qu'on lui fasse sucer les principes religieux presque en même temps qu'il commence à sucer le lait maternel. S'il n'a pas l'intelligence nourrie de la doctrine sainte, il sera un chrétien sans religion, sans connaissance de J.-C. et de ses mystères. Comment réparer jamais à son égard le défaut de ces premiers soins ? Tout ici dépend du commencement : une jeunesse réglée est ordinairement accompagnée d'une conduite toujours sage ; ces

christianisme, voilà le devoir par excellence du sacerdoce, la fonction la plus belle et la plus consolante du ministère, l'unique espérance même d'un pasteur qui veut recueillir quelques fruits des efforts de son zèle. Il n'y a guère d'espoir à fonder sur le retour des vieilles générations imbues de préventions antichrétiennes, ni de ces masses populacières qui ont végété dans un sauvage idiotisme et une sorte d'animalité. Lorsqu'un peuple est descendu à ce degré d'abrutissement, on ne réussit pas mieux à le christianiser qu'à faire germer du froment dans l'Arabie Pétrée, ou qu'à ensemencer un rocher dépouillé, par les vents ou les pluies, de toute sa terre végétale. Cet état de complète indifférence et de dégradation est pour lui comme une seconde nature, qu'on ne saurait réformer sans un miracle de la grâce, aussi extraordinaire que celui même de la création. Les sentiments de religion et les principes de morale ont bien peu de prise sur un individu avancé en âge, dont les convictions et les goûts sont arrêtés, les habitudes invétérées ; il a adopté un système d'opinions et des règles invariables de conduite qu'aucune influence n'est capable de modifier ; pour tout dire en un mot, cet homme a pris son pli. Tant est forte l'impression des idées préconçues et des inclinations une fois enracinées !

prémices pures de la vie en sanctifieront toute la suite. Si, au contraire, la racine est gâtée, les branches qui en naîtront ne seront pas plus saines : on se prépare des jours malheureux et criminels, une existence agitée et toute pleine de passions, et enfin une vieillesse triste et abandonnée de Dieu. Heureux celui qui porte le joug du Seigneur dès sa jeunesse ! il sera béni ; ses passions, réprimées de bonne heure, seront plus dociles ; la vertu lui coûtera moins, parce que ses penchants, tournés d'abord vers le devoir, s'y porteront d'eux-mêmes ; ses jours seront tranquilles, sa vie sainte, sa vieillesse honorée ; et sa mort, semblable à sa vie, ne sera qu'un passage à la bienheureuse immortalité.

elles laissent des traces d'une profondeur désespérante. De même qu'un vieil arbre noueux ne se redresse plus, et qu'un fleuve impétueux ne remonte pas vers sa source, ainsi faut-il médiocrement compter sur le retour des populations qui ont franchi un long espace dans la voie de l'erreur et du crime. Impies ou indifférentes, sourdes et aveugles, haineuses et obstinées, nos vieilles générations mourront comme elles ont vécu, sans Dieu, sans foi, sans espérance et sans amour, emportant dans la fosse le suaire de leurs préjugés; c'est là un malheur à peu près irrémédiable auquel il faut se résigner (1).

(1) C'est à la jeunesse que le prêtre doit surtout s'adresser aujourd'hui, parce qu'elle seule lui offre des espérances de succès. La génération qui s'en va présente bien peu de ressources; elle est née à une époque d'impiété, de malheur et de crime, dont l'histoire, selon l'expression de Bossuet, devrait être écrite avec du sang et de la main du bourreau. Alors le vent de la persécution et de l'exil avait dispersé loin de la France les membres du sanctuaire, les temples étaient déserts, et la voix du prêtre muette. La partie du peuple élevée dans ces temps de triste mémoire est totalement dépourvue des principes religieux qui pouvaient seuls faciliter son retour à la foi de ses pères. Elle n'a entendu parler de religion que quand les torches révolutionnaires incendiaient les églises, que la République emprisonnait ou guillotinait les prêtres. Nourrie de préventions anticatholiques et antisacerdotales, elle a constamment vécu dans la haine de Dieu et du clergé, ou, au moins, dans une indifférence qui tue tous les efforts que fait le zèle pour la régénérer. Parlez lui de religion, elle ne vous écoute pas; dites-lui qu'il y a une vie à venir, un ciel, un enfer, une éternité, elle vous répondra avec ce personnage insensé de la Grèce : *à demain les affaires sérieuses!* Aux questions et aux vérités qui intéressent le plus les destinées présentes et futures de l'humanité, elle répliquera par un stupide *que m'importe*, qui décourage le pasteur le plus dévoué à ses devoirs. La force de l'habitude, l'esclavage de la coutume, l'empire de l'opinion et des préjugés dans lesquels a vieilli la génération qui nous précède, opposent une barrière insurmontable à toute action religieuse sur elle, et rendent humainement impossible l'œuvre de sa

Il en est bien différemment des nouvelles générations qui, vierges de l'erreur et du vice, franches de tout préjugé, ressemblent à ces terres neuves et fécondes qu'on voit produire au centuple, lorsqu'elles sont cultivées avec soin. Tendre et flexible comme une jeune plante, l'enfance prend les formes et obéit volontiers à la direction qu'on lui imprime; c'est une cire molle, une pâte ductile qu'on pétrit à son gré; c'est un ruisseau encore voisin de sa source et dont il est aisé de régler le cours. Alors tous les sentiments, toutes les inclinations sont à faire naître; jusque là l'erreur n'a pas infecté l'intelligence, les propensions vicieuses n'ont pas jeté de racines dans le cœur, ou elles sont au moins faciles à extirper; on ne rencontre presque rien à rectifier, à combattre ou à refondre; le caractère tout entier est à composer. Voilà l'heure favorable pour graver dans l'esprit et la conscience, les principes qui doivent les former comme on inocule le vaccin pour préserver de la contagion, avant qu'elle n'ait déposé son germe aux sources de la vie.

Le zèle d'un pasteur ne lui laissera pas échapper le moment si précieux où la raison commence à luire, le sentiment à s'éveiller; il connaîtra tout le prix de ces instants passagers et rapides qui offrent à l'éducation une âme dans sa pureté native, et, partant, bien disposée à recevoir des impressions

---

conversion. Mais, si le monde qui s'en va est inaccessible aux efforts de notre zèle, regardons à l'orient et du côté de l'avenir, et là nous trouverons des espérances de salut. Pour tenter efficacement l'œuvre de la régénération sociale, il faut commencer par la jeunesse, en lui inculquant profondément les principes du christianisme. C'est la pensée de Leibnitz, l'un des plus grands génies qui aient honoré l'esprit humain : *Si l'on réformait l'éducation de la jeunesse,* dit-il, *on réformerait le genre humain tout entier.*

salutaires. L'essentiel pour l'adolescence est de gagner de vitesse le développement des passions, de veiller à la garde du cœur, d'en régler les désirs, et de prévenir ainsi l'invasion des vices qui s'y révèlent quelquefois avec une effrayante précocité (1). L'âge le plus convenable à ce travail de formation,

(1) Pour réussir à greffer un arbrisseau, il faut le prendre jeune et au moment de la séve ; ainsi la conscience des enfants a-t-elle besoin d'être prémunie contre toute séduction dangereuse pour l'époque du développement des passions, afin qu'elle puisse résister à leur violence. N'est-ce pas au moment du combat qu'un soldat doit être armé de pied en cap, sous peine d'être vaincu ? Il faut que les adolescents aient été formés à la crainte de Dieu, à l'horreur du crime, à l'impression du bien, à l'amour du devoir et de la vertu, pour le temps où l'on présume qu'ils ressentiront les ardeurs de la concupiscence. Le mal serait comme irréparable si l'on ne travaillait à éclairer leur conscience qu'après que leur cœur aurait été entamé par le vice. On sait tout ce que les satisfactions de la chair ont de souriant pour l'âme ardente et passionnée des jeunes gens : une fois qu'ils ont goûté ces jouissances, contracté des habitudes et des besoins, ils sont rebelles à toute observation, à tout avertissement, à tout sentiment d'honneur et de moralité ; ils se livrent en aveugles à l'effervescence de leurs désirs et à la fureur de leurs penchants. On comprend assez par là l'urgente nécessité de dresser de bonne heure la conscience pour l'opposer comme une digue à l'invasion des désordres. C'est ce qui faisait dire au comte de Maistre que l'homme moral devait être formé à 10 ou 12 ans, et que s'il ne l'était pas sur les genoux de sa mère, il ne le serait jamais. Voilà ce qui explique comment la société renferme tant de scélérats adolescents, repris de justice et dignes de l'échafaud à un âge si prématuré, avec un sang-froid abominable dans le crime, et des instincts de brigandage et de férocité qui font frémir. Dépourvus de tout frein religieux et moral, ils sont par là même sans conscience. Or, pour l'homme en qui s'est émoussé l'aiguillon du remords, il n'y a plus de crimes ; et conséquemment il n'est pas moins dangereux qu'un animal féroce qui s'échappe d'une ménagerie. C'est pour n'avoir pas été catéchisés dans leur enfance, et n'avoir gravé dans leur âme ni la crainte de Dieu ni les commandements de sa loi, qu'ils sont tombés dans cet état de dépravation

c'est celui de 10 à 12 ans ; un jeune homme alors est naturellement crédule, flexible, imitateur ; il croit à la parole de ses parents et à l'autorité de son curé, il adopte de confiance la foi de ceux qui l'entourent. Ajoutons qu'il est pur d'affections criminelles, et susceptible dès lors de toutes les tendances heureuses qu'on voudra lui imprimer : or avec de telles dispositions, il appartiendra nécessairement à quiconque s'en emparera le prémier. Voilà le temps propice pour faire pénétrer la séve de la vertu dans ces âmes neuves, et les nourrir du lait fortifiant de la religion et de la morale; c'est alors qu'on leur inculquera profondément la croyance en un Dieu, père commun des hommes, à une Providence pleine de sagesse, à l'immortalité de l'âme, à une justice vengeresse du crime et rémunératrice de la vertu, ainsi que toutes ces belles maximes de piété, d'amour filial, de charité fraternelle, de délicatesse et de loyauté qui font la conscience droite et timorée. De là naît le sentiment du beau, du bon et de l'honnête, cette impression de tristesse et de malaise, ce reproche intérieur si plein d'amertume qui accompagne chaque chute dans le péché, et réagit ensuite si heureusement sur la moralité humaine. Trop cruel à supporter, parce qu'il tourmente sans relâche, ce ver rongeur dont on ressent l'aiguillon à la suite de toute action criminelle, force tôt ou tard un jeune homme coupable à écouter la voix du devoir, sous peine d'être en proie à de déchirantes et perpétuelles anxiétés. Il se relèvera, assurément, honteux de sa faiblesse, ou il y aura

et de perversité. La religion seule, a dit un moraliste, crée le sentiment du devoir, inocule l'amour de la vertu, produit la lutte du bien et du mal, la résistance aux impulsions abjectes et charnelles. — Il n'y a que la force des principes qui puisse dompter et subjuguer les cœurs.

pour lui une espérance fondée de retour, tant qu'il ne sera point parvenu à étouffer le cri du remords ou à l'endormir sur l'oreiller de l'incroyance.

L'homme pourra, sans doute, malgré la salutaire influence de ses bons principes, dévier des sentiers de la vertu, parce qu'il ne jouit pas du privilége de l'impeccabilité : les passions, hélas ! sont quelquefois si impétueuses et si séduisantes ! Mais, du moins, la religion sème d'utiles remords qui effraient le vice, font verser en secret aux coupables des larmes de douleur, et déterminent tôt ou tard, leur amendement. Le jeune homme qui a puisé des sentiments chrétiens à l'école d'une vertueuse mère, aspire naturellement et comme irrésistiblement aux croyances si chères de son enfance. Il s'égarera momentanément peut-être ; mais il décrira une courbe rentrante qui le ramènera au point d'où il était parti. Celui, au contraire, qui a le malheur d'être dépourvu de foi, est inaccessible au repentir ; il descend dans la tombe avec un calme affreux et une froide insensibilité, après avoir flétri la vierge ou l'épouse, et usurpé l'héritage de l'orphelin. Il y a anéantissement complet de la conscience chez ceux en qui on remarque l'absence de tout sentiment religieux, et cette conséquence est naturelle et logique.

Telle est, en matière d'éducation, la haute importance de la religion : elle a seule le mérite d'élever l'homme à la perfection, parce que seule elle retrace, dans son enseignement, toutes ces grandes maximes qui sont la règle des devoirs, et la plus sûre garantie des vertus domestiques et civiles. Voilà comment se forment le bon père, le fils respectueux et soumis, l'ami dévoué et fidèle, le serviteur probe et l'honnête citoyen.

Aussi, voit-on rarement s'égarer les jeunes gens qui ont

placé leur vertu sous la sauvegarde des croyances : *Difficile est*, dit saint Augustin, *ut malè vivat qui benè credit*. Il y a mille fois moins de chances pour les mœurs de faire naufrage avec de bons principes, parce qu'ils affermissent le cœur contre les orages des passions et les séductions du vice.

Quand on croit à un Dieu dont l'œil perçant plonge au fond des cœurs, et y démêle les sentiments les plus intimes et les plus secrets ; à un Dieu juste et tout puissant qui a, en ce monde, droit de vie et de mort, et, dans l'autre, un ciel et un enfer pour récompenser la vertu et punir le crime, on y regarde d'un peu plus près (1); on lutte avec énergie contre les appétits dépravés, on fait la guerre, et une guerre de chaque jour à toutes ses passions. La perspective du paradis, aux limites de la vie, pour couronner la victoire de la persévérance, est le seul mobile capable d'encourager à la pratique des plus héroïques vertus. Quoi de plus digne, en effet, de tous nos efforts et de toute notre valeur, que le triomphe de l'immortalité ! Peut-il y avoir un préservatif d'une plus haute efficacité contre le mal, que cette crainte d'une éternité de supplices ? l'affronterait-on de gaîté de cœur ? c'est là le véritable

(1) La présence inattendue du dernier des hommes fait rougir un coupable, pâlir un criminel surpris sur le fait; elle arrête la main d'un voleur, le glaive d'un assassin, et fait fuir un scélérat au moment de la consommation de son forfait. Or, combien cette pensée, *Dieu est ici et me voit*, n'est-elle pas plus efficace encore ! Quand on se croit en la présence d'un maître qui voit tout sans être vu, qui est témoin de tout ce que nous faisons, instruit de tout ce que nous pensons, on éprouve nécessairement une sensation de crainte à l'égard des vices qu'il condamne ; on n'ose braver ses menaces, rire de ses jugements, ni blesser ses regards divins par de honteuses souillures. Tel est l'heureux résultat des terreurs de la religion sur la conscience de l'homme et la moralité de ses actions.

frein des mauvais penchants, la terreur du crime, l'égide de l'innocence, et le boulevard de la vertu contre les assauts du vice. Aussi, combien de jeunes gens violemment tentés n'ont-ils pas été arrêtés tout à coup sur la pente de l'abime où ils allaient se précipiter, par la pensée de l'enfer, seule digue à opposer au torrent des passions pour en comprimer la fougue! Voilà la colonne fondamentale, la clef de voûte de l'édifice de la morale publique qui, lorsqu'elle ne repose point sur cette pierre d'assise, n'a pas plus de solidité qu'un château de cartes. On chercherait en vain d'autres moyens répressifs contre les écarts de la jeunesse et les dérèglements du cœur humain (1).

Supposons, toutefois, que les sentiments de religion imprimés dans l'enfance n'empêchent pas un jeune homme de se livrer à de déplorables excès, entraîné qu'il sera par l'appât séducteur du vice : sa vertu pourra faillir; mais du moins sa foi ne périra point dans le naufrage de ses mœurs, elle n'aura fait que sommeiller, et certainement elle se réveillera; le retour est comme infaillible. Les croyances qui environnèrent son berceau, se dresseront sans cesse devant lui pour protester contre les désordres de sa conduite. Le temps, les passions, les affaires, ne pourront les effacer entièrement

---

(1) Beauzée, membre de l'Académie française, allant voir un jour Diderot, entra dans son cabinet sans être annoncé; il le trouva faisant répéter le catéchisme à sa fille. La leçon finie et la fille renvoyée, le philosophe catéchiste rit de la surprise où était Beauzée de ce qu'il venait d'entendre : *Hé ! quels meilleurs fondements,* lui dit-il ensuite, *puis-je donner à l'éducation de ma fille, pour la rendre tout ce qu'elle doit être, fille respectueuse et tendre, digne épouse et digne mère? Est-il au fond, puisque nous sommes forcés d'en convenir, une morale qui vaille celle de la religion et qui porte sur des motifs plus puissants?*

de son esprit. Car, rien de plus vivace que les idées et les sentiments de l'enfance ; rien de plus fortement incrusté dans les cœurs que les convictions de l'adolescence. On se reporte toujours avec bonheur aux années de la jeunesse ; tous les souvenirs qui datent de cette heureuse époque sont chers et indélébiles; ils exercent même une si puissante et si durable influence qu'on s'en ressent tout le reste de la vie. Tout ce qui tient aux traditions de famille, à l'histoire des ancêtres, au foyer domestique, laisse dans l'esprit des traces profondes. On n'oublie jamais les enseignements paternels, les pieuses recommandations reçues sur les genoux d'une bonne mère, les leçons de vertu gravées dans l'âme au catéchisme de son curé, les sentiments éprouvés le jour de la première communion, le plus beau des jours. Toutes ces impressions de nos jeunes années renaissent et se reproduisent sans cesse dans l'âge mûr, et ne sont guère moins indestructibles que notre nature même. Aussi, revient-on ordinairement aux croyances, aux pratiques et aux habitudes primitives, comme à son état naturel et normal ; ces idées sourient à tous les hommes et ont pour eux un charme indéfinissable. Les salutaires principes inculqués à l'enfant revivront donc plus tard dans l'homme fait, serviront de fil conducteur pour retrouver la bonne voie perdue.

Il en est des sentiments religieux comme d'une semence dont la germination a été arrêtée par les rigueurs de la température : sa croissance n'apparaît pas, aussi longtemps que dure l'inclémence d'une saison glaciale ; mais les premiers rayons d'un soleil de printemps auront à peine fait ressentir leur bénigne influence au sol qui renferme cette semence, qu'aussitôt elle germera et mûrira. Ainsi, dans l'effervescence de l'âge, et lorsque l'âme bouillonne de passions fougueuses, la foi semblera s'éteindre entièrement dans le cœur d'un jeune homme ; mais elle ne se sera éclipsée que momentanément : après l'ivresse des plaisirs, les nuages amoncelés sur son intelligence se dissiperont, la tempête se calmera, et la foi si consolante de ses années d'innocence reparaîtra en rayonnant à ses yeux avec une nouvelle et divine splendeur, bien supérieure à ses premières clartés.

L'histoire de tous les temps constate, par des faits mémorables, la vérité de ces observations. Dans les siècles passés même les plus chrétiens, ceux que l'on appelle l'âge d'or de la religion, l'Eglise a vu éclater des scandales et des abus, elle avait quelquefois à déplorer des égarements de la part de ses enfants. Mais alors on croyait du moins à un Dieu rémunérateur et vengeur, on était fermement attaché aux vérités de la foi, et, jusqu'au sein de la dépravation des mœurs, on respectait la religion ; tout en la violant, on se promettait d'y revenir un jour (1). Tels furent les chrétiens d'autrefois : s'ils n'étaient pas plus des anges que ceux d'aujourd'hui,

---

(1) Au début de ses conférences, M. de Frayssi nous a très-heureusement exprimé cette idée, frappante de vérité, dans le beau parallèle que voici :

Oh ! combien les temps et les esprits sont changés ! Que nous sommes loin des sentiments de nos ancêtres et de leur pieuse docilité ! Jadis, le Français, plein d'honneur, plein de foi et loyalement chrétien, avait la noble franchise d'avouer ses torts, et toujours il respectait la religion, lors même qu'il avait la faiblesse d'en violer les préceptes. Si trop souvent ses mœurs n'étaient pas aussi pures que sa foi, s'il voulait allier le christianisme avec les plaisirs, la dévotion avec la volupté, du moins il ne cherchait pas à justifier ses désordres par des blasphèmes ; son cœur pouvait être séduit, mais son esprit était docile. Il révérait la religion aussi franchement qu'il aimait son prince et sa patrie : alors on pouvait corriger ses vices par sa foi, opposer avec succès à la dépravation de ses mœurs la pureté de ses principes.

ils avaient du moins des principes qui les faisaient rentrer en eux-mêmes et retourner à Dieu. Il était bien rare que des pécheurs fussent rebelles à la grâce jusqu'aux approches de l'éternité ; ceux mêmes qui avaient affiché le libertinage, sentaient bientôt se ranimer en eux les féconds éléments de l'éducation première. Dominés quelquefois par des passions en délire, ils s'égaraient ; mais, vaincus par le remords, ils ne tardaient pas à se convertir. Combien de preuves d'expérience n'aurions-nous pas à produire à l'appui de cette vérité dans les temps anciens et modernes ! Saint Augustin assure que, au milieu des désordres de sa fou-

religieux ; et, pour le ramener au devoir, il ne fallait que le rappeler à sa croyance.

Aujourd'hui l'esprit est corrompu comme le cœur ; le dérèglement est dans les pensées comme dans les mœurs. Plus savants dans le mal, nous avons appris à le justifier ; plus raisonneurs et moins raisonnables, c'est par un système réfléchi que nous suivons les penchants de la nature corrompue, que l'oubli de la Divinité, que la licence des discours et des actions sont mis au rang des choses légitimes. Aujourd'hui, avant de combattre le vice, nous sommes réduits à la déplorable nécessité de prouver que la vertu n'est pas une chimère ; avant de prêcher la doctrine chrétienne, nous sommes forcés d'en faire l'apologie et de plaider la cause de la religion devant ses enfants, comme le faisaient autrefois les Origène et les Tertullien devant les Juifs et les païens, ses ennemis. Oui, de nos jours, elle a été, plus que dans tout autre temps, attaquée, outragée, foulée indignement aux pieds ; les choses saintes sont tombées dans l'avilissement ; la piété de nos pères est devenue un objet de dérision pour leur postérité ; l'impiété est descendue jusqu'au peuple, et les campagnes en sont infectées comme les cités. Ceux qui, par leur défaut d'instruction, devraient être les plus dociles, se montrent quelquefois les plus opiniâtres dans leur révolte grossière contre le ciel ; chez eux, l'ignorance a tout l'orgueil du savoir, et le ministre de l'Évangile a la douleur de rencontrer, même parmi le peuple, des âmes non-seulement égarées, mais endurcies contre la vérité.

gueuse jeunesse, les principes de religion que lui avait inculqués dès le berceau la pieuse Monique sa mère, réveillaient souvent en lui d'amers souvenirs et le rappelaient constamment, sans même qu'il s'en aperçût, à la pratique du devoir et de la vertu; de là naquirent en lui des regrets qui préludèrent à sa conversion. Les vieux militaires, qui donnent souvent à Dieu un reste de vie qu'il veut bien agréer, conviennent tous que, revenus à eux-mêmes après l'étourdissement et la satiété des jouissances, ils ont retrouvé au fond de leur âme les germes de foi qu'ils avaient emportés dans le tumulte des camps, et que c'est aux premiers sentiments de leur adolescence qu'ils sont redevables de la régularité de leur vieillesse. Après avoir savouré la coupe des plaisirs sensuels, le voluptueux s'aperçoit enfin qu'ils n'offrent que de trompeuses douceurs, et qu'il n'a bu que du fiel en croyant goûter du miel. Sentant alors le faux bonheur des ivresses humaines, il revient à résipiscence, après l'orage des passions, lorsque son enfance a été imbibée de la séve chrétienne. Eût-il même tout fait pour éteindre dans son cœur le flambeau de la foi, les impressions natives revivront nécessairement en lui et le prépareront au moins à bien mourir (1).

Il est donc fort important de donner à la jeunesse des soins hâtifs et une culture précoce, en jetant de bonne heure dans son âme tendre les précieuses semences des doctrines chrétiennes qui exercent une si salutaire action sur toute la vie. Combien de fils de famille, longtemps égarés dans la voie du vice, ont surpris leurs parents et les ont comblés de joie par un retour soudain et inespéré ! Que d'hommes

---

(1) *Adolescens juxtà viam suam, etiàm cùm senuerit, non recedet ab eâ.* (Prov.)

redevenus chrétiens à l'âge mûr, grâce aux principes qui leur furent inoculés dans le jeune âge ! Quand les passions se taisent, dit Massillon, la foi revient.

N'est-ce point aussi à l'heureuse influence d'une éducation chrétienne qu'est due la conversion de certains philosophes du 18e siècle, dont presque toute l'existence s'était usée à blasphémer contre le ciel ? Bien qu'ils eussent vécu en impies, ils ne se résignaient pas à mourir impénitents, et s'estimaient la plupart trop heureux de revenir au christianisme dans leurs derniers moments. A peine arrivaient-ils aux confins du monde et de l'éternité, que la foi de leurs jeunes années se réveillait et produisait tout à coup en eux une révolution religieuse. On les voyait presque tous alors abjurer leurs erreurs, faire amende honorable de leurs impiétés et de leurs blasphèmes, demander pardon à Dieu et aux hommes de leurs égarements, solliciter les suffrages de l'Eglise et l'intercession de tous les saints, et mourir dans les sentiments de la plus édifiante piété entre les bras de ces mêmes moines qu'ils avaient tant vilipendés pendant le cours de leur vie (1). Pourquoi en fut-il ainsi ? C'est parce que la religion présidait alors à l'éducation, et dominait toutes les autres sciences dans l'enseignement public. Le chrétien tombe dans le péché, mais non dans le crime de l'impénitence finale, parce qu'il reste au fond religieux.

---

(1) Ainsi ont fini Boulainvilliers, Maupertuis, Boulanger, Lamettrie, le marquis d'Argens, Desbarreaux, etc. C'est ce qui faisait dire à d'Alembert : « Ils ne nous font point d'honneur, ils se déshonorent et se démentent ; ils se laissent *extrémonctionner* et meurent en bigots. » Pour arrêter ces conversions qui humiliaient la bande impie, le même philosophe assistait à la dernière heure de ses amis mourants et ne les quittait qu'au trépas, afin d'empêcher qu'ils *ne fissent le plongeon*.

PENSÉES DIVERSES EXTRAITES D'AUTEURS RELIGIEUX, MORALISTES ET PHILOSOPHES, SUR LA NÉCESSITÉ DES PRINCIPES RELIGIEUX.

Il faut un ciel et un enfer en tête de tout code de morale, pour le sanctionner ; autrement ce serait l'asseoir sur le néant, et partant le rendre nul et impuissant ; quiconque ne croit pas en un Dieu qui punit, succombera au premier choc de la tentation. — Si la morale est sans base religieuse, on la mettra de côté toutes les fois qu'elle gênera et contrariera les intérêts, les plaisirs et les passions. Il faut un bien grave motif pour remplir un devoir qui coûte de grands sacrifices. — L'homme le plus dangereux de la société est celui sur qui les terreurs religieuses n'ont plus de prise ; il est comme une bête féroce sans frein ni joug. Il finit par commettre les plus énormes forfaits, avec calme et froideur ; il se repose sans crainte après avoir immolé sa victime, semblable aux animaux carnassiers qui déchirent leur proie, et s'endorment repus dans leur férocité. Il s'est même rencontré de profonds scélérats qui ne trouvaient de bonheur que dans la jouissance du crime.

Que peut une philosophie purement humaine, une morale vaguement religieuse, avec ses livres et toutes ses pompeuses maximes de vertu? C'est là une bien faible barrière contre le vice. On pourra toujours lui dire ce mot de Rousseau : *Philosophe, tes lois morales sont fort belles, mais, de grâce, montre m'en la sanction. Tu ne veux pas d'enfer, dis-moi donc ce que tu mets à la place?* Dieu est le seul fondement sur lequel on puisse asseoir l'édifice moral et social, pour lui donner de la solidité et de la durée. — La morale est sans effet, si elle n'a pas ses racines dans les croyances, parce qu'elle est sans appui et sans motifs.

Il faut avoir les yeux derrière la tête pour ne pas voir que les croyances religieuses sont la raison fondamentale des devoirs, et que la morale sans dogmes est un arbre sans racines que le moindre souffle des passions emporte comme une paille.

Il faut greffer la morale sur la religion, c'est-à-dire sur l'amour et la crainte de Dieu. Sans elle on ne peut pas plus pratiquer de vertus qu'un chardon ne peut produire de roses ou un sauvageon de bons fruits.

La religion prévient le mal qui va naître, corrige le mal qui est né. Seule elle pénètre dans les ténébreuses profondeurs de la conscience pour y découvrir jusqu'à la velléité du péché et y arrêter le vice dans son germe ; c'est la seule sanction capable de réprimer la fougue des passions et de retenir le criminel qui a déjà un pied dans l'abîme.

La religion seule est le code régulateur de la vie : elle inspire des idées d'ordre et de modération, des sentiments de douceur, d'humanité, de noblesse et de générosité, des habitudes de tempérance, de justice et de chasteté, qui rendent les hommes pratiquement moraux ; elle forme à la vertu, plie au travail, à la soumission et au joug des lois ; elle seule maîtrise les penchants, refrène les convoitises de la concupiscence, subjugue les natures les plus rebelles et dompte les caractères les plus intraitables. Aussi, de même que le jour baisse et que la nuit se fait à mesure que le soleil décline, ainsi la morale se relâche en proportion de la décroissance de la foi religieuse. Par voie de conséquence, il se révèle des immoralités et des crimes monstrueux.

Plus il y aura de chrétiens, dit Bossuet, plus il y aura de gens dont vous n'aurez rien à craindre. — L'impie est vicieux par système ; le mauvais chrétien ne l'est que par inconséquence et en opposition à ses principes. — Essayez, sans la religion, de former un homme solidement vertueux, se dévouant à des fonctions ingrates et obscures qui n'offrent ni gloire ni profit ; un homme qui, avec de hautes qualités capables de le produire avantageusement dans le monde, consente néanmoins à vivre dans une laborieuse pauvreté et à se glisser inaperçu dans la tombe : la terre entière serait insolvable, s'il lui fallait récompenser une telle vertu.

Il faut un Dieu, un ciel, un enfer en tête du code de la morale.

Avoir la prétention de moraliser la jeunesse sans croire à ces vérités fondamentales, c'est ressembler à ces architectes imprévoyants qui voudraient commencer par le faîte la construction d'un édifice, sans songer aux fondations.

Le frein le plus puissant, c'est la croyance d'une vie à venir avec ses peines et ses récompenses ; ce frein moral est mille fois plus efficace que le frein légal. Le seul doute que, après la mort, il n'y a rien, rend l'homme pervers et excuse à ses yeux les passions les plus dépravées. — Une philosophie bestiale qui fait aboutir tout l'homme à un cercueil, ne peut que provoquer la subversion des mœurs.

Un grand nombre de magistrats, d'économistes et de philosophes qui ont étudié les causes de la démoralisation sociale, assurent qu'elles ne sont autres que l'ignorance de la religion et le défaut de crainte d'un Dieu vengeur. Celui qui ne croit, n'espère et ne craint rien après la vie, ne recule devant aucun forfait qu'il juge utile à ses intérêts.

La rupture de cette digue salutaire fait déborder le torrent, qui va couvrir de ses flots dévastateurs toute la société et l'engloutir. Aussi tous les individus pétris de souillures, flétris par la justice, sont-ils ou des apostats du christianisme, ou des êtres aussi ignorants en fait de religion que des indiens ou des sauvages.

Les enfants façonnés de bonne heure à la fraude et au crime, qui sont mûrs pour les forfaits avant d'être passibles d'un supplice, qui étonnent les organes des lois par leur précoce audace, et les alarment par leur perversité, ne doivent leur scélératesse prématurée qu'au malheur d'avoir été privés des principes religieux : Dieu pour eux n'est qu'un vain nom. — C'est travailler pour la cour d'assises et le bagne que d'élever sans religion la jeunesse et les classes populaires.

La plupart de ces crimes qui révoltent la morale publique et font frissonner l'humanité, ont pour auteurs des scélérats à penchants féroces, qui ne soupçonnent même pas l'existence d'une justice divine.

Dans une société, quelle qu'elle soit, disait Bonaparte, nul homme ne saurait passer pour vertueux et juste, s'il ne sait d'où il vient et où il va. La simple raison ne saurait nous fixer là-dessus ; sans la religion on marche continuellement dans les ténèbres, et la religion catholique est la seule qui donne à l'homme des lumières certaines et infaillibles sur son principe et sa fin dernière. Nulle société ne peut exister sans morale ; il n'y a pas de bonne morale sans religion; il n'y a donc que la religion qui donne à l'Etat un appui ferme et durable. Une société sans religion est comme un vaisseau sans boussole : un vaisseau, dans cet état, ne peut ni s'assurer de sa route, ni espérer d'entrer au port ; une société sans religion, toujours agitée, perpétuellement ébranlée par le choc des passions les plus violentes, éprouve en elle-même toutes les fureurs d'une guerre intestine qui la précipite dans un abîme de maux, et qui tôt ou tard entraîne infailliblement sa ruine. (*Extrait d'un discours adressé par Bonaparte, premier consul, aux Curés de Milan, le 5 juin* 1800.)

Je ne crains pas le fanatisme, disait encore Bonaparte en 1802 ; mais ce que je crains, c'est l'athéisme.

NÉCESSITÉ DE BIEN CONNAITRE LA RELIGION POUR S'Y ATTACHER.

Pour aimer et estimer la religion, il faut la connaître : *Ignoti nulla cupido*. Elle ne nous dit pas comme le prophète de la Mecque à ses crédules et stupides sectateurs : *Crois ou meurs!* Non ; elle n'exige point qu'on l'adopte sur parole ; car, loin de craindre l'examen, elle le réclame, elle le provoque, et, pour nous convaincre, elle nous offre ses titres de créance, les preuves de sa divinité. Aussi, quiconque consent à examiner de bonne foi les démonstrations sur lesquelles repose la vérité du christianisme, ne tarde point à en acquérir la complète certitude. Laharpe, d'abord incrédule, puis chrétien, répondait à ceux qui l'interrogeaient sur les causes qui avaient motivé son retour : *J'ai examiné, examinez aussi et vous croirez comme moi.* La religion, en effet, établit sa céleste origine sur des raisons évidentes et irréfutables. Elle présente les moyens de défense les plus victorieux, les réponses les plus satisfaisantes aux mille objections qu'on lui a de tout temps opposées. Quand on considère, d'ailleurs, la sublimité de ses dogmes, l'excellence de sa morale, l'importance de ses préceptes, la sagesse de sa discipline, la majesté de son culte, l'immensité de ses bienfaits et de ses services en faveur de l'humanité, on éprouve une sorte de ravissement et l'on ne peut lui refuser des hommages de vénération et d'amour. Son incomparable perfection est si peu contestée, elle est si palpable et si frappante, qu'elle a commandé le respect et l'admiration à des impies mêmes du dernier siècle ; plusieurs des coryphées de la secte philosophique lui ont rendu des témoignages d'estime, et en ont fait le plus pompeux éloge dans des pages éloquentes de leurs écrits, qui resteront comme de perpétuels monuments de l'excellence du christianisme.

La religion, dans son décalogue, offre un corps complet de préceptes, qui en fait le plus magnifique chef-d'œuvre de morale qu'on puisse imaginer. Tout ce qu'il y a de beau, de bon, d'honnête, de juste, de saint, de noble et de par fait, elle l'impose ou le conseille. Elle a, dans sa vaste et sage économie, tout embrassé, tout prévu, tout réglé : pas un devoir qu'elle ne prescrive, une vertu qu'elle ne recommande, une action louable qu'elle ne préconise, une règle de sagesse qu'elle n'ait tracée ; en sorte que l'ensemble de son enseignement forme le plus admirable code de législation que la divine providence pouvait donner aux hommes, et que le chrétien qui calquerait sur l'Évangile ses sentiments et sa conduite, serait le type accompli de la sainteté et le beau idéal de la perfection. Les dix commandements de Dieu, c'est une vérité incontestable, ont plus fait pour la moralité et l'amélioration des peuples que les cent mille lois fabriquées par les plus célèbres législateurs, et c'est ce qui prouve que la sublime morale du christianisme n'a pu jaillir d'un cerveau humain (1).

Mais comment s'attacher d'esprit et de cœur à la religion, si l'on ne connaît ni les preuves qu'elle invoque à son appui, ni la beauté de son enseignement dogmatique et moral, si, enfin, on n'en soupçonne même pas l'inestimable prix ? De même que le villageois se soucie fort peu des fleurs de la littérature, de l'éclat de la poésie, des charmes de l'éloquence, des découvertes de la physique et de la chimie, de la disposition et du mouvement des astres qui peuplent le

---

(1) L'école impie du XVIIIe siècle, qui prétendait substituer la philosophie au christianisme, se vantait d'avoir établi un code de morale égal en excellence à celui de l'Évangile. Rousseau fait bonne justice de cette outrecuidante prétention quand il dit : *Je ne sais pourquoi on veut attribuer aux progrès de la philosophie la belle morale de certains livres philosophiques; cette morale était chrétienne avant d'être philosophique.* Tout ce qu'il y a de bon dans les lois et les mœurs de nos sociétés modernes, a été exprimé de la substance du christianisme; c'est un emprunt fait à l'Évangile.

firmament, ou des problèmes de la géométrie auxquels il n'entend rien ; ainsi en est-il de celui qui n'a pas les moindres notions ou qui n'en aurait que d'incomplètes touchant les vérités divines et révélées. Il ne jugera pas digne de sa raison de méditer les doctrines du chritianisme, parce qu'il n'en a reçu qu'une vague et superficielle teinture dans les fugitives leçons de l'enfance où l'esprit est si inattentif et si imparfait. Alors il lui en coûtera bien peu pour abjurer un symbole et des pratiques qu'il n'a jamais ni bien connus ni suffisamment appréciés. Ce n'est donc pas à tort que tous les apologistes de la religion regardent l'ignorance comme la source presque unique de nos maux, celle surtout de l'impiété ou de l'indifférence générale. L'instruction chrétienne est le principe vital de la foi qui ne peut pas plus se soutenir, dans un être ignorant, que la vie dans le corps humain, quand l'âme en est séparée. Elle est le plus infaillible moyen d'enraciner les croyances dans les cœurs : voilà pourquoi partout où elle est florissante, fleurit pareillement la religion. Aussi, n'est-il aucun homme ayant fait une étude sérieuse et approfondie du christianisme, qui ne lui accorde le tribut d'une respectueuse estime et d'un sentiment d'admiration, lors même qu'il ne se sent pas assez de vertu pour en pratiquer les devoirs.

L'ignorance de la religion est la pire des ignorances ; c'est la plaie la plus profonde du temps présent, et le plus épouyantable danger de notre avenir; c'est, en outre, la cause qui explique les nombreuses défections qu'on a lieu de déplorer dans les rangs du catholicisme, qu'on abandonne qu'autant qu'on le méconnaît ou pour avoir le privilége d'être impunément vicieux.

C'est, au contraire, un fait d'expérience certain que,

plus les jeunes gens sont instruits, plus aussi ils se montrent dévoués à la religion. L'étendue de leurs connaissances est la mesure de l'affection qu'ils ont pour elle ; ils s'y attachent de toutes les puissances de leur âme, s'ils apportent à son examen la bonne foi d'un cœur pur et toutes les lumières de leur intelligence. Plus même on en fait l'objet d'études profondes et de recherches savantes, plus on reste convaincu de sa vérité et de son excellence (1).

L'instruction sur ce point capital est donc la dette la plus sacrée des pasteurs envers leurs jeunes paroissiens qui sont d'ailleurs la plus chère et la plus précieuse espérance de la religion et de la patrie.

NÉCESSITÉ D'UNE FORTE INSTRUCTION RELIGIEUSE POUR CONSERVER LA FOI DANS LES JEUNES GENS.

Une des raisons qui font ressortir davantage encore la nécessité d'une forte instruction religieuse, ce sont les attaques incessantes auxquelles, de nos jours, le catholicisme est en butte. Dans les siècles de foi, les simples chrétiens n'avaient pas besoin d'une grande dose de science ; ils pouvaient ignorer sans péril les preuves qui établissent la divinité du christianisme, ainsi que tous ses moyens de défense contre l'impiété et l'hérésie, parce qu'il ne leur était pas nécessaire de discuter ni de combattre. Enracinée profondément dans le cœur du peuple et environnée du respect des grands, la

---

(1) La religion a en sa faveur toutes les preuves nécessaires pour mettre notre foi à l'abri du moindre danger d'erreur, au point que nous pouvons dire : *Domine, si error est quem credimus, à te decepti sumus ; quoniam iis signis prædita est religio quæ non nisi à te esse potuerunt.*

religion n'était exposée à aucune agression sérieuse de la part de ses enfants. Alors les impies étaient aussi rares que les monstres dans l'ordre physique; leurs provocations, s'ils s'en permettaient, étaient isolées et clandestines. Mais aujourd'hui notre foi est livrée aux sarcasmes d'une tourbe d'incrédules grossiers qui, dans les réunions privées et même publiques, déversent à flots sur elle l'injure et le mépris. Il n'est pas de ville ni de bourgade où l'on ne compte un grand nombre de prédicants d'impiété qui affirment effrontément que Dieu n'est qu'un vain nom et la vertu une duperie. Ils font à J.-C. une guerre acharnée, sapent les bases de sa divine religion, lui jettent à la face l'ironie et l'outrage, attaquent ses dogmes, ridiculisent ses mystères, persiflent les récits de nos livres sacrés, traitent de fables nos miracles, et se rient des terreurs de l'enfer comme d'une vaine chimère. Il se rencontre même quelquefois d'effrenés mécréants qui, à l'exemple des juifs, insultent le Sauveur, couvrent de leurs crachats sa personne adorable, et font des vœux sacriléges pour la mort du christianisme. On bat en brèche les murailles de l'Eglise, on démolit pierre à pierre son autorité, et il n'y a pas jusqu'à l'artisan et au portefaix qui ne lui donnent des soufflets et des coups de pied. La persécution du blasphème, de la dérision et du dédain est de mode partout depuis près d'un siècle; elle a arraché au joug de J.-C. une multitude de ses enfants. On se permet des rires cyniques et moqueurs contre tout ce qu'il y a de plus respectable et de plus sacré : les papes et les évêques sont attaqués, déchirés et vilipendés par les gens du plus bas étage et les plus dégradés; on dénigre partout le clergé pour lui faire perdre la confiance publique. Afin d'y réussir, on publie hautement que les prêtres sont des imposteurs et des charlatans, qui bercent leurs crédules auditeurs de fables puériles, aveuglent et abrutissent les peuples. A l'aide d'anecdoctes scandaleuses et d'insinuations perfides, on excite la défiance et l'aversion contre eux : cette haine se mûrit, et dégénère souvent en un fanatisme antichrétien et antisacerdotal qui prépare l'apostasie des jeunes générations. Combien ne voyons-nous pas de ces *fils de Voltaire*, de ces prêtrophobes, que la vue seule d'une soutane irrite et provoque à l'outrage !

Si l'on ne prêche pas ouvertement les principes de l'irréligion, on lance des sarcasmes contre la piété, on taxe la dévotion d'hypocrisie et de bigotisme, on fronde et on raille toutes les pratiques du culte. Nos docteurs de village et nos apôtres d'athéisme vouent les choses saintes à la risée, et le clergé en masse à l'exécration. Ils bafouent même tellement les chrétiens fidèles à leurs devoirs que, dans certaines paroisses, il faut parfois, de l'aveu d'anciens militaires, plus de courage pour aller à la messe, à la procession, à confesse, que pour braver la mitraille ennemie et emporter une ville d'assaut. Des propos blasphématoires ou pervers circulent aujourd'hui çà et là, sur les places publiques, dans les rues, au milieu de toutes nos assemblées populaires; ils gagnent de proche en proche avec la rapidité de la gangrène, altèrent le respect aux croyances et au sacerdoce, et finissent par infecter la masse de la jeunesse. L'irréligion est un ulcère qui a envahi les campagnes et qui les ronge au point que, la majorité des habitants est aujourd'hui mécréante et corrompue. Or, comment des jeunes gens pourront-ils, sans un miracle, rester purs et croyants en vivant dans cette atmosphère irréligieuse, à l'école d'impies qui s'efforceront de déraciner de leurs cœurs tous les germes de foi qu'y a déposés la mère de famille ou le pasteur de leur paroisse ? Aussi, la plupart ont-ils abjuré les bons principes et les pratiques sanctifiantes, avant même d'avoir atteint l'âge de dix-huit ans. Imbus de préventions contre le clergé, nourris constamment de maximes d'incrédulité, ils ne sauraient résister longtemps à la contagion de l'exemple et du langage. Excessivement légers et mobiles, les jeunes gens sont comme des roseaux qui plient au gré de tous les vents, ils cèdent à toutes les impressions qu'ils reçoivent et se laissent entraîner au courant. Une raillerie les intimide, le persiflage les déconcerte, le ridicule les rend tout confus, l'épithète de jésuite et de dévot les asphyxie de peur. Il faut donc les éclairer et les affermir dans l'attachement à la religion, les aguerrir contre les dangers qui pourraient les faire chanceler. Un adolescent qui entre dans le monde sans une instruction suffisante pour soutenir sa croyance, ressemble à un conscrit qu'on mettrait en ligne de combat avant de lui avoir appris le maniement des armes: ne pouvant ni attaquer ni se défendre, il succombera inévitablement dans la mêlée. De même si un jeune homme, au lieu d'être fort sur ses principes, ne sait même pas se rendre raison de sa foi ; s'il n'a que des notions vagues, superficielles, incomplètes sur la religion, comment pourra-t-il raisonner et discuter pertinemment, démêler l'erreur et le sophisme, répliquer aux objections, avoir des réponses toujours prêtes aux attaques, réfuter victorieusement les mensonges et les impostures, et enfin justifier parfaitement son adhésion à la vérité ?

On comprend assez que ceux qui, dépourvus d'instruction, ont accepté la religion machinalement, sans examen ni connaissance de cause, verront bientôt le doute naître dans leur esprit, obscurcir leur intelligence et faire chanceler leurs pas (1). S'il fut jamais un siècle où les jeunes gens

---

(1) N'avoir que le culte sans la foi, la lettre de la religion sans l'esprit, les formes et les pratiques sans l'amour et la vraie piété, c'est

aient eu besoin d'être de petits théologiens sous le rapport de la science, c'est aujourd'hui. De nos jours, en effet, les chrétiens n'ont-ils pas constamment à lutter pour la défense du catholicisme, qui est assailli de toutes parts ? Pour l'abriter contre les dangers des doctrines irréligieuses, il faut l'asseoir sur la base d'une conviction intime et d'une instruction solide. Une connaissance superficielle de la religion ne préserve pas des dangers de l'incrédulité, tandis qu'une science approfondie est pour la foi une sauvegarde presque infaillible. Formons donc avec la jeunesse de nos paroisses une phalange de bons soldats chrétiens, capables de défendre vaillamment cette noble cause, qui est notre drapeau à tous. Quand un officier français voit outrager son corps, il tire l'épée avec une ardente vivacité. Il en est de même d'un enfant pour l'honneur de sa mère, d'un frère pour celui de sa sœur. Eh quoi ! n'en serait-il pas ainsi de nous pour la religion dont nous sommes les fils, et pour ses ministres chargés de nous en transmettre l'héritage ?

On insinue partout aujourd'hui des soupçons de toute nature contre le clergé; on l'injurie bassement; on s'efforce d'arracher du cœur des peuples jusqu'à la dernière fibre d'affection pour lui. On ne néglige rien pour le faire détester et ruiner son influence : manœuvres odieuses, trames hypocrites, calomnies atroces, sourdes défiances répandues dans les masses afin de les insurger contre lui, tout est mis en œuvre pour atteindre ce but satanique. On paralyse ainsi son action même sociale et bienfaisante sur une grande partie de la population, et il n'est malheu-

---

avoir trop peu, surtout aujourd'hui : une telle religion, qui est celle de la plupart de nos chrétiens, ne tiendra pas contre les assauts de l'impiété.

reusement que trop vrai de dire que sa mission sera sans succès tant qu'on verra peser sur lui ce poids immense d'impopularité.

L'ÉDUCATION RELIGIEUSE EST-ELLE EN FRANCE CE QU'ELLE DOIT ÊTRE?

Mieux vaudrait laisser le peuple et la jeunesse dans l'ignorance que de ne pas faire de la religion et de la morale la base de l'instruction publique (1). La foi n'est-elle pas le plus grand bienfait du ciel, et faut-il s'exposer à la chance de l'apostasier sous prétexte de s'instruire? L'Evangile doit passer avant la science, les mœurs avant les langues, les devoirs et les vertus avant la littérature et les arts. La science n'est pas tout : éclairer l'esprit sans former la conscience, c'est mutiler l'homme, et séparer ce que Dieu a indissolublement uni, le cœur et l'intelligence; il faut bien se garder de cultiver celle-ci aux dépens du sentiment. L'instruction ne saurait développer qu'une seule de nos facultés, la raison; elle n'a point pour effet de former l'homme moral, c'est-à-dire de régler les pensées, les tendances de la volonté et les actions de la vie; non, elle ne dirige pas la conscience et n'empêche point le naufrage des mœurs; ce n'est point la grammaire, la géographie, l'arithmétique, l'algèbre ou le dessin linéaire qui donnent des principes de conduite; ce n'est pas l'enseignement des langues anciennes ou modernes, de la philosophie, des belles lettres, de la poésie et de l'éloquence, qui apprendra à être vertueux. A la religion seule il appartient de moraliser, c'est-à-dire de prévenir ou de réprimer le vice et de rendre

(1) Paroles de monseigneur l'évêque de Liége.

meilleur. La droiture du cœur et la pratique du bien sont le résultat de la religion bien plus que de l'instruction, qui est incapable d'extirper un seul germe funeste. C'est la sainteté, la vertu, qui font les honnêtes gens, et non la science ou le génie. Les facultés les plus brillantes pourraient même, sans la religion et la morale, devenir pour la société un fléau dévastateur. Or, tel est un des défauts saillants qu'on a lieu de remarquer, en France, dans l'instruction publique: on ne cherche qu'à meubler la tête, tandis qu'on ne prend nul souci d'orner le cœur et de réformer les passions; on s'attache à bien dire plutôt qu'à bien faire; on aime mieux, enfin, être habile que vertueux (1).

Au lieu d'occuper la plus large part dans l'éducation et de vivifier le plan tout entier de l'enseignement, la religion y est devenue comme un simple accessoire à peu près insignifiant: un exposé rapide et sans preuves du dogme et de la morale, quelques leçons de catéchisme apprises dans le même but et avec la même indifférence que des leçons de syntaxe, d'algèbre ou de mythologie, voilà tout ce que l'on enseigne, dans la plupart des écoles publiques, aux nombreux élèves qui les fréquentent (2). L'histoire des faux dieux

---

(1) C'est une grande erreur de ne songer qu'à orner l'esprit et la mémoire des étudiants; former leur caractère et redresser en eux les penchants vicieux de la nature, pour y substituer les vertus morales et religieuses, voilà l'essentiel. — C'est poser en l'air les bases de l'édifice social que de rendre l'éducation purement scientifique. L'instruction ne doit être mise qu'à la seconde place. Voilà ce qui explique pourquoi, en avançant dans la science, on recule dans la pratique du bien et l'on progresse encore plus dans le crime que dans les arts. — Ce n'est pas avec une provision de grec et de latin, et des connaissances purement matérielles qu'on fait de la morale.

(2) Le système d'éducation adopté en France s'étend à toutes les sciences et à tous les arts; la religion seule n'y peut trouver place.

de l'Egypte et de la Perse, la théogonie des Grecs et des Romains, les doctrines religieuses des vieux Druides, leur sont bien plus familières que les sublimes doctrines du saint Evangile. Ils ignorent le nom et les écrits des Prophètes et des Apôtres, le symbole et le décalogue des chrétiens, et ils connaîtront Zoroastre, Numa, Minos, Solon et Lycurgue, avec le code de leurs lois. Il est peu d'étudiants qui aient jamais lu nos livres sacrés ou aucun autre ouvrage traitant de la mission divine de Jésus-Christ ; ils ne possèdent, au sortir des colléges, que des notions incohérentes, superficielles, et conséquemment peu justes, de nos dogmes fondamentaux, de l'histoire de la religion, de l'autorité de l'Eglise, et de tout ce qui forme le domaine des doctrines catholiques. Heureux encore, si l'enseignement n'est pas impie ou sceptique ; on a si souvent vu, en effet, des professeurs immoraux et irréligieux, imprégnant le cœur de leurs élèves de préjugés antichrétiens, et cherchant à les décatholiciser ! Aussi, n'est-il pas étonnant qu'on ne rencontre presque plus de foi dans les masses adolescentes. Tels se montrent nos étudiants dont l'instruction est exclusivement profane : ils seront quelquefois des oracles et des prodiges d'esprit en fait d'érudition, d'histoire ancienne et moderne, de littérature

Tout est lu et étudié, les romans, les pièces de théâtre, etc. ; tandis qu'on ignore jusqu'au nom de ces chefs-d'œuvre immortels inspirés par le christianisme. Les jeunes élèves raisonneront sur tout, et ils ne connaîtront même par les plus simples preuves de leur foi. Ils apprendront nos dogmes sacrés, souvent à la suite des fables qui défigurent les religions idolâtres, et répèteront les sublimes leçons de l'Evangile comme les froides maximes de quelques sages païens. Tout se mêle et se confond dans ces jeunes esprits qui finissent par voir du même œil le christianisme et la mythologie et n'attacher pas plus d'importance à l'un qu'à l'autre.

nationale et étrangère, de connaissances dramatiques, spéculatives et de pure curiosité, tandis qu'ils sont d'une nullité complète en matière de science religieuse.

Autrefois le guerrier avait fait une étude de la religion avant de faire l'apprentissage des armes; le jurisconsulte, le magistrat, avaient médité la loi de Dieu avant d'étudier les lois humaines : poëtes, savants, artistes, hommes de tout état, avaient appris la science nécessaire du salut, avant les lettres, les arts et les sciences. Aussi les Turenne, les Condé, les d'Aguesseau, les Harlay, les Racine, les Corneille, et les Boileau, étaient-ils profondément religieux. Mais aujourd'hui la plupart des gens du monde ne s'occupent plus de leurs intérêts les plus chers, du service de Dieu et de son culte, de la noblesse de leur origine, de la dignité de leur âme, de la grandeur de leurs futures destinées, des espérances immortelles, ni d'aucune de ces vérités que le Créateur a révélées; le savant, le publiciste, l'homme d'État, ignorent jusqu'aux principes élémentaires du christianisme; ils ont tout appris, sauf ce qui a rapport au salut (1). Une fois que l'étudiant a fait sa première communion, on bannit la religion de l'enseignement, et on n'y attache plus la moindre importance; on finit par la reléguer au nombre de ces études, tout au plus bonnes pour l'enfance, mais insipides à la matérialité des pensées et des goûts du siècle. N'est-ce point surtout à l'âge de l'adolescence, moment si décisif pour l'avenir de l'homme, qu'on en aurait le plus pressant besoin comme d'un frein salutaire

(1) On ne peut se faire une idée de l'ignorance crasse que l'on rencontre jusque parmi les savants du siècle: il en est qui, s'ils étaient interrogés sur les éléments du catéchisme dans une paroisse de campagne, ne seraient pas jugés assez instruits pour être admis à la première communion. Aussi, parlent-ils de la religion comme les aveugles des couleurs.

aux passions naissantes ? c'est pourtant alors qu'on n'en parle plus et qu'on laisse les jeunes gens dans une pleine liberté de penser et d'agir ; aussi s'empressent-ils de s'en débarrasser pour vivre au gré de leurs désirs. L'isolement où se trouve placé l'élément religieux relativement à l'éducation de la jeunesse, est peut-être le plus grand des malheurs de notre époque, et un des plus alarmants symptômes de notre avenir. Voilà, humainement parlant, comment l'empire du catholicisme tend à être ruiné au milieu de nous.

Il est donc nécessaire de mêler à l'éducation une forte dose de christianisme pour neutraliser les funestes effets des passions humaines et remédier à la perversité sociale. Il faut que, dans l'enseignement, la religion obtienne le rang qui lui appartient, c'est-à-dire le premier ; qu'elle soit toujours la base de l'instruction et qu'elle se combine avec elle. Elles doivent, comme deux sœurs, se donner la main, marcher de paire et ne s'isoler jamais l'une de l'autre. La religion, selon la remarque de Bacon, doit s'allier aux sciences comme un arôme pour les empêcher de se corrompre. En vain, sans elle, cherchera-t-on à instruire et à civiliser le monde ; en vain inventera-t-on des systèmes et multipliera-t-on des essais pour le perfectionnement de l'humanité : c'est tourner et s'agiter en pure perte dans un cercle sans issue.

ÉCOLES ET PENSIONNATS.

Dans la campagne, il est peu de familles aisées qui ne songent à perfectionner l'éducation de leurs enfants, en les envoyant, les fils, dans des colléges ou des écoles supérieures, les filles dans des pensionnats laïques ou religieux. Il est dès lors de la plus haute importance que les curés dirigent avec sagesse les parents dans le choix des établissements où leurs jeunes paroissiens devront compléter leur instruction. La première éducation, celle que l'on donne au foyer domestique, est presque toujours bonne; la seconde éducation, au contraire, souvent mauvaise, efface ordinairement les traces heureuses de la première. L'avenir moral et religieux de la jeunesse dépendant de cette éducation complémentaire, le pasteur usera de toute son influence auprès des familles pour les déterminer à ne remettre leurs enfants qu'entre les mains de maîtres et maîtresses de pension qui leur offrent, sous ce rapport, toutes les garanties désirables.

Les écoles dirigées par des ecclésiastiques ou des religieuses, ont généralement droit à la préférence sur les institutions laïques. Quelques gens du monde, il est vrai, ont conçu des préventions, de la répugnance même contre les pensionnats vraiment catholiques, sous prétexte que l'on y donne une trop large part à l'instruction chrétienne et aux exercices de piété. Les curés combattront les préjugés de ces parents peu éclairés qui, redoutant bien plus pour leurs enfants l'excès que le défaut de religion, se récrient contre l'exagération des principes de morale qu'on leur inculque, et condamnent aveuglément les plus salutaires pratiques de dévotion dont on leur inspire le goût et l'habitude. Ils se rappelleront aussi que les maisons religieuses ayant été dépouillées de leurs dotations et de tous leurs biens, ne possèdent aujourd'hui, pour se soutenir, que les modiques revenus provenant de la pension de leurs élèves. Elles tomberaient donc bientôt les unes après les autres, si leurs écoles, dignes de tant d'intérêt, venaient à se dépeupler au profit des établissements séculiers. Pour prévenir la ruine de ces respectables communautés, asiles précieux de foi et de vertu, le clergé recommandera à la bienveillance des familles leurs pensionnats auxquels les institutions laïques font une concurrence funeste et incessante. On trouve souvent dans ces dernières, il est juste d'en convenir, une culture suffisante pour l'esprit; mais il y manque ordinairement la véritable éducation, celle qui seule forme le cœur et la conscience. L'homme du monde, malgré la plus attentive vigilance, ne peut remarquer dans ses élèves que la surface de leurs actions; le prêtre, par son ministère, atteint jusqu'au germe des pensées et des désirs; il extirpe le mal jusque dans sa racine et dès le moment même de sa conception. Convaincu que l'éducation doit reposer, avant tout, sur la base essentielle de la religion, il en fait pénétrer le sentiment par tous les pores dans les jeunes gens qui lui sont confiés. La piété respire dans ses leçons et ses exemples; ses disciples vivent ainsi dans une sorte d'atmosphère religieuse; tandis que, dans les écoles publiques, on n'accorde qu'une part bien mince à l'enseignement du christianisme, qui est dominé et comme étouffé par tous les autres enseignements. Au surplus, s'y trouvât-t-il, à titre de professeur de catéchisme, un aumônier dont on ne se sert le plus souvent que comme d'un manteau pour imposer aux simples, sa présence n'améliorerait pas notablement l'état de ces écoles; car on est généralement fort inattentif à ses instructions, dont le salutaire effet se trouve d'ailleurs presque toujours paralysé par les discours et la conduite des autres maîtres. Au lieu de se rendre les auxiliaires de la foi et du ministère pastoral, les membres du corps enseignant ne se sont que trop fréquemment montrés hostiles au clergé et aux croyances catholiques. Que de fois un régent de philosophie n'a-t-il pas sapé par la base les doctrines chrétiennes, et contredit toutes les leçons données par le prêtre! Le professeur d'histoire préconise hautement l'hérésie, attaque l'autorité de l'Eglise, et, en déversant le ridicule et la dérision sur les conciles universels, l'épiscopat et la papauté, il réussit à avoir bien plus de prise sur la foi des élèves que l'aumônier lui-même (1). On infiltre dans le cœur de l'adolescence des préjugés haineux et funestes, des soupçons injurieux contre le clergé, et l'on gangrène ainsi les jeunes générations. On lance des sarcasmes contre la dévotion, perfidement présentée comme une superstition et une petitesse d'esprit. Or, ne sait-on pas quelle est l'influence des enseignants sur les enseignés, habitués à obéir et à croire à toutes les assertions vraies ou fausses de leurs maîtres? Comment pourraient-ils rester ou devenir religieux, ces pauvres élèves, qui boivent avec confiance le venin des détestables théories dont chaque jour on imprègne leur cerveau? Certes, ils ne sauraient être plus chrétiens que les

---

(1) Le gouvernement fondé sur la nouvelle charte ne professant plus officiellement aucune religion, il s'en suit que l'enseignement public n'est plus subordonné à aucun culte, à aucune croyance religieuse quelconque. L'athéisme est légalement national en France, et c'est là aujourd'hui une conséquence nécessaire de notre système politique. Tous les fonctionnaires enseignants n'ont pas moins le droit d'être hétérodoxes, sceptiques, incroyants, que celui d'être catholiques; et de fait, l'Université range dans la même catégorie et institue au même titre des régents qui sont ostensiblement protestants, israélites, incrédules ou apostoliques-romains. Le gouvernement ne s'occupe pas plus de la croyance des professeurs que de celle des officiers de son armée et de ses douanes; il fait abstraction de tout ce qui se rattache aux questions religieuses; il nomme quelquefois des protestants et des juifs pour enseigner l'histoire à des catholiques. Un professeur de philosophie pourrait, par exemple, en se plaçant au point de vue de la charte, présenter l'existence de Dieu comme une simple opinion ou une conjecture, révoquer en doute la spiritualité et l'immortalité de l'âme, nier la nécessité du culte et de la prière, repousser toute religion positive et révélée, affirmer que le Christ n'est qu'un homme, le christianisme une erreur, le ciel une chimère et l'enfer un préjugé.

professeurs qu'ils ont constamment devant les yeux (1). Il n'y a pourtant qu'une foi vive et une piété sincère qui puissent maîtriser les passions d'une turbulente jeunesse.

On ne peut se dissimuler qu'il n'existe aujourd'hui un assez grand nombre d'établissements, où l'on n'affecte un extérieur religieux que dans des vues de charlatanisme, uniquement pour sauver les apparences (2). Les noms au-

(1) Des hommes qui n'ont la foi ni dans l'esprit ni dans le cœur, ne peuvent en pénétrer le cœur ni l'esprit de leurs élèves. La religion d'ailleurs se puise dans tout ce qu'on voit, qu'on entend et qu'on observe : témoins de l'indifférence de leurs professeurs en cette matière, les disciples règlent définitivement leurs sentiments et leur conduite sur les principes et les exemples qu'ils reçoivent d'eux; il faut être croyant pour faire des croyants. On a vu les élèves d'un établissement tout entier faire des complots et des serments entre eux pour ne point se confesser ni communier, à l'imitation de leurs chefs. N'est-il pas naturel qu'il en soit ainsi, lorsque, pendant un séjour de dix ans au collége, ils n'ont eu sous les yeux que des exemples d'incrédulité positive, ou tout au plus d'une froide neutralité en fait de religion ? Rien ne contribue autant que l'indifférence pratique à dessécher la séve des salutaires principes puisés au sein des familles, et à faire dépérir le germe de la foi. Celle-ci a besoin, pour s'insinuer dans le cœur des jeunes gens, d'un enseignement pur et de l'influence de l'exemple ; elle ne peut être acceptée ni vénérée par eux, qu'autant qu'ils la verront admise, respectée et pratiquée par leurs chefs. Or, ce n'est pas à l'école de professeurs de toute religion, ou même sans religion, qu'ils pourront se nourrir de doctrines catholiques. Comment, dit un auteur, des maîtres donneront-ils à leurs élèves une éducation profondément chrétienne, s'ils ne sont pas eux-mêmes, avant tout, pratiquement moraux et religieux ? L'homme ne saurait refouler au fond de sa conscience les sentiments qu'il éprouve ; il communiquera donc ses convictions, bonnes ou mauvaises, à ceux qui l'entourent.

(2) Si l'on isolait complétement le catholicisme de l'instruction, ce serait un scandale qui inspirerait l'indignation et l'effroi aux familles. On ménage, par prudence, leurs préjugés, et l'on satisfait à la conscience publique; on parle de religion à la jeunesse, assez pour n'être

gustes et sacrés de christianisme et d'évangile ne sont là que des mensonges hypocrites et une sorte d'enseigne pour achalander la clientèle, capter la confiance et endormir les pieuses sollicitudes des parents. On n'exploite ce vain simulacre que dans le but de mieux réussir à tromper les familles chrétiennes, et l'on se contente de recouvrir un enseignement qui, au fond, est impie, d'un vernis et d'un placage de religion qu'enlève bientôt le moindre contact avec le monde. C'est ainsi que tant de catholiques tombent dans le piége tendu à leur simplicité, et ont la douleur de voir s'effacer dans le cœur de leurs enfants jusqu'à la dernière trace des bons effets de leur première éducation. Que d'écoles auxquelles on pourrait reprocher avec raison d'avoir déraciné de l'âme des jeunes gens les heureux germes de catholicisme qu'y avait implantés le pasteur, ou la mère de famille (1) !

Enfin, c'est bien moins par un motif de zèle que dans des vues de spéculation et d'industrie, que plusieurs séculiers se vouent à l'instruction, dont ils font un métier et un gagne-pain ; tandis que l'unique but des personnes ecclésiastiques

---

pas accusé de former des athées, trop peu pour former des chrétiens. On sait d'avance que ce vain échafaudage s'écroulera de lui-même un peu plus tard, sans qu'il reste aucune base pour rétablir jamais la croyance à laquelle il prétend se substituer.

(1) Il n'entre aucunement dans mes vues de jeter un blâme général sur la plupart des institutions dirigées par les laïcs. J'aime à reconnaître qu'il y a des pensionnats séculiers aussi parfaitement tenus, sous le rapport chrétien, que ceux du clergé et des maisons conventuelles les plus ferventes. La ville que j'habite en renferme plusieurs que l'on pourrait comparer, pour l'esprit religieux, à ceux de nos meilleures congrégations enseignantes. L'attention des maîtresses n'y est pas exclusivement dirigée vers l'instruction purement profane et mondaine, et le catholicisme y occupe la place qui lui appartient.

ou religieuses, est de former des générations vraiment chrétiennes (1). Aussi quelle prodigieuse différence dans les résultats respectifs de ces deux genres d'éducation ! L'un nous donne des enfants qui rentrent dans la maison paternelle avec des sentiments de foi, de modestie et de piété filiale, avec des principes de vertu et de sagesse, avec des habitudes d'ordre et de régularité, gages rassurants de leur conduite à venir; l'autre nous renvoie d'ordinaire des jeunes

(1) Le prêtre se trouve placé dans des conditions d'aptitude tout à fait privilégiée relativement à l'éducation de la jeunesse. Dégagé par la haute loi du célibat, des devoirs, des besoins et des préoccupations de la famille, affranchi de toutes les sollicitudes de l'homme du monde, il peut se livrer tout entier et sans réserve à l'œuvre si laborieuse de l'éducation, qui commande un incessant dévouement.

Au contraire, sa classe une fois terminée, le professeur marié se hâte de franchir le seuil du collége, parce que ses affections l'appellent ailleurs. A quoi se réduit son ministère ? A réviser les thèmes et les versions, à corriger les fautes de syntaxe et à rappeler aux étudiants oublieux les règles du rudiment; à exposer des théorèmes géométriques, ou d'aventureux systèmes de philosophie; puis, après une classe de deux heures consacrée quatre ou cinq fois par semaine à la même tâche, il rentre chez lui sans se préoccuper aucunement de la foi, des mœurs et du caractère de ses élèves. Tout le reste des jours et des nuits, l'empire moral, l'ordre intérieur et toute la surveillance, sont livrés au maître d'études qui est comme le *factotum* de l'éducation universitaire. Il n'en est pas ainsi des professeurs de l'ordre clérical, lesquels, vivant en famille au milieu de leurs disciples, partagent leur table et jusqu'à leurs récréations et tous leurs jeux, étudient leur caractère, examinent leurs tendances, s'appliquent constamment à redresser leurs penchants et leurs travers, à leur inspirer des instincts vertueux et de saintes habitudes, enfin à régler leurs désirs et à épurer leurs mœurs. Aussi les précepteurs ecclésiastiques jouissent-ils généralement du filial attachement de leurs élèves, et réussissent-ils, en imprégnant leur cœur de la sève du catholicisme, à les initier à la pratique des devoirs et à les préparer à la mission d'époux, de pères, d'hommes publics et de citoyens vertueux.

gens indisciplinés et mutins qui, en secouant le joug de la religion et de ses pratiques, s'affranchissent en même temps de toute autorité pastorale et paternelle, et finissent par vivre sans règle et sans frein, véritables fléaux pour la société civile où ils répandent le fatal poison de l'impiété et de la licence. Ces considérations sommaires suffiront, sans doute, pour éclairer les parents sur le choix des établissements auxquels ils se proposent de confier l'instruction complémentaire de leurs enfants.

L'œuvre, dont il faut que le clergé s'occupe tout spécialement de nos jours, c'est de créer des écoles ayant pour base l'instruction religieuse. Ces fondations, qui ont un rapport si direct au salut des âmes, sont d'une tout autre importance que les maisons hospitalières dont l'unique destination est le soulagement des corps. L'homme ne manquera jamais de nourriture ni de vêtement, parce qu'il y aura toujours dans l'humanité un assez grand fonds de compassion et de sensibilité pour assurer aux indigents un morceau de pain, des remèdes et quelques lambeaux pour se couvrir. Et quand, au surplus, la bienfaisance ne subviendrait pas à tous les besoins et à toutes les souffrances physiques de l'espèce humaine, ce ne serait certes pas là le pire des maux; car il ne s'agit ici que de l'être matériel, qui mourra plus tôt ou plus tard. Mais éclairer les intelligences, épurer les cœurs, former les consciences et sanctifier les âmes, voilà la plus noble des œuvres, œuvre apostolique et divine, qui est la continuation de celle de J.-C. même. Ainsi, la propagation de la foi chez les infidèles et les sectaires, l'érection d'écoles et de pensionnats, dans le but de travailler au perfectionnement moral de la jeunesse, tel doit être l'objet de la prédilection du clergé. Il ne lui reste plus qu'un moyen d'exercer de l'influence et de sauver le catholicisme : c'est d'élever sur toute la surface du royaume des établissements d'éducation pour les classes supérieures et moyennes; c'est d'imprimer une bonne direction à l'instruction des masses populaires, par les écoles communales. Voilà comment il s'assurera un ascendant spirituel sur la société et la rattachera à nos croyances, pour la conduire finalement au ciel. A quoi bon des prêtres, après que l'impiété aura fait apostasier la jeunesse et le peuple, et fait déserter la nef de nos temples ? C'est par l'absence des principes religieux dans l'enseignement, qu'on a perverti l'éducation publique et décatholicisé la France; le clergé seul pourra la sauver, en procurant aux familles le bienfait d'une instruction franchement chrétienne. C'est vers ce genre de fondations que doivent tendre aujourd'hui tous les efforts de l'ordre ecclésiastique. On reconnait universellement qu'il y a, parmi les femmes, bien plus d'esprit de foi et de piété que chez les hommes, dont l'éducation est presque nulle en matière de croyances; or, ce sont les pensionnats religieux et les écoles où elles ont été élevées, qui rendent raison de cette différence de principes et de sentiments. Les dangers que court la foi catholique dans les maisons d'enseignement obligeront, peut-être bientôt, un grand nombre de prêtres à se faire professeurs ou maîtres d'école pour christianiser les jeunes gens ou prévenir leur apostasie. Baptiser, marier, enterrer, voilà en effet le seul rôle auquel un parti voudrait désormais réduire le clergé français, dans le but d'annuler son action. Tous ceux qui, ayant exercé une mission religieuse dans les établissements d'instruction, ont été à même de sonder la plaie de l'éducation dans toute sa profondeur, sont forcés d'avouer qu'on y rencontre bien peu de foi et de morale; que la religion ne peut y prospérer, se développer, ni exercer aucune influence sur la volonté et la conscience des jeunes gens. Le catholicisme y est comme mourant : tel est le cri de douleur et d'alarme que, pasteurs et fidèles, font retentir aux quatre coins de la France.

CONSÉQUENCES DU PARAGRAPHE PRÉCÉDENT.

Nous clorons ce paragraphe en invitant le clergé à fonder, à diriger, à multiplier, autant qu'il le pourra, des établissements d'instruction publique, afin de rattacher aux croyances catholiques la jeunesse destinée à devenir la tête de la société française. Le sort présent et futur des nouvelles générations est entre les mains de ceux qui les élèvent. Toute la haute société civile et le corps électoral, qui constituent en France la classe patricienne, sont formés d'après les principes puisés dans l'enseignement secondaire. Or, on le sait, trois ou quatre électeurs pèsent plus sur les destinées du pays que deux ou trois mille bons chrétiens étrangers aux élections parlementaires. Il est d'ailleurs un parti infâme qui, depuis un siècle, fait des efforts inouïs pour arracher du cœur des fidèles la religion du Christ et l'exiler du royaume. Pour y réussir, il prétend s'emparer des enfants de toutes les familles qui ont la fortune, la considération et le pouvoir. Il sait que le moyen le plus efficace, pour anéantir l'Eglise, c'est de lui enlever ou plutôt de lui débaucher tous les hommes riches, puissants ou lettrés; l'impiété, en effet, règne en souveraine partout où ceux-ci se montrent hostiles au catholicisme; il en coûte bien peu ensuite pour pervertir le peuple, qui n'est que le *servum pecus* des classes supérieures.

Que nos évêques y pensent mûrement et dirigent vers la

carrière de l'instruction le plus de prêtres qu'ils pourront, au risque de laisser un certain nombre de paroisses vacantes (1). Ne vaut-il pas mieux confier à un seul curé l'administration spirituelle de deux communes rurales, dans le but de pourvoir d'ecclésiastiques un collége où seront élevés les enfants de toutes les familles principales d'un arrondissement ? Le clergé ne donnerait-il pas une preuve d'aveuglement, s'il préférait le ministère des petits villages à la haute et si importante mission d'instruire et de christianiser la fleur de la jeunesse française ? Il sort des établissements laïcs si peu d'élèves ayant conservé la foi et de l'attachement à l'Eglise ! Puisque c'est l'enseignement qui a étouffé le sentiment religieux dans les cœurs, que ce soit aussi l'enseignement qui le régénère. Ainsi le sacerdoce réparera les brèches faites à nos saintes croyances, et ranimera les grands principes conservateurs si longtemps livrés à la sape des philosophes : ne faut-il pas, au surplus, qu'il prévale dans la sphère religieuse, ou que du moins il prétende y être compté pour quelque chose ? N'est-ce pas là son attribution indispensable, son droit naturel et divin, son essence et sa vie même ? Abandonner volontairement la jeunesse en de mauvaises mains, la laisser à la merci d'une impiété qui

---

(1) L'insuffisance numérique des vocations sacerdotales et les nombreuses vacances de paroisses n'ont pas jusqu'ici permis aux Evêques de diriger leurs prêtres vers la carrière de l'instruction publique. Mais les vides du sanctuaire tendant chaque jour à se combler, grâce à l'augmentation du personnel des lévites, il devient urgent que nos prélats français fassent prendre les grades universitaires aux séminaristes qui ont perfectionné leurs études classiques et qui se sentiraient des sympathies pour l'enseignement, afin d'être à même de pourvoir de sujets convenables les divers établissements qu'il leur plaira de fonder.

l'élève sans lui parler de Dieu, serait, de la part du clergé, une imprévoyance aveugle et une criminelle incurie. En cherchant à la façonner selon les doctrines de l'Evangile, il doit s'attendre à être accusé d'envahissement; mais il laissera crier tous ces aboyeurs, et il ne sera pas assez maladroit pour s'excommunier lui-même du domaine de l'enseignement. (1).

INFLUENCE DE LA FEMME SUR L'ÉDUCATION DES FAMILLES ET L'ESPRIT DES PAROISSES.

Dieu a départi à la femme sincèrement religieuse un ensemble de qualités pleines d'attraits qui forcent l'estime et captivent irrésistiblement l'affection. Celles qu'on remarque plus particulièrement en elle, sont la foi et la piété, un fonds inépuisable de tendresse, une vive et compatissante sensibilité, la douceur du caractère, l'affabilité, la complaisance, la souplesse, la résignation et la patience. Voilà ce qui constitue son empire moral et lui assure un ascendant par lequel elle maîtrise souvent celui-là même que Dieu lui a assigné pour chef. L'expérience démontre qu'une épouse ornée de ces dons heureux, triomphera presque toujours de la volonté de son mari et le subjuguera par une sorte de charme fascinateur. Pourrait-il en être autrement? une femme constamment sage et honnête, réservée

---

(1) On prête à un membre du conseil royal d'instruction publique cet aveu, bien propre à éclairer le clergé sur l'importance de ressaisir, autant qu'il le pourra, l'éducation de la jeunesse : *Qu'on nous accorde quinze ans encore le monopole universitaire, et nous ne laisserons plus aux prêtres catholiques que leurs églises et quelques femmes.*

et discrète dans son langage et sa conduite, douce et obligeante, sévère de mœurs et sérieuse dans ses habitudes, fidèle, en un mot, à tous les devoirs de son état, frappe d'admiration tous ceux qui la contemplent, et plaît bien plus par la modestie de ses manières, la candeur de son âme, la bonté de son cœur et l'excellence de ses vertus, que par les attraits d'une beauté qui se fane si vite. Telle est la magique puissance du mérite dans une épouse, qu'elle impose le respect à l'homme même le plus grossier et le plus immoral.

De là on entrevoit toute l'importance du rôle dévolu aux femmes, l'immense et salutaire influence qu'elles peuvent exercer au sein de leur famille. On ne peut donc s'appliquer avec trop de soin à les rendre vertueuses et chrétiennes. Si les hommes font les lois, on peut dire que les femmes font les mœurs. Les lois peuvent bien, il est vrai, réagir à la longue sur les mœurs, mais leur action est beaucoup plus lente et moins sûre, et définitivement ce sont les mœurs qui font et défont les lois. Ainsi le rôle social de la femme a plus d'importance qu'on ne le supposerait au premier aperçu. D'abord, l'enfance et le plus souvent même la jeunesse, point de départ de notre carrière, sont du domaine de la mère ; c'est elle qui développe et fait croître dans l'âme de ses enfants les premiers germes de la vie intellectuelle, morale et religieuse ; elle les façonne à son image, les imprègne de ses goûts et de ses instincts, leur inocule ses croyances, ses vertus, ses passions et ses préjugés mêmes, entraînés qu'ils sont par un attrait presque invincible, à adhérer naturellement à tout ce qu'elle leur propose de croire ou de pratiquer. Tels sont les enfants qui, nés imitateurs, veulent machinalement être et valoir ce qu'est et ce que vaut leur mère ; ils adoptent ses mœurs et ses inclinations, ses convictions et ses principes, en sorte qu'ils ressemblent à une copie fidèlement calquée sur l'original maternel (1). Ici l'empire absolu des femmes est incontestable ; si elles ne forment pas les hommes complétement, on peut dire du moins qu'elles les ébauchent, en leur inspirant de précoces sentiments de religion et de vertu.

Leur influence est loin, sans doute, d'être aussi grande dans les autres périodes de la vie, par exemple à l'égard des personnes de l'âge adulte. Toutefois, pour peu qu'elles soient sages et habiles, elles auront toujours un immense ascendant sur le personnel de leur maison, et jusque sur un

---

(1) L'enfant, ce petit être toujours incliné à une aveugle imitation de celle dont le sein maternel est son lit de repos, n'a point de peine à croire ce qu'il ne comprend pas ; il écoute avec son cœur, et, à mesure que sa mère lui nomme les choses, il répète et redit ce qu'il vient d'entendre. Elle est pour lui le premier, le plus aimable, le plus croyable, le plus indispensable précepteur. Le cœur de l'enfant est un vase dans lequel doit se répandre tout entier l'amour d'une mère, et si celle-ci ne s'est appliquée de bonne heure à y verser l'eau pure et limpide de la vérité, il ne tardera pas à se remplir de l'impur limon du vice et de l'erreur. En donnant à son fils le lait qui nourrit son enfance, une mère chrétienne a toujours soin d'alimenter son âme du miel des célestes doctrines. L'onction de charité, le parfum de grâce qui découlent de ses lèvres, ont une merveilleuse puissance pour façonner le cœur au joug de l'Évangile. Ne sentons-nous pas tous que les impressions les plus vivaces dans nos souvenirs, nous ont été communiquées par celles qui nous donnèrent le jour ? Je me vois encore, dit le comte de Maistre, sur les genoux de ma mère, m'apprenant à croire en Jésus-Christ et à balbutier le nom de cette virginale mère qui porte l'Enfant-Dieu dans ses bras. La femme chrétienne connaît si bien l'art divin des premières inspirations religieuses ; son ingénieuse et inépuisable patience lui donne une si admirable sagesse pour réduire en lait la nourriture encore trop substantielle des vérités évangéliques ! Heureux donc l'enfant qui a trouvé dans les sollicitudes maternelles ce premier et indispensable apostolat de la foi et de la vertu !

mari, lequel, pour ne point déplaire à sa vertueuse compagne, acquiesce volontiers à ses demandes et à ses désirs, voire même en ce qui concerne la religion. Si pourtant ce dernier, malgré les pieuses attentions de son épouse, ne devient pas intégralement catholique, du moins la laissera-t-il librement exercer son action salutaire sur tout l'intérieur domestique. Une femme vraiment chrétienne est un missionnaire au sein de sa famille ; elle y fait régner la religion, observer la morale et fleurir la piété, au point que tout prospère spirituellement sous son administration, lors même que son conjoint serait dépourvu de christianisme. Il est facile d'en comprendre la raison : n'est-ce pas, en effet, à la mère qu'est spécialement dévolue la direction des serviteurs, des ouvriers et des enfants ? Il est bien peu de ménages où tous les soins et les détails de la surveillance ne soient remis entre ses mains et ne dépendent entièrement d'elle ; son autorité y est presque sans limites. L'ordre, la décence, la régularité, la tenue convenable d'une maison sont toujours dus à sa vigilance et à son bon esprit. Mais là ne se borne point son rôle, qui s'étend et s'agrandit jusqu'à remplir envers son époux un apostolat de salut.

Que de femmes ont eu le bonheur de convertir leurs maris, et de conserver la foi dans le cœur de leurs fils ou de l'y rappeler, lorsqu'ils viennent à la perdre. Et combien d'Augustins ne verrait-on pas dans le monde, s'il y avait un plus grand nombre de Moniques ! On ne peut dire quelle puissance de zèle et de ferveur le ciel leur a départie pour soutenir et ranimer l'esprit du christianisme dans ceux qui les entourent. Une femme vraiment religieuse est l'ange tutélaire et la bénédiction de toute sa famille. Il n'est pas de moyens, d'expédients ou de précautions que ne lui suggère, à l'égard des siens, sa maternelle et ingénieuse sollicitude.

Recourant tour à tour aux conseils, aux exhortations, aux caresses, aux supplications, aux larmes pour attendrir leur cœur et fléchir leur volonté, elle s'adresse finalement à Dieu et obtient de lui, à force de prières et de persévérance, la conquête qu'elle avait en vain sollicitée par tous les efforts de son humaine tendresse. C'est par les mères et les épouses seules que le catholicisme, de nos jours, peut d'ordinaire saisir et persuader les maris et les enfants.

Cette heureuse influence se fait aussi remarquer particulièrement sur l'esprit des paroisses. Lorsqu'un pasteur a une fois conquis les femmes à la religion, il est comme sûr d'y ramener à la longue la majorité des hommes. De même qu'on prend les oiseaux sauvages au moyen des oiseaux privés, ainsi on gagne les mauvais chrétiens à l'aide des bons, les pervertis, par les convertis. Qui ne comprend dès lors la haute importance de l'éducation des jeunes filles destinées à leur tour à devenir, en peu d'années, épouses et mères ? Il suffit quelquefois du seul concours de cinq ou six personnes édifiantes à la tête des principales maisons d'une commune, pour y mettre en honneur la foi et la piété, et en renouveler toute la face. On pourrait citer, à l'appui de cette vérité, un grand nombre de paroisses impies et démoralisées qui, semblant frappées d'une stérilité désolante, ont été miraculeusement régénérées par le salutaire exemple de quelques dames remplies de ferveur. La plupart des curés qui exercent un peu d'ascendant, ne le doivent communément qu'à l'active et intelligente coopération de femmes zélées et pieuses appartenant aux notabilités du lieu. L'éducation des filles présente donc d'inappréciables résultats pour l'avenir religieux des populations; c'est elle qui donnera d'honnêtes et vertueuses épouses aux riches propriétaires, aux électeurs et aux bons bourgeois de nos villes et de nos campagnes.

Et ne sont-ce pas les femmes chrétiennes qui, pendant les jours de la terreur révolutionnaire, ont sauvé la religion parmi nous ? Ne sont-ce pas elles encore que Dieu, dans ses desseins providentiels, destine aujourd'hui à en être de nouveau le salut ? Elles seules entretiennent ces précieux restes de croyances, ces débris de christianisme échappés au naufrage presque général de la foi au milieu de nous. Elles seules préparent et hâteront le jour heureux de la résurrection, en sorte que la France leur devra deux fois la grâce et le bonheur d'être catholique.

Oui, la femme remplit, dans une paroisse, un rôle véritablement évangélique. Dépourvu de toute assistance et abandonné à lui seul, un curé pourrait-il se promettre de grands succès en travaillant au salut des âmes ? N'a-t-il pas besoin de coopérateurs pour le seconder dans son apostolat souvent si ingrat et si difficile ? Or, quel salutaire appui ne trouve-t-il pas dans le concours de la femme pour l'exercice du ministère ? En effet, lorsqu'elle joint, au zèle qui l'anime pour la conquête des âmes, une piété sincère et éclairée, une vertu indulgente et aimable, elle accomplit la mission la plus fructueuse ; elle propage l'esprit chrétien, fait aimer Dieu et goûter son service (1).

Une personne inspirée par la religion rend de bien éminents services dans ses rapports avec le monde. Ici, non moins

---

(1) La raison principale qui effarouche le monde contre les femmes dévotes, excite contre elles ses préventions, ses railleries, ses sarcasmes et son mépris, c'est la piété fausse, minutieuse, ridicule, ou du moins malentendue et mal réglée, qu'on rencontre en maintes gens qui ne la comprennent pas. Car rien de plus grand, de plus noble et de plus digne d'un chrétien que la vraie dévotion, qui consiste dans le dévouement et la consécration à Dieu de toutes les facultés de son âme et de tous les instants de sa vie, ainsi que dans

efficacement que le prêtre lui-même, elle adresse une sage réprimande, d'utiles conseils à une jeune personne imprudente ; là elle rappelle un égaré au sentier du devoir, lui fait reprendre le chemin de l'église et le remet ainsi dans la voie du salut. Plus loin, elle arrête une discussion orageuse, étouffe des haines entre voisins, termine des différends ou des scandales, rétablit la paix au sein d'une famille divisée. Ailleurs encore, elle trouve un être souffrant et désespéré, qu'elle encourage avec une bonté compatissante, en versant le baume de la consolation dans son cœur ulcéré par le malheur ; ou bien, c'est une femme devenue mère, des orphelins dans la détresse, qu'elle nourrit à l'aide d'une industrieuse et touchante charité. C'est enfin un pécheur rebelle à la grâce, au chevet duquel elle va s'asseoir les jours et les nuits, épiant jusqu'à l'agonie tous les moments favorables pour lui ménager les secours de l'Église et sauver son âme au sortir de la vie. Ils sont inestimables les services d'une personne émue de ces sentiments de foi vive et d'ardente charité qu'inspire si bien le christianisme.

Toutefois, elle a besoin d'une exquise discrétion la femme qui veut exercer un utile apostolat dans le monde ; elle doit savoir saisir à propos les circonstances où il conviendrait d'intercaler dans un entretien des réflexions religieuses, quelques mots de Dieu, d'édification et de vertu. Personne, en effet, ne consent à être prêché dans un salon, surtout par une femme.

L'influence religieuse de la femme s'est même quelquefois

---

l'accomplissement parfait de tous les devoirs de son état. C'est aux pasteurs et aux guides des consciences à rectifier ces travers et à inspirer aux personnes qu'ils dirigent une piété toujours discrète et raisonnable.

fait sentir jusque sur la société; c'est par son action que la foi catholique s'est propagée en plusieurs royaumes. N'est-ce pas généralement à des reines qu'est dû l'établissement du christianisme surtout en occident? Qui ne connaît les noms d'Hélène, de Clotilde, d'Ingonde, de Théodolinde et de Berthe? N'est-ce pas une sœur des empereurs Basile et Constantin, qui, mariée à un grand duc de Russie, nommé Wlodimir, obtint de lui qu'il se fît baptiser, exemple imité par les Moscovites? Miceslas, prince polonais, fut aussi converti par sa femme, sœur du duc de Bohême. Les Bulgares reçurent la foi de la même manière, ainsi que les Hongrois dont le souverain épousa Giselle, qui avait pour frère l'empereur Henri II. Ce furent les impératrices Irène et Théodora qui rétablirent à Constantinople le culte des images.

Aussi, justement frappés de ces puissantes considérations, des publicistes chrétiens ont-ils conclu et affirmé que l'éducation des garçons est d'une moindre importance que celle des personnes du sexe, dont l'empire est immense dans le cercle de la vie privée (1).

DÉFAUTS A ÉVITER DANS L'ÉDUCATION DES FILLES.

Dans les pensionnats religieux, on devra approprier l'enseignement à la condition sociale des diverses familles : le mode en variera donc selon le rang, la fortune, le pays et

(1) Plusieurs réflexions contenues dans ce paragraphe ont été extraites en partie d'une publication intitulée : *Les Heures sérieuses d'une jeune femme*, par notre honorable ami M. Charles Sainte-Foi, auteur de quelques ouvrages fort estimés, et entre autres de celui qui a pour titre : *Le Livre des peuples et des rois*. On pourra aussi consulter, sur l'importance du rôle de la femme, la note de M. de Cormenin, citée ci-dessus, page 596.

la position à venir des pensionnaires. Elever la fille d'un bourgeois comme celle d'un marquis ou d'un banquier, une modeste villageoise comme une élégante citadine, ce serait fausser l'éducation qu'il convient d'assortir à la destination future de chacune. De là on doit conclure que les arts d'agrément, tels que la musique, le dessin, la danse, l'étiquette, le grand ton et les belles manières, ainsi que tous les autres talents propres à faire briller une jeune personne aux yeux de la société, seraient fort déplacés dans une paysanne, qui doit rentrer au foyer paternel pour s'allier ensuite à un honnête fermier et gouverner convenablement une maison champêtre. A quoi peuvent lui servir le piano ou le clavecin (1), la peinture et la danse, et plusieurs autres arts de cette nature, tout à fait frivoles et superflus

(1) Nous ne prétendons pas ici censurer d'une manière absolue l'enseignement de la musique, surtout dans le système d'éducation des femmes ; cet art n'est pas, assurément, sans quelque avantage. Mais l'irrésistible attrait qu'il offre d'ordinaire à un sexe naturellement léger, volage et frivole, doit faire craindre que les jeunes personnes ne s'y attachent avec passion, au détriment de devoirs plus importants, ou d'occupations plus indispensables. Il y aurait donc des inconvénients réels à favoriser indiscrètement le goût trop prononcé qu'elles manifesteraient pour un objet de pure fantaisie, et dès lors, d'un intérêt tout à fait secondaire. Avant le superflu, le nécessaire : telle est la loi du simple bon sens et de la raison. Une habile ménagère n'est-elle pas pour un mari, vingt fois préférable à une belle chanteuse, qui négligerait sa famille et l'ordre intérieur de sa maison, passerait des journées entières à pincer de la guitare ou à toucher du piano, partage exclusif des dames du grand monde. La vie de salon n'est pas faite pour le plus grand nombre des femmes. Bien que dominés par les sens et l'amour des plaisirs, qui les empêchaient d'apprécier, comme nous autres chrétiens, le véritable emploi du temps, les anciens eux-mêmes avaient compris, toutefois, la futilité et l'abus de certains arts, tels que la musique et la danse ; ils les regardaient avec raison comme incompatibles avec cette noble virilité,

pour une bourgeoise ou une campagnarde, et même, en général, pour la plupart des mères de famille? Ne lui faut-il pas des occupations plus sérieuses et plus utiles ? A-t-elle besoin de se présenter avec grâce, de converser avec aisance, d'avoir de la littérature et de figurer dans les soirées du monde ? Que des femmes de haut parage reçoivent ce qu'on appelle une éducation recherchée; qu'elles apprennent à se produire au milieu des cercles publics et à y recevoir des hommages; qu'elles sachent jouer et perdre leur temps agréablement ; qu'elles éblouissent par le brillant et le poli des formes ; qu'elles possèdent à la perfection leur langue, l'histoire, la géographie ; qu'elles lisent nos poëtes et nos romanciers ; qu'elles excellent en tout ce qui est objet de luxe et d'agrément; on peut le passer aux filles de la classe aristocratique (1). Mais, fût-elle riche, une villageoise,

---

caractère et apanage de tout homme qui a la conscience de sa valeur et de sa dignité personnelle.

N'es-tu pas honteux de savoir si bien chanter, disait Philippe à son fils Alexandre? Ne sait-on pas aussi que Néron, ce despote insensé, avait la fureur de passer pour le plus excellent musicien de son siècle, et qu'il sacrifiait à cette extravagante prétention les intérêts du gouvernement de l'univers entier, condamné à subir le joug non moins ignominieux que tyrannique d'un *joueur de flûte* couronné?

(1) Entrant un jour dans un pensionnat laïc destiné à l'éducation des jeunes personnes de moyenne classe, je trouvai les élèves s'occupant d'analyses de comédies, de répétitions d'histoire naturelle et de géographie ancienne, etc...: J'en ai gémi. Certes, le nécessaire, l'utile et le solide ne doivent-ils donc point passer avant l'agréable et le frivole? Ne sont-ce pas là de grandes et dispendieuses inutilités pour des filles de petits négociants, qui feraient mille fois mieux d'apprendre à entretenir une correspondance ou à tenir des livres de commerce? Le sens commun ne prescrit-il pas de graduer le mode d'éducation d'après le niveau de la classe à laquelle on appartient ?

Il existe, de nos jours, des pensionnats qui comprennent bien mal

qui serait élevée d'une manière si peu conforme à son rang, consentirait-elle volontiers à vivre isolée au fond des campagnes pour s'y occuper des nombreux et menus détails d'un ménage, et se livrer aux pénibles travaux ou aux nombreuses sollicitudes de la vie domestique? Qu'on ne perde jamais de vue le but final de l'éducation, laquelle doit être plutôt utile et solide que brillante et frivole. Former des filles chrétiennes et vertueuses, propres à devenir de bonnes

---

l'éducation que l'on doit donner aux jeunes gens des différentes conditions sociales. Pourquoi, par exemple, leur communiquer des talents futiles qu'ils n'acquièrent qu'à grands frais et en pure perte? Pourquoi leur laisser négliger des avantages solides et leur apprendre des bagatelles? A quoi bon, par exemple, la flûte et le violon pour le fils d'un propriétaire campagnard qui reviendra cultiver le domaine de son père après sa sortie des bancs? Une fois marié, ne suspendra-t-il pas pour toujours ses instruments de musique à la boiserie d'une de ses chambres? Et la jeune fille elle-même ne reléguera-t-elle pas son piano dans un coin de la maison parmi les meubles inutiles? Avant l'âge adulte, les jeunes gens regarderont tous ces instruments frivoles comme de véritables jouets d'enfants. Les pensionnaires auxquelles on n'inculque que des connaissances de pur agrément sont, le plus souvent, d'une ignorance dédaigneuse pour tout ce qui devrait occuper sérieusement la bonne mère de famille. Ce qui vaut mieux que tout cela pour nos filles de campagne et de la moyenne classe, c'est de manier le fuseau, de préparer le lin et la laine, de faire les menues provisions, d'exercer la couture, de raccommoder et de rapiécer, de donner enfin un jour des sujets vertueux à l'État et à l'Eglise. l'Empereur Auguste faisait apprendre à sa fille et à sa nièce à travailler la laine, et toutes les robes que porta ce maître du monde, furent leur ouvrage ou celui de sa sœur, de sa femme même. Les sœurs d'Alexandre le Grand confectionnaient les habits de ce roi vainqueur de l'Asie. Aujourd'hui les femmes de la médiocre bourgeoisie éprouvent, pour ces humbles mais utiles occupations, une invincible répugnance. A charge à un époux dont elles ne partagent pas les soins et les travaux, elles ne savent que représenter et dépenser, et quelquefois elles absorbent en objets superflus autant que l'entretien d'un gros ménage.

mères de famille, des épouses chastes et soumises, intelligentes, économes et laborieuses ; leur inspirer, avec une vraie et sincère piété, des goûts et des habitudes analogues à la condition où elles doivent rentrer : voilà le véritable système d'instruction complémentaire approprié aux besoins de la classe moyenne ; il doit correspondre à l'état de chacun, et ne point contraster surtout avec sa future position dans le monde. Elever une personne d'une manière trop distinguée pour son rang, c'est la jeter hors de sa sphère naturelle, lui inspirer des prétentions et de la hauteur, lui préparer des mécomptes pour l'avenir, l'exposer à d'inévitables dégoûts et peut-être même à de longs et cruels chagrins ; car on se trouve toujours malheureux quand on se voit relégué dans une condition vulgaire et trop inférieure à son éducation.

Les communautés religieuses, particulièrement, s'appliqueront à baser sur ces principes l'enseignement qu'elles donnent aux jeunes filles des campagnes. Elles leur inspireront, avant tout, les sentiments qui font la femme éminemment chrétienne et pieuse. Après les vertus qui forment le cœur, elles leur apprendront à garder toujours la décence dans leur manière d'être et les bienséances dans l'usage de la vie, à fuir le goût pour la parure, les amusements et tout ce qui porte un caractère de frivolité. Viendront ensuite les qualités et les talents relatifs à la tenue et aux détails d'un intérieur domestique, tels que l'esprit d'ordre et d'économie, l'amour du travail, le goût des occupations sérieuses et solides et toutes les connaissances convenables à une femme de ménage. Celle qui sait dépenser peu et faire des épargnes, est un vrai trésor pour un mari ou pour une famille ne possédant qu'une médiocre aisance. Ces diverses qualités sont une belle dot, n'eût-on que celle-là à offrir à un époux. Trop souvent on a vu d'orgueilleuses villageoises qui, se mariant au sortir d'un pensionnat, ont acquis un mobilier élégant et splendide, et monté même tout à coup leur maison sur un ton de luxe ruineux, etc. On préfère de beaucoup dans le monde les personnes utiles aux personnes brillantes, de sages ménagères à des femmes dépensières et prodigues.

On se plaint souvent que les jeunes filles puisent dans les pensionnats le goût des futilités mondaines, et qu'elles sont parfois favorisées dans cette inclination par les maîtresses elles-mêmes qui devraient la réprimer. De là elles rapportent et introduisent dans leurs paroisses la passion des modes et de la coquetterie, qui se propage ensuite si rapidement dans un sexe ivre de frivolités. C'est là un défaut plus grave et plus dangereux qu'on ne pense : car, dès qu'une fille a le cœur épris de l'envie de plaire, la religion et la vertu ne trouvent plus à s'y loger. Rien ne ralentit la ferveur, n'attiédit le zèle, ne dissipe le recueillement, n'éteint l'esprit de Dieu, comme la vanité et l'amour de puérils plaisirs.

Les religieuses prendront le plus grand soin de bannir ce vice de leurs pensionnats : elles représenteront à leurs élèves que les plus belles parures et les plus magnifiques joyaux d'une vierge chrétienne sont ses vertus, sa modestie surtout. Elles leur feront comprendre qu'une exquise simplicité de toilette leur donnera mille fois plus de valeur, de grâces et de charmes, que les colifichets, l'or, les pierreries, les diamants même. Enfin, elles s'efforceront de conserver à chacune de leurs pensionnaires le genre de costume qu'elle a apporté au couvent, se gardant bien de transformer de jeunes paysannes en prétentieuses demoiselles.

VISITE DES ÉCOLES ET SURVEILLANCE DE L'INSTRUCTION PRIMAIRE (1).

Autrefois le clergé avait sous sa tutelle l'enseignement des diverses classes de la société et l'éducation de presque tout l'univers catholique : pensionnats, colléges, universités, écoles militaires, tout avait été confié à sa direction. Catéchiste de l'enfant du peuple, il était encore le précepteur des fils du grand seigneur et des héritiers même de nos rois. Mais aujourd'hui l'instruction secondaire est tout à fait sécularisée; peu même s'en est fallu qu'il n'en fût ainsi de l'enseignement élémentaire, à l'égard duquel il a conservé, toutefois, un fragment de pouvoir : celui de faire partie du comité local d'instruction, et d'exercer par là sur elle une petite part d'influence. Le curé a ainsi le privilége légal de visiter les écoles et d'examiner dans quels principes sont élevés les enfants de sa paroisse. C'est pour lui une obligation rigoureuse d'user de cette faculté, que lui confère la loi du 28 juin 1833.

1° Parce que la surveillance de l'enseignement est un des premiers devoirs et une des attributions les plus importantes de l'état pastoral : il manquerait à sa mission et abdiquerait le principal de ses droits, le prêtre qui négligerait de surveiller régulièrement les écoles et l'éducation qu'on y donne.

2° Parce que c'est le moyen d'imprimer une bonne direction à l'enseignement primaire, et de le faire tourner au profit

---

(1) Ce paragraphe est extrait de notre ouvrage le *Guide des curés* : nous avons jugé utile de le reproduire, en traitant la matière de l'instruction dont il est comme un appendice nécessaire.

de la religion et de la morale publique. Nous ne conseillerons pas à un pasteur de s'emparer de la jeunesse au profit de sa domination et de ses vues personnelles : il ne peut avoir chrétiennement d'autre ambition que celle de faire, de tous les enfants de sa paroisse, des hommes de bien ; et ils le deviendront par là même qu'ils seront de véritables chrétiens. L'absence des écoles de la part du curé ferait perdre à l'instruction le caractère religieux qu'elle doit avoir : elle se réduirait presque toujours à quelques principes d'écriture et de grammaire, à quelques opérations d'arithmétique. Au lieu d'être éminemment catholique, elle ne le serait qu'accessoirement si l'on se bornait à la récitation de la lettre du catéchisme, sous la présidence d'un maître dépourvu de science spéciale comme de mission divine pour l'enseigner.

3° Parce que c'est encore un moyen d'influence conservé au clergé. Si celui-ci veut rester en dehors de l'instruction primaire, l'enfance et la jeunesse lui échapperont inévitablement, et bientôt aussi les différentes classes populaires et toutes les générations à venir. Le prêtre, qui doit être par excellence le précepteur du jeune âge et l'homme du peuple, sera alors comme un être isolé, insignifiant, presque nul au milieu de sa paroisse : étranger déjà à la plupart des adultes qui se passent de ses conseils et de sa direction, il le deviendra aussi à l'enfance même, dès qu'elle ne le verra plus visitant chaque semaine les écoles, faisant répéter la leçon, demandant le catéchisme, examinant le cahier d'écriture et de calcul, admonestant le paresseux et le désobéissant, distribuant ses images et ses livres, et stimulant l'ardeur de tous. Qu'il est à plaindre, le sort d'une population dont le pasteur est assez aveugle et assez malhabile pour répudier la mission d'inspecter les écoles, et ne pas sentir la haute importance de ce ministère, si petit en apparence, mais si grand par ses résultats sur l'esprit et l'avenir d'un enfant! Il y a longtemps qu'un parti a conçu le projet et combiné les moyens d'annuler complétement l'influence du clergé. Déjà, sous le vain prétexte d'une prétendue tolérance envers les cultes dissidents, ou par ménagement pour ces esprits ombrageux qu'effarouche la publicité de nos cérémonies, on ne l'autorise plus, en certaines villes, à mettre le pied hors du seuil de ses églises; on l'y refoule et bientôt on le confinera tout à fait au fond du sanctuaire, avec le seul privilége de *dire la messe et de faire l'eau bénite*.

Tel est même le langage dérisoire et insultant que nous avons entendu dix fois dans la bouche de quelques anti-prêtres, dont un curé servirait admirablement les intentions perfides, en s'isolant des écoles et de l'intéressante jeunesse qu'on y élève. C'est tout ce que désirent et demandent les ennemis de la religion et du sacerdoce ; ils seront enchantés qu'un ecclésiastique soit assez peu sensé pour ruiner sa propre influence, et réaliser, sans même s'en apercevoir, une œuvre satanique combinée par eux avec tant d'adresse, et poursuivie avec une si opiniâtre persévérance.

L'empire temporel du clergé est passé sans retour; il ne lui reste plus à exercer qu'une domination morale, fondée sur la considération qu'il méritera par ses bienfaits, ses lumières, ses services et ses hautes vertus: il faut, à tout prix, qu'il se rende utile, cher, précieux et nécessaire au peuple; et s'il pouvait encore un jour régner dans le monde, ce ne serait, comme nous l'avons déjà dit, qu'en se mettant à la tête des sociétés modernes, par son zèle ardent pour la propagation des sciences, par la supériorité de ses lumières et l'ascendant de son mérite.

4° Parce que, si le prêtre renonce à diriger l'instruction, on ne la donnera pas moins sans lui; on la donnera mal, et peut-être même dans un but hostile. On ne peut se dissimuler qu'elle ne soit devenue un impérieux besoin pour notre siècle; on la veut à tout prix, et on l'aura même en dépit de ceux qui se seraient constitués ses antagonistes : ainsi il faut la vouloir et la vouloir franchement, et ne pas avoir l'air de l'accepter comme une nécessité, et avec une sorte de résignation. De tout temps le clergé a été l'ami du véritable progrès; il doit donc courir au-devant de l'instruction et l'accueillir favorablement. C'est le moyen le plus capable d'assurer à celle-ci une tendance chrétienne, une impulsion toute catholique, et de la faire contribuer à la régénération des sentiments de christianisme, qui se sont affaiblis si progressivement jusque dans le peuple des campagnes. La religion est un préservatif contre les abus que pourraient enfanter la diffusion et l'essor des sciences et des arts qui ne seraient, sans elle, qu'un levier dangereux. Rien de pire que l'instruction, a dit un écrivain, quand elle est répandue sans discrétion, sans mesure et surtout sans principes. Les lumières que certaines gens ont voulu propager comme moyen de *décatholiciser* la France, ne seraient-elles pas destinées dans les décrets providentiels, si on leur donnait une bonne direction, à raviver la foi et à servir de barrière et de point d'arrêt aux déplorables envahissements de l'impiété dans les masses ?

Un auteur moderne, assimilant l'instruction primaire à un second baptême, la regarde comme le remède à la plaie honteuse de l'ignorance et comme le moyen régénérateur de la foi des nations : l'enseignement religieux reçu par la jeunesse dans nos écoles renferme en effet l'avenir du catholicisme et le germe de toutes ses espérances. Benoît XIII, dans la bulle d'approbation de l'institut des Frères de la Doctrine chrétienne, considère l'ignorance comme la cause d'une infinité de désordres et la source de tous les maux.

Pour prévenir les effets fâcheux dont l'enseignement pourrait être l'occasion, il suffirait que l'Evangile en fût l'objet principal, ou que du moins on en fît une étude sérieuse ; certes, elle est si belle, si pure et si sublime, cette religion, qu'elle n'a besoin, pour être aimée, que d'être mieux connue : l'instruction la montrant dans son véritable jour, la rendra chère et précieuse aux jeunes cœurs qui lui conserveront plus tard amour et dévouement; ainsi dirigée, elle en sera l'auxiliaire et ne pourra devenir qu'une source de moralité et de bien-être. Cependant, si le prêtre demeure étranger à la formation de l'enfance, s'il ne prend pas une large part à la direction des écoles, le catholicisme s'en verra presque entièrement banni, ou du moins il n'y exercera qu'une bien faible influence. Mes convictions sont telles sur ce point, que j'oserais presque conseiller à un curé d'abdiquer ses fonctions plutôt que de s'isoler des écoles, et de laisser s'affranchir du sacerdoce cette jeune et intéressante portion de son troupeau, qu'il ne parviendra à rendre vraiment chrétienne, qu'autant qu'il en surveillera activement la première éducation. L'école et l'église, voilà dorénavant les deux grands théâtres du zèle d'un pasteur pour la régénération sociale.

CONVIENT-IL DE FAVORISER L'INSTRUCTION SECONDAIRE ?

Un curé peut et doit favoriser les progrès de l'instruction élémentaire et religieuse dans toutes les classes de ses paroissiens ; mais il se gardera de donner trop de développement à l'instruction secondaire qu'il vaut mieux circonscrire avec sagesse dans des bornes fort restreintes.

Le cardinal de Richelieu recommandait déjà de son temps de ne pas distribuer indifféremment la haute science à tout le monde : un corps, dit-il, qui aurait des yeux en toutes ses parties, serait monstrueux ; de même, un état le serait-il, si tous ses sujets étaient savants. Que deviendraient alors l'industrie, le commerce, l'agriculture, l'armée, etc. ? Un cardinal contemporain, M. de Cheverus, pensait de même. Il ne faut pas trop instruire, disait-il, afin de ne pas tirer de leur condition, des jeunes gens qui vont grossir cette foule d'importuns solliciteurs qu'on voit encombrer la porte des députés et les antichambres de tous les ministres, pour obtenir quelque titre, emploi ou faveur. On doit au contraire réprimer, parmi les classes inférieures, l'ambition, ce fléau de notre société moderne, d'où naissent dans les esprits un fond d'inquiétude, une disposition à déplacer toutes les existences, et même des instincts révolutionnaires et anarchiques qui mettent le peuple aux ordres de tous les perturbateurs. Il en conclut qu'il ne faut point adopter ce système de trop grande propagation des lumières qui tendrait à déclasser les individus et les familles. Tout les états sont honorables, ajoutait-il, quand on les remplit bien.

Une instruction relevée est souvent un malheur dans un jeune homme sorti des bas étages de la société, parce qu'elle nourrit en lui des pensées de cupidité et des sentiments de hauteur, qui le poussent sans cesse hors de l'humble condition où il est né. Dégoûté des rudes labeurs de son père, méprisant tout métier obscur et toute profession peu lucrative, il aspire à se procurer un emploi, à se créer une position où l'on fait rapidement fortune, sans même s'enquérir s'il a la capacité nécessaire pour la gérer. La culture de l'esprit, en raffinant la nature grossière de l'ouvrier et du campagnard, les rend par là même d'autant moins résignés à se livrer à des occupations réputées pénibles et abjectes. De là vient qu'une foule de gens de la classe prolétaire, ayant reçu une instruction bien supérieure à leur modeste position, se mutinent et s'insurgent contre le gouvernement établi, quand ils ont perdu toute chance de sortir de leur état d'infériorité. Convaincus qu'ils ne sont pas appréciés à leur juste valeur, ils crient au favoritisme, à la tyrannie, et déclarent une guerre acharnée à la société qui les refoule dans leur sphère naturelle. Lorsque l'homme possède plus d'instruction que de bien-être matériel, il en résulte pour lui une aggravation de souffrance, et souvent il en garde, au fond du cœur, un levain d'amertume qui se révèle par de profondes irritations et des tentatives de soulèvement contre l'ordre social. Telles sont les dispositions de la plupart des jeunes gens de nos jours qui, excités par l'exemple de quelques heureux parvenus, frémissent d'envie, brûlent de s'élancer hors des rangs du petit peuple et convoitent, dans des postes lucratifs, les jouissances du luxe et de la richesse. Un jeune étudiant, fils d'un laboureur, ou même d'un simple artisan, dédaigne la charrue ou le métier de ses aïeux ; à peine a-t-il fait ses humanités qu'il se berce de l'espoir de parvenir à une place honorable, parce qu'il aura remporté un prix ou un accessit dans une médiocre école de latinité. Son cours d'études terminé, il va se jeter dans le monde avec une demi-science, accompagnée d'une forte dose de suffisance et de pédantisme. Mais, comme il y a encombrement de solliciteurs aux avenues du Pouvoir, et que l'on compte cent compétiteurs pour un emploi vacant, le malheureux jeune homme, déçu dans son attente, se voit éconduit et ne rentre dans la société que pour la maudire de ses injustices. Dépourvu de toutes ressources et désespérant d'avancer, il retourne tristement au foyer paternel, avec des désirs et des besoins qu'il ne peut satisfaire, parce qu'ils sont disproportionnés à ses moyens d'existence. Odieux à ses frères et à ses sœurs qu'il méprise, à son père et à sa mère dont il rougit, repoussé de sa famille dont il a dévoré tout le patrimoine, cet ambitieux, par ses études, aura fait son propre malheur et celui des siens, pour avoir voulu témérairement s'élever au sommet de l'échelle sociale. Il ne fera pas moins encore le malheur de la religion et de l'ordre public. Ne sait-on pas que la plupart de ces échappés de colléges, une fois revenus dans leurs paroisses, en deviennent les plus dangereux ennemis? L'instruction, en effet, n'est souvent qu'un instrument de trouble et de subversion, pour la généralité de ces demi-savants sans fortune, hostiles à l'Etat non moins qu'à l'Eglise. Jouissant, par le faux éclat d'un savoir écourté et superficiel, de quelque crédit sur le peuple, ils exercent communément, dans les campagnes et les bourgades, le funeste apostolat de l'impiété et déclament en furibonds contre les représentants de l'autorité religieuse et civile. Ils composent cette meute turbulente de républicains imberbes ou adolescents, foyer le plus actif de la sédition et de la révolte ; race ennemie de l'ordre et du repos, qui, dans les jours mauvais, tient la société en péril et fait trembler le sol sous nos pas. On a bien plus à craindre de ces légions de factieux que de l'invasion de hordes barbares au cœur de nos provinces ; car ces perturbateurs sont toujours prêts à mettre le feu aux quatre coins de la France, dans le but de courir, comme des affamés, à la curée des nombreuses places que les révolutions jettent en pâture aux anarchistes qui leur ont servi d'auxiliaires (1). Pourquoi donner un superflu de science à ces

---

(1) N'ayant rien à perdre, et ayant au contraire tout à gagner dans un changement, ils menacent sans cesse le repos et la sécurité de l'Etat, dit M. Charles Sainte-Foi.

enfants de la classe ouvrière, qui, ne sachant quoi faire et que devenir après leur cours d'études, vont encombrer de leur séditieuse présence toutes nos grandes villes où ils remuent les masses populacières, organisent des émeutes et provoquent quelquefois même de terribles insurrections. On ne peut calculer combien de milliers de jeunes gens ont été ainsi arrachés à d'honnêtes états, par l'espérance illusoire de trouver fortune dans une instruction supérieure qui n'a définitivement servi qu'à les rendre à charge à eux-mêmes, à leurs familles et à la société (1).

Il ne convient donc pas de prodiguer indistinctement à tous un vain luxe de connaissances qui ne serait point en rapport avec leur condition respective. On ne saurait en disconvenir, c'est de l'indiscrète profusion des lumières dans tous les degrés de l'échelle sociale que provient cette vague inquiétude des esprits, ce malaise des positions et toutes ces pensées de réforme et d'anarchie qui fermentent en tant de têtes.

(1) Il serait difficile de croire jusqu'à quel point l'instruction développe la cupidité ; c'est à elle qu'il faut particulièrement imputer cette ambition effrénée de notre siècle où l'or est la grande idole qu'on révère. La lèpre de l'égoïsme ronge toutes les classes de citoyens et a gagné même les basses régions de la société. Aujourd'hui l'artisan veut devenir bourgeois, et le simple bourgeois, mécontent de son sort, court après un titre ou un ruban. Le soldat convoite le hausse-col et l'épée ; devenu officier, il aspire à de plus grosses épaulettes et peut-être au bâton de maréchal. L'avocat vise à une direction, à une préfecture et quelquefois même à un portefeuille de ministre ; le simple juge à une première présidence, et le plus humble des substituts à la haute fonction de procureur général. Si l'on n'y réussit pas, on se jette dans les partis et l'opposition au Pouvoir sur la chute duquel on calcule parfois pour obtenir de l'avancement. On voit le Pérou au bout d'une révolution, et tant que le Pérou n'est pas conquis, on ne peut s'imaginer que la révolution soit faite.

Toutefois, ces réflexions ne sont pas applicables aux curés de campagne qui ont l'usage d'ébaucher les études de quelques jeunes paroissiens, pour les séminaires de leur diocèse : c'est là, de leur part, un zèle bien louable sur lequel il n'entre aucunement dans nos intentions de déverser le moindre blâme. Préparer au sacerdoce de vertueux candidats, est l'œuvre la plus méritoire et la plus excellente dont ils puissent s'occuper pendant les heures de loisir que leur laisse le ministère. Mais ils prendront soin de faire le choix de ces élèves avec un discernement parfait : avant de les initier aux éléments des langues, ils s'appliqueront à démêler attentivement leurs goûts et leurs inclinations, à connaître leur naturel et le degré d'intelligence dont ils sont doués ; ils excluront les enfants pauvres qui ne présenteraient pas toutes les garanties désirables de vertu et de capacité : on sait, en effet, combien il est fâcheux de ne pas réussir après de longues et dispendieuses études, quand on se trouve dépourvu d'aisance. Que deviendraient ces infortunés, s'ils étaient renvoyés des séminaires après sept à huit années d'une stérile application, impropres qu'ils seraient désormais à devenir artisans ou hommes de métier ? C'est un si pénible et si amer sentiment de se voir descendre à une position antipathique à la haute éducation qu'on a reçue ! De respectables curés ont eu quelquefois le chagrin de faire involontairement le malheur de plusieurs jeunes gens, tout en croyant leur préparer un bel avenir.

CHAPITRE XXIX.

IMPORTANCE DES SACREMENTS ET DE LA CONFESSION, EN PARTICULIER, POUR LA SANCTIFICATION DE LA JEUNESSE (1).

Les sacrements en général, celui de la pénitence en particulier, sont un des plus grands bienfaits de la céleste bonté envers les hommes. Cette vérité, incontestable au point de vue de la foi, ne ressortira pas avec moins d'évidence, aux

---

(1) La plupart des gens du monde, pélagiens dans leurs sentiments et leur conduite, se persuadent que la raison, les talents, l'expérience, le respect des bienséances, ou qu'un fonds de vertus naturelles, d'heureuses inclinations, pourront suffire à prévenir ou à réparer les vices de la jeunesse ; c'est une erreur que l'Eglise a condamnée en foudroyant le pélagianisme : de telles barrières sont trop faibles contre les penchants déréglés du cœur humain. Je conçois que, sans l'assistance de la grâce, des cœurs généreux et privilégiés, des âmes d'élite, pratiqueront, à la manière des sages payens, certains actes sublimes de bienfaisance, de dévouement et de magnanimité ; ils observeront même presque tous ces devoirs qui constituent l'honnête homme selon le monde, par exemple, la justice et l'équité naturelle. Une éducation polie, l'usage des convenances sociales et les habitudes régulières auxquelles on forme les jeunes gens dans maintes familles, pourront, je le comprends encore, les préserver de quelques excès dégradants, de vices flétrissants aux yeux de l'opinion publique. Mais

yeux de la raison, des diverses considérations qui vont suivre :

1° Les sacrements sont la source sacrée et intarissable où le chrétien doit puiser les grâces destinées à entretenir en lui la vie spirituelle ; c'est en se fortifiant par leur séve divine

l'homme serait impuissant par lui-même à corriger ses instincts natifs, à dominer ses tendances dépravées, l'orgueil de son esprit, l'égoïsme inné de son cœur, l'ignoble attrait de la volupté et des sens ; seule la grâce sacramentelle peut opérer cette guérison ; sans elle le devoir est impossible et la vertu impraticable, à moins qu'ils ne soient commodes et faciles.

La pénitence est la piscine sacrée où l'homme doit aller se purifier de ses souillures morales ; c'est le second baptême destiné à la purification des infidélités commises depuis la faute originelle ; c'est l'arche de salut préparée par la bonté divine pour ramener au port ceux qui ont fait naufrage dans la vertu sur la mer orageuse du monde. C'est, en un mot, le sacrement de la résurrection pour tous ceux qui sont morts à la grâce par le péché mortel. Il est incalculable le nombre des chrétiens qui doivent à la pénitence la satisfaction de leur retour à Dieu. N'est-on pas trop heureux de pouvoir mettre ainsi un terme au malaise de sa conscience, de quitter la voie de perdition pour rentrer dans celle de la sainteté, de recouvrer une vie surnaturelle et le titre d'enfant bien-aimé du Seigneur ? N'y aurait-il pas crime, folie et cruauté à repousser le bienfait d'un pardon mis à une condition si facile ? Il faut avoir passé par les orages des passions et les déchirements du remords pour apprécier ce contentement intime et cette ineffable sérénité qui suivent la justification du pécheur, rien ici-bas n'est comparable à la joie de rentrer en grâce avec le ciel. Quel bonheur de voir prononcer sur sa tête les paroles de la miséricorde !

« Je n'ai goûté de ma vie des plaisirs si purs et si doux que ceux que je goûte depuis ma réconciliation avec Dieu, disait un officier qui s'était confessé au P. Brydaine. Je ne crois pas en vérité que Louis XV, que j'ai servi pendant 56 ans, puisse être plus heureux que moi. Non, ce prince dans tout l'éclat qui environne son trône, au sein de tous les plaisirs qui l'assiègent, n'est pas si content, si joyeux que je le suis, depuis que j'ai déposé le fardeau de mes péchés. »

qu'il acquiert cette ardeur de religion, ce nerf de vertu qui le rendent capable d'opposer une constante et énergique résistance à l'invasion du vice. Dépourvu de leur salutaire assistance, il céderait facilement aux charmes séducteurs de la volupté et succomberait inévitablement. Ils ont donc été établis pour servir de renfort à sa fragilité, de levier à son impuissance et de contre-poids à l'irrésistible influence de ses passions qui, sans cette barrière, rompraient l'équilibre et feraient explosion au dehors. Ainsi, en renonçant aux grâces sacramentelles, le chrétien verrait tarir le canal par où toutes les faveurs célestes se répandent sur lui, et se priverait des principaux éléments de sanctification que Dieu a consacrés à son salut. Il serait donc comme un arbre dépouillé de ses racines, comme une plante sans soleil et sans air, comme une terre qui n'est plus humectée par les pluies bienfaisantes du ciel, comme le feu qui s'éteint faute de combustibles, comme un poisson qui pâme sur la rive. Desséchez cette abondante source d'où jaillissent sans interruption, sur l'Eglise, des flots d'eaux vivifiantes pour soutenir la faiblesse de ses enfants dans les assauts des passions, vous leur ravirez par là même les grâces génératrices de leur force et de leur vertu, sans lesquelles ils seront languissants, infirmes et radicalement incapables de faire le bien et d'éviter le mal. Aussi ne rencontre-t-on que des fantômes de chrétiens, sans piété, sans amour et sans vie religieuse, dans les paroisses où l'on a universellement déserté la sanctifiante pratique des sacrements. Au contraire, quel n'en est pas le pouvoir miraculeux, l'action réparatrice partout où l'on est resté fidèle à leur fréquentation ! Quelle ferveur pour la prière, quelle vivacité de foi, quelle fidélité aux devoirs, quelle délicatesse de conscience, quelle énergie pour le bien ! Remarquez, par exemple, dans un pieux communiant, combien l'eucharistie est efficace pour réchauffer sa tiédeur, activer son zèle, purifier son âme, fortifier son impuissance, réprimer ses appétits sensuels, affaiblir ses inclinations mauvaises, en un mot, pour le retremper tout entier dans la perfection. Quelle sève de religion, quelle vigueur surnaturelle anime et vivifie ce généreux chrétien! Ah! je ne m'étonne plus de l'héroïque intrépidité des martyrs à affronter les plus cruelles tortures, de leur sublime résignation au milieu de douleurs inouïes : ils avaient soin de se munir du divin viatique pour se préparer à la mort; on les voyait ensuite marcher au supplice avec toute la joie des triomphateurs. Certes, le cœur leur eût manqué, leur courage eût failli, si le sang de J.-C. ne les avait soutenus.

C'est dans ce trésor des bénédictions divines que les jeunes gens de notre siècle, comme les fidèles de la primitive Église, puiseront la plénitude et la réalité de la vie spirituelle, et s'y consommeront en sainteté. Qu'ils s'empressent tous, dans l'effervescence de l'âge et les ardeurs de la chair, d'aller purifier leurs sens et désaltérer leur âme à ces eaux pures et régénératrices qui découlent du sein des sacrements.

2° Les sacrements et surtout la fréquente confession sont le préservatif le plus puissant contre le vice. Le souvenir de la présence d'un Dieu, à l'œil transparent duquel rien de secret ne peut échapper, est sans doute, comme il a été dit, un frein bien salutaire contre la perversité humaine. Cependant, tout efficace que soit la crainte d'un Juge rémunérateur et vengeur pour contenir l'homme dans la ligne du devoir, elle n'est pas toujours un moyen suffisamment répressif contre l'entraînement de certaines passions fougueuses qui dominent et asservissent plus particulièrement la jeunesse. Dieu, se dit-on à soi-même, n'est-il pas le père des miséricordes? on se repose donc sur sa grâce et son infinie bonté; on espère fléchir sa justice à l'aide d'une conversion à venir dont chacun se berce et se flatte, et définitivement on se rassure en comptant sur le pardon. L'obligation de confesser ses péchés produit un effet moral plus sûr et plus immédiat. Quand, en effet, on se trouve dans la nécessité pénible de révéler, à jour fixe ou à telle solennité, les sentiments les plus intimes de son cœur et tous les actes de sa conduite, on se tient naturellement en garde contre toute indélicatesse et infamie dont l'humiliant aveu donnerait lieu de rougir au tribunal de son confesseur; l'embarras et la répugnance qui accompagnent la déclaration d'une bassesse, le blâme sévère qui la suit, sont un heureux antidote à toute faiblesse honteuse ; c'est une barrière qu'on n'ose franchir, ne fût-ce que par sentiment de pudeur ou par motif d'amour-propre. Aussi, combien de jeunes gens, déjà arrivés sur les confins du crime et jusqu'aux limites de l'enfer, se sont miraculeusement arrêtés au seul souvenir de la confession, et ont repoussé avec la plus généreuse énergie une tentation violente à laquelle ils allaient céder (1) ! Quand on analyse les motifs réels qui éloignent plus parti-

---

(1) Combien de faiblesses et de désordres prévenus, d'excès et de crimes réprimés par le souvenir de cette seule pensée, mais il faudra m'en confesser ! *Que je suis heureux d'avoir été à confesse ! Ah ! mon père, j'étais perdu, si je n'étais pas venu à vos pieds.* Il n'est point de directeur qui n'ait entendu cent fois cet aveu. — Quiconque veut se convertir, songe à se confesser; quiconque veut s'abandonner à sa passion, cesse par là même de se confesser. — La fréquence et la violence des attaques contre la confession sont la meilleure preuve de son efficacité et de son excellence. Aussi n'y a-t-il pas jusqu'aux indifférents et aux impies qui ne soient bien aise que leurs femmes, leurs enfants, leurs domestiques et ouvriers la pratiquent régulièrement ; c'est là le plus bel hommage qu'on puisse rendre à l'importance morale de la confession.

culièrement la jeunesse de l'abime du péché, on est contraint d'avouer qu'ils sont fondés plutôt sur l'influence de cette pratique salutaire que sur la crainte de Dieu et de ses vengeances, qu'on n'entrevoit que dans le lointain et dans une sorte de clair-obscur : telle est, au point de vue de l'expérience, la vraie sauvegarde des mœurs, la plus sûre garantie de l'innocence et de la vertu.

La confession ne borne pas son efficacité à guérir le vice ; elle va au-devant, l'attaque à sa racine même et l'empêche d'éclore. Le cœur humain, on le sait, est le foyer où se couvent les pensées mauvaises, où germent et fermentent les passions, où se préparent et se mûrissent les projets coupables, où s'élabore enfin le crime lui-même ; c'est là, en effet, qu'on le combine et prémédite avant d'en venir à la perpétration. Or, le confesseur descend dans les profondeurs de l'âme, pénètre jusqu'aux entrailles de la conscience, pour y faire avorter de noires tentatives, des forfaits déjà conçus et peut-être arrêtés ; il en étouffe le désir et jusqu'à la velléité même ; il cite à son tribunal de simples tentations et y fait comparaître une foule de fautes qui, n'ayant point eu de témoins, ont échappé à la censure des hommes. Par là, il verrouille le cœur à l'invasion de ces milliers de désirs, principe fatal de tous les penchants dépravés, en sorte qu'il y exerce une action éminemment purifiante. Il serait impossible d'énumérer tous les desseins criminels qui sont venus heureusement échouer au confessionnal. Le directeur des consciences est comme une sentinelle vigilante et inflexible, qui vient se placer aux avenues de l'âme pour en écarter jusqu'à la simple idée du mal.

Cependant, pour produire les bons effets qu'on a droit d'en attendre, la confession ne doit pas se borner à la période pascale ; car alors, n'apparaissant que de loin, elle n'impressionnerait que faiblement, et n'agirait pas, en conséquence, avec autant d'efficacité sur les sentiments et les déterminations. Il ne m'en coûtera pas plus, pensera-t-il en lui-même, d'en dire beaucoup que d'en dire peu; un péché ou une faiblesse de plus passera bien avec tous les autres; ainsi il accumulerait offenses sur offenses et grossirait ce trésor de colères qui retombera sur lui pour l'accabler au jour des vengeances. L'expérience justifie ces réflexions : la plupart de ceux qui ne se confessent qu'à de longs intervalles, se précipitent en mille excès et roulent quelquefois, de chute en chute, jusqu'aux dernières limites de la dégradation.

Lorsqu'un jeune homme s'affranchit de la confession, c'est pour se dégager de toute contrainte et de tout devoir; c'est pour vivre sans règle à ses pensées, sans frein à ses actions, sans barrière contre le vice, sans contre-poids à la violence de ses passions. Interrogez-le, et il vous dira; s'il est sincère, qu'il l'a mise de côté parce qu'elle est incommode, gênante, et afin de se livrer plus librement au gré de ses penchants et de ses caprices. A-t-on vu des hommes abandonner cette pratique pour devenir plus vertueux, plus probes et plus purs dans leurs mœurs ? jamais : mais toujours pour être tranquillement vicieux. Ce sont habituellement les instincts mauvais qui, dans l'effervescence orageuse de la jeunesse, tentent de rompre cette digue puissante que la religion leur oppose. Comprend-on qu'il y ait des êtres assez aveugles ou pervers pour s'acharner à détruire l'unique institution, capable de purifier efficacement les cœurs, laquelle seule tient debout le peu de principes de vertu échappés au naufrage général de la morale et de la foi ? Aussi, tous les observateurs et les publicistes chrétiens ont-ils constaté que la désuétude de cette si utile observance est, de nos jours, une des plus profondes plaies du catholicisme et la plus large brèche aux mœurs. Supprimer la confession, surtout pour les jeunes gens, c'est ouvrir à deux battants la porte à l'invasion des vices et des abus. Voltaire lui-même en convient quand il dit qu'elle est le plus grand frein de la méchanceté humaine. N'est-elle pas en effet la terreur du crime, le rempart de la vertu et l'arche de salut de la morale publique? Il était bien convaincu de sa haute efficacité, le divin législateur des chrétiens, lorsqu'il en a imposé l'obligation comme antidote au mal et renfort à notre faiblesse; n'eût-il rendu à l'humanité que cet unique service, il aurait acquis le droit le plus légitime aux hommages de reconnaissance des peuples. L'inventeur de la confession, a dit un de nos moralistes, mériterait qu'on lui érigeât partout des statues et des autels : de tous les moyens de régénération dont la miséricorde divine a gratifié le monde, elle est, assurément, le plus salutaire et le plus infaillible. Quelle heureuse révolution ne produit-elle pas dans ceux qui la pratiquent ! rien ne les affermit autant dans le bien et ne les rend meilleurs. Les époques de ferveur coïncident toujours avec la participation à ce sacrement. Quelle piété tendre et sensible dans ceux qui le fréquentent ! que d'amour et de fidélité envers Dieu ! quelle délicatesse de conscience, quel goût d'innocence et de vertu ! que de sollicitudes et de précautions pour son salut ! que d'attention et de vigilance pour régler les affections de l'âme et les actes de la conduite, pour corriger ses travers et redresser ses inclinations ! Que d'efforts généreux pour subjuguer sa chair, assouplir son naturel et triompher de tous ses mauvais penchants ! Le temps qui accompagne et qui suit la confession, est une ère de renouvellement religieux qui transforme le pécheur, le dépouille du vieil homme, et le rend un modèle d'édification et de sainteté.

Il est surtout une période de la vie, celle de l'adolescence, où les sacrements sont plus indispensables; il se révèle, à l'âge de puberté, des penchants nouveaux, des genres de séduction qui ne peuvent être écartés qu'à l'aide des grâces sacramentelles et d'une bonne direction. C'est alors que les jeunes gens ont plus particulièrement besoin de venir recevoir les leçons de sagesse de leur confesseur et de s'appuyer sur l'assistance divine. À quel autre moyen de salut pourraient-ils avoir recours pour se prémunir contre les tentations et les chutes ? Et, cependant, c'est au moment même où tout conspire contre leur innocence et leur vertu, qu'ils abandonnent cette sainte pratique, sous le vain prétexte d'échapper aux sarcasmes et au ridicule; pareils à ces malades insensés, qui repousseraient, avec une aveugle obstination, les secours du médecin et le bienfait de la guérison.

Les mondains, je le sais, révoquent en doute ces admirables effets de la confession fréquente, et reprochent amèrement aux personnes dévotes leurs moindres faiblesses. Mais la profession de la piété assure-t-elle donc le privilège de l'impeccabilité ? Ne serait-il pas souverainement inique de se faire des fragilités des chrétiens une arme contre la religion et les sacrements ? Est-il une vertu sans ombre ? La perfection absolue ne se rencontre pas sur cette terre. De même qu'il y a des taches dans le soleil, des nuages dans l'air le plus pur, du limon dans les eaux les plus limpides, ainsi il se trouve des imperfections dans les créatures les plus saintes : sont-elles donc des anges ou des dieux ? Faisant preuve à leur égard d'une partialité et d'une injustice révoltantes, le monde traite de crimes leurs défauts et leurs peccadilles, tandis qu'il excuse en lui même les excès et les désordres les plus coupables, semblable à ces pharisiens offusqués du fétu de paille qu'ils apercevaient dans l'œil d'autrui, sans paraître se douter qu'ils avaient une poutre dans le leur (1).

3° Enfin, la confession présente, comme moyen de direction, d'incomparables avantages. Qui ne sait combien la jeunesse est irréfléchie, légère, versatile, impétueuse et fragile ! Elle est si incapable de pensées mûres et sérieuses, si étrangère aux prévisions de la plus simple prudence ! Voyez comme à chaque pas elle bronche et trébuche, entraînée qu'elle est à se fourvoyer dans une fausse route, quand vient à lui manquer l'assistance des bons conseils ! On ne saurait donc mettre trop d'importance et d'empressement à la placer sous la tutelle d'un guide vigilant et sûr, qui lui épargnera de nombreuses chutes dans la voie si glissante des tentations. Quels immenses services ne rendra pas alors à ses pénitents, le prêtre qui saura comprendre toute la hauteur de sa mission ! En éclairant chez eux l'intelligence, en réprimant les écarts de l'imagination, en dirigeant les tendances de la volonté, en épurant les affections du cœur, en réglant, en un mot, toutes les actions de la vie, ne réussira-t-il pas à leur former une conscience éclairée, ferme, délicate, qui leur servira de flambeau pour diriger leur marche incertaine et chancelante, de bouclier contre les faiblesses de la nature ou les séductions du dehors, enfin d'ancre de salut pour empêcher leurs mœurs de s'abîmer dans le gouffre d'un

---

(1) Ce n'est point dans la classe des gens qui se confessent qu'on rencontre les mauvais pères, les mauvais fils, les mauvais frères, les filles débauchées, qui font la désolation et la honte de leur famille. Tout ce qu'il y a, au contraire, d'êtres vicieux, immoraux, parjures et pervers, sont des déserteurs de nos sacrements et des apostats du catholicisme. L'aversion et le mépris de la confession ont presque toujours pour cause des motifs ignominieux ; c'est une vie de désordres et de turpitudes qui en éloigne ordinairement.

monde plus fécond en tempêtes et en naufrages que l'océan lui-même ? Attentif à préserver des périls sans nombre dont ils sont assaillis, ses jeunes et intéressants dirigés, objet pour lui d'une sollicitude vraiment pastorale, le bon directeur protége leur inexpérience, abrite leur fragilité, leur inspire une piété sincère et solide, les affermit dans les principes de la foi, s'applique à leur conserver l'innocence et la candeur des premières années, courbe vers le bien leurs inclinations naissantes, combat en eux, dès le début, les funestes habitudes, les relève quand ils ont succombé, panse et cicatrise leurs blessures, et les sauve ainsi, par une prévoyance et une tendresse toute maternelle, du double malheur de l'incrédulité et de la dépravation. Non, le monde ne comprendra jamais assez la portée morale et les heureux résultats de ces entretiens intimes, entre le confesseur et son pénitent, dans le sacrement de la régénération.

Malgré les efforts de son zèle et de son dévouement paternel, le confesseur ne parviendra point, sans doute, à écarter tous les dangers, à prévenir toutes les chutes ni à guérir tous les maux des passions dans ses jeunes pénitents : Eh certes, y a-t-il donc dans l'art pharmaceutique, un remède qui guérisse radicalement toutes les maladies de la pauvre humanité? On comprend donc que, en se confessant, ils ne cessent pas d'être hommes : toute capable que soit cette salutaire pratique de les moraliser, elle ne peut avoir pour effet de les rendre impeccables ; elle ne leur ôte point cette tendance qu'ils ont au mal, ce fonds de misère et de corruption inhérent à leur nature. Il faut donc s'attendre qu'ils feront des fautes, qu'ils pourront se livrer même à des écarts de conduite ; mais aussi leur confesseur en diminuera le nombre et en affaiblira les excès ; il empêchera du moins les plaies de s'envenimer et les vices de s'invétérer profondément; il préviendra, en un mot, la dépravation, cette pourriture morale qui gangrène le cœur par son action persévérante, et finalement tue l'âme. A force de redoubler ses avis, d'environner son jeune pénitent de précautions et de soins privilégiés; à force de le rappeler à ses devoirs, de l'encourager à la vertu et de lui en recommander la pratique au nom du ciel, il réussit enfin à le ramener de ses égarements.

Un père, un précepteur, un ami sage, ne suppléeront jamais à l'office d'un bon confesseur; il est des secrets qu'on ne confie qu'à Dieu ou à un représentant de Dieu; on ne peut se résoudre à dire à des hommes, pas même à une mère, le dernier mot du cœur. Les parents pourront, sans doute, à l'aide d'une bonne discipline établie dans leur famille, régler convenablement la tenue de leurs enfants, remédier à des fautes extérieures et à des abus publics, mais ils n'ont point prise sur leur âme : les confesseurs veillent seuls sur les vices intérieurs et les habitudes secrètes; il n'existe pas d'autre frein. On ne peut donc rien faire de mieux que de remettre les jeunes gens entre les bras d'un pasteur qui saura apprécier sa haute et importante mission. Tout prêtre qui la comprend, s'intéressera à eux avec toute l'affectueuse bonté d'un père : tuteur, il écartera les séducductions qui menaceraient leur innocence, et les mettra à l'abri des écueils et des tempêtes du monde; conseiller, il les encouragera au bien par ses leçons de vertu; moniteur, il les avertira de leurs défauts, les réprimandera, les censurera même au besoin, avec une entière liberté ; confident intime, il sera le dépositaire de leurs doutes, de leurs craintes, de leurs faiblesses, de leurs douleurs; homme de Dieu, il les réconciliera par l'absolution sacramentelle et les replacera dans le sentier du ciel. Le bon directeur, en un mot, est l'ange gardien de l'enfance, le sauveur de la jeunesse, la providence de tous ses dirigés, l'organe enfin de la divinité, pour la sanctification des hommes; il remplit, au tribunal sacré, le ministère le plus utile et le plus admirable, celui d'arracher des milliers d'âmes aux désordres des passions, pour les rendre à la vie surnaturelle. Ils sont immenses, les fruits de vertu et les bénédictions de salut répandus sur l'Eglise par la confession! Des volumes entiers suffiraient à peine pour décrire tout le bien qu'elle a fait ou tout le mal qu'elle a empêché (1).

Cette divine institution a exercé une miraculeuse influence pour la régénération spirituelle de l'humanité : tout ce qu'il y a, dans le catholicisme, de foi, de piété, de charité et de miséricorde, de pureté et d'innocence, d'équité et de délicatesse, de sagesse et de sainteté, de vertu et de perfection, est généralement dû à cette sainte pratique, la première et la plus efficace du christianisme. N'est-ce pas à l'abandon de la confession qu'il faut imputer la décadence de la morale, et, par voie de conséquence, la disparition de la bonne foi et de la justice parmi les hommes? Là où elle est tombée en désuétude, le peuple n'est plus chrétien que nominalement, et le catholicisme n'a plus ni action ni vie. Il suffit, pour s'en convaincre, d'examiner ces malheureuses paroisses où

(1) Il faudrait descendre dans les conditions inférieures de la société, pénétrer dans le secret des familles, pour y apprendre tout ce que les hommes doivent à cette admirable institution. Combien de haines étouffées, d'inimitiés éteintes, de parents, d'époux et de citoyens réconciliés, d'adultères, d'iniquités et autres crimes prévenus ou arrêtés, de restitutions faites et de torts réparés! Combien de victimes arrachées au vice, d'angoisses et de désespoirs consolés, de suicides empêchés! Il est de ces pauvres créatures rongées de remords, froissées sous le pressoir de la douleur, qui se seraient jetées vingt fois à la rivière, sans les consolations qu'elles sont venues puiser dans le sein de leur confesseur.

elle est supprimée de fait : ne ressemblent-elles pas à un champ sans culture et sans produits, à une terre en friche, hérissée de ronces et d'épines ? Le sexe y est sans dévotion, sans vertu, sans décence même; la jeunesse y croupit dans la débauche; on y remarque peu de probité dans les transactions et de fidélité dans les alliances conjugales; les crimes s'y multiplient d'une manière effrayante ; il y règne, enfin, une dépravation qui fait horreur. A peine les jeunes gens renoncent-ils à l'usage fréquent du sacrement de pénitence, qu'aussitôt leur piété décline, leur ferveur dégénère et leur zèle se ralentit; bientôt la crainte de Dieu s'amortit et s'éteint en eux ; il en résulte la ruine des mœurs et le triomphe des vices, auxquels succèdent l'indifférence, l'impiété, l'endurcissement et l'impénitence, qui en sont le terme final (1) : ces réflexions sont de l'histoire contemporaine. Rien, au contraire, de plus propre que la confession pour établir le royaume de Dieu dans une paroisse ; religion, modestie, pureté, frugalité, tempérance, elle y fait fleurir toutes les vertus chrétiennes ; tandis que le torrent des abus et des désordres coule à flots débordés partout où elle a cessé d'exercer sa mission de régénération et de salut. Elle est comme le thermomètre ou la pierre de touche de la valeur morale des paroisses (2).

(1) En abandonnant la confession, un jeune homme ne débutera pas sans doute par de grandes fautes; il ne sera pas tout à coup précipité du faîte de la piété dans la boue des passions les plus viles. Le mal a ses commencements et ses progrès; mais il arrivera par degrés d'abord à la négligence, puis au dégoût et enfin à l'abandon de toutes les pratiques chrétiennes. Voilà même ce qui arrive quand on ne fréquente les sacrements que de loin en loin. Combien de jeunes gens autrefois réglés et pieux, aujourd'hui irréligieux et immoraux dont je viens de faire l'histoire en abrégé !

(2) Les paroisses sont florissantes ou mauvaises, chrétiennes ou

On doit donc regarder la salutaire pratique de la confession comme une question de vie ou de mort à l'égard de la foi et des mœurs, dont elle est le boulevard pour tous les jeunes gens qui viennent abriter leur faiblesse sous sa sauvegarde; ils y sont protégés contre les assauts des passions, comme dans une citadelle défendue par de bonnes murailles et une valeureuse garnison. Mais il en coûte bien peu d'efforts au démon pour se rendre maître des cœurs auxquels il est parvenu à faire secouer le joug de cette observance tutélaire de leur vertu : une forteresse, on le sait, ne tarde pas à être prise, quand l'ennemi est maître des remparts qui la protègent.

TÉMOIGNAGES ET AVEUX DE QUELQUES PHILOSOPHES ET PROTESTANTS EN FAVEUR DE LA CONFESSION.

« On ne peut nier, dit Leibnitz, que l'établissement de la confession ne soit digne de la sagesse divine, et il n'est assurément rien de plus beau et qui mérite plus d'éloges dans la religion chrétienne. Les Chinois mêmes et les Japonais en ont été saisis d'admiration. En effet, la nécessité de la confession détourne beaucoup d'hommes du mal, ceux surtout qui ne sont pas encore endurcis, et elle offre de grandes consolations à ceux qui ont failli. Aussi, je regarde un confesseur pieux, grave et prudent, comme un grand instrument de Dieu pour le salut des âmes : car ses conseils servent à régler nos affections, à nous faire remarquer nos défauts, éviter les occasions du péché, restituer ce qui a été enlevé, réparer le scandale et dissiper les doutes, relever l'esprit abattu, enfin, guérir ou adoucir toutes les maladies de l'âme; et si l'on ne peut rien trouver sur la terre de plus excellent qu'un

---

impies, selon qu'on s'y confesse ou non. Parmi les symptômes d'infidélité et d'irréligion d'un pays, il n'en est pas de plus significatif, après la profanation du dimanche, que le dégout et l'aversion pour cette grave observance.

ami fidèle, que sera-ce surtout lorsque cet ami est lié par la religion inviolable d'un sacrement divin, et tenu de vous garder foi et de vous secourir. » (*Systema theologicum de confessione.*)

Marmontel se rappelant les heureux effets que produisait en lui la confession fréquente, ainsi que chez ses camarades, les préconise avec admiration : *Quel préservatif salutaire pour les mœurs de l'adolescence, dit-il, que l'usage et l'obligation d'aller tous les mois à confesse! La pudeur de cet humble aveu de ses fautes les plus cachées, en épargne peut-être un plus grand nombre que tous les motifs les plus saints.* »

« Il n'y a peut-être point d'établissement plus sage et plus utile, dit Voltaire en parlant de la confession; elle est une chose excellente, un frein aux crimes invétérés. La plupart des hommes, quand ils sont tombés dans de grands crimes, en ont naturellement des remords ; s'il y a quelque chose qui les console sur la terre, c'est de pouvoir être réconciliés avec Dieu et avec eux-mêmes (Voltaire, *Remarques sur Olympie.*) » — « Les ennemis de l'Eglise romaine qui se sont élevés contre une institution si nécessaire (la confession), semblent avoir ôté aux hommes le plus grand frein qu'on puisse mettre à leurs crimes secrets. (Voltaire, *Annales de l'Empire.*) » — « La confession est une chose excellente, un frein au crime, inventé dans l'antiquité la plus reculée. On se confessait dans la célébration de tous les anciens mystères. Nous avons imité et sanctifié cette sainte pratique ; elle est très-bonne pour engager les cœurs ulcérés de haine à pardonner, et pour faire rendre ce qui peut avoir été dérobé au prochain. » (Voltaire, *Dictionnaire philosophique*).

« Que d'œuvres de miséricorde sont l'ouvrage de l'Evangile! que de restitutions, de réparations, la confession ne fait-elle point faire chez les catholiques! » (*Rousseau.*) « Rien, dit le même philosophe, ne saurait remplacer la confession : elle fait plus que toutes les législations ; elle coupe le mal dans sa racine et rétablit l'ordre primordial dans la société. Elle fait ce que les meilleures lois réunies pourraient faire. »

Raynal, dans son histoire philosophique, n'a pu refuser des éloges à la confession. Il n'y a dans le Paraguay, dit-il, ni tribunaux, ni prisons; la pratique de la confession fait la base du gouvernement et de la justice ; « elle seule tient lieu de lois pénales et veille à la pureté des mœurs. » — « Le meilleur des gouvernements, dit le même philosophe, serait une théocratie où l'on établirait le tribunal de la confession, s'il était toujours dirigé par des hommes vertueux. »

« On rêve des formules sociales, on essaie tout, et le monde ne saurait marcher sans la confession. »

Les paroles de Cérutti, ce fougueux révolutionnaire, cet ardent ami de Mirabeau, ne sont pas moins remarquables : « Inspirer l'horreur ou le repentir du crime, donner un frein à la scélératesse, un appui à l'innocence; réparer les déprédations du larcin, renouer les nœuds de la charité, entretenir l'amour de la concorde, de la subordination, de la justice, de toutes les vertus, déraciner des cœurs l'habitude des désordres, de la désunion, de la révolte, de tous les vices; être ainsi à la place de Dieu, et pour le bien des hommes, le juge des consciences, le censeur des passions; c'est ce qui fait de l'emploi d'un confesseur un des emplois les plus propres à maintenir les mœurs, et par là un des plus conformes à l'intérêt public » (*Voyez* Nonotte, *Dictionnaire anti-philosophique*, art. *Confession*).

Loin d'être ennemi de la confession, Luther lui était même, au contraire, assez favorable : « J'aimerais mieux supporter la tyrannie du Pape, que de consentir à l'abolition de la confession; » c'est ainsi qu'il s'exprime dans un de ses ouvrages; et, dans son petit catéchisme, publié peu de temps avant sa mort : « Devant Dieu, il faut s'avouer coupable de tous ses péchés, même de ceux qu'on ne connaît pas; mais nous devons déclarer au confesseur les péchés seulement que nous connaissons et que nous sentons dans notre cœur. Quels sont ces péchés ? Examinez votre condition, votre état d'après les dix commandements, c'est-à-dire, si vous êtes père, mère, fils, fille, maître, maîtresse, serviteur; voyez si vous avez été désobéissant, infidèle, paresseux; si vous avez offensé quelqu'un par actions ou en paroles; si vous avez dérobé, négligé, détérioré quelque chose; enfin, si vous avez causé des dommages. » (*Entretiens philosophiques sur la réunion des différentes Communions chrétiennes*, par le baron de Starck, page 12.) Ces passages prouvent évidemment que, dans le protestantisme, tel qu'il sortit originairement des mains de Luther, la confession auriculaire était en usage, et que, dans ses intentions, on aurait dû la conserver. Sur ce point comme sur une infinité d'autres, on est allé bien plus loin que ce réformateur. La pratique de la confession a été abolie : qu'en est-il résulté? Des crimes sans nombre, des désordres inouïs jusqu'alors. Voici ce qu'on lit dans la Liturgie suédoise : « Lorsqu'on s'est relâché sans mesure sur les règles prescrites pour la confession auriculaire, les jeûnes, la célébration des fêtes..., ces concessions ont été aussitôt suivies d'un libertinage si affreux, que tous se croient permis de satisfaire leurs passions, au lieu de se rendre à des avis salutaires. Les exhortez-vous à se confesser, afin de s'assurer de la sincérité de leur conversion, à laquelle seule l'absolution doit être accordée, ils s'écrient qu'il ne faut contraindre personne. Leur recommandez-vous l'observation du jeûne, ils se livrent, au contraire, aux désirs déréglés de leur ventre.... En un mot, les chevaux emportent le cocher, selon le proverbe, et les rênes ne conduisent plus le char. » (V. les *Considérations sur le dogme générateur de la Piété chrétienne*, par l'abbé Gerbet, p. 273.)

Les Luthériens de Nuremberg furent si effrayés du débordement de crimes dont fut suivie presque immédiatement l'abolition de la confession auriculaire, qu'ils envoyèrent une ambassade à Charles-Quint pour le supplier d'en rétablir chez eux l'usage, par un édit solennel, dans le but de prévenir la ruine totale des mœurs. Les ministres de Strasbourg émirent le même vœu, dans un mémoire qu'ils présentèrent, en 1670, *au magistrat*. Ces requêtes furent traitées comme elles méritaient de l'être; on les regarda comme non avenues. Un magistrat, un monarque, peuvent être assez puissants pour faire fléchir le genou, mais leur pouvoir ne saurait aller jusqu'à ouvrir les consciences. (*Discussion amicale*, t. 2, p. 140.)

On ne peut énumérer les immenses services dont la religion et la société sont redevables à la pratique de la confession, surtout sous le rapport de la probité, des mœurs et de la sérénité de l'âme. C'est ce qui faisait dire avec admiration au médecin Tissot : *Quelle est donc la puissance de la Confession chez les catholiques !*

On connaît le vol d'argenterie commis chez Mme de Genlis; le montant évalué à 10,000 fr. lui fut restitué intégralement par le curé de Saint-Eustache, à la suite des Pâques. Pour l'homme affranchi de la confession, ce qui est bon à prendre, est bon à garder.

« Il faut avouer que la Confession est cependant une bien bonne chose, » disait un protestant à un prêtre catholique qui lui faisait une restitution.

Si la confession était universellement pratiquée, elle purgerait la terre de ses vices et de ses crimes, et sauverait presque tous les hommes de l'abîme éternel. Elle est le plus immense contrepoids aux passions humaines : aussi un impie célèbre a-t-il dit que, si elle n'existait pas, il faudrait l'inventer.

Non-seulement les philosophes et les incrédules ont rendu hommage à la confession, mais encore ils y ont recouru au déclin de la vie ou à l'heure de la mort. Lamettrie, du Marsais, Maupertuis, Boulanger, Toussaint, le comte de Tressan, de Langle, Fontenelle, Buffon, Montesquieu moururent, après s'être confessés, dans les plus beaux sentiments de christianisme. Bouguer, dans un entretien qui précéda sa confession, fit cet aveu au prêtre qui l'assistait *in extremis* : « *Je n'ai été incrédule que parce que j'ai été corrompu ; allons au plus pressé, mon Père, c'est mon cœur, encore plus que mon esprit, qui a besoin d'être guéri.* » Voilà, malheureusement, l'histoire de bien des gens. Tous les grands porte-étendards de l'irréligion du dernier siècle, se seraient confessés au moment du trépas, s'ils n'en eussent été empêchés par leurs confrères d'impiété. D'Alembert lui-même avait manifesté le désir de se réconcilier avec Dieu; Condorcet, son ami, qui avait fermé au curé de Saint-Germain tout accès auprès du malade, se félicitait sataniquement d'un pareil triomphe en disant à ce propos : *Si je ne m'étais pas trouvé là, il faisait le plongeon.* Diderot montrait les meilleures dispositions ; il s'était même déjà entretenu plusieurs fois avec le curé de Saint-Sulpice; mais ses amis se hâtèrent de l'entraîner à la campagne, dans le but d'éviter au parti philosophique le scandale de sa conversion. Voltaire s'est confessé dans plusieurs de ses maladies; s'il ne le fit point à sa mort, c'est qu'on ferma la porte de sa chambre au curé de Saint-Sulpice qui ne put aborder jusqu'à lui ; il mourut dans un état de fureur et de rage qui fit dire au maréchal de Richelieu, présent à sa cruelle agonie : *En vérité, cela est trop fort; on ne saurait y tenir !* — Voici encore comme en parle M. Tronchin, protestant, qui était son médecin : « Rappelez-vous, dit-il, toute la rage et toute la fureur d'Oreste, vous n'aurez qu'une faible image de la rage et de la fureur de Voltaire dans sa dernière maladie. Il serait à souhaiter que tous les incrédules de Paris se fussent trouvés là; le beau spectacle qu'ils auraient eu ! »

FIN DU TOME PREMIER.

TABLE DES MATIÈRES.

Préface.

But et objet de cet ouvrage.

CHAPITRE Ier. — Vocation ecclésiastique. 1

Son importance. — Sa nécessité. — Son principe. — Sa liberté. — Abus des influences de famille; danger des motifs humains. — Fâcheuses conséquences des erreurs en matière si grave. — Difficulté de rectifier une vocation fausse. — Devoirs des supérieurs ecclésiastiques touchant l'admission des sujets.

Influence du tempérament sur la vocation. 8

Empire de l'organisme sur les vertus et les passions. — Opinion de saint Vincent de Paul sur ce point. — Etude sérieuse du caractère des aspirants au sacerdoce. — Ceux qu'il convient d'admettre; ceux qu'il faut éloigner : catégories diverses. — Peu d'espoir à fonder sur la réforme radicale d'un naturel vicieux. — Notes importantes.

Marques de vocation. 20

Suffrages de l'évêque et du peuple. — Vie irréprochable et bonne réputation. — Goût et aptitude pour les fonctions et les devoirs ecclésiastiques. — Avis d'un sage directeur.

CHAP. II. — Célibat eccésiastique. 25

Il est supérieur au mariage; — il affranchit des sujétions, des inquiètes sollicitudes de la paternité, en un mot;

des peines innombrables de l'état conjugal ;— il n'est pas plus difficile à observer que la chasteté entre époux ; — il développe la vigueur et l'énergie physique, ainsi que les facultés intellectuelles et morales de l'homme ; — il favorise l'exercice de la charité, la pratique de la confession, le dévouement à l'humanité et l'héroïsme dans les temps de calamité publique.— Parallèle entre les prêtres catholiques et les ministres protestants : saint François-Xavier, saint Charles-Borromée, saint Vincent de Paul, Belzunce. — Luther, Calvin, un archevêque anglican de Dublin. — Opinions des auteurs profanes et des peuples anciens sur l'observance de la chasteté. — Vestales, Vierges du soleil, etc.... Michelet. — Cependant, il ne faut pas se vouer témérairement au célibat ; précautions à ce sujet.

CHAP. III. — Piété du prêtre. 39

Sa nécessité pour prévenir le dépérissement moral du pasteur et l'extinction de l'esprit religieux dans les paroisses. — Un curé indévot ne peut célébrer dignement le sacrifice de la messe, ni entendre utilement les confessions, ni prêcher avec fruit. — Avantages de la piété ; — facilité de la perdre dans le monde ; — moyens de la conserver.

CHAP. IV. — De la tiédeur dans le prêtre. 52

Portrait de la tiédeur ; — ses causes, ses progrès, ses dangers et ses suites pour le sacerdoce, et, par voie de conséquence, pour les peuples eux-mêmes.

CHAP. V. — Mœurs du prêtre. 60

La chasteté est une des vertus qui honorent le plus la personne et le ministère du pasteur. — L'inconduite, en fait de mœurs, est au contraire la plus grave flétrissure pour lui et pour le corps ecclésiastique ; — elle compromet d'abord le succès de la prédication ; — ensuite l'honneur du prêtre et celui de l'ordre sacerdotal ; — enfin les intérêts de la religion et de la morale.

CHAP. VI. — Précautions conservatrices des moeurs. 75

La pratique de la chasteté n'est pas aussi difficile que le monde se plaît à le dire. — Le prêtre ne faillira point à cette vertu, s'il recourt aux moyens suivants :

Considérations sur le vice impur. 76

Bonheur de l'innocence et de la vertu. — Grossièreté des jouissances de la chair ; — dégoûts, amertumes, remords et agitations qu'elles causent ; — honte qui suit une faute d'éclat ; — conséquences d'un scandale pour l'avenir temporel et éternel du prêtre.

Éloignement des personnes du sexe. 81

Le caractère sacerdotal n'affranchit pas des faiblesses de l'humanité : de là, obligation pour le prêtre d'éviter, avec les personnes du sexe, tout rapport qui ne serait pas d'une indispensable nécessité. — Imminence du danger des liaisons de cette nature, lors même que les personnes seraient sages et pieuses ; — sentiments des écrivains sacrés et des Pères à ce sujet. — La vertu et la sainteté même ne sont pas ici une barrière suffisante contre la puissance de séduction chez certaines femmes ; — imprudences à cet égard ; — expérience de ces dangers ; — exemples ; — la fuite, seul moyen de victoire, surtout à la naissance d'une inclination ; — rareté des rapports ; — réserve qu'il faut y garder pour ne compromettre ni sa vertu ni sa réputation.

Précautions au tribunal de la pénitence. 90

Risque pour le confesseur de contracter des souillures en purifiant celles des autres. — Prudence dans les interrogations ; — délicatesse extrême dans le langage ; — obligation de se renfermer dans le cercle rigoureux des besoins de la conscience, surtout envers les personnes dévotes. — Soins privilégiés du prêtre pour les pécheurs. — Avis aux confesseurs.

Dangers des mauvaises lectures. 92

Interdiction de tout livre capable de porter atteinte aux mœurs. — Funestes suites de la lecture des ouvrages romanesques; — émotions, souvenirs sensuels qui en résultent : — amollissement et dépravation du cœur.— Exemple de sainte Thérèse.

Prière. 94

Définition de la prière. — Sa nécessité, surtout pour le prêtre, dont elle doit être l'occupation favorite. — Son efficacité puissante contre les charmes séducteurs des passions. — Sauvegarde la plus sûre de la chasteté cléricale.

Étude. 98

L'étude agrandit le cercle des connaissances du prêtre, le soutient constamment dans une sphère supérieure et favorise même en lui la pratique des vertus sacerdotales. — Le cabinet de travail est un asile qui met à l'abri du monde et des passions; — c'est un rempart à la faiblesse, un remède à l'ennui. — Bon emploi du temps; — dangers et tristes résultats du désœuvrement.

Travail en général; travail manuel. 102

Ses avantages physiques et moraux. — C'est une heureuse diversion aux écarts d'une imagination ardente; — un des plus efficaces antidotes contre le vice. — Preuves d'histoire et d'expérience.—Conseils de saint Jérôme.— Travail manuel dans les ordres religieux. — Utilité d'une occupation mécanique pour absorber le superflu de son temps. — Indication des divers travaux qui peuvent servir de délassement à un ecclésiastique,— dangers de s'y livrer uniquement et exclusivement.

Sobriété. 107

Une vie sensuelle ne sied pas à un prêtre du Dieu du Calvaire; — elle met en péril la vertu de continence, fondée sur la mortification et incompatible avec la bonne chère.

—Sentiment de saint Pie V.—Vie simple et frugale;—régime pythagorique; — son heureuse influence sur le caractère et les passions. — Abstinence perpétuelle des religieux.

Surveillance du clergé à l'égard de tous ses membres. 110

Vigilance des évêques à maintenir la régularité au sein de leur clergé respectif, et à lui assurer ainsi la confiance des peuples. — Nécessité du concours de tous les curés pour exercer utilement la surveillance ; — avantages de cette police fraternelle pour l'épuration du corps ecclésiastique. — Obligation de signaler à l'évêque les individus scandaleux ou incorrigibles. — Solidarité entre tous les prêtres.

Conduite des évêques envers les prêtres vicieux. 114

Il faut retrancher du corps pastoral tous les hommes convaincus d'immoralité. — Le système des déplacements, comme moyen de punition, ne serait propre qu'à répandre le scandale ; — on ne change pas de mœurs en changeant de paroisse. — Il convient, toutefois, d'user d'une indulgente miséricorde à l'égard des fautes de pure fragilité.

CHAP. VII. — Importance de l'habit clérical. 116

Le port du costume n'est pas un vain scrupule d'observance, mais une règle canonique et fort respectable. — C'est une sauvegarde de modestie et de décence. — Sentiment de saint Bernard à ce sujet. — Causes qui dispensent momentanément du port de la soutane. — Sévère exclusion, dans la mise du prêtre, du luxe et de la recherche, comme de toute négligence et, à plus forte raison, de toute malpropreté.

CHAP. VIII. — Réserve du prêtre en général. 121

Le prêtre, plus que tout autre, doit se montrer scrupuleux observateur de la réserve, dans sa vie privée, s'il veut l'être en public. — Heureux effets d'un maintien toujours digne. — Inconvénients de la légèreté et de la familiarité. — Détails.

De la réserve dans les paroles. 124

Exquise délicatesse de langage commandée au prêtre, dont la bouche est consacrée par les plus sublimes mystères. — Le pasteur indiscret et volage s'avilirait, lui et son auguste état. — Cette réserve se manifeste par la gravité, la circonspection, la charité, la politesse et la vérité dans les paroles. — Développements. — Citations. — Observations sur le tutoiement.

CHAP. IX. — Jeux et amusements. 131

Ils sont permis, mais à certaines conditions. — Quelles sont ces conditions ? — Amusements qu'il faut s'interdire. — Délassements qu'on peut se permettre.

CHAP. X. — Désintéressement du prêtre. 136

La mission du pasteur est de détruire la cupidité et l'égoïsme. — La conquête des âmes est sa seule ambition légitime. — Admirables effets du désintéressement dans les prêtres. — Reconnaissance des peuples. — Bassesse de l'avarice. — Mépris des paroissiens pour un curé entaché de ce vice. — Préjugés du monde contre le clergé qu'il accuse d'être attaché à l'argent. — Scandale de sordides épargnes de la part de quelques ecclésiastiques ; — faux prétextes pour les justifier. — Confiance et abandon en la divine Providence, qui n'a jamais délaissé les serviteurs fidèles. — Exemples. — Eloquence miraculeuse de la libéralité pour la conversion des peuples. — Sentiments de saint Paul, de saint Chrysostome, etc.— Stérilité du ministère d'un pasteur possédé de la passion de thésauriser.

Conduite à tenir au sujet du recouvrement des droits casuels. 145

Importance d'écarter sur ce point jusqu'au moindre soupçon de cupidité, et de ne pas faire accuser le catholicisme d'être une religion d'argent ; — générosité des pasteurs à cet égard. — Bel exemple de Fénelon.

Sentiments de l'Eglise sur le casuel. 148

S'il est permis au prêtre de vivre de l'autel, il lui est rigoureusement défendu de n'avoir en vue que la rétribution. — Sentiments de saint Bernard et de saint Bonaventure.

Opinion du monde sur la perception et l'usage du casuel. 149

Passages de Lamartine et de Portalis.

Dangers et inconvénients du népotisme. 150

Attachement trop sensible à sa famille de la part du prêtre, qui ne doit avoir d'autres enfants que ses enfants spirituels. —Exemple de J.-C.— Un curé qui vit pour ses proches, fait à son ministère un tort irréparable, et encourt le mépris de ses paroissiens : si c'est un devoir pour lui de secourir ses parents indigents, c'est aussi un crime de chercher à les enrichir.—Anathèmes des conciles contre le népotisme. — Triste destination des fortunes ecclésiastiques. —Conseils importants aux membres du clergé.

Convient-il qu'un curé fasse des acquisitions immobilières dans sa paroisse ? 153

Ces acquisitions provoquent la jalousie du villageois, entraînent des contestations et des procès entre un curé et ses paroissiens, attachent le prêtre aux choses de la terre et matérialisent toutes ses pensées.

Recommandation importante aux établissements ecclésiastiques et religieux, relativement aux acquisitions immobilières. 154

L'excédant de leurs revenus est la part des pauvres, et ne doit pas être converti en acquisitions.

Inconvénients de l'intervention du prêtre dans les affaires temporelles. 156

Exemple des apôtres. — Conduite de saint Cyprien. — Les choses temporelles font du prêtre un homme terrestre, et lui enlèvent un temps précieux réclamé par son ministère. — Abus résultant pour lui de la gestion des affaires et de l'économie rurale.

Ambition dans le choix des cures. 159

Convoitises à l'égard des cures réputées lucratives.—Sollicitations et intrigues auprès de l'évêque pour les obtenir. — Avilissement du prêtre qui s'abaisse jusqu'à mendier les suffrages et la protection des personnages laïcs ou des notables de la paroisse. — Observations.

Conduite à tenir au sujet des libéralités envers le clergé. 160

Ne jamais se servir de son influence pour obtenir des libéralités. — Repousser même celles qui seraient faites à titre de reconnaissance et d'amitié, s'il y avait lieu de croire qu'elles dussent exaspérer une famille. — Ne pas accepter facilement la commission d'exécuteur testamentaire.

Importance d'un testament. 162

Blâme de l'Eglise à l'égard des ecclésiastiques qui meurent *ab intestat.*— Sentiment de saint Augustin.—Ne disposer en faveur de sa famille que des biens meubles et immeubles d'origine patrimoniale. — Destination des biens provenant de revenus ecclésiastiques.

CHAP. XI. — PRUDENCE DU PRÊTRE. 164

Définition de la prudence; ses caractères, sa nécessité. 166

Le prêtre est aujourd'hui l'objet de l'attention et de la critique des ennemis de la religion, qui épient ses paroles, ses démarches et toutes ses actions ; — il ne doit donc pas donner prise contre lui. — Conduite à tenir dans les circonstances épineuses. — Recours aux supérieurs ecclésiastiques. — Importance de leur laisser l'initiative et la responsabilité de toutes les mesures graves et périlleuses. — Désastreuses conséquences de la précipitation et de la brusquerie dans les déterminations. — Tolérance à l'égard de certains abus pour éviter de plus grands maux. — Toutefois, la prudence n'exclut pas les ardeurs du zèle et ne doit pas être confondue avec la timidité et l'inaction. — Fausse prudence.

Cas particuliers où le prêtre doit faire preuve d'une grande prudence. 173

Mariages. — Le prêtre ne doit jamais s'en mêler ni par ses démarches, ni par ses incitations. — Conduite et recommandation de saint Ambroise, de saint Augustin et de saint Jérôme. — *Abus.* Ne procéder qu'avec une extrême réserve dans la réforme des abus, des usages séculaires et des pieuses crédulités du peuple. — *Pénitences publiques.* Ne jamais en imposer sans la permission de l'évêque. — *Confréries.* En exclure secrètement les personnes indignes, jamais publiquement. — Ne refuser des parrains et des marraines qu'après une mûre délibération. — Ne jamais rien publier sans l'avis des supérieurs ecclésiastiques; — leur communiquer également les lettres destinées à des magistrats, quand elles concernent des affaires graves.

CHAP. XII. — CHOIX D'UN CONFESSEUR. 181

Nécessité de la direction pour le prêtre. — Impuissance à agir seul et sans conseils, dans mille cas difficiles. — Discernement dans le choix. — Ensemble des qualités qui constituent le bon confesseur : — il doit être un homme intérieur et spirituel, instruit et expérimenté, doux et ferme tout à la fois. — Inappréciables services d'un directeur doué de ces qualités; — conduite à tenir si l'on ne peut le rencontrer dans son voisinage.

CHAP. XIII. — Nécessité des conseils, manière de
les recevoir.   186

Il faut rechercher les bons conseils et les accueillir avec reconnaissance. — Dangers de la présomption ; — avantages de la déférence aux avis des autres. — Cas qu'il faut faire d'un ami sincère qui a le courage de nous réprimander. — Devoirs des anciens prêtres envers leurs jeunes confrères.

CHAP. XIV. — Vertus sociales du prêtre.   189

Importance des qualités humaines et sociales dans le prêtre de nos jours.— C'est par la pratique de ces vertus qu'on peut exercer quelque action sur les paroisses peu religieuses.

Politesse du prêtre.   190

Avantages de la politesse. — Inconvénients de l'incivilité. — Genre de politesse qui sied ou messied à un curé ; — manière de l'acquérir. — Visites à faire ou à rendre. — Influence du pasteur bien élevé; —heureux résultats pour son ministère.

Affabilité du prêtre.   195

Sa puissance pour conquérir les cœurs. — Circonstances particulières où il faut en faire preuve. — Elle doit s'étendre à tous.— Exemple de Jésus-Christ, de saint François de Sales et de Fénelon. — Nullité du ministère d'un curé froid, hautain, sombre ou revêche.

Douceur du prêtre.   198

Cette vertu est l'élément constitutif de son caractère ; — il doit inspirer plutôt l'amour que la crainte. — S'il est irascible et violent, il se rendra odieux et paralysera sa mission. — Ménagements à garder envers les peuples ; — développements... Saint Ambroise et saint Augustin. — Système d'administration à adopter de nos jours. — Exclusion des moyens de contrainte et d'intimidation.

— Dangers d'une tolérance coupable. — Cas où il faut user d'une fermeté apostolique.

CHAP. XV. — Hospitalité. 205

C'est une vertu patriarchale et évangélique ; — l'exercer dans les limites de son aisance.— Le presbytère est l'hôtellerie naturelle des ecclésiastiques en voyage.— Sentiments de saint Chrysostôme, de saint Grégoire et de saint Charles Borromée. — Hospitalité envers les laïques.

Repas ecclésiastiques. 207

Censures du peuple contre la fréquence et l'abondance de ces repas ; — règles à suivre à cet égard ; — abus à réformer. — Exemples. — Observations importantes. — Inconvénients à inviter des séculiers aux repas ecclésiastiques.

Repas aux évêques. 215

Abus des repas luxueux et splendides. — Se conformer en ce point aux volontés expresses des évêques, qui interdisent toute dépense exagérée et superflue. — Développements.

Repas laïcs. 217

Eviter ici deux extrêmes : celui de refuser toutes les invitations, celui de les accepter toutes. — Remarques de saint Jérôme et de saint Léon. — Conduite à tenir en certains cas particuliers.

CHAP. XVI. — Harmonie entre les prêtres. 220

C'est le vœu qu'exprima Jésus-Christ à ses apôtres avant de mourir. — Maladresse de la part des curés à vivre entre eux en désaccord ; — l'union fait leur force.— Puissance morale du clergé, s'il y avait unité d'esprit et de volonté entre tous ses membres ;—nécessité pour lui de resserrer ses rangs.— Scandale des divisions entre ecclésiastiques. — Confraternité entre tous. — Conseils.

Unité dans la pratique du ministère. 226

L'unité dans les principes de la morale et la pratique du ministère est presque aussi désirable que l'unité de foi. — Avantages de l'uniformité entre tous les prêtres d'un pays. — Fâcheux effets qui résultent du conflit de principes et de règles administratives. —Toutefois, liberté dans les matières controversées. — Recours à l'évêque dans les cas de divisions graves. — Signalement d'un abus.

Conduite à tenir dans les contestations et les discussions qui s'élèvent entre prêtres. 229

Les contestations ne doivent jamais compromettre l'union ni la charité. — Si l'on ne peut les terminer par voie de conciliation, on devra les soumettre à l'arbitrage de quelques confrères, et, en dernier ressort, à celui de l'évêque. —Modération, politesse et liberté dans les discussions.— Conseils et exemples à suivre.—Saint François de Sales.

Jalousie. 232

Passion détestable qui s'est quelquefois glissée jusque dans le sanctuaire. — Rivalités et dépits au sujet des talents et des succès des autres ; — dépréciation de leurs vertus et de leurs services.—Jugement sévère de saint Chrysostome contre les jaloux ; — leur aveugle confiance dans leur mérite personnel. — Avis.

CHAP. XVII. — Science du prêtre. 236

Nécessité de la science ecclésiastique pour le prêtre. id.

L'union de la science et de la vertu fait le pasteur accompli. — L'ignorance n'est jamais excusable dans le prêtre même le plus vertueux, s'il a charge d'âmes. — L'enseignement des dogmes, de la morale et du culte, nécessite une grande étendue de connaissances. — La casuistique seule, si épineuse et si compliquée, suppose une vaste instruction. — Obscurités de la loi. — Dangers des décisions fausses, iniques et quelquefois irréparables. — Opinion de sainte Thérèse ; sa préférence pour un teur habile sur un directeur qui n'est que pieux. — Déplorables effets de l'ignorance dans les ecclésiastiques.

Sources de la science sacrée. 242

C'est dans la sainte Ecriture, les Pères et la théologie qu'il faut puiser la science ecclésiastique. — Développements... Citations... Exemples. —Etude de la casuistique.

Utilité des sciences humaines et de la culture des lettres pour le prêtre de nos jours. 245

La science sacrée d'abord ; ensuite celle de luxe et d'agrément : l'une est principale et indispensable, l'autre n'est qu'accessoire et secondaire.—Opinion de saint Augustin et de saint Jérôme.— Réflexions.—Avantages des sciences humaines.—Raisons qui en motivent l'étude dans l'état présent du clergé. — Leur exposé. — Honte d'un échec pour un prêtre dans les discussions scientifiques et religieuses avec des laïques ; — confusion qui en résulte pour l'Eglise humiliée dans la personne de son ministre. —Triomphe et joie frénétique des impies. — Science du clergé d'autrefois. — Préjugés fâcheux contre le clergé d'aujourd'hui. — Remarquables paroles de Napoléon. — Ascendant de l'homme réputé savant. — Preuves. — Genre de savoir qui convient ou ne convient pas au prêtre. — Opinion des docteurs de l'Eglise sur l'alliance des lettres et des sciences profanes aux connaissances ecclésiastiques.—Politique astucieuse de Julien l'apostat. — Services rendus par le clergé à la science, aux arts et à la civilisation : — il fut le sauveur des anciennes bibliothèques, des monuments et de tous les chefs-d'œuvre de l'antiquité; le fondateur des colléges, des universités et de tous les corps enseignants; l'architecte de toutes les magnifiques cathédrales du moyen âge. — Règles à suivre relativement à la culture des sciences humaines.—Conseils aux évêques et aux prêtres. — Recommandation de saint Bernard.

Bibliothèque d'un prêtre. 262

C'est le plus bel ameublement du presbytère, et le moyen d'occuper noblement les loisirs d'un curé. — Son esprit sera bientôt hébété s'il reste inculte. — Observation de Bossuet.

CHAP. XVIII. DES CONFÉRENCES ECCLÉSIASTIQUES. 264

Elles sont une des plus belles institutions de l'Eglise dans les temps modernes. — Elles raniment le goût du travail et favorisent la culture des sciences cléricales. — Une des plus grandes plaies à craindre pour le clergé, c'est celle de l'ignorance : les conférences l'empêcheront d'envahir le sanctuaire. — Elles sont comme un foyer de lumières pour tous les ecclésiastiques d'un canton. — Elles seront encore pour eux un moyen de se concerter dans l'administration de leurs paroisses, et d'établir entre eux un système d'unité en fait de principes et de pratique. — Affligeante diversité à ce sujet dans le ministère pastoral. — Enfin les conférences sont propres à resserrer les liens d'union entre tous les prêtres, et à entretenir en eux l'amour des vertus de leur saint état. — Sentiment de saint Vincent de Paul.

CHAP. XIX. — GOUVERNEMENT DE LA MAISON DU CURÉ. 270

Ordre et régularité, subordination et obéissance parmi les personnes au service d'un presbytère, qui doit être comme le type de toutes les maisons de la paroisse. — Surveillance envers la domestique; — ses vertus ; — ses défauts. Douceur et honnêteté. — Caractère impérieux et tyrannique de maintes servantes; — leur astuce, leur humeur acariâtre et revêche ; — leurs prétentions à se mêler du gouvernement de la paroisse et des objets mêmes du culte. — Faiblesse incroyable de certains prêtres; avilissant esclavage qu'ils subissent. — Cercle des attributions d'une femme de service. — Conduite à tenir ; — réserve à garder. — Recommandation de saint Chrysostome et de M. de Cheverus.

Obligation pour le prêtre de n'avoir à son service que des personnes d'un âge canonique. 277

Juste sévérité des évêques sur cet article, qui intéresse singulièrement l'honneur du sacerdoce. — Ancienneté de cette règle. — Canons des conciles. — Dangers permanents de la cohabitation avec des femmes. — Choix sévère de toutes les personnes qui ont accès au presbytère; — manière de se conduire avec elles.

Inconvénients de l'habitation ou du séjour des parents chez le prêtre. 281

Préventions du peuple à ce sujet. — Abus et conséquences de cette communauté de séjour. — Surveillance et fermeté envers les sœurs et les nièces ; — crédule simplicité des frères ou des oncles à leur égard;—répression sévère de leur luxe et de leur coquetterie.—Dangers d'intrigues au presbytère. — Consulter l'évêque avant de recevoir chez soi père, mère ou autres parents. — Opinion de M. Bourdoise.

CHAP. XX. — Rapports du prêtre avec le monde. 285

Nécessité et avantages de ces rapports. id.

Le prêtre de nos jours s'est peut-être trop isolé du monde avec lequel il n'est plus en contact; de là cet antagonisme entre le sacerdoce et la société. — Utilité d'un rapprochement qu'il faut tenter; — raisons qui le motivent. — Bien qu'opèrerait un bon pasteur dans le monde. — Avantages personnels qu'il retirera de ces rapports.

Inconvénients à voir le monde trop souvent. 291

Les visites trop fréquentes font perdre le temps, l'esprit et les vertus de son état, ainsi que le prestige de la considération et du respect. — Développements.

Inconvénients à éviter dans les rapports avec le monde. 295

Le prêtre verra le monde, mais ne le fréquentera pas; c'est le moyen de faire vénérer sa personne et son caractère.— Il visitera la chaumière comme le château; ses préférences seront même pour les pauvres et les affligés. — Il ne contractera point d'intimité avec les familles, surtout avec celles d'une orthodoxie douteuse ou d'une moralité équivoque. — Enfin il évitera les réunions bruyantes et folâtres.

Manière de se conduire dans les rapports avec le monde. 298

Le prêtre y aura le sentiment de sa dignité, saura tenir son rang, garder les bienséances et tous les usages reçus. — Ce qu'il faut faire; — ce qu'il faut éviter.

CHAP. XXI. — HARMONIE ENTRE LES CURÉS, LES AUTORITÉS ET LES NOTABILITÉS DES PAROISSES. 301

C'est là un point important et décisif pour l'administration des paroisses et la tranquillité des curés eux-mêmes. — Ils éviteront tout conflit et tout sujet de rupture avec les hommes prépondérants, sous peine de subir de perpétuelles tracasseries ou même de graves échecs. — Faits d'expérience. — Point de succès à espérer sans la bonne harmonie; — c'est surtout avec le maire et l'instituteur qu'un curé s'efforcera de l'entretenir : — nécessité du concert et de l'entente entre eux ; — avantages qui en résultent. — Maladresse à vivre en désaccord. — Ménagements à garder. — Conseil de M. de Lamartine.

Conséquences du chapitre précédent ; avis importants aux curés. 308

Dangers des oppositions entre un curé et les notables de la commune ; elles ont presque toujours pour effet de compromettre sa situation d'ailleurs si précaire. — Morgue et despotisme des industriels et des nouveaux parvenus; — leurs exigences. — Recommandations. — Ne point s'immiscer dans les attributions des maires ni dans la gestion des affaires communales; mais se renfermer dans les limites de ses devoirs. — Ne déverser aucun blâme sur les actes administratifs. — Conduite envers l'instituteur, les hommes influents, les électeurs. — Avis important. — Fait d'une haute gravité.

CHAP. XXII. — AFFECTION ET DÉVOUEMENT DU CURÉ POUR SA PAROISSE. 314

Un curé doit se dévouer à sa paroisse corps et âme; en s'immolant pour elle, il en reçoit des hommages de réconnaissance et d'amour, jouit de la tranquillité, du bonheur et d'une autorité sans bornes, dans l'ordre spirituel, et quelquefois même dans l'ordre temporel. — Ascendant qu'il exerce jusque sur les méchants et les brouillons qui craignent de lui déplaire. — Développements. — Exposé des devoirs et des services du bon pasteur envers ses ouailles: sa vie, sa mort; bénédictions publiques qui l'accompagnent à la tombe.

CHAP. XXIII. — Charité du prêtre.   322

Le nom de charité est le plus sacré, après celui de Dieu, dans toutes les langues humaines. — C'est la vertu principale du christianisme, celle qui fait le plus de bien aux hommes. Elle est le capital devoir du prêtre envers les pauvres, les malades et les affligés.

Un curé est le père et le patron des indigents; ses attentions et ses sympathies doivent être pour eux. — Tableau des misères publiques. — Pauvreté honteuse et cachée. — Mission de bienfaisance du bon pasteur, qui ne doit jamais craindre de se ruiner.

Assiduité auprès des malades; — compatissante bonté envers eux; — encouragements persévérants pour soutenir leur résignation. — Soin particulier des vieux pécheurs. — Puissance de la charité sur les cœurs les plus endurcis; exemple. — Efficacité des secours corporels sur les dispositions des malades de la classe populaire; exemples.

Devoir pour le prêtre de consoler les peines morales, les plus amères et les plus cuisantes de toutes. — Impuissance des ressources humaines contre les grandes infortunes de la vie. — Empressement à profiter du temps de l'adversité pour ramener à la religion les hommes égarés.

Secours de la religion aux malades.   336

Vigilance d'un curé à voir régulièrement ses malades et à leur administrer les sacrements de l'Eglise dès le début du mal. — Dangers et suites incalculables d'un délai, d'un instant perdu, pour ceux qui expirent en état de péché mortel; — aucun obstacle ou prétexte ne justifierait la moindre omission dans une circonstance aussi désicive. — Paroles de M. de Cheverus. — Réflexions. — Associations pieuses pour assister les malades et les préparer à mourir chrétiennement.

Moyen de secourir les malades. 341

Les curés rencontrant malheureusement plus de nécessités qu'ils n'en peuvent secourir, suppléeront au défaut de ressources personnelles en représentant aux riches que l'aumône est une dette pour eux, non moins qu'une créance pour le pauvre. Ils chercheront à émouvoir leur commisération, surtout en faveur de l'indigence honteuse. — Formation d'assemblées et d'associations de charité. — Admirable sensibilité des femmes pour le soulagement de la misère et la consolation de l'infortune. — Saint Vincent de Paul et ses filles de la charité. — Règles à suivre relativement à la distribution des secours.

Conduite du clergé dans les calamités publiques. 346

Services du clergé dans les grandes catastrophes qui ont affligé les peuples, telles que incendies ou inondations, famines, pestes. — Saint Charles, saint Vincent de Paul, Belzunce et Fénelon. — Ce sont là les plus beaux titres de gloire du sacerdoce catholique, et le moyen aussi sûr que prompt de ramener à l'Eglise les populations infidèles. — Le prêtre doit être la providence vivante de tous les affligés.

CHAP. XXIV. — Zèle ecclésiastique. 349

Nécessité du zèle. — Le défaut de zèle perd plus de pasteurs que le défaut de mœurs. — Causes du manque de zèle. — Dangers du découragement en cas d'insuccès. — Du modérantisme et de la tolérance. — Système de la paix à tout prix. — Servile lâcheté. — Concessions coupables. — Indolence et apathie. — Nullité complète de plusieurs curés. — Considérations dignes d'intérêt. — Témoignages.

Qualités du zèle. 355

Eviter ici deux extrêmes qui heurtent la justice et la charité : le rigorisme et le laxisme; — réflexions sur l'un et l'autre.—Déplorables effets de l'invasion du Jansénisme dans la morale et l'usage des sacrements. — Le zèle outré et amer ne cause guère moins de dommages à l'Église que l'hérésie. — Avantages d'un pratique miséricordieuse. — Sentiments des Saints à cet égard. — Cas exceptionnels où il faut employer l'énergie et la vigueur. — Bons effets d'une fermeté prudente. — Sage lenteur du zèle. — Mode de procéder. — Mollesse. — Roideur. — Portrait du prêtre novice dans le ministère. — Observations de Mgr. d'Hermopolis.

Prudence du prêtre au sujet des innovations et de la réformation des abus. 363

Sagesse et habileté dont il faut ici faire preuve. — Inconvénients du zèle intempestif; — inconvénients de toucher aux abus invétérés : les miner sourdement, au lieu de les attaquer de front et en public.—Le triomphe du bien, trop hâtif, ne dure pas; réaction qui le suit. — Conduite et langage de J.-C. — Ménagements à garder. — Sagesse de Bourdaloue et de Massillon à propos des spectacles. — Imprudences commises au sujet des danses et autres divertissements. — Danger de présenter la religion comme ennemie de toute espèce de plaisirs, à un peuple léger et amoureux d'amusements. — Règles à suivre. — Exemple. — Ne point se rebuter de l'apparente stérilité de son ministère, ni des difficultés que l'on rencontre à opérer le bien.—Motifs d'encouragement.

CHAP. XXV. — MANIÈRE DE GOUVERNER UNE PAROISSE DIFFICILE. 371

Le curé combinera, avant d'agir, un plan de conduite administrative en rapport avec l'esprit, le caractère et les besoins de la paroisse.— Il s'attachera d'abord à gagner l'affection et la confiance publique, en visitant les parois-

siens et en leur donnant des témoignages de dévouement.
— Ensuite il insinuera la religion et ne l'imposera pas
maladroitement par voie d'autorité, de menaces et de
coercition : l'ascendant persuasif est le seul mode d'administration convenable pour les temps actuels; le seul
même qui soit conforme à l'esprit de l'évangile.—Il parlera en père plutôt qu'en maître, et ne prendra jamais
un ton dur ou violent.—Il évitera les oppositions et les
luttes, afin de pouvoir gouverner son peuple sans contrariété ni secousse. — Au lieu de se précipiter dans le
bien, il marchera à pas mesurés, à l'imitation de la divine
Providence. — Il devra même ajourner à des temps plus
propices, l'exécution des diverses améliorations qu'il ne
saurait opérer sans froissement et sans résistance. — Il
s'efforcera d'attacher ses paroissiens au christianisme en
faisant ressortir à leurs yeux tout ce qu'il a d'aimable,
de bienfaisant et de divin, et en leur persuadant qu'il ne
fait pas moins des heureux que des saints. — Importance de graduer l'enseignement de la religion et de
voiler prudemment les rigueurs de sa morale, pour ne
pas effaroucher une paroisse désordonnée. — Détails et
avis. — Enfin, il exclura, au tribunal sacré, le système de la rigueur et poussera la condescendance le
plus loin possible. — Beau modèle à imiter pour les
pasteurs.

CHAP. XXVI. — Cas particuliers ou il faut user d'une grande modération. 390

On ne peut conduire les hommes, au 19ᵉ siècle, comme
au moyen âge ou dans les jours de foi. Il faut approprier
les formes du zèle aux besoins des temps, des lieux et
des personnes.—Telle doit être la pratique administrative
du clergé.

Refus de sacrements. 391

Eclat fâcheux de ces refus.—Leurs funestes conséquences.
— Ils doivent donc être rares et justifiés par de
puissantes raisons.

Refus de parrains et de marraines. 392

Règles à suivre. — Conduite de M. de Cheverus. — Remarques.

Refus de sépulture. 393

Extrême réserve à l'égard de ces refus. — Inconvénients qu'ils entraînent. — Dangers de leur fréquence. — Cas où l'on peut et où l'on doit les faire.

Ménagements à garder envers la femme au tribunal de la pénitence. 395

L'influence du clergé serait presque nulle sans le concours des épouses et des mères, dépositaires des espérances de la religion : il faut donc se le ménager. — User envers elles de rigueurs indiscrètes qui décourageraient leur faiblesse, serait une maladresse inqualifiable. — Importance de leur faciliter l'usage de la confession, de leur en inspirer le goût et de leur faire, avec une indulgente bonté, toutes les concessions nécessaires au maintien de la paix, pourvu qu'elles ne soient pas désavouées par la conscience. — Développements. — Réflexions de M. de Cormenin.

Conduite à tenir envers les personnes qui ont eu des faiblesses. 399

Bonté miséricordieuse envers ces personnes plus malheureuses encore que coupables, afin de leur épargner le désespoir et de les faire rentrer dans la voie du salut. — C'est aux infâmes corrupteurs de ces filles infortunées que les curés doivent réserver la rigueur de leurs censures.

CHAP. XXVII. — Avertissements et réprimandes. 401

Il y aurait lâcheté coupable à n'oser entreprendre la correction des vices populaires. — Règles à suivre à ce sujet. — La douceur et la charité sont l'indispensable assaisonnement des réprimandes. — Déplorable effet des invectives et des menaces. — Conduite de J.-C. — Préférer les avis aux reproches.

CHAP. XXVIII. — Importance de l'instruction religieuse dans l'éducation de la jeunesse. 406

L'éducation de la jeunesse doit être l'objet de la sollicitude et de la prédilection du prêtre. Elle est comme le moule où se façonne le genre humain tout entier sous le rapport des croyances et des mœurs. — Peu d'espoir à fonder sur le retour des hommes adultes qui, ayant des goûts et des convictions arrêtés, ont pris leur pli. — Il n'en est pas ainsi des jeunes gens, susceptibles de toutes les tendances qu'on voudra leur imprimer ; leur esprit et leur cœur appartiennent au premier occupant. — Moment favorable pour leur inculquer les principes religieux et former leur conscience. — Heureuse influence de ces principes sur leur moralité et leur avenir. — Possibilité d'un égarement momentané, mais grande probabilité du retour. — La foi ne périt pas habituellement dans le naufrage des mœurs. — Espoir fondé d'une sagesse persévérante, quand on croit à un Dieu rémunérateur et vengeur. — La perspective du paradis est le plus grand mobile d'encouragement à la vertu ; la croyance à un enfer est le frein le plus efficace contre le vice. — Puissance et durée des traditions religieuses de l'enfance ; — conversions qui en sont le résultat. — Preuves et exemples.

Pensées diverses extraites d'auteurs chrétiens, moralistes et philosophes, sur la nécessité des principes religieux. 422

Maximes, aveux, sentiments de ces auteurs.

Nécessité de bien connaître la religion pour s'y attacher. 424

La religion n'exige point qu'on l'adopte sur parole ; elle offre à l'examen les preuves de sa divinité. — Mot de Laharpe. — Excellence et sublimité du christianisme,

qui n'a pu jaillir d'un cerveau humain. — Admiration
et aveux de ses ennemis. — Pour l'estimer, il suffit de
ne pas le méconnaître. — Ignorance de la religion,
source presque unique de nos maux et cause de la
plupart des défections dans ce siècle d'infidélité. —
L'instruction religieuse est donc la dette la plus sacrée
des pasteurs envers leurs jeunes paroissiens.

Nécessité d'une forte instruction religieuse pour conserver la foi dans les jeunes gens. 428

Les attaques continuelles contre le catholicisme nécessitent aujourd'hui plus d'instruction que jamais. — Hostilité presque générale contre la religion et le clergé. — Danger pour les jeunes gens de perdre la foi, s'ils ne sont pas forts sur leurs principes et leurs croyances.—Obligation pour eux d'être en quelque sorte aujourd'hui de petits théologiens. — Développements.

L'éducation religieuse est-elle en France ce qu'elle doit être? 433

La religion et la morale doivent passer avant les sciences et les arts. C'est mutiler l'homme que d'éclairer son esprit sans former sa conscience et son cœur. — A 'la religion seule il appartient d'initier à la sainteté. —L'instruction, abandonnée à elle seule, est incapable d'extirper le germe d'un seul vice et d'inspirer la pratique d'une seule vertu. — Ainsi, la science ne doit être mise qu'à la seconde place : il faut orner le cœur, former le caractère, avant de meubler la tête. — Cependant, dans notre système d'éducation, on fait du principal l'accessoire, et de l'accessoire le principal ; on donne plus de temps à l'étude du paganisme qu'à celle du christianisme.— De là, plus de foi dans les masses adolescentes, et ignorance crasse en matière de religion parmi les jeunes savants du siècle.—Tel est un des plus alarmants symptômes de notre avenir. — Paroles de Bâcon.

Écoles et pensionnats. 437

Importance pour les curés de diriger les familles dans le choix des établissements où leurs jeunes paroissiens vont compléter leur instruction. — Influence de cette éducation complémentaire. — Préférence à donner aux établissements ecclésiastiques et religieux : — raisons de cette préférence. — Charlatanisme religieux et mercantilisme d'un grand nombre de pensionnats laïcs. — Combattre les préjugés des parents qui craignent plus, pour leurs enfants, l'excès que le manque de religion.— Intérêt du clergé à soutenir les pensionnats des maisons religieuses. — Etat présent de nos établissements d'instruction en France.—Part bien mince accordée à l'enseignement de la religion. — Liberté des attaques contre les croyances catholiques. — Exemple et doctrines des professeurs.—Différence dans les résultats de l'éducation donnée par les institutions cléricales et les laïques. — Aptitude privilégiée du prêtre pour l'éducation.—Fondation d'établissements ecclésiastiques d'instruction. — Leur importance pour le salut du catholicisme.

Conséquences du paragraphe précédent. 446

L'instruction secondaire étant spécialement destinée à la haute et à la moyenne classe, partie la plus influente de la société française, le clergé ne peut trop multiplier les établissements où doivent être élevés les jeunes gens qui formeront un jour le corps électoral.—Développements. —Nécessité pour les évêques de faire prendre les grades universitaires aux étudiants ecclésiastiques et de se mettre en mesure de faire concurrence à l'instruction séculière.— S'excommunier lui-même du domaine de l'enseignement, serait, de la part du clergé, l'acte d'imprévoyance le plus aveugle.

Influence de la femme sur l'éducation des familles et l'esprit des paroisses. 448

Portrait de la femme chrétienne. — Charme de ses vertus. — Son influence sur les enfants qu'elle façonne à son image. — Preuves d'expérience. — Son ascendant sur tout l'intérieur domestique. — Son ingénieuse sollicitude pour le salut de son mari et de ses fils. — Son action salutaire sur l'esprit de la paroisse. —

Utilité de son concours et de son appui pour le ministère d'un curé. — Le rôle évangélique de la femme est un véritable apostolat.—Détails.—Son influence chrétienne se fait même sentir jusque sur la société tout entière. — Conversion de plusieurs royaumes dont l'Eglise a été redevable à de religieuses princesses : — Hélène, Clotilde, Berthe, etc. — Conséquences.

Défauts à éviter dans l'éducation des filles. 455

Importance d'approprier l'enseignement à la condition sociale des diverses familles ; ensuite de rendre l'éducation plus utile et solide que brillante et frivole. — Instruction qui convient généralement aux filles; — celle qu'il faut exclure. — Abus en ce point. — On donne trop de temps aux arts de pur agrément, et l'on préfère souvent le superflu au nécessaire. — Explications. — Philippe ; Alexandre-le-Grand ; Auguste. — Qualités indispensables aux filles.—Avis important aux religieuses et aux directrices de pensionnats.

Visite des écoles et surveillance de l'instruction primaire. 461

C'est là un des principaux devoirs de l'état pastoral; le moyen le plus efficace pour imprimer une bonne direction à l'enseignement élémentaire et le faire tourner au profit de la religion et de la morale. — Nécessité pour un curé d'exercer le peu d'influence qui lui reste sur l'éducation de la jeunesse. — Maladresse de sa part, s'il répudiait la mission d'inspecter les écoles; — danger qu'elles ne soient mal dirigées sans sa surveillance. — La religion est le seul préservatif contre les abus de l'instruction.— Après l'Eglise, c'est l'école qui doit être le principal théâtre du zèle d'un pasteur.

Convient-il de favoriser l'instruction secondaire ? 465

Il vaut mieux circonscrire l'instruction secondaire dans des bornes fort restreintes que de lui donner trop de développement : —c'était l'opinion du ministre Richelieu, ainsi que celle de M. de Cheverus; — paroles de ces deux cardinaux. — Une instruction relevée est souvent un malheur pour les hommes sortis des bas étages de la société. — Observations à l'appui. — Elle est encore un sujet de péril pour l'ordre social. — Preuves. — On sait d'ailleurs que les échappés de colléges ne sont pas moins les ennemis de l'Eglise que de l'Etat, et deviennent même finalement la désolation de leurs familles. — Il ne faut donc pas donner sans discrétion un superflu de science aux jeunes gens de la classe pauvre; — Il est juste, toutefois, de faire une exception en faveur de ceux qu'on destine aux séminaires, pourvu qu'ils présentent toutes les garanties désirables de vertu et de capacité.

CHAP. XXIX. — Importance des sacrements et de la confession, en particulier, pour la sanctification de la jeunesse.   471

Impuissance de l'homme à pratiquer la vertu et à éviter le vice sans le secours de la grâce. — Or, les sacrements en sont la source principale et servent ainsi de renfort à la faiblesse humaine. — Sans eux le chrétien succombe à sa fragilité. — Développements. — Ils sont le préservatif le plus puissant contre les désordres. La confession, en particulier, est un frein plus salutaire contre le péché, que la pensée même de la présence de Dieu dont on n'entrevoit que dans le lointain la justice vengeresse. — L'obligation de se confesser fréquemment et à jour fixe, produit un effet moral plus sûr et plus immédiat. — Combien de jeunes gens elle a arrêtés sur les confins du crime. — Détails. — Elle attaque le vice dans son germe et l'empêche d'éclore, en se plaçant jusqu'aux avenues du cœur où il est conçu et prémédité. — L'abandon de cette pratique a presque toujours pour cause des motifs ignominieux. — Aveugle acharnement des libertins contre elle. — N'est-elle pas l'arche de salut de la morale publique, et la plus importante institution du christianisme ? — Renouvellement religieux qu'elle produit. — Préjugés injustes du monde envers les personnes qui se confessent. — Avantages de la confession comme moyen de direction. — Services du confesseur envers ses jeunes pénitents. — Personne ne peut suppléer à l'office d'un bon directeur, qui est la providence de tous ses dirigés. — Dépravation des paroisses où la confession est tombée en désuétude. — Etat florissant de celles qui sont restées fidèles à cette sainte observance.

Témoignages et aveux de quelques philosophes et protestants en faveur de la confession. 485

Leibnitz, Marmontel, Voltaire, Rousseau, Raynal, etc., ont rendu hommage à la confession et l'ont préconisée. — Luther lui-même lui était favorable. — Plusieurs royaumes protestants en ont conservé la pratique, et ceux où elle est abolie, en ont souvent regretté la suppression qui a entraîné, par voie de conséquence, la dégénération des mœurs. — La plupart des philosophes et des impies du dernier siècle se sont confessés avant de quitter la vie, et ont ainsi proclamé, au moment solennel de la mort, la haute sainteté de cette divine institution.

FIN DE LA TABLE DES MATIÈRES.

NANCY, IMPRIMERIE DE VEUVE RAYBOIS ET COMP.

www.ingramcontent.com/pod-product-compliance
Lightning Source LLC
Chambersburg PA
CBHW051400230426
43669CB00011B/1713